一流本科专业一流本科课程建设系列教材

数值计算方法

路康亚 左 军 王爱文 孙 莹 编

机械工业出版社

本书是"数值计算方法"课程教材. 本书基于实际应用，系统地介绍数值计算中常用的数值方法及其理论分析，突出算法的设计思想、特点和数值实现. 全书共 9 章，结合分数二项式系数的计算、氟化钙消光系数的计算、泊松融合算法中线性方程组的求解、不同高程水位面面积的计算、水位流量关系的测定、基于数值微分的图像去噪、人脸识别中的特征值计算、车辆运动学模型等案例，介绍非线性方程求根、线性方程组的数值解法、插值法、函数逼近与曲线拟合、数值积分与数值微分、代数特征值问题的数值方法、常微分方程的数值解法等内容，通过丰富的例题、习题和实验案例帮助读者深入地理解和应用数值方法.

本书可作为理工科本科生和研究生的教材或学习参考书，也可供相关专业的教师和工程技术人员参考.

图书在版编目（CIP）数据

数值计算方法 / 路康亚等编. -- 北京：机械工业出版社，2025.8. -- (一流本科专业一流本科课程建设系列教材). -- ISBN 978-7-111-78357-2

I. O241

中国国家版本馆 CIP 数据核字第 202571MK51 号

机械工业出版社（北京市百万庄大街22号　邮政编码100037）
策划编辑：韩效杰　　　　　　责任编辑：韩效杰　章承林
责任校对：梁　园　薄萌钰　　封面设计：王　旭
责任印制：单爱军
保定市中画美凯印刷有限公司印刷
2025年9月第1版第1次印刷
184mm×260mm・17印张・405千字
标准书号：ISBN 978-7-111-78357-2
定价：52.80 元

电话服务　　　　　　　　　　网络服务
客服电话：010-88361066　　　机 工 官 网：www.cmpbook.com
　　　　　010-88379833　　　机 工 官 博：weibo.com/cmp1952
　　　　　010-68326294　　　金 书 网：www.golden-book.com
封底无防伪标均为盗版　　　机工教育服务网：www.cmpedu.com

前　言

数值计算是数学的一个分支，主要研究利用计算机求解数学问题数值解的数学理论、算法设计和软件实现等，在科学与工程计算和数据科学等领域具有广泛的应用，例如光学检测、图像处理、天气预测、飞行器设计、动力系统的振动问题等.

数值计算方法，也称为数值分析，是数值计算的基础，自20世纪70年代以来已经成为众多高校理工科专业本科生和研究生的一门必修课程. 该课程主要介绍线性方程组的数值解法、非线性方程和方程组的数值求解、函数的数值逼近、数值积分与数值微分、矩阵特征值和特征向量的数值计算、常微分方程的数值求解、误差分析等内容，涉及数值计算中常用的迭代法、差分法、插值法等，以及算法分析的基本理论和数值实现. 该课程内容丰富、理论严谨，并兼具计算机实践训练，包含理工类学生和各类工程技术人员的必备知识与技能.

本书以实际问题为背景，系统地介绍数值计算中常用的数值方法及其误差分析、稳定性分析等内容，重点强调算法的设计思想、特点和数值实现，结合丰富的例题和习题帮助读者深入地理解和应用数值方法. 本书在强化数值方法与理论的同时更注重计算机实践和应用，章后均配有相应的应用案例和供参考的代码，也设有习题和实验题以供训练. 本书的应用案例更加强调实际应用，并可做相应的拓展训练以提高学生的自主学习能力、实践能力和创新能力. 各章节内容相对独立，读者可根据实际需求进行取舍，其中标题标"＊"号的内容难度稍高.

感谢在本书编写过程中学校有关领导给予的支持和帮助，感谢同行教师给出的中肯意见和建议. 在编写过程中，编者参考了大量的著作和资料，在此向原作者表示衷心的感谢. 鉴于编者水平和经验有限，书中不免有疏漏和不当之处，希望广大读者批评指正.

编　者

目 录

前言

第1章 数值计算引论 ... 1
1.1 数值计算的对象和特点 ... 1
1.2 数值计算的误差 ... 2
1.3 误差的定性分析与避免误差危害 ... 8
1.4 向量、矩阵和连续函数的范数 ... 13
小结与思考 ... 23
实验案例 1——分数二项式系数的计算 ... 23
习题与实验题 1 ... 23

第2章 非线性方程求根 ... 25
2.1 方程求根 ... 25
2.2 二分法 ... 26
2.3 不动点迭代法及其收敛性 ... 28
2.4 迭代加速收敛的方法 ... 35
2.5 牛顿（Newton）迭代法 ... 38
2.6 割线法与抛物线法 ... 44
2.7 非线性方程组的牛顿迭代法 ... 46
小结与思考 ... 50
实验案例 2——氟化钙消光系数的计算 ... 50
习题与实验题 2 ... 51

第3章 线性方程组的数值解法 ... 52
3.1 高斯消去法与三角分解 ... 53
3.2 常用的矩阵三角分解法 ... 62
3.3 方程组的性态与直接法的误差分析 ... 71
3.4 解线性方程组的迭代法 ... 76
小结与思考 ... 90
实验案例 3——泊松融合算法中线性方程组的求解 ... 90
习题与实验题 3 ... 91

第4章 插值法 ... 94
4.1 插值问题与多项式插值 ... 94
4.2 拉格朗日（Lagrange）插值 ... 96
4.3 均差与牛顿（Newton）插值 ... 100

4.4 埃尔米特（Hermite）插值 ... 107
4.5 分段低次插值 ... 112
4.6 三次样条插值 ... 115
小结与思考 ... 119
实验案例 4——不同高程水位面面积的计算 ... 119
习题与实验题 4 ... 120

第5章 函数逼近与曲线拟合 ... 122
5.1 基本概念 ... 122
5.2 正交多项式 ... 123
5.3 最佳平方逼近 ... 131
5.4* 最佳一致逼近多项式 ... 136
5.5 曲线拟合的最小二乘法 ... 142
小结与思考 ... 149
实验案例 5——水位流量关系的测定 ... 149
习题与实验题 5 ... 150

第6章 数值积分与数值微分 ... 151
6.1 基本概念 ... 151
6.2 牛顿-科茨公式 ... 156
6.3 复化求积公式 ... 159
6.4 龙贝格算法 ... 161
6.5 高斯求积公式 ... 166
6.6 数值微分 ... 173
小结与思考 ... 178
实验案例 6——基于数值微分的图像去噪 ... 179
习题与实验题 6 ... 180

第7章 代数特征值问题的数值方法 ... 182
7.1 幂法和反幂法 ... 183
7.2 正交变换和矩阵分解 ... 194
7.3 QR 算法 ... 204
小结与思考 ... 207
实验案例 7——人脸识别中的特征值计算 ... 208
习题与实验题 7 ... 208

第8章　常微分方程的数值解法 ………… 210
8.1　基本概念 ……………………………… 210
8.2　欧拉（Euler）方法 …………………… 211
8.3　龙格-库塔（Runge-Kutta）方法 …… 216
8.4　单步法的收敛性与稳定性…………… 221
8.5　线性多步法…………………………… 226
8.6　常微分方程组和高阶微分方程的
　　　数值解法……………………………… 230
8.7　微分方程边值问题的数值解法……… 233
小结与思考………………………………… 235
实验案例8——车辆运动学模型………… 236
习题与实验题8…………………………… 236

第9章　北太天元软件简介 …………… 238
9.1　产品底层能力………………………… 239
9.2　集成开发环境………………………… 246
9.3　命令行界面（CLI）…………………… 246
9.4　帮助系统……………………………… 247
9.5　工具箱………………………………… 247
9.6　插件…………………………………… 250
9.7　用户体验……………………………… 251
9.8　技术架构与核心技术………………… 253
9.9　行业应用……………………………… 255

部分习题参考答案 ……………………… 258
参考文献 ………………………………… 263

第 1 章
数值计算引论

随着计算机技术的发展与应用，科学计算和数据科学中的各类数学问题往往都需要借助计算机来进行求解，只要计算出符合一定精度要求的数值解便可满足实际需求. 数值计算方法，也称为数值分析，便是研究用计算机求各种数学问题数值解的相关数学理论、算法设计和软件实现. 它是数学学科的一个分支，具有广泛的应用性. 例如图像处理领域中经典的泊松融合算法，为获取融合区域的像素值，通常需要求解若干个大规模的稀疏线性方程组，因而需要设计有效的数值方法进行计算. 再比如定积分 $\int_0^1 e^{-x^2} dx$ 的计算，被积函数 e^{-x^2} 的原函数很难用初等函数表示成有限项的形式，因而无法用牛顿-莱布尼茨公式计算积分的精确值，故需设计数值方法，借助于计算机计算定积分的近似值. 在设计悬索桥梁的悬索高度时，需要求解非线性方程

$$f(x) = a\left[1 + \frac{8}{3}\left(\frac{x}{a}\right)^2 - \frac{32}{5}\left(\frac{x}{a}\right)^4 + \frac{256}{7}\left(\frac{x}{a}\right)^6\right] - L = 0,$$

式中，a 表示悬索的跨度；L 表示悬索的长度. 该方程的精确解同样无法直接求出，因而需要设计数值方法进行求解与分析.

1.1 数值计算的对象和特点

数值方法是数值计算的重要部分，但其相应的理论分析和计算机实现同样重要，它们都是数值计算研究的对象. 因而数值计算与计算机科学有着紧密的联系，它既具有数学的高度抽象性和严密性，也具有典型的计算特征.

第一，数值计算是面向计算机的，需要根据计算机的特点提供可执行的算法，即所设计的算法需由加减乘除四则运算和逻辑运算构成.

第二，数值计算要有可靠的理论分析，包括数值计算的误差和数值方法的稳定性、收敛性等分析，确保由数值方法计算出的

近似解可以任意逼近精确解且满足预期的精度要求.

第三,数值算法要有良好的计算复杂性,包括时间复杂性(计算量)和空间复杂性(存储量). 不同算法的计算量和存储量可能差距很大,例如,n 阶对称正定线性方程组用改进的平方根法进行求解需要 $O(n^3)$ 次乘法,而用高斯-赛德尔迭代法大约需要 $O(n^2)$ 次乘法. 因而在设计算法时要充分考虑其运算特征,尽可能地降低算法的时间复杂性和空间复杂性.

第四,要有数值实验. 在处理实际问题时,数值算法通常较复杂,无法预先估计其计算量,因而除对数值方法进行理论分析外,还需要结合数值实验检验算法的计算复杂性.

数值计算方法所涵盖的内容非常广泛,包括:数值代数问题,例如线性方程组的数值解法、非线性方程(组)的数值解法、特征值计算;逼近问题,例如插值法、函数逼近与曲线拟合、数值积分与数值微分;常微分方程数值解法等. 本书主要介绍数值计算中最基本、最常用的数值方法及其理论分析,注重阐述方法的基本原理和思想,以及算法的实现过程与处理技巧等. 在学习本课程的过程中,可以结合本书中的具体案例理解数值方法的设计与实现,同时也要注重算法的误差分析、收敛性和稳定性分析,并进行一定的上机实验,加强对算法的理解与应用.

1.2 数值计算的误差

我们对误差并不陌生,日常测量身高和体重时都会含有误差. 在数值计算中误差更是不可避免,从数学模型的建立到计算机求解处处都存在误差,因而误差的来源是多样且复杂的,总结起来大致可分为:模型误差、观测误差、截断误差和舍入误差.

在利用计算机求解科学计算与数据科学中的问题时,首先需要由实际问题抽象、简化出数学模型,它通常与实际问题之间存在误差,称为**模型误差**. 数学模型中所含有的物理量,比如温度、深度、电压等,一般都是通过观测或实验得到的数据,因而与实际数据之间存在误差,称为**观测误差**. 当数学模型的精确解很难直接求出时,采用数值方法解出的是数学模型的近似解,它与模型的精确解之间存在误差,称为**截断误差**或**方法误差**. 例如,当 $|x|\ll 1$ 时可用 $\sin x$ 泰勒(Taylor)展开的若干项

$$p_{2k+1}(x) = x - \frac{x^3}{3!} + \cdots + (-1)^k \frac{x^{2k+1}}{(2k+1)!}$$

来进行近似,产生的误差便是截断误差. 在数值计算过程中,由

于计算机字长的限制,在原始数据输入到计算机时会产生误差,而在计算过程中数据的运算和存储又会导致新的误差,称这样的误差为**舍入误差**. 例如,在 8 位有效数系计算机系统上输入 1/3,则得到的值为 0.33333333,产生了舍入误差.

例 1.2.1 利用泰勒展开计算积分 $\int_0^1 \frac{\sin x}{x} dx$ 的近似值.

解 利用 $\sin x$ 的泰勒展开可得

$$\int_0^1 \frac{\sin x}{x} dx = \int_0^1 \left(1 - \frac{x^2}{3!} + \frac{x^4}{5!} - \frac{x^6}{7!} + \frac{x^8}{9!} - \cdots\right) dx$$

$$= 1 - \frac{1}{3!} \times \frac{1}{3} + \frac{1}{5!} \times \frac{1}{5} - \frac{1}{7!} \times \frac{1}{7} + \frac{1}{9!} \times \frac{1}{9} - \cdots.$$

令

$$S_4 = 1 - \frac{1}{3!} \times \frac{1}{3} + \frac{1}{5!} \times \frac{1}{5} - \frac{1}{7!} \times \frac{1}{7}, \quad R_4 = \frac{1}{9!} \times \frac{1}{9} - \cdots,$$

则 $\int_0^1 \frac{\sin x}{x} dx = S_4 + R_4$,且 $|R_4| < \frac{1}{9!} \times \frac{1}{9} < 0.5 \times 10^{-6}$. 取 S_4 作为 $\int_0^1 \frac{\sin x}{x} dx$ 的近似值时,R_4 便是其截断误差.

若计算过程中保留小数点后 6 位,则

$$\int_0^1 \frac{\sin x}{x} dx \approx S_4 = 1 - \frac{1}{3!} \times \frac{1}{3} + \frac{1}{5!} \times \frac{1}{5} - \frac{1}{7!} \times \frac{1}{7}$$

$$\approx 1 - 0.055556 + 0.001667 - 0.000028 = 0.946083.$$

此过程存在舍入误差,且舍入误差的绝对值 $<3 \times 0.5 \times 10^{-6} = 1.5 \times 10^{-6}$,故计算积分的总误差 $<0.5 \times 10^{-6} + 1.5 \times 10^{-6} = 2.0 \times 10^{-6}$.

此外,由原始数据或计算机中十进制数转化为二进制数所产生的初始误差是我们不能控制的,但是在数值计算中需要分析它们对计算结果的影响. 对这类误差的分析也归为舍入误差. 模型误差和观测误差与数值方法无关,因此不在讨论范围内,本书主要考虑数值计算中的截断误差和舍入误差. 由于截断误差依赖于数值方法,下面只对舍入误差的基本概念和性质做简单介绍.

1.2.1 误差与有效数字

定义 1.2.1 设 x 为准确值,x^* 为 x 的近似值,则称 $\varepsilon = x - x^*$ 为近似值 x^* 的**绝对误差**,简称**误差**.

一般来说,准确值 x 是未知的,因而近似值 x^* 的绝对误差也未知,但是通常能够根据测量工具或计算情形推断出误差绝对值的上界.

定义 1.2.2 设 x 为准确值，x^* 为 x 的近似值，若 x^* 的绝对误差满足

$$|\varepsilon| = |x - x^*| \leq \delta(x^*),$$

则称 $\delta(x^*)$ 为 x^* 的绝对误差限，通常简记为 δ，工程上常记为 $x = x^* \pm \delta$.

例 1.2.1 中 $\int_0^1 \frac{\sin x}{x} dx = 0.946083 \pm 2.0 \times 10^{-6}$. 绝对误差限的大小反映了近似值与精确值的差距，但是它能准确地刻画近似值的好坏吗？若有两个量 $x = 10 \pm 2$ 和 $y = 10000 \pm 5$，则 $x^* = 10$，$\delta(x^*) = 2$，$y^* = 10000$，$\delta(y^*) = 5$，虽然 $\delta(y^*)$ 比 $\delta(x^*)$ 大，但 $\delta_r(y^*) = \frac{5}{10000} = 0.05\%$ 远小于 $\delta_r(x^*) = \frac{2}{10} = 20\%$. 这说明 y^* 近似 y 的程度要高于 x^* 近似 x 的程度. 因此，衡量近似值的近似效果时，不仅要考虑绝对误差，还要将准确值 x 本身的大小考虑在内.

定义 1.2.3 称 $\varepsilon_r = \frac{x - x^*}{x}$ 为近似值 x^* 的相对误差，$\delta_r(x^*) = \frac{\delta(x^*)}{|x|}$ 为近似值 x^* 的相对误差限，其中 $\delta(x^*)$ 为 x^* 的绝对误差限.

$x = 0$ 时相对误差无意义. 由于相对误差和相对误差限均依赖于精确值 x，故通常是未知的. 为便于计算，通常也称 $\varepsilon_r = \frac{x - x^*}{x^*}$ 为相对误差，$\delta_r(x^*) = \frac{\delta(x^*)}{|x^*|}$ 为相对误差限.

例 1.2.2 已知 $\pi = 3.1415926\cdots$，令 $x^* = 3.14$，$y^* = 3.1415$，则 $\delta(x^*)$，$\delta(y^*)$ 和 $\delta_r(x^*)$，$\delta_r(y^*)$ 分别是多少？

解 直接计算可知 $|\pi - x^*| < 0.005 = \delta(x^*)$，$|\pi - y^*| < 0.0005 = \delta(y^*)$，因而有

$$\delta_r(x^*) = \frac{\delta(x^*)}{|x^*|} = \frac{0.005}{3.14} \approx 0.16\%, \quad \delta_r(y^*) = \frac{\delta(y^*)}{|y^*|} = \frac{0.0005}{3.1415} \approx 0.016\%.$$

根据舍入误差的特点，可以定义如下有效数字的概念.

定义 1.2.4 设 x^* 是 x 的近似值，并将 x^* 表示为

$$x^* = \pm 10^k \times 0.a_1 a_2 \cdots a_n, \tag{1.1}$$

其中 $a_i(i = 1, 2, \cdots, n)$ 为 0 到 9 中的数字，k 为整数且 $a_1 \neq 0$. 若

$$|x - x^*| \leq \frac{1}{2} \times 10^{k-n},$$

则称 x^* 是 x 具有 n 位有效数字的近似值.

由定义 1.2.4 可知例 1.2.2 中 x^* 近似 π 有 3 位有效数字，y^* 近似 π 有 4 位有效数字. 显然，近似值的有效数字位数越多，相对误差越小，近似效果越好，反之亦然. 有效数字和相对误差的具体关系见如下定理.

定理 1.2.1 设 x 的近似值 x^* 为式 (1.1). 若 x^* 具有 n 位有效数字，则其相对误差满足

$$\frac{|x-x^*|}{|x^*|} \leqslant \frac{1}{2a_1} \times 10^{-(n-1)}. \tag{1.2}$$

反之，若相对误差满足

$$\frac{|x-x^*|}{|x^*|} \leqslant \frac{1}{2(a_1+1)} \times 10^{-(n-1)}, \tag{1.3}$$

则 x^* 至少具有 n 位有效数字.

证明 由 x^* 的表达式 (1.1) 可知

$$a_1 \times 10^{k-1} \leqslant |x^*| \leqslant (a_1+1) \times 10^{k-1}. \tag{1.4}$$

当 x^* 具有 n 位有效数字时，有 $|x-x^*| \leqslant 0.5 \times 10^{k-n}$，故

$$\frac{|x-x^*|}{|x^*|} \leqslant \frac{0.5 \times 10^{k-n}}{a_1 \times 10^{k-1}} = \frac{1}{2a_1} \times 10^{-(n-1)}.$$

反之，若式 (1.3) 成立，由式 (1.4) 可得

$$|x-x^*| \leqslant \frac{|x^*|}{2(a_1+1)} \times 10^{-n+1} \leqslant \frac{1}{2} \times 10^{k-n}.$$

这说明 x^* 至少具有 n 位有效数字. 证毕.

例 1.2.3 求下列近似值的有效数字和相对误差限.

（1）$x = e \approx 2.7182 = x^*$， （2）$x = 0.054327 \approx 0.0543 = x^*$.

解 由 (1) 中 $|e-2.7182| \leqslant \frac{1}{2} \times 10^{-3}$ 和 $k=1$，可知 $n=4$，即有 4 位有效数字. 根据定理 1.2.1 和 $a_1 = 2$ 可得相对误差限为 $\frac{1}{4} \times 10^{-3}$.

类似地，由 (2) 中 $|x-x^*| \leqslant \frac{1}{2} \times 10^{-4}$ 和 $k=-1$，可知 $n=3$，即有 3 位有效数字. 由 $a_1 = 5$ 可得相对误差限为 10^{-3}.

例 1.2.4 为使 e 的近似值的相对误差小于 0.001%，至少应取几位有效数字？

解 假设取 n 位有效数字，由式 (1.2) 和 $a_1 = 2$ 可得其相对误差限为

$$\frac{1}{2a_1} \times 10^{-(n-1)} = \frac{1}{4} \times 10^{-(n-1)}.$$

为使近似值的相对误差小于 0.001%，需要求

$$\frac{1}{4}\times 10^{-(n-1)} < 0.001\% = 10^{-5},$$

从而有 $n > 6 - \lg 4$，即 $n \geqslant 6$，故应取 $x^* = 2.71828$.

1.2.2 函数值的误差估计

假设一元函数 $f(x)$ 具有二阶连续导数，x^* 是 x 的近似值，则 $f(x^*)$ 是 $f(x)$ 的近似值. 利用 $f(x)$ 在 x^* 处的泰勒展开可得

$$|f(x)-f(x^*)| \leqslant |f'(x^*)||x-x^*| + \left|\frac{1}{2}f''(\xi)(x-x^*)^2\right|,$$

式中，ξ 位于 x 和 x^* 之间. 若 $f'(x^*) \neq 0$ 且 $|f''(\xi)|$ 和 $|f'(x^*)|$ 具有相同的数量级，当 $|x-x^*|$ 很小时，可忽略 $x-x^*$ 的平方项，从而得到 $f(x^*)$ 绝对误差限 $\delta f(x^*)$ 和相对误差限 $\delta_r f(x^*)$ 的近似

$$\delta f(x^*) \approx |f'(x^*)|\delta(x^*), \quad \delta_r f(x^*) \approx \left|\frac{f'(x^*)}{f(x^*)}\right|\delta(x^*).$$

类似地，对于多元函数 $f(x_1, x_2, \cdots, x_n)$，给定自变量的近似值 $x_1^*, x_2^*, \cdots, x_n^*$，利用多元函数的泰勒展开，并取一阶近似可得其误差限

$$\delta f(x_1^*, x_2^*, \cdots, x_n^*) \approx \sum_{k=1}^{n}\left|\frac{\partial f(x_1^*, x_2^*, \cdots, x_n^*)}{\partial x_k}\right|\delta(x_k^*),$$

和相对误差限

$$\delta_r f(x_1^*, x_2^*, \cdots, x_n^*) \approx \sum_{k=1}^{n}\left|\frac{\partial f(x_1^*, x_2^*, \cdots, x_n^*)}{\partial x_k}\right|\frac{\delta(x_k^*)}{|f(x_1^*, x_2^*, \cdots, x_n^*)|}.$$

特别地，对于两个变量的算术运算，记它们的近似值为 x_1^* 和 x_2^*，则有误差估计

$$\delta(x_1^* \pm x_2^*) = \delta(x_1^*) + \delta(x_2^*);$$

$$\delta(x_1^* x_2^*) = |x_2^*|\delta(x_1^*) + |x_1^*|\delta(x_2^*);$$

$$\delta\left(\frac{x_1^*}{x_2^*}\right) \approx \frac{|x_2^*|\delta(x_1^*) + |x_1^*|\delta(x_2^*)}{|x_2^*|^2}, \quad x_2^* \neq 0.$$

1.2.3 计算机的浮点数表示及其舍入误差

表达式(1.1)是规范化的十进制科学记数法，而在计算机中使用的是二进制(或十六进制等)数系. 为了方便讨论，下面考虑规范化的二进制浮点记数法. 由于计算机的字长是有限的，它所表示的数系不构成一个连续系统，而是一个特殊的离散集合，集合中的数称为机器数，其二进制浮点表示为

$$\pm 2^k \times 0.\beta_1\beta_2\cdots\beta_t, \tag{1.5}$$

其中，k 称为阶，它的二进制表示为 $k=\pm\alpha_1\alpha_2\cdots\alpha_s$ 且 $\alpha_i(i=1,\cdots,s)$ 为 0 或 1；s 是阶的位数. $0.\beta_1\beta_2\cdots\beta_t$ 称为尾数且 $\beta_1=1$，$\beta_j(j=2,\cdots,t)$ 为 0 或 1，t 是尾数的位数. s 和 t 的大小与所用的机器有关.

任取非零实数 x，则有 $2^{\alpha-1}\leqslant|x|<2^\alpha$，其中 α 为整数. 若 $\alpha\in[-2^s+1,2^s-1]$，则存在与 x 最接近的形如式(1.5)的机器数，记为 $fl(x)$，它是实数 x 的机器数表示. 显然，存在 β 使得

$$fl(x)=2^\alpha\cdot\beta, \quad 2^{-1}\leqslant|\beta|\leqslant 1-2^{-t-1}, \tag{1.6}$$

β 的二进制表示满足

$$\underbrace{0.10\cdots0}_{t\text{位}}\leqslant|\beta|\leqslant\underbrace{0.11\cdots1}_{t\text{位}}.$$

若 $|x|<2^\alpha$ 且 $\alpha\leqslant-2^s$，则有 $fl(x)=0$；若 $|x|\geqslant 2^\alpha$ 且 $\alpha\geqslant 2^s$，则机器数上溢，$fl(x)$ 不存在. 对于 $fl(x)$ 的误差估计，有如下定理.

定理 1.2.2 设实数 x 满足 $2^{\alpha-1}\leqslant|x|<2^\alpha$，其中 $\alpha\in[-2^s+1,2^s-1]$，则存在 δ 使得 $fl(x)=x(1+\delta)$，其中 $|\delta|\leqslant 2^{-t}$.

证明 由式(1.6)可知，与 x 最接近的机器数 $fl(x)$ 与 x 之间满足

$$2^\alpha(\beta-2^{-t-1})\leqslant x<2^\alpha(\beta+2^{-t-1}),$$

即

$$|fl(x)-x|\leqslant 2^{\alpha-t-1}.$$

记 $\delta=\dfrac{fl(x)-x}{x}$，则有 $fl(x)=x(1+\delta)$，且

$$|\delta|=\frac{|fl(x)-x|}{|x|}\leqslant\frac{2^{\alpha-t-1}}{2^{\alpha-1}}=2^{-t}.$$

证毕.

采用与上述类似的推导也可得 $fl(x)=\dfrac{x}{1+\delta}$，其中 $|\delta|\leqslant 2^{-t}$.

下面讨论计算机中浮点数进行算术运算的舍入误差，并用 $\circ$ 表示 $+$、$-$、$\times$、$\div$ 中的任一运算(假定除法中分母不为零). 机器运算出的结果可理解为先计算 $fl(x)\circ fl(y)$，然后将其表示成机器的浮点数 $fl(fl(x)\circ fl(y))$. 于是，根据定理 1.2.2 可得如下结论.

定理 1.2.3 对于算术运算，有

$$fl(fl(x)\circ fl(y))=(fl(x)\circ fl(y))(1+\delta), \quad |\delta|\leqslant 2^{-t}.$$

综合定理 1.2.2 和定理 1.2.3 可知：在不发生上溢的情况下，实数 x 和 y 的算术运算满足

$$fl(fl(x)\circ fl(y))=[(x(1+\delta'))\circ(y(1+\delta''))](1+\delta), \quad |\delta|,|\delta'|,|\delta''|<2^{-t}.$$

由此便可估计 $|x\circ y-fl(fl(x)\circ fl(y))|$ 的界.

根据定理 1.2.2 还可估计复杂运算的误差，例如：$fl(x)+fl(y)+fl(z)$. 首先将前两项相加，则有
$$fl(fl(x)+fl(y))=(fl(x)+fl(y))(1+\delta_1),$$
再加上第三项可得
$$\begin{aligned}&fl(fl(x)+fl(y)+fl(z))\\&=fl((fl(x)+fl(y))(1+\delta_1)+fl(z))\\&=[(fl(x)+fl(y))(1+\delta_1)+fl(z)](1+\delta_2)\\&=(fl(x)+fl(y))(1+\delta_1)(1+\delta_2)+fl(z)(1+\delta_2).\end{aligned}$$

例 1.2.5 给定向量 $\boldsymbol{x}=(x_1,x_2,x_3)^\mathrm{T}$ 和 $\boldsymbol{y}=(y_1,y_2,y_3)^\mathrm{T}$，计算内积 $(\boldsymbol{x},\boldsymbol{y})$.

解 令 $a_i=fl(x_i),b_i=fl(y_i),i=1,2,3$，则有
$$fl(a_i\times b_i)=(a_i\times b_i)(1+\delta_i),\quad i=1,2,3.$$
于是
$$\begin{aligned}&fl((a_1\times b_1)(1+\delta_1)+(a_2\times b_2)(1+\delta_2)+(a_3\times b_3)(1+\delta_3))\\&=((a_1\times b_1)(1+\delta_1)+(a_2\times b_2)(1+\delta_2))(1+\delta_4)(1+\delta_5)+\\&\quad(a_3\times b_3)(1+\delta_3)(1+\delta_5)\\&=(a_1\times b_1)(1+\delta_1)(1+\delta_4)(1+\delta_5)+(a_2\times b_2)(1+\delta_2)(1+\delta_4)(1+\delta_5)+\\&\quad(a_3\times b_3)(1+\delta_3)(1+\delta_5),\end{aligned}$$
其中，$|\delta_i|\leq 2^{-t},i=1,2,\cdots,5$.

上述对于计算机中浮点数的表示和舍入误差的分析可以用到更复杂的误差分析中. 为便于讨论某一类方法可能出现的误差，有时也会用假想的有限位十进制下的运算来进行分析.

1.3 误差的定性分析与避免误差危害

误差分析是数值计算中重要而复杂的问题，上一节讨论了简单的四则运算和函数值的相对误差，包括四则运算中不精确计算的误差限. 然而在实际科学计算问题中往往要进行千万次以上的运算，由于几乎每步计算都含有误差，且在计算过程中误差会累积或对消，因而每步都做误差分析不太现实，并且都按最坏的情况分析误差限会导致最终估计的误差远大于实际误差，无法反映真实的误差积累. 对于定量的误差分析，目前并没有有效的方法，为确保数值计算结果的可靠性，通常只对数值计算问题进行定性分析.

1.3.1 病态问题与条件数

对于数值问题本身而言，若输入数据的微小扰动（即误差）会

导致输出数据(即问题的解)的相对误差很大,则称其为**病态问题**,否则称为**良态问题**.

假设 $f(x)$ 具有二阶连续导数,在计算函数值 $f(x)$ 时,x 的近似值 x^* 的相对误差为 $\dfrac{x-x^*}{x^*}$,函数值 $f(x^*)$ 的相对误差为 $\dfrac{f(x)-f(x^*)}{f(x^*)}$,因而它们相对误差比值的绝对值满足

$$\left|\frac{[f(x)-f(x^*)]/f(x^*)}{(x-x^*)/x^*}\right| \approx \left|\frac{x^* f'(x^*)}{f(x^*)}\right| = C_p. \quad (1.7)$$

自变量 x^* 的相对误差通常很小,故若 C_p 很大,函数值 $f(x^*)$ 的相对误差会很大,此时问题是病态的;若 C_p 很小,函数值 $f(x^*)$ 的相对误差也会很小,问题便是良态的. 由于 C_p 的大小能够反映计算函数值 $f(x)$ 问题本身是否病态,故称 C_p 为其**条件数**. 例如 $f(x)=x^n$,由 $f'(x)=nx^{n-1}$ 可知 $C_p=n$,即在计算函数值时,自变量的相对误差大约被放大 n 倍. 故 n 越大,问题越病态. 一般地,若 $C_p \geq 10$,则认为函数值问题是病态的,且 C_p 越大问题病态越严重.

在计算其他问题时也需要考虑其是否病态,例如解线性方程组时,若输入数据的微小变化,引起解的相对误差很大,则该方程组是病态的.

例 1.3.1 求解方程组($a>0$)

$$\begin{cases} 2x+ay=0, \\ ax+2y=1. \end{cases}$$

解 显然 $a=2$ 时方程组无解. 当 $a \neq 2$ 时,方程组的解为

$$x = -\frac{a}{4-a^2}, \quad y = \frac{2}{4-a^2}.$$

若输入数据 $a \approx 2$ 且有误差,则解的误差会很大. 例如:$a=1.99$ 时,方程组的解为 $x \approx -49.8747, y \approx 50.1253$. 当 a 有误差,即 $a^*=1.991$ 时,方程组的解为 $x^* \approx -55.4303, y^* \approx 55.6808$. 误差较大,故该问题病态.

对该例中 $y=\dfrac{2}{4-a^2}$ 应用式(1.7)可得

$$C_p = \left|\frac{ay'(a)}{y(a)}\right| = \left|\frac{2a^2}{4-a^2}\right|.$$

当 $a=1.99$ 时,$C_p \approx 198.5013$,故问题病态.

1.3.2 数值方法的稳定性

在执行数值方法的计算时,若原始数据有误差,则在计算过

程中误差会传播和累积，有时误差增长很快，从而导致计算结果和精确解相差很大，算法失效. 对于此类现象有如下定义.

定义 1.3.1 若算法中输入数据有误差，但在计算过程中舍入误差不增长，则称该算法是数值稳定的；否则，称算法不稳定.

例 1.3.2 计算积分 $I_n = \int_0^1 x^n e^x dx, n = 0, 1, \cdots$.

解 $n = 0$ 时 $I_0 = e - 1$. 对 I_n 用分部积分可得

$$I_n = e - n I_{n-1}. \tag{1.8}$$

若计算 I_0 时取 $e \approx 2.7183$，即 $I_0 \approx 1.7183 = I_0^*$，则按照式(1.8)计算可得

$I_1^* \approx 1.0000$，$I_2^* \approx 0.7183$，$I_3^* \approx 0.5633$，$I_4^* \approx 0.4650$，
$I_5^* \approx 0.3934$，$I_6^* \approx 0.3578$，$I_7^* \approx 0.2139$，$I_8^* \approx 1.0070$，
$I_9^* \approx -6.3451$，$I_{10}^* \approx 66.1689$，$\cdots$.

由 $I_n > 0$ 可知上述结果不可靠，因为 $I_9^* < 0$. 这说明该方法是不稳定的. 事实上，由式(1.8)和 $I_n^* = e - n I_{n-1}^*$ 可知

$$\varepsilon_n = I_n - I_n^* = -n(I_{n-1} - I_{n-1}^*) = -n \varepsilon_{n-1},$$

依次递推可得 $\varepsilon_n = (-1)^n n! \varepsilon_0$. 故 n 越大，误差 ε_n 越大. 当 $n = 9$ 时，误差达到 $-9! \varepsilon_0$，从而导致数值解失真.

若将式(1.8)改写成

$$I_{n-1} = \frac{1}{n}(e - I_n), \tag{1.9}$$

则可根据 $\frac{1}{n+1} < I_n < \frac{e}{n+1}$，取充分大的 $N > n$，令 $I_N \approx \frac{e+1}{2(N+1)}$，按照式(1.9)逐次计算 I_n. 例如计算 I_1 时，可取 $I_9 \approx \frac{e+1}{20} \approx 0.1859 = I_9^*$，按照式(1.9)计算可得

$I_8^* \approx 0.2814$，$I_7^* \approx 0.3046$，$I_6^* \approx 0.3448$，$I_5^* \approx 0.3956$，
$I_4^* \approx 0.4645$，$I_3^* \approx 0.5634$，$I_2^* \approx 0.7183$，$I_1^* \approx 1.0000$.

该方法是数值稳定的. 由式(1.9)可知

$$\varepsilon_{n-1} = I_{n-1} - I_{n-1}^* = -\frac{1}{n}(I_n - I_n^*) = -\frac{1}{n} \varepsilon_n,$$

于是有 $\varepsilon_n = (-1)^{N-n} \dfrac{\varepsilon_N}{(n+1)(n+2)\cdots N}$，即误差不增长.

在数值计算时，要选用稳定的算法以确保计算结果的可靠性.

1.3.3 避免误差危害的若干原则

在数值计算时，除考虑问题本身的性态和数值算法的稳定性

外，还需要尽可能地避免误差的产生，防止有效数字的损失. 由于舍入误差的存在，在数学上等价的方法在数值计算中并不等效，因而要多加注意. 下面总结了计算过程中可以有效避免误差危害的若干原则.

1. 简化计算，减少运算次数

由于舍入误差在每一步计算中都不可避免，因而在设计算法时要尽可能地简化计算，减少误差可能出现的频率.

例 1.3.3 计算多项式 $p(x)=\sum_{i=0}^{n}a_i x^i$.

解 该问题在计算时，输入数据为 a_i 和 x，输出数据为函数值 $p(x)$. 按照如下两种算法进行计算：

算法一：
$$\begin{cases} s_0 = a_0, \\ s_k = a_k x^k, \quad k=1,2,\cdots,n, \\ p(x) = s_0 + s_1 + \cdots + s_n. \end{cases}$$

该算法需要 $n(n+1)/2$ 次乘法和 n 次加法.

算法二（秦九韶法）：

由
$$\begin{aligned} p(x) &= a_n x^n + a_{n-1} x^{n-1} + \cdots + a_2 x^2 + a_1 x + a_0 \\ &= (a_n x^{n-1} + a_{n-1} x^{n-2} + \cdots + a_2 x + a_1) x + a_0 \\ &= ((a_n x^{n-2} + a_{n-1} x^{n-3} + \cdots + a_3 x + a_2) x + a_1) x + a_0 \\ &\quad \vdots \\ &= ((((a_n x + a_{n-1}) x + \cdots + a_3) x + a_2) x + a_1) x + a_0, \end{aligned}$$

可得算法过程
$$\begin{cases} T_n = a_n, \\ T_k = x T_{k+1} + a_k, \quad k=n-1, n-2, \cdots, 0, \\ p(x) = T_0. \end{cases}$$

该算法需要 n 次乘法和 n 次加法. 两种算法所需内存基本相同，但计算量差距很大，显然秦九韶算法更加高效，误差累积的次数更少.

2. 避免两个相近的数相减，防止有效数字损失

若 $x_1 \approx x_2$，考虑它们的差，即 $y = x_1 - x_2$. 利用二元函数的全微分 $\mathrm{d}y = \mathrm{d}x_1 - \mathrm{d}x_2$，可知绝对误差限满足
$$|\varepsilon(y)| \leq |\varepsilon(x_1)| + |\varepsilon(x_2)|,$$

从而有相对误差限的估计式

$$|\varepsilon_r(y)| \leqslant \frac{|x_1|}{|y|}|\varepsilon_r(x_1)| + \frac{|x_2|}{|y|}|\varepsilon_r(x_2)|.$$

这表明当 $x_1 \approx x_2$，即 $y \approx 0$ 时，$|\varepsilon_r(y)|$ 可能很大，这时会导致数值计算结果的有效数字位数减少，因此在计算过程中应尽量避免两个相近的数作减法. 例如：$a_1 = 1.73205201$ 和 $a_2 = \sqrt{3}$，保留小数点后 8 位计算 $a_1 - a_2$，其值为 1.2×10^{-6}. 但若按照式 $(a_1^2 - a_2^2)/(a_1 + a_2)$ 进行计算，其值为 $1.20243112 \times 10^{-6}$.

一般地，可通过改变计算公式从而有效地避免有效数字位数的损失. 下面给出几种常见的变换公式.

1) $\sqrt{x+1} - \sqrt{x} = \dfrac{1}{\sqrt{x+1} + \sqrt{x}}$;

2) 当 $x_1 \approx 0$ 时，变换 $\dfrac{1-\cos x}{\sin x} = \dfrac{\sin x}{1 + \cos x}$，$e^x - 1 = x\left(1 + \dfrac{1}{2}x + \dfrac{1}{6}x^2 + \cdots\right)$;

3) 当 $x_1 \approx x_2$ 时，变换 $\lg x_1 - \lg x_2 = \lg \dfrac{x_1}{x_2}$;

4) 当 x 充分大时，变换 $\arctan(1+x) - \arctan x = \arctan \dfrac{1}{1 + x(1+x)}$.

3. 避免除数的绝对值远小于被除数的绝对值

由于

$$\varepsilon\left(\frac{x}{y}\right) \leqslant \frac{|x|\varepsilon(y) + |y|\varepsilon(x)}{|y|^2},$$

若 $|x| \gg |y|$，则计算 $\dfrac{x}{y}$ 时的绝对误差可能会很大. 例如 $\dfrac{3.7128}{0.001} = 3712.8$，当分母有微小改变时，比如增加 0.0001，则有 $\dfrac{3.7128}{0.0011} \approx 3375.27$，该结果的绝对误差较大，大约为 337.53. 因此，在计算过程中要避免除数的绝对值远小于被除数的绝对值.

4. 注意运算次序，防止大数"吃"小数

例 1.3.4 给定 $a = 10^9$，$b = 4$. 在 8 位浮点数计算机系统（8 位有效数系）上计算 $a + \sum\limits_{i=1}^{100000} b$.

解 机器数在系统上相加的原则是先对阶，再相加. 在对阶时系统保留 8 位有效数系，因此 $a = 0.10000000 \times 10^{10}$，而 $b = 0.00000000\boxed{0}\boxed{4} \times 10^{10}$，方框中的数据会被舍去，即 b 在计算机中表示为机器数 0. 于是有

$$a + \sum_{i=1}^{100000} b = 0.10000000 \times 10^{10} + 0.00000000\boxed{0}\boxed{4} \times 10^{10} + \cdots +$$

$$0.00000000\boxed{0}\boxed{4}\times 10^{10}$$
$$\triangleq 0.10000000\times 10^{10}+0.00000000\times 10^{9}+\cdots +0.00000000\times 10^{9}$$
$$=10^{9},$$

其中，$\triangleq$ 表示机器中相等. 计算结果显然是不合理的, 这主要是由于运算过程中出现了大数 10^9 "吃"小数 4 的情形.

当绝对值悬殊的一组数相加减时, 为避免"大数吃小数", 应按照绝对值由小到大的顺序进行计算. 因此, 例 1.3.4 中的求解应先计算

$$\sum_{i=1}^{100000} b = 0.4\times 10^6 = 0.00004000\times 10^{10},$$

再和 a 相加, 于是有 $a+\sum_{i=1}^{10000} b = 1.0004\times 10^9$.

1.4 向量、矩阵和连续函数的范数

由于数值计算经常会涉及数值方法的误差分析、收敛性分析等问题，本节主要介绍后续章节会用到的向量、矩阵或连续函数的度量——范数, 它通常定义在线性空间中. 对于线性空间 S, 若 $\boldsymbol{x}_1, \boldsymbol{x}_2, \cdots, \boldsymbol{x}_n \in S$ 线性无关, 且 $\forall \boldsymbol{x} \in S$ 都有

$$\boldsymbol{x} = a_1\boldsymbol{x}_1 + a_2\boldsymbol{x}_2 + \cdots + a_n\boldsymbol{x}_n,$$

则称 $\boldsymbol{x}_1, \boldsymbol{x}_2, \cdots, \boldsymbol{x}_n$ 为空间 S 的一组基, 并记 $S = \text{span}\{\boldsymbol{x}_1, \boldsymbol{x}_2, \cdots, \boldsymbol{x}_n\}$, 称 S 为 n 维线性空间. 如果 S 中有无限个线性无关的元素, 则称 S 为无限维线性空间. 本书中经常会用到的线性空间有: 向量空间, 如 n 维实向量空间 $\mathbb{R}^n$, n 维复向量空间 $\mathbb{C}^n$; 矩阵空间, 如 $n\times m$ 维实矩阵空间 $\mathbb{R}^{n\times m}$, $n\times m$ 维复矩阵空间 $\mathbb{C}^{n\times m}$; 连续函数空间 $C[a,b]$ 等. 下面介绍定义在这些空间中的范数.

1.4.1 向量的范数

在实数域中, 数的大小或数之间的距离通过绝对值来度量; 在解析几何中, 向量的大小或向量之间的距离用长度的概念来度量. 一般地, 对于向量空间中的元素, 它们的大小或距离用范数来度量. 范数是欧氏空间中长度概念的推广, 具体定义如下.

定义 1.4.1 若向量 $\boldsymbol{x}\in\mathbb{C}^n$ 的某个实值函数, 记作 $\|\boldsymbol{x}\|$, 满足下列条件:
1) 正定性: $\|\boldsymbol{x}\|\geq 0$, 等号成立当且仅当 $\boldsymbol{x}=\boldsymbol{0}$;
2) 齐次性: $\|\lambda\boldsymbol{x}\|=|\lambda|\|\boldsymbol{x}\|$, $\forall \lambda\in\mathbb{C}$;
3) 三角不等式: $\|\boldsymbol{x}+\boldsymbol{y}\|\leq\|\boldsymbol{x}\|+\|\boldsymbol{y}\|$, $\forall \boldsymbol{x}, \boldsymbol{y}\in\mathbb{C}^n$;

则称 $\|x\|$ 是 $\mathbb{C}^n$ 上的一个**向量范数**.

常见的向量范数有

$$1\text{-范数:} \quad \|x\|_1 = \sum_{i=1}^{n} |x_i|,$$

$$2\text{-范数:} \quad \|x\|_2 = \sqrt{\sum_{i=1}^{n} |x_i|^2},$$

$$\infty\text{-范数:} \quad \|x\|_\infty = \max_{1 \leq i \leq n} |x_i|,$$

其中,$x = (x_1, x_2, \cdots, x_n)^T$. 容易验证它们都满足向量范数定义中的条件,并且 $\|x\|_2$ 就是欧氏空间中所定义的向量的长度. 更一般地,还可定义 p-范数

$$\|x\|_p = \left(\sum_{i=1}^{n} |x_i|^p \right)^{1/p}.$$

$p = 1,2,\infty$ 时,便得到了前面定义的 $\|\cdot\|_1, \|\cdot\|_2, \|\cdot\|_\infty$,其中 $\|\cdot\|_\infty = \lim_{p \to \infty} \|\cdot\|_p$. 此外,由向量范数中条件(3)可知

$$|\|x\| - \|y\|| \leq \|x - y\|.$$

向量的 2-范数除按上述定义给出外,还可由内积导出. 首先给出内积的定义和性质.

定义 1.4.2 设 $x = (x_1, x_2, \cdots, x_n)^T \in \mathbb{C}^n$ 和 $y = (y_1, y_2, \cdots, y_n)^T \in \mathbb{C}^n$,则称

$$(x, y) = y^H x = \sum_{i=1}^{n} x_i \overline{y}_i$$

为向量 x 和 y 的**内积**,其中 $y^H = \overline{y}^T$.

显然,若 $x, y \in \mathbb{R}^n$,它们的内积为 $(x, y) = \sum_{i=1}^{n} x_i y_i$. 根据定义 1.4.2 不难验证内积具有以下性质:

1) $(x, x) \geq 0$,等号成立当且仅当 $x = \mathbf{0}$;
2) $(\lambda x, y) = \lambda (x, y)$,$(x, \lambda y) = \overline{\lambda}(x, y)$,$\forall \lambda \in \mathbb{C}$;
3) $(x, y) = \overline{(y, x)}$,$\forall x, y \in \mathbb{C}^n$;
4) $(x + y, z) = (x, z) + (y, z)$,$\forall x, y, z \in \mathbb{C}^n$;
5) $|(x, y)|^2 \leq (x, x)(y, y)$,即为柯西-施瓦茨(Cauchy-Schwarz)不等式.

由定义 1.4.2 还可给出加权内积的定义,以及向量正交的概念.

定义 1.4.3 设 $\boldsymbol{x}=(x_1,x_2,\cdots,x_n)^{\mathrm{T}}\in\mathbb{C}^n$ 和 $\boldsymbol{y}=(y_1,y_2,\cdots,y_n)^{\mathrm{T}}\in\mathbb{C}^n$，则称
$$(\boldsymbol{x},\boldsymbol{y})=\sum_{i=1}^{n}\omega_i x_i \bar{y}_i$$
为向量 $\boldsymbol{x}$ 和 $\boldsymbol{y}$ 带权 $\omega_1,\omega_2,\cdots,\omega_n$ 的内积，其中 $\omega_i>0(i=1,2,\cdots,n)$ 为给定的权重.

定义 1.4.4 设 $\boldsymbol{x},\boldsymbol{y}\in\mathbb{C}^n$，若 $(\boldsymbol{x},\boldsymbol{y})=0$，则称向量 $\boldsymbol{x}$ 和 $\boldsymbol{y}$ 正交，记作 $\boldsymbol{x}\perp\boldsymbol{y}$.

由内积的定义可知 $\|\boldsymbol{x}\|_2=\sqrt{(\boldsymbol{x},\boldsymbol{x})}$，且柯西-施瓦茨不等式可表示为
$$|(\boldsymbol{x},\boldsymbol{y})|\leqslant\|\boldsymbol{x}\|_2\|\boldsymbol{y}\|_2.$$

向量范数在数值计算中经常使用，下面介绍它的一些重要性质.

定理 1.4.1（向量范数的连续性） 设 $N(\boldsymbol{x})=\|\boldsymbol{x}\|$ 是 $\mathbb{C}^n$ 上的一种向量范数，则 $N(\boldsymbol{x})$ 是关于向量 $\boldsymbol{x}$ 的分量 $x_1,x_2,\cdots,x_n$ 的连续函数.

证明 记 $\boldsymbol{x}=\sum_{i=1}^{n}x_i\boldsymbol{e}_i$，$\boldsymbol{h}=\sum_{i=1}^{n}h_i\boldsymbol{e}_i$，其中 $\boldsymbol{e}_i=(\underbrace{0,\cdots,0}_{i-1},1,0,\cdots,0)^{\mathrm{T}}$，则
$$|N(\boldsymbol{x}+\boldsymbol{h})-N(\boldsymbol{x})|=|\|\boldsymbol{x}+\boldsymbol{h}\|-\|\boldsymbol{x}\||$$
$$\leqslant\|\boldsymbol{h}\|=\left\|\sum_{i=1}^{n}h_i\boldsymbol{e}_i\right\|\leqslant\sum_{i=1}^{n}|h_i|\|\boldsymbol{e}_i\|\leqslant M\max_{1\leqslant i\leqslant n}|h_i|,$$
其中，$M=\sum_{i=1}^{n}\|\boldsymbol{e}_i\|$. 于是对任意 $\varepsilon>0$，当 $\max_{1\leqslant i\leqslant n}|h_i|<\dfrac{\varepsilon}{M}$ 时，有
$$|N(\boldsymbol{x}+\boldsymbol{h})-N(\boldsymbol{x})|<\varepsilon,$$
即 $N(\boldsymbol{x})$ 是关于向量 $\boldsymbol{x}$ 的连续函数. 证毕.

定义 1.4.5 设 $\|\cdot\|_s$ 与 $\|\cdot\|_t$ 是 $\mathbb{C}^n$ 上的两种向量范数，若存在常数 $c_1,c_2>0$，使得对所有 $\boldsymbol{x}\in\mathbb{C}^n$ 成立
$$c_1\|\boldsymbol{x}\|_s\leqslant\|\boldsymbol{x}\|_t\leqslant c_2\|\boldsymbol{x}\|_s,$$
则称范数 $\|\cdot\|_s$ 与范数 $\|\cdot\|_t$ 在 $\mathbb{C}^n$ 上等价.

定理 1.4.2 $\mathbb{C}^n$ 上的任意两种范数都是等价的.

证明 只需证明 $\mathbb{C}^n$ 上的任意一种范数都与 $\|\cdot\|_2$ 等价即可. 任取 $\mathbb{C}^n$ 上的一种范数 $\|\cdot\|_t$，并记 $S=\{x\mid \|x\|_2=1, x\in\mathbb{C}^n\}$，则 S 是一个有界闭集. 由定理 1.4.1 可知 $\|\cdot\|_t$ 是 S 上的连续函数，故其在 S 上可取到最小值和最大值，分别记为 c_1 和 c_2. 由于 $\forall x \in S$，有 $x \neq 0$，因而 $c_2 \geq c_1 > 0$. 任取 $x \in \mathbb{C}^n$ 且 $x \neq 0$，则有 $\dfrac{x}{\|x\|_2} \in S$，于是可得

$$c_1 \leq \left\|\frac{x}{\|x\|_2}\right\|_t \leq c_2,$$

即对 $x \neq 0$ 有

$$c_1 \|x\|_2 \leq \|x\|_t \leq c_2 \|x\|_2.$$

由 $x = 0$ 时上式自然成立可知结论成立. 证毕.

> **定义 1.4.6** 对于 $\mathbb{C}^n$ 中的向量序列 $\{x^{(k)}\}_0^\infty$，其中 $x^{(k)} = (x_1^{(k)}, x_2^{(k)}, \cdots, x_n^{(k)})^\mathrm{T}$，若存在 $x = (x_1, x_2, \cdots, x_n)^\mathrm{T} \in \mathbb{C}^n$ 使得 $\lim\limits_{k\to\infty} \|x^{(k)} - x\| = 0$，则称向量序列 $\{x^{(k)}\}_0^\infty$ 依范数收敛于 x，记作 $\lim\limits_{k\to\infty} x^{(k)} = x$.

由定理 1.4.2 中范数的等价性可知，若向量序列在一种范数下收敛，则其在其他范数下也收敛，因而 $\lim\limits_{k\to\infty} x^{(k)} = x$ 等价于 $\lim\limits_{k\to\infty} x_i^{(k)} = x_i (i = 1, 2, \cdots, n)$.

1.4.2　矩阵的范数

类似于向量范数，也可以在矩阵空间上定义矩阵范数. 为方便起见，这里主要讨论实矩阵空间 $\mathbb{R}^{n\times n}$ 中的范数（$\mathbb{C}^{n\times n}$ 中的范数可类似讨论）.

由于矩阵 $A = (a_{ij}) \in \mathbb{R}^{n\times n}$ 可看成 $n\times n$ 维向量，因而可直接利用向量的 2-范数定义矩阵的范数，记作 $\|\cdot\|_F$，即

$$\|A\|_F = \left(\sum_{i,j=1}^n a_{ij}^2\right)^{1/2},$$

并称其为 Frobenius 范数，简称 F-范数. 它显然满足定义 1.4.1 的条件，但由于矩阵之间具有乘法运算，因而矩阵范数的定义中还应加入新的条件，于是有如下矩阵范数的定义.

> **定义 1.4.7** 若矩阵 $A \in \mathbb{R}^{n\times n}$ 的某个实值函数，记作 $\|A\|$，满足下列条件：
> 1) $\|A\| \geq 0$，等号成立当且仅当 $A = 0$，即 A 为零矩阵；
> 2) $\|\alpha A\| = |\alpha| \|A\|$，对 $\forall \alpha \in \mathbb{R}$；

3) $\|A+B\| \leq \|A\|+\|B\|$，对 $\forall A, B \in \mathbb{R}^{n \times n}$；

4) $\|AB\| \leq \|A\|\|B\|$，对 $\forall A, B \in \mathbb{R}^{n \times n}$；

则称 $\|A\|$ 为 $\mathbb{R}^{n \times n}$ 上的矩阵范数.

显然 F-范数满足上述定义中的条件（1）～（3），结合矩阵乘法的性质和柯西-施瓦茨不等式也可以推出条件（4）成立，即 $\|\cdot\|_F$ 是一种矩阵范数. 矩阵运算中除矩阵乘法外，还经常会涉及矩阵和向量的乘法，因此矩阵范数和向量范数之间也存在紧密的联系.

定义 1.4.8 给定 $\mathbb{R}^n$ 上的一种向量范数 $\|x\|$ 和 $\mathbb{R}^{n \times n}$ 上的一种矩阵范数 $\|A\|$，若有

$$\|Ax\| \leq \|A\|\|x\|, \quad \forall x \in \mathbb{R}^n, A \in \mathbb{R}^{n \times n}, \quad (1.10)$$

则称该矩阵范数与向量范数**相容**.

于是可通过向量范数定义与之相容的矩阵范数.

定理 1.4.3 设 $x \in \mathbb{R}^n$，$A \in \mathbb{R}^{n \times n}$，给定向量范数 $\|\cdot\|$，则矩阵 A 的非负函数 $\|A\|$ 定义如下

$$\|A\| = \max_{x \neq 0} \frac{\|Ax\|}{\|x\|} = \max_{\|x\|=1} \|Ax\|, \quad (1.11)$$

构成了 $\mathbb{R}^{n \times n}$ 上的矩阵范数，且该矩阵范数与向量范数是相容的，即式（1.10）成立.

证明 由式（1.11）直接可得相容性结论式（1.10），并且不难验证式（1.11）给出的非负函数 $\|A\|$ 满足定义 1.4.7 的条件（1）～（3）. 下面验证条件（4）成立. 由相容性结论式（1.10）可得

$$\|ABx\| \leq \|A\|\|Bx\| \leq \|A\|\|B\|\|x\|,$$

于是有

$$\|AB\| = \max_{x \neq 0} \frac{\|ABx\|}{\|x\|} \leq \|A\|\|B\|.$$

故式（1.11）构成了 $\mathbb{R}^{n \times n}$ 上的一个矩阵范数. 证毕.

定义 1.4.9（算子范数，从属范数） 设 $x \in \mathbb{R}^n$，$A \in \mathbb{R}^{n \times n}$，给定向量范数 $\|\cdot\|$，则称式（1.11）给出的矩阵范数为**算子范数**，也称为从属于向量范数的矩阵范数，简称**从属范数**.

按照算子范数的定义，有 $\|I\|=1$. 因此当 $n \geq 2$ 时，$\|\cdot\|_F$ 不是算子范数. 由定理 1.4.3 可知，算子范数与对应的向量范数是相

容的，但是与向量范数相容的矩阵范数却未必是算子范数. 事实上，可以证明 $\|A\|_F$ 与 $\|x\|_2$ 相容，即
$$\|Ax\|_2 \leqslant \|A\|_F \|x\|_2,$$
但是 $\|A\|_F$ 不是与 $\|x\|_2$ 相容的矩阵范数.

由于算子范数依赖于向量范数的具体含义，故称与向量 2-范数相容的矩阵范数为矩阵 2-范数或谱范数或欧几里得范数，记为 $\|A\|_2$. 同理有矩阵 1-范数 $\|A\|_1$ 和矩阵的 ∞-范数 $\|A\|_\infty$.

由于矩阵 2-范数的计算与谱半径有关，故在此给出它的定义.

定义 1.4.10 设 $A \in \mathbb{R}^{n \times n}$，记它的特征值为 $\lambda_1, \lambda_2, \cdots, \lambda_n$，则称
$$\rho(A) = \max_{1 \leqslant i \leqslant n} |\lambda_i|$$
为矩阵 A 的谱半径.

式(1.11)给出的算子范数的定义不易于数值计算，下面给出常用的算子范数的具体表达式.

定理 1.4.4 设 $A \in \mathbb{R}^{n \times n}$，则

$$\text{行范数：} \|A\|_\infty = \max_{1 \leqslant i \leqslant n} \sum_{j=1}^n |a_{ij}| \tag{1.12}$$

$$\text{列范数：} \|A\|_1 = \max_{1 \leqslant j \leqslant n} \sum_{i=1}^n |a_{ij}|, \tag{1.13}$$

$$\text{谱范数：} \|A\|_2 = \sqrt{\rho(A^\mathrm{T} A)}, \tag{1.14}$$

其中，$\rho(\cdot)$ 为矩阵的谱半径. 进一步，若 A 为对称矩阵，则 $\|A\|_2 = \rho(A)$.

证明 这里只给出 $\|A\|_1$ 和 $\|A\|_2$ 表达式的证明，$\|A\|_\infty$ 表达式(1.12)的证明类似. 对于式(1.13)，由

$$\|Ax\|_1 = \sum_{i=1}^n \left| \sum_{j=1}^n a_{ij} x_j \right| \leqslant \sum_{i=1}^n \sum_{j=1}^n |a_{ij}| |x_j| \leqslant \left(\max_{1 \leqslant j \leqslant n} \sum_{i=1}^n |a_{ij}| \right) \sum_{j=1}^n |x_j|$$
$$= \mu \|x\|_1,$$

可知对 $\forall x \in \mathbb{R}^n$ 且 $x \neq 0$，有 $\dfrac{\|Ax\|_1}{\|x\|_1} \leqslant \mu$，式中，$\mu = \max\limits_{1 \leqslant j \leqslant n} \sum\limits_{i=1}^n |a_{ij}| = \sum\limits_{i=1}^n |a_{ij_0}|$. 特别地，取 $x = e_{j_0} = (\underbrace{0, \cdots, 0}_{j_0 - 1}, 1, 0, \cdots, 0)^\mathrm{T}$，则有 $\|e_{j_0}\|_1 = 1$，且 $\|A e_{j_0}\|_1 = \sum\limits_{i=1}^n |a_{ij_0}| = \mu$. 于是有 $\mu = \max\limits_{x \neq 0} \dfrac{\|Ax\|_1}{\|x\|_1} = \|A\|_1$.

对于式(1.14)，由 $A^\mathrm{T} A$ 对称半正定，可记 $A^\mathrm{T} A$ 的特征值为 $\lambda_1 \geqslant \lambda_2 \geqslant \cdots \geqslant \lambda_n \geqslant 0$，对应的一组标准正交特征向量为 $u_1, u_2, \cdots, u_n$，

则任意的 $x \in \mathbb{R}^n$ 可表示为 $x = \sum_{i=1}^{n} c_i u_i$，其中 c_i 为组合系数. 结合 $\|Ax\|_2^2 = (Ax, Ax) = (A^T Ax, x) \geq 0$ 可得

$$\frac{\|Ax\|_2^2}{\|x\|_2^2} = \frac{(A^T Ax, x)}{(x, x)} = \frac{\sum_{i=1}^{n} \lambda_i c_i^2}{\sum_{i=1}^{n} c_i^2} \leq \lambda_1, \quad \forall x \neq 0.$$

特别地，取 $x = u_1$，则有 $\|u_1\|_2 = 1$ 且 $\|Au_1\|_2^2 = (A^T A u_1, u_1) = \lambda_1$. 故

$$\|A\|_2 = \max_{x \neq 0} \frac{\|Ax\|_2}{\|x\|_2} = \sqrt{\lambda_1} = \sqrt{\lambda_{\max}(A^T A)}.$$

当矩阵 A 对称时，有

$$\|A\|_2 = \sqrt{\lambda_{\max}(A^T A)} = \sqrt{\lambda_{\max}(A^2)} = \sqrt{\rho^2(A)} = \rho(A).$$

证毕.

由定理 1.4.4 可见 $\|A\|_\infty$ 和 $\|A\|_1$ 的计算较容易，而 $\|A\|_2$ 的计算较复杂，需要计算特征值，但是谱范数具有很多很好的性质，因而在理论分析时经常使用. 该定理的结论也可以推广到 $\mathbb{C}^{n \times n}$ 上，此时式 (1.14) 应改为 $\|A\|_2 = \sqrt{\rho(A^H A)}$.

例 1.4.1 已知 $A = \begin{pmatrix} 1 & 2 \\ 4 & -6 \end{pmatrix}$，求 $\|A\|_\infty, \|A\|_1, \|A\|_F, \|A\|_2$.

解 直接计算可得 $\|A\|_\infty = 10$，$\|A\|_1 = 8$，$\|A\|_F = \sqrt{57}$. 由 $A^T A = \begin{pmatrix} 17 & -22 \\ -22 & 40 \end{pmatrix}$ 可得其特征值为 $\lambda_{1,2} = \frac{57 \pm \sqrt{2465}}{2}$，因而有 $\|A\|_2 = \sqrt{\frac{57 + \sqrt{2465}}{2}}$.

假设 λ 是 A 的特征值，满足 $\rho(A) = |\lambda|$，x 是其对应的特征向量，即 $Ax = \lambda x$，则有 $\|Ax\| = |\lambda| \|x\| = \rho(A) \|x\|$，即

$$\rho(A) = \frac{\|Ax\|}{\|x\|} \leq \|A\|.$$

这说明 $\rho(A) \leq \|A\|$ 对任意一种算子范数均成立. 更一般地，有如下定理.

定理 1.4.5 设 $\|\cdot\|$ 是 $\mathbb{R}^{n \times n}$ 上任意一种矩阵范数，则对任意 $A \in \mathbb{R}^{n \times n}$ 有

$$\rho(A) \leq \|A\|. \quad (1.15)$$

反之，对任意的矩阵 $A \in \mathbb{R}^{n \times n}$ 和 $\varepsilon > 0$，至少存在一种算子范数 $\|\cdot\|_\varepsilon$ 使得

$$\|A\|_\varepsilon \leq \rho(A) + \varepsilon.$$

证明 取非零向量 x 满足 $Ax = \lambda x$，其中 $|\lambda| = \rho(A)$，则存在 $y \in \mathbb{R}^n$ 使得 xy^T 是非零矩阵。于是对任意一种矩阵范数，有
$$\rho(A)\|xy^T\| = \|\lambda xy^T\| = \|Axy^T\| \leqslant \|A\|\|xy^T\|,$$
即 $\rho(A) \leqslant \|A\|$.

反之，对任意 $A \in \mathbb{R}^{n \times n}$，存在可逆矩阵 $P \in \mathbb{R}^{n \times n}$，使得 $P^{-1}AP = J$，其中 J 是若尔当(Jordan)形矩阵，即 $J = \mathrm{diag}(J_1, J_2, \cdots, J_s)$，且 $J_i (i = 1, 2, \cdots, s)$ 为若尔当块矩阵，即

$$J_i = \begin{pmatrix} \lambda_i & & & \\ 1 & \ddots & & \\ & \ddots & \ddots & \\ & & 1 & \lambda_i \end{pmatrix}_{n_i \times n_i}.$$

这里 $\lambda_i(i = 1, 2, \cdots, s)$ 可能相同，且 $\sum_{i=1}^{s} n_i = n$. 令 $D = \mathrm{diag}(1, \varepsilon, \cdots, \varepsilon^{n-1})$，直接计算可知
$$\|DJD^{-1}\|_1 \leqslant \max_{1 \leqslant i \leqslant s} |\lambda_i| + \varepsilon = \rho(A) + \varepsilon.$$
记 $S = PD^{-1}$，则 S 可逆，且
$$\|S^{-1}AS\|_1 = \|DP^{-1}APD^{-1}\|_1 \leqslant \rho(A) + \varepsilon.$$
取 $\|A\|_\varepsilon = \|S^{-1}AS\|_1$，则可验证它是 $\mathbb{C}^{n \times n}$ 上的矩阵范数，且有 $\|A\|_\varepsilon \leqslant \rho(A) + \varepsilon$. 证毕.

当 A 对称时，式(1.15)可取等号. 由于 $\mathbb{R}^{n \times n}$ 上的矩阵范数必是向量范数，故矩阵范数也具有等价性.

> **定理 1.4.6 (矩阵范数的等价性)** 设 $\|\cdot\|_s$ 和 $\|\cdot\|_t$ 是 $\mathbb{R}^{n \times n}$ 上的任意两种矩阵范数，则存在常数 $c_1, c_2 > 0$，使得对任意 $A \in \mathbb{R}^{n \times n}$ 有
> $$c_1 \|A\|_s \leqslant \|A\|_t \leqslant c_2 \|A\|_s.$$

例 1.4.2 证明
$$\frac{1}{\sqrt{n}} \|A\|_F \leqslant \|A\|_2 \leqslant \|A\|_F, \quad A \in \mathbb{R}^{n \times n}.$$

解 由 $A^T A$ 对称半正定可知它的特征值 $\lambda_i \geqslant 0 (i = 1, 2, \cdots, n)$. 于是，根据 $\|A\|_2$ 和 $\|A\|_F$ 的定义可得
$$\|A\|_2^2 = \max_{1 \leqslant i \leqslant n} \lambda_i \leqslant \lambda_1 + \lambda_2 + \cdots + \lambda_n = \mathrm{tr}(A^T A) = \sum_{i=1}^{n} \sum_{j=1}^{n} a_{ij}^2 = \|A\|_F^2,$$
其中，$\mathrm{tr}(\cdot)$ 表示矩阵的迹. 另一方面，有
$$\|A\|_2^2 = \max_{1 \leqslant i \leqslant n} \lambda_i \geqslant \frac{1}{n}(\lambda_1 + \lambda_2 + \cdots + \lambda_n) = \frac{1}{n}\mathrm{tr}(A^T A) = \frac{1}{n}\|A\|_F^2,$$
即 $\|A\|_2 \geqslant \frac{1}{\sqrt{n}}\|A\|_F$. 证毕.

定理 1.4.7 设 $B \in \mathbb{R}^{n \times n}$，若 $\|B\| < 1$，则 $I \pm B$ 非奇异，且
$$\|(I \pm B)^{-1}\| \leqslant \frac{\|I\|}{1 - \|B\|},$$
其中，$\|\cdot\|$ 表示矩阵范数.

证明 由 $\rho(B) \leqslant \|B\| < 1$ 可知 $I \pm B$ 的特征值全不等于零，故 $I \pm B$ 非奇异. 又 $(I \pm B)(I \pm B)^{-1} = I$，从而有 $(I \pm B)^{-1} = I \mp B(I \pm B)^{-1}$. 于是可得
$$\|(I \pm B)^{-1}\| \leqslant \|I\| + \|B\| \|(I \pm B)^{-1}\|.$$
整理可得结论. 证毕.

若定理 1.4.7 中给定的是算子范数，则有 $\|I\| = 1$，从而有
$$\|(I \pm B)^{-1}\| \leqslant \frac{1}{1 - \|B\|}.$$

1.4.3 连续函数的范数

定义 1.4.11 若 $f(x) \in C[a, b]$ 的某个实值函数 $\|f\|$ 满足
1) 正定性：$\|f\| \geqslant 0$，且 $\|f\| = 0$ 当且仅当 $f \equiv 0$；
2) 齐次性：$\|\alpha f\| = |\alpha| \|f\|$，$\forall \alpha \in \mathbb{R}$；
3) 三角不等式：$\|f + g\| \leqslant \|f\| + \|g\|$，$\forall f, g \in C[a, b]$；

则称 $\|f\|$ 为**连续函数的范数**.

在定义连续函数的范数时经常会用到权函数以及连续函数内积的概念.

定义 1.4.12 若 $\rho(x)$ 是定义在 (a, b) 上的非负函数，且满足

1) $\int_a^b |x|^n \rho(x) \mathrm{d}x \, (n = 0, 1, \cdots)$ 存在；

2) 对非负的连续函数 $g(x)$，若 $\int_a^b g(x) \rho(x) \mathrm{d}x = 0$，则在 (a, b) 上有 $g(x) \equiv 0$，则称 $\rho(x)$ 为 (a, b) 上的**权函数**.

定义 1.4.13 设 $f(x), g(x) \in C[a, b]$，$\rho(x)$ 为 (a, b) 上的权函数，称
$$(f, g) = \int_a^b f(x) g(x) \rho(x) \mathrm{d}x$$
为函数 $f(x)$ 和 $g(x)$ 在 $[a, b]$ 上**带权 $\rho(x)$ 的内积**. 特别地，当 $\rho(x) = 1$ 时，内积表达式变为 $(f, g) = \int_a^b f(x) g(x) \mathrm{d}x$.

由定义 1.4.13 易知连续函数的内积具有以下性质:

1) 正定性: $(f,f) \geq 0$, 且 $(f,f) = 0$ 当且仅当 $f(x) \equiv 0$;
2) 对称性: $(f,g) = (g,f)$;
3) 齐次性: $(\lambda f,g) = \lambda(f,g)$, $\forall \lambda \in \mathbb{R}$;
4) 可加性: $(f+g,u) = (f,u) + (g,u)$, $f,g,u \in C[a,b]$;

基于内积的上述性质可定义连续函数的范数, 称为 2-范数或欧氏范数, 它满足

$$\|f(x)\|_2 = \sqrt{(f,f)}.$$

其他常用的连续函数范数有

∞-范数: $\|f(x)\|_\infty = \max_{a \leq x \leq b} |f(x)|$,

1-范数: $\|f(x)\|_1 = \int_a^b |f(x)| \rho(x) \mathrm{d}x$.

类似于向量 2-范数, 连续函数的 2-范数与内积之间也满足柯西-施瓦茨不等式, 即

$$|(f,g)| \leq \|f\|_2 \|g\|_2.$$

例 1.4.3 设函数 $f(x) = |x-1|$, $x \in [0,2]$, 试计算 $\|f\|_\infty$, $\|f\|_1$ 和 $\|f\|_2$.

解 $\|f\|_\infty = 1$, $\|f\|_1 = \int_0^2 |x-1| \mathrm{d}x = 1$,

$$\|f\|_2 = \sqrt{\int_0^2 |x-1|^2 \mathrm{d}x} = \sqrt{2/3}.$$

本节的最后给出 $C[a,b]$ 中函数族线性无关的概念.

定义 1.4.14 设函数组 $\varphi_0(x), \varphi_1(x), \cdots, \varphi_n(x)$ 在 $[a,b]$ 上连续, 若

$$a_0 \varphi_0(x) + a_1 \varphi_1(x) + \cdots + a_n \varphi_n(x) = 0,$$

当且仅当 $a_0 = a_1 = \cdots = a_n = 0$, 则称函数组 $\varphi_0(x), \varphi_1(x), \cdots, \varphi_n(x)$ 在 $[a,b]$ 上**线性无关**, 否则称为**线性相关**.

判断一组连续函数是否线性无关可依据如下定理.

定理 1.4.8 设 $\varphi_0(x), \varphi_1(x), \cdots, \varphi_n(x) \in C[a,b]$, 则它们线性无关的充要条件为

$$\begin{vmatrix} (\varphi_0,\varphi_0) & (\varphi_0,\varphi_1) & \cdots & (\varphi_0,\varphi_n) \\ (\varphi_1,\varphi_0) & (\varphi_1,\varphi_1) & \cdots & (\varphi_1,\varphi_n) \\ \vdots & \vdots & & \vdots \\ (\varphi_n,\varphi_0) & (\varphi_n,\varphi_1) & \cdots & (\varphi_n,\varphi_n) \end{vmatrix} \neq 0.$$

该结论可直接利用定义 1.4.14 和内积推出.

定义 1.4.15 若函数族 $\varphi_0(x),\varphi_1(x),\cdots,\varphi_n(x),\cdots$ 满足任何有限个 $\varphi_k(x)$ 组成的函数组都是线性无关的，则称此函数族为**线性无关函数族**.

$1,x,x^2,\cdots,x^n,\cdots$ 是任意区间 $[a,b]$ 上的线性无关函数族. 若 $\varphi_0(x),\varphi_1(x),\cdots,\varphi_n(x)$ 在 $[a,b]$ 上线性无关，则

$$s(x)=a_0\varphi_0(x)+a_1\varphi_1(x)+\cdots+a_n\varphi_n(x), \quad a_0,a_1,\cdots,a_n\in\mathbb{R},$$

构成了 $C[a,b]$ 的一个子空间，记作

$$H=\mathrm{span}\{\varphi_0(x),\varphi_1(x),\cdots,\varphi_n(x)\},$$

称为由 $\varphi_0(x),\varphi_1(x),\cdots,\varphi_n(x)$ 生成的连续函数空间.

小结与思考

本章介绍了数值计算中误差的概念以及误差的定性分析，这在数值计算中非常重要，需要加以重视. 在设计数值算法时，算法的误差、稳定性、时间复杂度和空间复杂度等都是需要考虑的因素，它们对于算法的计算效率至关重要. 除此之外，对数学问题本身的性态也需要加以注意，读者在学习时要注意问题性态和数值方法稳定性的区别，也可以思考如何分析和判断问题本身的性态或数值方法的稳定性. 最后一节给出了向量范数、矩阵范数和连续函数范数的相关定义和性质，为后续章节的相关内容打下基础. 范数的概念几乎遍及科学计算的所有领域，在工程设计、机器学习、计算成像等领域均有广泛的应用.

实验案例 1——分数二项式系数的计算

分数二项式系数是 $(1-x)^\alpha$ 的展开式 $(1-x)^\alpha = \sum_{k=0}^\infty g_k^{(\alpha)} x^k$ 中的系数 $g_k^{(\alpha)}$，它的表达式为

$$g_0^{(\alpha)}=1, \quad g_k^{(\alpha)}=(-1)^k\frac{\alpha(\alpha-1)\cdots(\alpha-k+1)}{k!}, \quad k\geq 1. \tag{1.16}$$

分数二项式系数在分数阶微积分的数值近似中具有重要作用，在医学图像处理、地震分析等领域具有广泛的应用. 本案例主要考虑分数二项式系数 $g_k^{(\alpha)}$ 的数值计算. 取 $\alpha=1.5$，直接按照 $g_k^{(\alpha)}$ 的定义式 (1.16)，理论上可以计算出其数值，但是 $k!$ 在 k 充分大 ($k>170$) 时会出现溢出，导致方法失败. 为防止溢出，可利用 $g_k^{(\alpha)}$ 满足的递推公式

$$g_0^{(\alpha)}=1, \quad g_k^{(\alpha)}=\left(1-\frac{\alpha+1}{k}\right)g_{k-1}^{(\alpha)}, \quad k\geq 1$$

进行计算，得

$$g_0^{(\alpha)}=1, \quad g_1^{(\alpha)}=-1.5, \quad g_2^{(\alpha)}=0.375,$$
$$g_3^{(\alpha)}=0.0625, \quad g_4^{(\alpha)}=0.0234375, \cdots$$

此时计算过程是稳定的.

习题与实验题 1

1. 设 $x(x>-1)$ 的相对误差为 δ，求 $\ln(x+1)$ 的误差.

2. 已知 $x=1.3427681$，则下列 x 的近似值 x^* 有几位有效数字，相对误差是多少？

(1) $x^* = 1.34$；(2) $x^* = 1.3427$；(3) $x^* = 1.34277$.

3. 为使 $\sqrt{37}$ 的相对误差不超过 10^{-4}，应取几位有效数字？

4. 设 $x(x \geq 1)$ 的相对误差限为 δ，求 e^{nx} 的相对误差限，并给出 e^{nx} 的条件数.

5. 为使 x^3 的相对误差不超过 0.1%，则 x 的相对误差限应是多少？

6. 计算 $x^2 - 150x + 0.0001 = 0$ 的两个根，使它们至少具有 9 位有效数字.

7. 设函数 $f(x) = \ln(1 - \cos x)$：

(1) 如何计算 $f(x)$ 的值才能避免有效数字的损失？

(2) 计算 $f(0.1)$ 和 $f(10^{-7})$，保留 8 位有效数字.

8. 证明 $\|x\|_\infty \leq \|x\|_1 \leq n\|x\|_\infty$ 和 $\|x\|_\infty \leq \|x\|_2 \leq \sqrt{n}\|x\|_\infty$，其中 $x \in \mathbb{C}^n$.

9. 计算下列矩阵的 1-范数、2-范数、∞-范数和谱半径.

(1) $A = \begin{pmatrix} 3 & 1 \\ 1 & -4 \end{pmatrix}$； (2) $B = \begin{pmatrix} 0 & 4 \\ -4 & 0 \end{pmatrix}$；

(3) $C = \begin{pmatrix} 2 & -1 & 0 \\ \frac{1}{2} & 1 & -1 \\ 0 & 0 & 3 \end{pmatrix}$.

10. 计算下列函数 $f \in C[0,1]$ 的 1-范数、2-范数和 ∞-范数.

(1) $f(x) = x - 2$； (2) $f(x) = \left| x - \frac{1}{8} \right|$；

(3) $f(x) = (x+1)e^x$.

11. 对于 $f(x), g(x) \in C^1[a,b]$，定义 $(f,g) = \int_a^b f'(x)g'(x)\,dx + f(b)g(b)$，则它是否构成内积？为什么？

12. 设 $A \in \mathbb{R}^{n \times n}$ 对称正定，记 $\|x\|_A = (Ax, x)^{1/2}$，$\forall x \in \mathbb{R}^n$，证明：$\|x\|_A$ 是 $\mathbb{R}^n$ 上的一种向量范数.

13. 设 $B \in \mathbb{R}^{n \times n}$ 非奇异，记 $\|A\|_B = \|B^{-1}AB\|_2$，$\forall A \in \mathbb{R}^{n \times n}$，证明：$\|A\|_B$ 是 $\mathbb{R}^{n \times n}$ 上的一种矩阵范数.

14. 设矩阵 A, B 非奇异，证明：

(1) $\|A^{-1}\| \geq \dfrac{1}{\|A\|}$，其中 $\|\cdot\|$ 为算子范数；

(2) $\|A^{-1} - B^{-1}\| \leq \|A^{-1}\|\|B^{-1}\|\|A - B\|$.

15. (实验题) 在计算机上计算 $g(x) = \dfrac{e^{-x}}{1 + e^{-x}}$ 在 $x = \pm 750$ 时的函数值，并分析其误差. 若计算结果误差较大或发生溢出，请给出避免误差的计算方法.

16. (实验题) 计算积分 $I_{2n} = \int_0^1 x^{2n+1} e^{-x^2}\,dx$，$n = 0, 1, \cdots$

(1) 计算 I_0，取其较精确的近似值，利用递推公式

$$I_{2n} = -\frac{1}{2}(e^{-1} - 2nI_{2n-2}), \quad n = 1, 2, \cdots, 20,$$

计算 I_2 到 I_{40} 的近似值；

(2) 给出 I_{40} 的上下界，取上下界的平均值作为 I_{40} 的近似值，利用递推公式

$$I_{2n-2} = \frac{1}{2n}e^{-1} + \frac{1}{n}I_{2n}, \quad n = 20, 19, \cdots, 2,$$

计算 I_{40} 到 I_2 的近似值；

(3) 分析两种计算方法的稳定性.

第 2 章
非线性方程求根

方程包括非线性方程和线性方程. 非线性方程无论是解的存在性还是解的计算都比线性方程复杂, 其应用范围也更广泛. 例如在计算机图形学中, 非线性方程求根是其核心研究问题, 特别是在三维场景交互、碰撞检测、模具建模等领域. 在机器人运动学、光学、材料科学等领域, 非线性方程或非线性方程组也是经常会涉及的内容. 由于非线性方程(组)通常很难求得精确根, 因而本章主要讨论非线性方程求根的数值方法.

2.1 方程求根

一般地, 可将方程表示为
$$f(x)=0, \quad (2.1)$$
式中, $f(x)$ 为连续函数, 若 $f(x)$ 是一次多项式, 则称式(2.1)为线性方程, 否则称其为非线性方程.

对于方程(2.1), 若 x^* (为实数或复数)满足 $f(x^*)=0$, 则称 x^* 为该方程的**根**, 也称 x^* 为函数 $f(x)$ 的**零点**. 如果函数 $f(x)$ 可表示成
$$f(x)=(x-x^*)^m g(x),$$
且 $g(x^*) \neq 0$, m 为正整数, 则当 $m=1$ 时, 称 x^* 为方程(2.1)的**单根**, 或称 x^* 为函数 $f(x)$ 的**单零点**; 当 $m \geq 2$ 时, 称 x^* 为方程(2.1)的 **m 重根**, 或称 x^* 为函数 $f(x)$ 的 **m 重零点**. 显然, 若 x^* 为函数 $f(x)$ 的 m 重零点, 且 $g(x)$ 充分光滑, 则
$$f(x^*)=f'(x^*)=\cdots=f^{(m-1)}(x^*)=0, \quad f^{(m)}(x^*) \neq 0.$$

非线性方程通常没有固定的求解规律, 很难直接求得其解析解, 因而在实际应用中经常利用数值方法计算其近似解. 例如代数方程(也称为多项式方程)
$$f(x)=a_n x^n + a_{n-1} x^{n-1} + \cdots + a_1 x + a_0 = 0,$$
其中, $a_n \neq 0$, 当 $n \geq 5$ 时无求根公式, 无法求得其精确解. 虽然当 $n=3$ 或 4 时代数方程具有求根公式, 但其表达式略复杂, 因此针

对 $n \geqslant 3$ 的代数方程一般采用数值方法进行求解.

假定非线性方程
$$f(x) = 0, \quad x \in \mathbb{R} \tag{2.2}$$
的根存在,其中 $f(x)$ 为连续函数. 由于非线性方程可能有多个解或无穷多解,例如函数 $f(x) = x\sin(2x)$ 在实轴上有无穷多解,因此在求解非线性方程时,一般要强调求解区间. 若方程(2.2)在区间 $[a,b]$ 上至少有一个根,则称 $[a,b]$ 为**有根区间**;若方程(2.2)在区间 $[a,b]$ 上有且只有一个根,则称 $[a,b]$ 为**隔离区间**. 隔离区间的确定主要依据闭区间上连续函数的介值定理. 若函数 $f(x)$ 在区间 $[a,b]$ 上连续,且在该区间上严格单调,端点的函数值满足 $f(a)f(b) < 0$,则 $f(x)$ 在区间 $[a,b]$ 上存在唯一的零点. 由此,结合草图或逐步搜索法可确定非线性方程的隔离区间.

在逐步搜索法中,首先确定搜索区间的下界 a,选择搜索步长 h,然后求出 $f(a), f(a+h), \cdots, f(a+nh)$,根据搜索点处函数值的符号便可判断出隔离区间. 对于搜索步长 h,可以在计算过程中适当地放大或缩小以选取合适的步长进行搜索. 因为步长 h 过大会导致无法确定隔离区间,而 h 过小又会增大计算量.

例 2.1.1 求方程 $f(x) = x^3 - 5.5x^2 + 6x - 1 = 0$ 的隔离区间.

解 从 0 出发取步长为 1,逐步计算搜索点处函数值 $f(x)$ 的符号,结果见表 2-1. 由于一元三次方程最多有三个实根,由表 2-1 可知该方程的隔离区间为 $[0,1], [1,2], [4,5]$.

表 2-1 计算结果

x	0	1	2	3	4	5	6
$f(x)$ 符号	−	+	−	−	−	+	+

假设已确定非线性方程(2.2)的一个隔离区间,在接下来我们重点介绍求解该方程的经典数值方法.

2.2 二分法

假设函数 $f(x) \in C[a,b]$ 且 $f(a)f(b) < 0$,则方程(2.2)在区间 $[a,b]$ 上至少有一个实根 x^*,即 $[a,b]$ 为方程的有根区间. 进一步,假设非线性方程(2.2)在 $[a,b]$ 上的根 x^* 为单重实根或奇重实根,则可通过不断把有根区间一分为二的方式,使区间的两个端点逐渐逼近方程的零点,进而得到满足精度要求的近似根,此方法称为**二分法**. 它的具体过程如下.

第一次二分：记$[a,b]=[a_0,b_0]$，取该区间的中点$x_0=\dfrac{a_0+b_0}{2}$将$[a,b]$分为两个子区间. 若$f(x_0)=0$或$|f(x_0)|$充分小，则x_0为方程$f(x)=0$的根或近似根；否则，判断$f(x_0)$与$f(a)$是否同号. 若同号，取$a_1=x_0$，$b_1=b$，否则取$a_1=a$，$b_1=x_0$，从而得到新的有根区间$[a_1,b_1]$，其长度为$[a,b]$长度的一半（见图2-1）.

第二次二分：计算有根区间$[a_1,b_1]$的中点$x_1=\dfrac{a_1+b_1}{2}$，若$f(x_1)=0$或$|f(x_1)|$充分小，则x_1为方程$f(x)=0$的根或近似根；否则判断$f(x_1)$与$f(a_1)$是否同号. 若同号，取$a_2=x_1$，$b_2=b_1$，否则取$a_2=a_1$，$b_2=x_1$，得到新的有根区间$[a_2,b_2]$，其长度为$[a_1,b_1]$长度的一半.

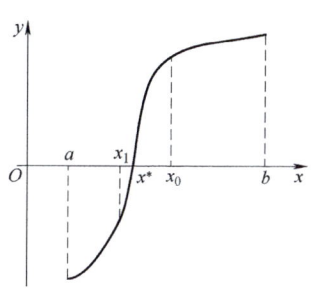

图2-1 二分法

重复以上过程便可得到有根区间套$[a,b]\supset[a_1,b_1]\supset\cdots\supset[a_n,b_n]\supset\cdots$，并且每一个有根区间的长度都是前一个有根区间长度的一半，因此$[a_n,b_n]$的长度为$b_n-a_n=\dfrac{1}{2}(b_{n-1}-a_{n-1})=\cdots=\dfrac{1}{2^n}(b-a)$，且

$$|x_n-x^*|=\left|\dfrac{1}{2}(a_n+b_n)-x^*\right|\leqslant\dfrac{b_n-a_n}{2}=\dfrac{b-a}{2^{n+1}}.$$

于是有$\lim\limits_{n\to\infty}x_n=x^*$，即$x_n=\dfrac{a_n+b_n}{2}$可作为方程(2.2)的根$x^*$的近似值，并且根据预先给定的精度，例如要求$|x_n-x^*|\leqslant\varepsilon$，令$\dfrac{1}{2^{n+1}}(b-a)\leqslant\varepsilon$即可估计出二分法所需执行的步骤数$n$.

算法2.2.1 二分法

1）输入连续函数$f(x)$和精度ε.

2）计算$f(a)$和$f(b)$. 若$f(a)f(b)>0$，则算法失效，停止计算.

3）令$x=\dfrac{a+b}{2}$，并计算$f(x)$. 若$|f(x)|<\varepsilon$或$|b-a|<\varepsilon$，停止计算，输出近似解x，否则进入下一步.

4）若$f(a)f(x)<0$，则令$b=x$，否则令$a=x$. 返回第3步.

例2.2.1 用二分法求方程$f(x)=x^3-3x^2+6x-1=0$在区间$[0,1]$内的实根，要求误差不大于0.01.

解 令$a=0$，$b=1$，则由$f(a)=-1<0$，$f(b)=3>0$，以及

$$f'(x) = 3x^2 - 6x + 6 = 3(x-1)^2 + 3 > 0,$$

可知该方程在区间$[0,1]$上只有一个根. 令$|x_n - x^*| \leq \dfrac{1}{2^{n+1}}(b-a) \leq 0.01$,可得$n \geq 6$. 按照算法 2.1.1 进行计算,结果见表 2-2.

表 2-2 二分法的计算结果

n	a_n	b_n	x_n	$f(x_n)$的符号
0	0	1	0.5000	+
1	0	0.5000	0.2500	+
2	0	0.2500	0.1250	−
3	0.1250	0.2500	0.1875	+
4	0.1250	0.1875	0.1563	−
5	0.1563	0.1875	0.1719	−
6	0.1719	0.1875	0.1797	−

例 2.2.2 用二分法求非线性方程$f(x) = 1 - x - \sin x = 0$在区间$[a, b] = [0, 1]$内的根时,若要求误差不大于$\dfrac{1}{2} \times 10^{-4}$,则需要二分多少次?

解 由于$f(0) = 1 > 0$,$f(1) = -\sin 1 < 0$和$f'(x) = -1 - \cos x < 0$,根据$f(x)$的连续性可知方程$f(x) = 0$在区间$[0, 1]$上只有一个根. 令

$$|x_n - x^*| \leq \frac{1}{2^{n+1}}(b-a) \leq \frac{1}{2} \times 10^{-4},$$

则有$k \geq \dfrac{4}{\lg 2} \approx 13.29$,故需要二分 14 次.

由二分法的计算过程可见,该方法计算简单、易于编程实现. 对于函数$f(x)$存在多个零点的情况,二分法只能计算其中一个零点. 需要注意的是,二分法不能用于求复根. 当函数$f(x)$在区间$[a, b]$内的根为偶数重根时,有$f(a)f(b) > 0$,因此二分法也不能用于求偶数重根. 虽然在一定条件下二分法具有收敛性,但其收敛速度较慢,因此在数值求解非线性方程时很少单独使用,通常是与其他方法结合起来使用.

2.3 不动点迭代法及其收敛性

本节介绍求解非线性方程$f(x) = 0$最常用的一种迭代法——不动点迭代法,也称为简单迭代法.

2.3.1 不动点迭代法

假设 $f(x) \in C[a,b]$，将非线性方程 $f(x)=0$ 等价表示为
$$x = \varphi(x). \qquad (2.3)$$
若 $x^* \in [a,b]$ 满足 $x^* = \varphi(x^*)$，则称 x^* 为 $\varphi(x)$ 的**不动点**，当然 x^* 也是方程 $f(x)=0$ 的根. 反之亦然，即非线性方程的求解可等价转换为 $\varphi(x)$ 不动点的求解.

在 $[a,b]$ 内任取一点 x_0 作为初始近似值，代入到方程 (2.3) 中反复进行迭代计算，可得
$$x_{k+1} = \varphi(x_k), \quad k=0,1,\cdots, \qquad (2.4)$$
于是便逐次得到了序列 $\{x_n\}$，称为**迭代序列**. 式 (2.4) 称为**迭代格式**或**迭代法**，$\varphi(x)$ 称为**迭代函数**. 若迭代序列 $\{x_n\}$ 收敛，则称迭代格式 (2.4) 收敛，否则称其发散. 假设 $\varphi(x)$ 连续，若迭代序列 $\{x_n\}$ 收敛，即 $\lim_{n \to \infty} x_n = x^*$，则由
$$x^* = \lim_{n \to \infty} x_{n+1} = \lim_{n \to \infty} \varphi(x_n) = \varphi(\lim_{n \to \infty} x_n) = \varphi(x^*),$$
可知 x^* 为 $\varphi(x)$ 的不动点，即 x^* 为 $f(x)=0$ 的根. 当 n 充分大时，可取 x_n 作为非线性方程 $f(x)=0$ 的近似解. 因此也称式 (2.4) 为**不动点迭代法**.

不动点迭代法是一种逐步逼近法，可以利用几何图像来表示其迭代过程，见图 2-2. 首先，迭代函数 $\varphi(x)$ 的不动点就是直线 $y=x$ 与曲线 $y=\varphi(x)$ 的交点 P^* 的横坐标 x^*. 其次，从 x^* 的某个初始近似 x_0 出发，在曲线 $y=\varphi(x)$ 上确定一点 P_0，过 P_0 作平行于 x 轴的直线，交 $y=x$ 于点 Q_1，其横坐标即为 $x_1 = \varphi(x_0)$，重复上述过程便可逐次得到迭代点 $x_2, x_3, \cdots$，即 $Q_2, Q_3, \cdots$ 的横坐标.

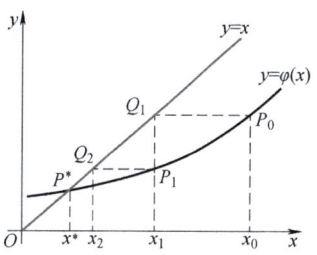

图 2-2　不动点迭代法

例 2.3.1　用不动点迭代法求解方程 $2x^3 - x - 1 = 0$，$x \in [0,2]$，取初值 $x_0 = 1.5$.

解　原方程可等价为方程 $x = 2x^3 - 1$，方程 $x = \sqrt[3]{\dfrac{x+1}{2}}$ 和方程 $x = \dfrac{4x^3 + 1}{6x^2 - 1}$，因而可构造三种不同的不动点迭代.

方法一：取 $\varphi(x) = 2x^3 - 1$，由迭代格式 (2.4) 可得计算结果，见表 2-3.

表 2-3　方法一的计算结果

k	x_k	$f(x_k)$
1	5.75000	3.73×10^2

(续)

k	x_k	$f(x_k)$
2	379.21875	1.09×10^8
3	109068514.64789	2.59×10^{24}

显然，该迭代法发散．

方法二：取 $\varphi(x)=\sqrt[3]{\dfrac{x+1}{2}}$，即迭代格式为

$$x_{k+1}=\sqrt[3]{\dfrac{x_k+1}{2}}. \tag{2.5}$$

方法三：取 $\varphi(x)=\dfrac{4x^3+1}{6x^2-1}$，即迭代格式为

$$x_{k+1}=\dfrac{4x_k^3+1}{6x_k^2-1}. \tag{2.6}$$

方法二和方法三的计算结果见表 2-4.

表 2-4 方法二和方法三的计算结果

方法	方法二		方法三	
k	x_k	$f(x_k)$	x_k	$f(x_k)$
1	1.07722	4.23×10^{-1}	1.16000	9.62×10^{-1}
2	1.01271	6.45×10^{-2}	1.02403	1.24×10^{-1}
3	1.00211	1.06×10^{-2}	1.00067	3.33×10^{-3}
4	1.00035	1.76×10^{-3}	1.00000	2.65×10^{-6}
5	1.00006	2.93×10^{-4}	1.00000	1.69×10^{-12}

由此可见，这两种不动点迭代法都是收敛的，且方法三比方法二收敛得更快．

从例 2.3.1 可以看出将非线性方程化为等价方程的方法不是唯一的，于是可构造很多不同的不动点迭代格式，并且不同迭代格式的敛散性及其收敛速度通常也不同．因此在利用不动点迭代法求解非线性方程时，需要分析迭代格式的敛散性及其收敛速度．

2.3.2 不动点迭代法的全局收敛性

定理 2.3.1 若 $\varphi(x)\in C[a,b]$ 满足

1) 对 $\forall x\in[a,b]$，有 $a\leqslant\varphi(x)\leqslant b$；
2) 对 $\forall x,y\in[a,b]$，存在常数 L，满足 $0<L<1$，使得

$$|\varphi(x)-\varphi(y)|\leqslant L|x-y|, \tag{2.7}$$

则 $\varphi(x)$ 在 $[a,b]$ 上存在唯一不动点 x^*，且不动点迭代(2.4)产生的迭代序列 $\{x_k\}$ 对任何 $x_0 \in [a,b]$ 均收敛于 x^*，并有误差估计式

$$|x_k - x^*| \leq \frac{L}{1-L}|x_k - x_{k-1}| \quad \text{和} \quad |x_k - x^*| \leq \frac{L^k}{1-L}|x_1 - x_0|. \qquad (2.8)$$

证明 首先证明不动点的存在性. 记 $g(x) = x - \varphi(x)$，则 $g(a) = a - \varphi(a) \leq 0$，$g(b) = b - \varphi(b) \geq 0$，若有等号成立，即 $g(a) = 0$ 或 $g(b) = 0$，则 $\varphi(x)$ 有不动点，否则必有 $g(a) \cdot g(b) < 0$. 由 $g(x) = x - \varphi(x) \in C[a,b]$ 可知 $\exists x^* \in (a,b)$ 使得 $g(x^*) = 0$，即 $x^* = \varphi(x^*)$，x^* 为 $\varphi(x)$ 的不动点.

接着证明不动点的唯一性. 设 x_1^*，x_2^* 是 $\varphi(x)$ 的不动点，且 $x_1^* \neq x_2^*$，则由式(2.7)得

$$|x_1^* - x_2^*| = |\varphi(x_1^*) - \varphi(x_2^*)| \leq L|x_1^* - x_2^*| < |x_1^* - x_2^*|.$$

矛盾，即不动点是唯一的.

下面证明对任何 $x_0 \in [a,b]$ 有 $\lim_{k \to \infty} x_k = x^*$. 由条件(1)可知不动点迭代序列 $\{x_k\} \subset [a,b]$，结合式(2.7)可得

$$|x_k - x^*| = |\varphi(x_{k-1}) - \varphi(x^*)| \leq L|x_{k-1} - x^*| \leq \cdots \leq L^k|x_0 - x^*|.$$

由于 $L^k \to 0$，$k \to \infty$，因此对任意 $x_0 \in [a,b]$ 均有 $\lim_{k \to \infty} x_k = x^*$ 成立.

此外，根据

$$|x_k - x^*| \leq L|x_{k-1} - x^*| = L|x_{k-1} - x_k + x_k - x^*| \leq L|x_k - x^*| + L|x_k - x_{k-1}|,$$

可得 $|x_k - x^*| \leq \frac{L}{1-L}|x_k - x_{k-1}|$. 利用

$$|x_k - x_{k-1}| = |\varphi(x_{k-1}) - \varphi(x_{k-2})| \leq L|x_{k-1} - x_{k-2}| \leq \cdots \leq L^{k-1}|x_1 - x_0|,$$

可得误差估计式(2.8). 证毕.

由误差估计式(2.8)中第一式可知，在数值计算时可用 $|x_k - x_{k-1}|$ 作为迭代终止的判断准则，由第二式可知常数 L 越小，不动点迭代收敛越快，并且根据精度要求，可预先估计迭代步数. 为使 $|x_n - x^*| < \varepsilon$，可令 $\frac{L^n}{1-L}|x_1 - x_0| < \varepsilon$，直接计算可得

$$n > \frac{\ln[\varepsilon(1-L)] - \ln|x_1 - x_0|}{\ln L}.$$

定理2.3.1虽然给出了判断不动点迭代收敛的充分条件，但条件(2)通常不易验证. 下面给出条件(2)加强时不动点迭代收敛性的判定依据.

推论 2.3.1 设 $\varphi \in C^1[a,b]$，若定理2.3.1条件(2)中式(2.7)改为

$$|\varphi'(x)| \leq L < 1,$$

则定理 2.3.1 的结论仍成立.

实际上,根据推论 2.3.1 的条件,利用微分中值定理可知,对 $\forall x,y \in [a,b]$ 有
$$|\varphi(x)-\varphi(y)|=|\varphi'(\xi)(x-y)| \leqslant L|x-y|,$$
其中,$\xi \in (a,b)$.

在定理 2.3.1 或推论 2.3.1 的条件下,不动点迭代法对任意初始值 $x_0 \in [a,b]$ 的收敛性,称为**全局收敛性**.

对于例 2.3.1 中方法一,由于对 $\forall x \in [0,2]$,$\varphi(x) \in [-1,15] \not\subset [0,2]$ 且 $\varphi'(x)=6x^2$,不满足推论 2.3.1 的条件,结合例 2.3.1 的计算结果可知,该不动点迭代法发散. 对于方法二,由于迭代格式(2.5)满足对 $\forall x \in [0,2]$,$\varphi(x) \in [\sqrt[3]{1/2},\sqrt[3]{3/2}] \subset [0,2]$,且 $|\varphi'(x)|=\left|\dfrac{1}{6}\left(\dfrac{x+1}{2}\right)^{-\frac{2}{3}}\right| \leqslant \dfrac{1}{3 \cdot 2^{\frac{1}{3}}} <1$,故该不动点迭代法(全局)收敛. 对于方法三,迭代格式(2.6)的迭代函数满足 $\varphi(0)=-1<0$,不满足定理 2.3.1 和推论 2.3.1 的条件,但例 2.3.1 的计算结果显示该方法是收敛的. 事实上,例 2.3.1 中方法三的收敛性与初值 x_0 紧密相关,取不同的初值时其收敛速度有很大区别. 因此,仅考虑不动点迭代法的全局收敛性是不够的,通常还会考虑其局部收敛性.

2.3.3 不动点迭代法的局部收敛性与收敛阶

定义 2.3.1 设 $\varphi(x)$ 在某区间 I 有不动点 x^*,若存在 x^* 的一个邻域 $S=\{x \mid |x-x^*| \leqslant \delta\} \subset I$,对 $\forall x_0 \in S$,不动点迭代(2.4)生成的序列 $\{x_n\} \subset S$ 且收敛于 x^*,则称迭代法(2.4) **局部收敛**.

接下来给出不动点迭代法局部收敛性的判定定理.

定理 2.3.2 设 x^* 为 $\varphi(x)$ 的不动点,$\varphi'(x)$ 在 x^* 的邻域 S 内连续,且 $|\varphi'(x^*)|<1$,则迭代法(2.4)局部收敛.

证明 由 $\varphi'(x)$ 的连续性可知,存在 x^* 的一个邻域 $S=\{x \mid |x-x^*| \leqslant \delta\}$,使得 $|\varphi'(x)| \leqslant L<1$ 且
$$|\varphi(x)-x^*|=|\varphi(x)-\varphi(x^*)| \leqslant L|x-x^*| \leqslant \delta.$$
这说明对 $\forall x \in S$,有 $\varphi(x) \in S$. 因此,$\varphi(x)$ 在区间 $S=[x^*-\delta,x^*+\delta]$ 上满足推论 2.3.1 的条件,迭代格式(2.4)生成的序列 $\{x_n\}$ 对 $\forall x_0 \in S$

均收敛于 x^*. 证毕.

局部收敛性定理 2.3.2 中结论成立的前提是 $\varphi(x)$ 的不动点 x^* 存在，且条件 $|\varphi'(x^*)|<1$ 较易验证. 根据定理 2.3.2 可知例 2.3.1 中方法三的迭代格式(2.6)是局部收敛的. 因为迭代格式(2.6)中的迭代函数满足 $\varphi'(x^*)=0$.

例 2.3.2 构造不同的迭代格式求 $x^2-3=0$ 的正根 $x^*=\sqrt{3}$，并分析其收敛性.

解 令 $f(x)=x^2-3$，对方程 $f(x)=0$ 可构造如下不同的不动点迭代法：

1) $x_{k+1}=\dfrac{3}{x_k}, k=0,1,\cdots$，其迭代函数 $\varphi(x)=\dfrac{3}{x}$ 满足 $\varphi'(x)=-\dfrac{3}{x^2}$ 且 $\varphi'(x^*)=-1$，不满足定理 2.3.2 中的条件.

2) $x_{k+1}=x_k-\dfrac{1}{4}(x_k^2-3), k=0,1,\cdots$，其迭代函数 $\varphi(x)=x-\dfrac{1}{4}(x^2-3)$ 满足 $\varphi'(x)=1-\dfrac{1}{2}x$ 且 $\varphi'(x^*)=\varphi'(\sqrt{3})=1-\dfrac{\sqrt{3}}{2}<1$. 由定理 2.3.2 可知该迭代法局部收敛.

3) $x_{k+1}=\dfrac{1}{2}\left(x_k+\dfrac{3}{x_k}\right), k=0,1,\cdots$，其迭代函数 $\varphi(x)=\dfrac{1}{2}\left(x+\dfrac{3}{x}\right)$ 满足 $\varphi'(x)=\dfrac{1}{2}\left(1-\dfrac{3}{x^2}\right)$ 且 $\varphi'(x^*)=\varphi'(\sqrt{3})=0$，故该迭代格式局部收敛.

取初始值为 $x_0=2$，分别用上述三种迭代格式进行计算，结果见表 2-5.

表 2-5 计算结果

方法	迭代法 1)		迭代法 2)		迭代法 3)	
k	x_k	$f(x_k)$	x_k	$f(x_k)$	x_k	$f(x_k)$
1	1.50000	-7.50×10^{-1}	1.75000	6.25×10^{-2}	1.75000	6.25×10^{-2}
2	2.00000	1.00	1.73438	8.06×10^{-3}	1.73214	3.19×10^{-4}
3	1.50000	-7.50×10^{-1}	1.73236	1.07×10^{-3}	1.73205	8.47×10^{-9}
4	2.00000	1.00	1.73209	1.44×10^{-4}	1.73205	-4.44×10^{-16}
5	1.50000	-7.50×10^{-1}	1.73206	1.93×10^{-5}	1.73205	-4.44×10^{-16}
6	2.00000	1.00	1.73205	2.58×10^{-6}	1.73205	-4.44×10^{-16}

由计算结果可见迭代法 1)不收敛，无法得到近似根；迭代法 2)和迭代法 3)均收敛，且迭代法 3)比迭代法 2)收敛得更快.

为便于分析迭代格式收敛的快慢，下面引入收敛阶的概念.

定义 2.3.2 设迭代格式 $x_{k+1}=\varphi(x_k)$ 产生的迭代序列 $\{x_k\}$ 收敛于方程 $x=\varphi(x)$ 的不动点 x^*，记误差 $\varepsilon_k=x_k-x^*$，若存在实数 $p\geq 1$ 和常数 C，使得

$$\lim_{k\to\infty}\frac{|\varepsilon_{k+1}|}{|\varepsilon_k|^p}=C,$$

则当 $p>1$，$C>0$ 时，称该迭代格式 **p 阶收敛**；当 $p=1$，$0<C<1$ 时，称该迭代格式 **线性收敛**；当 $p=1$，$C=0$ 或 $p>1$ 时，称该迭代格式 **超线性收敛**；当 $p=2$，$C>0$ 时，称该迭代格式 **二阶收敛** 或 **平方收敛**.

若定理 2.3.2 的条件成立，即有 $|\varphi'(x^*)|<1$，根据

$$\lim_{k\to\infty}\frac{|\varepsilon_{k+1}|}{|\varepsilon_k|}=\lim_{k\to\infty}\frac{|x_{k+1}-x^*|}{|x_k-x^*|}=\lim_{k\to\infty}\frac{|\varphi(x_k)-\varphi(x^*)|}{|x_k-x^*|}=|\varphi'(x^*)|,$$

可知不动点迭代格式 (2.4) 至少是线性收敛的. 具体地，若 $0<|\varphi'(x^*)|<1$，则迭代格式 (2.4) 线性收敛；若 $\varphi'(x^*)=0$，则迭代格式 (2.4) 超线性收敛. 由此可知，例 2.3.2 中方法 2) 线性收敛，而方法 3) 超线性收敛. 因此 $|\varphi'(x^*)|$ 在一定程度上能够反映不动点迭代法的收敛速度，且 $|\varphi'(x^*)|$ 越小，迭代法收敛得越快. 更一般地，我们有如下收敛性定理.

定理 2.3.3 设 x^* 为 $\varphi(x)$ 的不动点，整数 $p>1$，$\varphi^{(p)}(x)$ 在 x^* 的邻域连续且满足

$$\varphi'(x^*)=\cdots=\varphi^{(p-1)}(x^*)=0,\quad \varphi^{(p)}(x^*)\neq 0, \quad (2.9)$$

则由迭代法 (2.4) 生成的迭代序列在 x^* 的邻域是 p 阶收敛的，并有

$$\lim_{k\to\infty}\frac{\varepsilon_{k+1}}{\varepsilon_k^p}=\frac{\varphi^{(p)}(x^*)}{p!}. \quad (2.10)$$

证明 由于 $p>1$，故 $\varphi'(x^*)=0$，由定理 2.3.2 可知，对 x^* 邻域中的任意初始近似 $x_0\neq x^*$，按照式 (2.4) 进行迭代产生的序列 $\{x_k\}$ 均收敛，即 $\lim\limits_{k\to\infty}x_k=x^*$. 将 $\varphi(x_k)$ 在 x^* 处进行泰勒展开，并利用条件 (2.9) 得

$$\varphi(x_k)=\varphi(x^*)+\frac{\varphi^{(p)}(\xi)}{p!}(x_k-x^*)^p,$$

其中，ξ 位于 x_k 与 x^* 之间. 注意到 $x_{k+1}=\varphi(x_k)$ 和 $x^*=\varphi(x^*)$，由上式可得

$$\frac{\varepsilon_{k+1}}{\varepsilon_k^p}=\frac{x_{k+1}-x^*}{(x_k-x^*)^p}=\frac{\varphi(x_k)-\varphi(x^*)}{(x_k-x^*)^p}=\frac{\varphi^{(p)}(\xi)}{p!}.$$

根据 $\varphi^{(p)}(x)$ 在 x^* 邻域的连续性以及 $\{x_k\}$ 的收敛性, 对上式取极限 $k\to\infty$, 则式(2.10)成立. 证毕.

由于例 2.3.2 中方法 3) 的迭代函数满足 $\varphi''(x) = \dfrac{3}{x^3}$ 且 $\varphi''(x^*) = \dfrac{1}{\sqrt{3}} \neq 0$, 根据定理 2.3.3 可知该方法是二阶收敛的.

例 2.3.3 给定求解非线性方程 $12-3x+2\cos x=0$ 的迭代法 $x_{k+1} = 4+\dfrac{2}{3}\cos x_k$, 证明对 $\forall x_0 \in \mathbb{R}$, 均有 $\lim\limits_{k\to\infty} x_k = x^*$, 其中 $x^* = 3.347402\cdots$ 为方程的根, 并分析该迭代法的收敛阶.

解 迭代格式 $x_{k+1}=4+\dfrac{2}{3}\cos x_k$ 的迭代函数 $\varphi(x) = 4+\dfrac{2}{3}\cos x$ 是连续函数, 且满足

$$\varphi(x) \in \left[4-\dfrac{2}{3}, 4+\dfrac{2}{3}\right] \subset (-\infty, +\infty), \quad \max_{x \in R} |\varphi'(x)| = \left|-\dfrac{2}{3}\sin x\right| \leqslant \dfrac{2}{3} < 1.$$

由推论 2.3.1 知对 $\forall x_0 \in \mathbb{R}$, 有 $\lim\limits_{k\to\infty} x_k = x^*$. 进一步, 由

$$\varphi'(x^*) = -\dfrac{2}{3}\sin(x^*) \approx 0.13624 \in (0,1),$$

可知该迭代法一阶收敛(即线性收敛).

2.4 迭代加速收敛的方法

在构造迭代格式时不仅要考虑迭代格式的收敛性, 还需考虑迭代格式的收敛速度. 有些迭代格式虽然收敛, 但其收敛速度很慢, 为达到足够的精度需要进行大量的迭代计算. 因此, 对迭代法进行加速是十分必要的.

2.4.1 埃特金(Aitken)加速收敛法

设非线性方程 $f(x)=0$ 的根为 x^*, x_0 为 x^* 的某个近似值, 构造不动点迭代格式 $x_k = \varphi(x_{k-1})$, 则进行 $k+1$ 次迭代后得 $x_{k+1} = \varphi(x_k)$, 根据微分中值定理, 有

$$x_{k+1} - x^* = \varphi(x_k) - \varphi(x^*) = \varphi'(\xi_1)(x_k - x^*), \quad (2.11)$$

其中, ξ_1 介于 x^* 与 x_k 之间. 类似地, 进行 $k+2$ 次迭代得 $x_{k+2} = \varphi(x_{k+1})$, 由微分中值定理, 有

$$x_{k+2} - x^* = \varphi(x_{k+1}) - \varphi(x^*) = \varphi'(\xi_2)(x_{k+1} - x^*), \quad (2.12)$$

其中, ξ_2 介于 x^* 与 x_{k+1} 之间. 如果 $\varphi'(x)$ 变化不大, 则有 $\varphi'(\xi_1) \approx \varphi'(\xi_2)$, 联立式(2.11)和式(2.12)可得

$$\frac{x_{k+1}-x^*}{x_{k+2}-x^*} \approx \frac{x_k-x^*}{x_{k+1}-x^*},$$

由此推得

$$x^* \approx \frac{x_k x_{k+2}-x_{k+1}^2}{x_{k+2}-2x_{k+1}+x_k} = x_k - \frac{(x_{k+1}-x_k)^2}{x_{k+2}-2x_{k+1}+x_k}.$$

因此，在计算了 x_{k+1} 和 x_{k+2} 之后，可用上式右端作为 x^* 的新近似，记作 $\overline{x_{k+1}}$. 记 $\Delta x_k = x_{k+1}-x_k$，$\Delta^2 x_k = x_{k+2}-2x_{k+1}+x_k$，则

$$\overline{x_{k+1}} = x_k - \frac{(x_{k+1}-x_k)^2}{x_k-2x_{k+1}+x_{k+2}} = x_k - (\Delta x_k)^2/\Delta^2 x_k, \quad k=0,1,\cdots. \tag{2.13}$$

式(2.13)称为**埃特金(Aitken)加速方法**.

可以证明 $\lim\limits_{k\to\infty}\dfrac{\overline{x_{k+1}}-x^*}{x_k-x^*}=0$，这表明序列 $\{\overline{x_{k+1}}\}$ 的收敛速度比 $\{x_k\}$ 的收敛速度快. 若埃特金加速法中第 k 步发生 $x_k-2x_{k+1}+x_{k+2}=0$，则中止计算，取 $x^* \approx x_k$ 即可.

2.4.2 史蒂芬森(Steffensen)加速迭代

虽然当不动点迭代法收敛速度较慢时，埃特金加速方法能起到一定的加速效果，但其每步计算均采用原始的不动点迭代序列 $\{x_k\}$，而事实上其每步计算产生的 $\overline{x_k}$ 比 x_k 更靠近方程的精确解，因而在埃特金加速过程中，可用 $\overline{x_k}$ 来替换 x_k，即在 $\overline{x_k}$ 的基础上进行两步不动点迭代，然后再进行埃特金加速. 于是得到新的迭代格式

$$\begin{cases} y_k = \varphi(x_k), \quad z_k = \varphi(y_k), \\ x_{k+1} = x_k - \dfrac{(y_k-x_k)^2}{z_k-2y_k+x_k}, \end{cases} \quad k=0,1,\cdots, \tag{2.14}$$

称为**史蒂芬森(Steffensen)迭代法**，它是原不动点迭代法(2.4)和埃特金加速方法(2.13)的结合，且构成了另一种不动点迭代法，即

$$x_{k+1} = \psi(x_k), \quad k=0,1,\cdots,$$

其中，

$$\psi(x) = x - \frac{[\varphi(x)-x]^2}{\varphi(\varphi(x))-2\varphi(x)+x} = \frac{x\varphi(\varphi(x))-[\varphi(x)]^2}{\varphi(\varphi(x))-2\varphi(x)+x}. \tag{2.15}$$

史蒂芬森迭代法具有以下局部收敛定理.

> **定理 2.4.1** 若 x^* 为式(2.15)定义的函数 $\psi(x)$ 的不动点，则 x^* 为 $\varphi(x)$ 的不动点. 反之，若 x^* 为 $\varphi(x)$ 的不动点，并设 $\varphi'(x)$ 存在且连续，$\varphi'(x^*) \neq 1$，则 x^* 是 $\psi(x)$ 的不动点.

证明 设 x^* 为函数 $\psi(x)$ 的不动点,在式(2.15)中代入 x^*,若分母 $\varphi(\varphi(x^*))-2\varphi(x^*)+x^* \neq 0$,则有 $[\varphi(x^*)-x^*]^2=0$;若 $\varphi(\varphi(x^*))-2\varphi(x^*)+x^*=0$,则有 $\varphi(\varphi(x^*))=2\varphi(x^*)-x^*$. 又由于 x^* 为有限数,故式(2.15)中的分子应有 $x^*\varphi(\varphi(x^*))-[\varphi(x^*)]^2=0$,结合 $\varphi(\varphi(x^*))=2\varphi(x^*)-x^*$ 可得 $[\varphi(x^*)-x^*]^2=0$,即 $\varphi(x^*)=x^*$. 故 x^* 为 $\varphi(x)$ 的不动点.

反之,若 x^* 为 $\varphi(x)$ 的不动点,将 x^* 代入式(2.15),利用条件 $\varphi'(x^*) \neq 1$ 及 L'Hospital 法则,得

$$\psi(x^*)=\frac{\varphi(\varphi(x^*))+x^*\varphi'(\varphi(x^*))\varphi'(x^*)-2\varphi'(x^*)\varphi(x^*)}{\varphi'(\varphi(x^*))\varphi'(x^*)-2\varphi'(x^*)+1}$$

$$=\frac{x^*+x^*[\varphi'(x^*)]^2-2x^*\varphi'(x^*)}{[\varphi'(x^*)]^2-2\varphi'(x^*)+1}=x^*.$$

证毕.

若定理 2.4.1 中的条件 $\varphi'(x^*) \neq 1$ 不满足,即 x^* 是 $x-\varphi(x)=0$ 的重根,同样可以证明 $x^*=\psi(x^*)$,见参考文献[1].

> **定理 2.4.2** 设 $\varphi(x)$ 是不动点迭代法(2.4)的迭代函数,x^* 是 $\varphi(x)$ 的不动点,在 x^* 的邻域 $\varphi(x)$ 有 $p+1$ 阶导数存在,对 $p=1$,若 $\varphi'(x^*) \neq 1$,则史蒂芬森迭代法是二阶收敛的. 若不动点迭代法(2.4)是 $p(p>1)$ 阶收敛的,则史蒂芬森迭代法是 $2p-1$ 阶收敛的.

证明见文献[2].

例 2.4.1 用不动点迭代法 $x_{k+1}=\varphi(x_k)=\ln x_k+2$ 求函数 $f(x)=x-\ln x-2$ 在区间 $(2,+\infty)$ 内的根,并用史蒂芬森迭代法加速.

解 由于对 $\forall x \in (2,+\infty)$,迭代函数满足 $\varphi(x)>2$ 且 $|\varphi'(x)|=|1/x|<1/2<1$,故该迭代法线性收敛,且根据定理 2.4.2 可知史蒂芬森迭代法此时是二阶收敛的. 取初值 $x_0=3$,分别使用不动点迭代法和史蒂芬森迭代法进行计算,结果见表 2-6.

表 2-6 计算结果

方法	不动点迭代		史蒂芬森迭代	
k	x_k	$f(x_k)$	x_k	$f(x_k)$
1	3.09861	-3.23×10^{-2}	3.14674	3.72×10^{-4}
2	3.13095	-1.04×10^{-2}	3.14619	4.77×10^{-9}
3	3.14134	-3.31×10^{-3}		
4	3.14465	-1.05×10^{-3}		
5	3.14570	-3.35×10^{-4}		

例 2.4.2 用不动点迭代法 $x_{k+1} = \dfrac{3}{x_k}$ 求方程 $x^2 - 3 = 0$ 的正根是发散的,试用史蒂芬森迭代法进行计算.

解 取初始值为 $x_0 = 2$,按照史蒂芬森迭代法(2.14)进行计算,结果见表 2-7. 由此可见,史蒂芬森迭代法能够使不收敛的不动点迭代法变得收敛.

表 2-7 史蒂芬森迭代法计算结果

k	x_k	$f(x_k)$
1	1.75000	6.25×10^{-2}
2	1.73214	3.19×10^{-4}
3	1.73205	8.47×10^{-9}
4	1.73205	-4.44×10^{-16}
5	1.73205	-4.44×10^{-16}

2.5 牛顿(Newton)迭代法

对于非线性方程 $f(x) = 0$,若能构造一种收敛速度较快的不动点迭代格式,则可以很好地解决非线性方程的数值求解. 考虑到非线性方程直接求解的困难性,结合泰勒展开式可将非线性方程转化为近似的线性方程,从而可用线性方程的解逐步逼近非线性方程的根,进而得到一种适用于一般非线性方程的迭代格式. 这就是牛顿迭代法的基本思想.

2.5.1 牛顿(Newton)迭代法及其收敛性

假设 $f''(x)$ 存在且连续,x^* 是非线性方程 $f(x) = 0$ 的根,x_k 是 x^* 的一个近似,则利用函数 $f(x)$ 在点 x_k 处的泰勒展开,有

$$f(x^*) = f(x_k) + f'(x_k)(x^* - x_k) + \frac{f''(\xi)}{2!}(x^* - x_k)^2,$$

其中,ξ 位于 x^* 与 x_k 之间. 若 $f'(x_k) \neq 0$,忽略上式中的高阶项,可得

$$x^* \approx x_k - \frac{f(x_k)}{f'(x_k)}. \tag{2.16}$$

因而可用式(2.16)的右侧作为 $f(x) = 0$ 的解 x^* 的新近似,记作 x_{k+1},于是有

$$x_{k+1} = x_k - \frac{f(x_k)}{f'(x_k)}, \quad k = 0, 1, \cdots, \tag{2.17}$$

称为**牛顿(Newton)迭代法**. 它是一种特殊的不动点迭代法, 其迭代函数为

$$\varphi(x) = x - \frac{f(x)}{f'(x)}. \tag{2.18}$$

从几何角度来看, 非线性方程 $f(x)=0$ 的根 x^* 即是曲线 $y=f(x)$ 与 x 轴交点的横坐标, 如图 2-3 所示. 假设给定 x^* 的近似值 x_k, 过点 $P_k = (x_k, f(x_k))$ 作关于曲线 $y=f(x)$ 的切线, 则切线方程为

$$y = f(x_k) + f'(x_k)(x - x_k).$$

该切线与 x 轴交点的横坐标即为新的近似值 x_{k+1}. 从初始值 x_0 出发, 重复执行上述过程, 则可得牛顿迭代序列. 因此, 牛顿迭代法可看作是用曲线在不同点处的切线来反复近似曲线, 并用切线与 x 轴的交点不断逼近 x^*, 故牛顿迭代法又称为切线法.

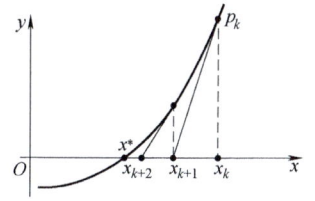

图 2-3　牛顿迭代法

例 2.5.1　利用牛顿迭代法求解方程 $xe^x - 1 = 0$ 在区间 $[0,1]$ 上的近似根, 初值取 $x_0 = 0.5$, 计算终止条件为 $|f(x_k)| < 10^{-6}$.

解　令 $f(x) = xe^x - 1$, 由 $f(0) = -1 < 0$, $f(1) = e - 1 > 0$ 以及 $f'(x) = e^x(1+x) > 0$ 可知 $f(x)$ 在 $[0,1]$ 上有唯一根. 求解方程 $f(x) = 0$ 的牛顿迭代格式为

$$x_{k+1} = x_k - \frac{f(x_k)}{f'(x_k)} = x_k - \frac{x_k e^{x_k} - 1}{e^{x_k}(1+x_k)},$$

其计算结果见表 2-8.

表 2-8　牛顿迭代法计算结果

k	x_k	$|f(x_k)|$
1	0.57102	1.07×10^{-2}
2	0.56716	3.39×10^{-5}
3	0.56714	3.41×10^{-10}

对于例 2.5.1 中的非线性方程, 也可构造不动点迭代格式 $x_{k+1} = \varphi(x_k) = e^{-x_k}$ 进行求解, 其中迭代函数满足 $|\varphi'(x^*)| < 1$, 故该迭代格式局部线性收敛, 其计算结果见表 2-9(仍取 $x_0 = 0.5$). 对比表 2-8 可知牛顿迭代法具有更快的收敛性. 事实上, 对于一般的非线性方程, 牛顿迭代法通常都具有快速收敛的性质.

表 2-9　计算结果

k	x_k	$|f(x_k)|$
1	0.60653	1.12×10^{-1}
2	0.54524	5.95×10^{-2}

(续)

k	x_k	$|f(x_k)|$
3	0.57970	3.51×10^{-2}
4	0.56006	1.94×10^{-2}
5	0.57117	1.12×10^{-2}
6	0.56486	6.29×10^{-3}
7	0.56844	3.58×10^{-3}
8	0.56641	2.03×10^{-3}
9	0.56756	1.15×10^{-3}
10	0.56691	6.52×10^{-4}
⋮	⋮	⋮
21	0.56714	1.27×10^{-6}
22	0.56714	7.22×10^{-7}

定理 2.5.1 设 x^* 是非线性方程 $f(x)=0$ 的根，$f(x)$ 在 x^* 附近二阶导数连续，且 $f'(x^*)\neq 0$，则牛顿迭代法(2.17)在 x^* 附近至少是二阶收敛的，且

$$\lim_{k\to\infty}\frac{x_{k+1}-x^*}{(x_k-x^*)^2}=\frac{1}{2}\frac{f''(x^*)}{f'(x^*)}. \tag{2.19}$$

证明 由于牛顿迭代法的迭代函数(2.18)满足

$$\varphi'(x)=\frac{f(x)f''(x)}{[f'(x)]^2},$$

结合 $f'(x^*)\neq 0$ 可知 $\varphi'(x^*)=0$. 对 $\varphi'(x)$ 再求一次导数可得 $\varphi''(x^*)=\frac{f''(x^*)}{f'(x^*)}$. 根据定理 2.3.3 知牛顿迭代法至少二阶局部收敛，且式(2.19)成立. 证毕.

需要注意的是，定理 2.5.1 中的条件 $f'(x^*)\neq 0$ 说明 x^* 是非线性方程 $f(x)=0$ 的单根，因此该定理中的局部收敛性结论只对单根问题成立.

例 2.5.2 利用牛顿迭代法求解非线性方程 $f(x)=x^5-5x^2+1=0$，$x\in[-1,0]$，并分析其收敛性.

解 由 $f(-1)=-5<0$，$f(0)=1>0$ 以及 $f'(x)=5x^4-10x>0$，$x\in(-1,0)$，可知该方程的唯一解 $x^*\in(-1,0)$. 取初始值 $x_0=-0.5$，利用牛顿迭代法进行计算，则有 $x_1=-0.44706$，$x_2=-0.44338$，$x_3=-0.44337$，其函数值 $|f(x_k)|$ 的下降曲线见图 2-4. 利用 $f'(x)$ 的表达

式和 $f''(x) = 20x^3 - 10$,可得 $f'(x^*) \neq 0$ 且 $f''(x^*) \neq 0$. 因此,根据定理 2.5.1 知牛顿迭代法在 x^* 附近二阶收敛,这与图 2-4 中的计算结果也是一致的.

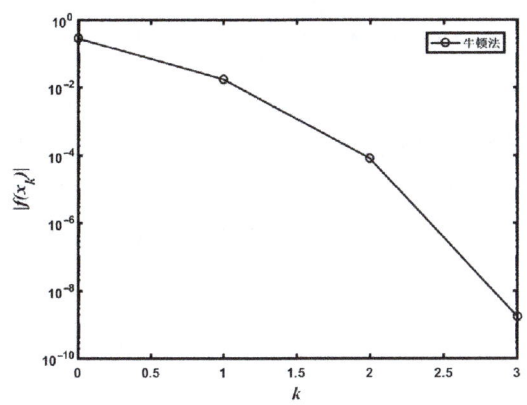

图 2-4 牛顿迭代序列函数值的下降曲线

类似地,可以分析出例 2.5.1 中牛顿迭代法也是二阶局部收敛的. 虽然牛顿迭代法的收敛速度通常较快,但其是局部收敛的,因而初始值的选取会影响其收敛的性态,下面给出确定牛顿迭代法初始值选取范围的准则.

定理 2.5.2 设函数 $f(x)$ 在有限区间 $[a,b]$ 上存在二阶导数,且满足:

1) $f(a) \cdot f(b) < 0$;
2) $f'(x)$ 在 $[a,b]$ 上不为零;
3) $f''(x)$ 在 $[a,b]$ 上不变号;
4) 选取 $x_0 \in [a,b]$,满足 $f(x_0)f''(x_0) > 0$,

则牛顿迭代序列收敛到方程 $f(x) = 0$ 在 $[a,b]$ 内的唯一根 x^*.

2.5.2 牛顿下山法

由于牛顿法是一种局部收敛的方法,初值的选取对其收敛的性态影响较大. 例如采用牛顿法求解 $2x^3 - x - 1 = 0$,$x \in [0,2]$ 时,若初值为 $x_0 = 1.5$,则进行 5 次牛顿迭代过程可使 $|f(x_k)| < 10^{-6}$,若初值为 $x_0 = 0$,则需执行 23 次迭代才能达到 $|f(x_k)| < 10^{-6}$. 为使初值的选取对牛顿法收敛性的影响降到最低,扩大初值的选取范围,可在迭代法中加入限制条件

$$|f(x_{k+1})| < |f(x_k)|. \qquad (2.20)$$

为使牛顿迭代过程满足式 (2.20),引入参数 λ $(0 < \lambda \leq 1)$,并将近似值 x_k 与其进行一步牛顿迭代后的近似值 $\overline{x_{k+1}} = x_k - \dfrac{f(x_k)}{f'(x_k)}$ 的

加权平均作为新的近似值，记为 x_{k+1}. 于是有

$$x_{k+1} = \lambda \overline{x_{k+1}} + (1-\lambda)x_k,$$

该式可等价表示为

$$x_{k+1} = x_k - \lambda \frac{f(x_k)}{f'(x_k)}, \quad k=0,1,\cdots,$$

称为**牛顿下山法**，其中 λ 称为**下山因子**. 对于下山因子，可从 $\lambda = 1$ 开始选取，若相应的近似值 x_{k+1} 不满足条件(2.20)，则将 λ 减半，重新计算新的近似值 x_{k+1}，并判断其是否满足条件(2.20)，不断重复上述过程，直到强制下降条件(2.20)满足为止. 由此可得迭代序列 $\{x_k\}$，满足 $|f(x_{k+1})| < |f(x_k)|$，故它总是收敛的.

例 2.5.3 利用牛顿下山法求解 $2x^3 - x - 1 = 0$，$x \in [0,2]$，取初值为 $x_0 = 0$.

解 按照牛顿迭代格式 $x_{k+1} = \dfrac{4x_k^3 + 1}{6x_k^2 - 1}$ 计算一次，得 $x_1 = -1$，不满足条件(2.20)，将下山因子减半，即取 $\lambda = \dfrac{1}{2}$ 时，

$$|f(x_1)| = 7.50 \times 10^{-1} < |f(x_0)| = 1.$$

此时 $x_1 = -0.50000$. 由 x_1 计算 x_2 时，取 $\lambda = 1$ 即可满足条件(2.20). 此时有 $x_2 = 1.00000$ 且 $|f(x_2)| < 10^{-6}$.

2.5.3 牛顿法重根时的修正

当 x^* 为非线性方程 $f(x) = 0$ 的 $m(m \geq 2)$ 重根时，有 $f(x) = (x-x^*)^m g(x)$ 且 $g(x^*) \neq 0$. 若牛顿迭代法(2.17)的迭代序列 $\{x_k\}$ 满足 $f'(x_k) \neq 0$，则仍可用于求解方程 $f(x) = 0$. 此时，牛顿迭代函数为

$$\varphi(x) = x - \frac{(x-x^*)g(x)}{mg(x) + (x-x^*)g'(x)}.$$

若 $g(x)$ 二阶导数存在，则有 $\varphi'(x^*) = 1 - \dfrac{1}{m} \neq 0$，即 $0 < |\varphi'(x^*)| < 1$，故牛顿迭代法局部线性收敛. 为使重根情形下，牛顿迭代法仍具有快速收敛的性质，下面介绍两种针对牛顿法的改进.

若 x^* 的重数 $m(m \geq 2)$ 已知，则可将非线性方程等价改写为

$$[f(x)]^{\frac{1}{m}} = (x-x^*)[g(x)]^{\frac{1}{m}} = 0.$$

此时，x^* 为 $[f(x)]^{\frac{1}{m}}$ 的单根. 采用牛顿法解上述方程，则有

$$x_{k+1} = x_k - m\frac{f(x_k)}{f'(x_k)}, \quad k=0,1,\cdots, \tag{2.21}$$

它至少是二阶局部收敛的.

此外，也可通过令

$$\mu(x) = \frac{f(x)}{f'(x)} = \frac{(x-x^*)g(x)}{mg(x)+(x-x^*)g'(x)},$$

将 $f(x)=0$ 的 m 重根 x^* 等价转换为 $\mu(x)=0$ 的单根. 对 $\mu(x)=0$ 采用牛顿法，则其迭代函数为

$$\varphi(x) = x - \frac{\mu(x)}{\mu'(x)} = x - \frac{f(x)f'(x)}{[f'(x)]^2 - f(x)f''(x)}.$$

从而有求解重根问题的迭代法

$$x_{k+1} = x_k - \frac{f(x_k)f'(x_k)}{[f'(x_k)]^2 - f(x_k)f''(x_k)}, \tag{2.22}$$

它至少是二阶局部收敛的，且不需要预知重数 m.

例 2.5.4 试求方程 $x^4 - 4x^2 + 4 = 0$ 的二重根 $x^* = \sqrt{2}$，取初值 $x_0 = 1.2$.

解 方法一：牛顿法，即

$$x_{k+1} = x_k - \frac{x_k^2 - 2}{4x_k}, \quad k = 0, 1, \cdots.$$

方法二：采用迭代格式(2.21)，即

$$x_{k+1} = x_k - \frac{x_k^2 - 2}{2x_k}, \quad k = 0, 1, \cdots.$$

方法三：采用迭代法(2.22)，即

$$x_{k+1} = x_k - \frac{x_k(x_k^2 - 2)}{x_k^2 + 2}, \quad k = 0, 1, \cdots.$$

三种方法的计算结果见表 2-10，其中迭代终止条件为 $|f(x_k)| < 10^{-5}$. 由计算结果可知方法二和方法三均收敛得较快，而方法一则收敛较慢，因为它是线性收敛的.

表 2-10 计算结果

k	x_k	方法一	方法二	方法三
1	x_1	1.31667	1.43333	1.39535
2	x_2	1.36725	1.41434	1.41409
3	x_3	1.39113		
4	x_4	1.40277		
5	x_5	1.40851		
6	x_6	1.41137		
7	x_7	1.41279		
8	x_8	1.41350		

2.6 割线法与抛物线法

2.6.1 割线法

牛顿迭代法(2.17)虽然具有快速收敛的性质,但是其每步迭代都需计算$f'(x_k)$. 当非线性方程$f(x)=0$中$f(x)$的导函数不易求得,或导函数的表达式复杂不易计算时,牛顿迭代法很难应用于数值计算. 设x^*为方程$f(x)=0$的根,为避免计算导数$f'(x_k)$,最简单的方法是用某一固定点的导数进行近似,例如用$f'(x_0)$近似$f'(x_k)$,于是可得到简化的牛顿迭代法

$$x_{k+1}=x_k-\frac{f(x_k)}{f'(x_0)}, \quad k=0,1,\cdots.$$

该方法虽然计算简单,但其至多是线性收敛. 为了在避免计算导数$f'(x_k)$的同时,使得迭代法具有较快的收敛速度(例如超线性收敛)可用函数$f(x)$在点x_k处的差商进行近似,即令

$$f'(x_k)\approx\frac{f(x_k)-f(x_{k-1})}{x_k-x_{k-1}},$$

将其代入牛顿迭代格式(2.17),可得

$$x_{k+1}=x_k-\frac{f(x_k)}{f(x_k)-f(x_{k-1})}(x_k-x_{k-1}), \quad k=0,1,\cdots, \quad (2.23)$$

称为**割线法**. 由于该方法是牛顿迭代法的近似,即将牛顿迭代法中切线的斜率$f'(x_k)$替换成过点$P_{k-1}=(x_{k-1},f(x_{k-1}))$和$P_k=(x_k,f(x_k))$的直线的斜率,故割线法的几何意义是用过点$P_{k-1}$和$P_k$的割线

$$p(x)=f(x_k)+\frac{f(x_k)-f(x_{k-1})}{x_k-x_{k-1}}(x-x_k)$$

近似曲线$f(x)$,如图 2-5 所示. 于是可用$p(x)$的根x_{k+1}近似x^*,从而得到割线法(2.23).

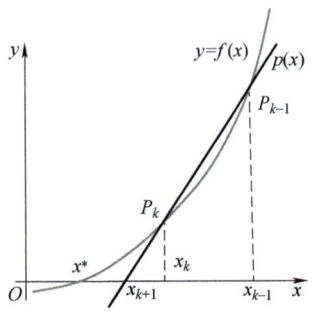

图 2-5 割线法的几何意义

割线法是一个两步的迭代法,因而需要给定两个初始值x_0和x_1. 与牛顿迭代法类似,割线法的收敛性也与初值有关,且具有超线性收敛性.

定理 2.6.1 假设$f(x)$在根x^*的邻域$S=[x^*-\delta,x^*+\delta]$上具有二阶连续导数,且对任意$x\in S$有$f'(x)\neq 0$. 取初值$x_0,x_1\in S$,则当邻域$S$充分小时,割线法(2.23)按阶$p=\dfrac{1+\sqrt{5}}{2}\approx 1.618$收敛到$x^*$,

其中，p 是方程 $\lambda^2-\lambda-1=0$ 的正根.

定理的证明见参考文献[1]，由此可见割线法也是快速收敛的.

例 2.6.1 用割线法解方程 $xe^x-1=0$ 在区间$[0,1]$上的近似根，取初值 $x_0=0.5, x_1=0.9$.

解 仍取停机条件为 $|f(x_k)|<10^{-6}$，割线法求解方程的计算结果见表 2-11.

表 2-11 割线法求解方程的计算结果

k	x_k	$|f(x_k)|$
0	0.50000	1.76×10^{-1}
1	0.90000	1.21
2	0.55057	4.52×10^{-2}
3	0.56311	1.11×10^{-2}
4	0.56720	1.52×10^{-4}
5	0.56714	5.04×10^{-7}

对比例 2.5.1 的计算结果可知，割线法的收敛速度略慢于牛顿迭代法，但快于线性收敛的迭代法 $x_{k+1}=\varphi(x_k)=e^{-x_k}$.

2.6.2 抛物线法

借助于割线法中用过两个点的割线近似曲线 $f(x)$ 的思想，可取 x^* 的三个近似点 $(x_i,f(x_i)), i=k-2,k-1,k$，用过这三个点的抛物线

$$p(x)=f(x_k)+f[x_k,x_{k-1}](x-x_k)+f[x_k,x_{k-1},x_{k-2}](x-x_k)(x-x_{k-1})$$

近似 $f(x)$，其中

$$f[x_k,x_{k-1}]=\frac{f(x_k)-f(x_{k-1})}{x_k-x_{k-1}}, \quad f[x_k,x_{k-1},x_{k-2}]=\frac{f[x_k,x_{k-1}]-f[x_{k-1},x_{k-2}]}{x_k-x_{k-2}}.$$

由于二次方程 $p(x)=0$ 有根，记为 x_{k+1}，即

$$x_{k+1}=x_k-\frac{2f(x_k)}{\omega\pm\sqrt{\omega^2-4f(x_k)f[x_k,x_{k-1},x_{k-2}]}}, \quad (2.24)$$

其中，$\omega=f[x_k,x_{k-1}]+f[x_k,x_{k-1},x_{k-2}](x_k-x_{k-1})$，我们通常选择最接近 x_k 的那一个作为新的近似值 x_{k+1}，这样确定的迭代过程称为**抛物线法**或**密勒(Müler)法**，其几何表示见图 2-6.

式(2.24)在实际计算中要注意避免有效数字的损失. 可以证明在一定条件下，抛物线法的收敛阶为 $p\approx1.840$，它是方程 λ^3-

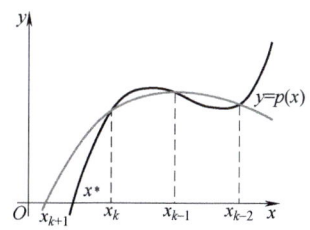

图 2-6 抛物线法的几何表示

$\lambda^2-\lambda-1=0$ 的根. 此外, 抛物线法是一个三步的迭代法, 需要给定三个初始值 x_0, x_1 和 x_2, 且该方法可用于求复根.

2.7 非线性方程组的牛顿迭代法

前面几节介绍的求解非线性方程的数值方法也可应用于求解由多个方程构成的非线性方程组

$$\begin{cases} f_1(x_1, x_2, \cdots, x_n) = 0, \\ f_2(x_1, x_2, \cdots, x_n) = 0, \\ \quad \vdots \\ f_n(x_1, x_2, \cdots, x_n) = 0, \end{cases} \quad (2.25)$$

其中, $n \geqslant 2$, $f_1, f_2, \cdots, f_n$ 均是关于 $x_1, x_2, \cdots, x_n$ 的多元函数, 且 $f_1, f_2, \cdots, f_n$ 中至少有一个是关于 $x_1, x_2, \cdots, x_n$ 的非线性函数. 记

$$\boldsymbol{x} = \begin{pmatrix} x_1 \\ x_2 \\ \vdots \\ x_n \end{pmatrix}, \quad \boldsymbol{F}(\boldsymbol{x}) = \begin{pmatrix} f_1(x_1, x_2, \cdots, x_n) \\ f_2(x_1, x_2, \cdots, x_n) \\ \vdots \\ f_n(x_1, x_2, \cdots, x_n) \end{pmatrix},$$

则非线性方程组(2.25)可表示为

$$\boldsymbol{F}(\boldsymbol{x}) = \boldsymbol{0}. \quad (2.26)$$

从形式上来看, 式(2.26)和单变量的非线性方程是一致的, 因此把单变量函数 $f(x)$ 看成向量函数 $\boldsymbol{F}(\boldsymbol{x})$, 则可将单变量方程的数值求解方法推广到非线性方程组(2.25)上.

对于定义在 $D \subset \mathbb{R}^n$ 上的向量函数 $\boldsymbol{F}(\boldsymbol{x})$, 任取 $\boldsymbol{x}_0 \in D$, 若 $\lim\limits_{\boldsymbol{x} \to \boldsymbol{x}_0} \boldsymbol{F}(\boldsymbol{x}) = \boldsymbol{F}(\boldsymbol{x}_0)$, 则称 $\boldsymbol{F}(\boldsymbol{x})$ 在 $\boldsymbol{x}_0$ 处连续. 如果 $\boldsymbol{F}(\boldsymbol{x})$ 在 D 上每点都连续, 则称 $\boldsymbol{F}(\boldsymbol{x})$ 在 D 上连续. 若 $\boldsymbol{F}(\boldsymbol{x})$ 可导, 则称 $\boldsymbol{F}'(\boldsymbol{x})$ 为 $\boldsymbol{F}(\boldsymbol{x})$ 的雅可比矩阵, 其表达式为

$$\boldsymbol{F}'(\boldsymbol{x}) = \begin{pmatrix} \dfrac{\partial \boldsymbol{f}_1(\boldsymbol{x})}{\partial \boldsymbol{x}_1} & \dfrac{\partial \boldsymbol{f}_1(\boldsymbol{x})}{\partial \boldsymbol{x}_2} & \cdots & \dfrac{\partial \boldsymbol{f}_1(\boldsymbol{x})}{\partial \boldsymbol{x}_n} \\ \dfrac{\partial \boldsymbol{f}_2(\boldsymbol{x})}{\partial \boldsymbol{x}_1} & \dfrac{\partial \boldsymbol{f}_2(\boldsymbol{x})}{\partial \boldsymbol{x}_2} & \cdots & \dfrac{\partial \boldsymbol{f}_2(\boldsymbol{x})}{\partial \boldsymbol{x}_n} \\ \vdots & \vdots & & \vdots \\ \dfrac{\partial \boldsymbol{f}_n(\boldsymbol{x})}{\partial \boldsymbol{x}_1} & \dfrac{\partial \boldsymbol{f}_n(\boldsymbol{x})}{\partial \boldsymbol{x}_2} & \cdots & \dfrac{\partial \boldsymbol{f}_n(\boldsymbol{x})}{\partial \boldsymbol{x}_n} \end{pmatrix}. \quad (2.27)$$

当 $\boldsymbol{F}(\boldsymbol{x})$ 在 D 上可导时, 不动点迭代法和牛顿迭代法均可用于求解非线性方程组(2.26).

2.7.1 非线性方程组的不动点迭代法

将方程组(2.26)等价表示为
$$x = \Phi(x). \qquad (2.28)$$
如果 $x^* \in D$,使得 $x^* = \Phi(x^*)$,则称 x^* 为函数 $\Phi(x)$ 的不动点,即 x^* 为非线性方程组(2.26)的解.

设 $F(x)$ 在 D 上连续,向量函数 $\Phi(x) \in D \subset \mathbb{R}^n$ 在 D 上也连续. 由式(2.28)可自然地构造不动点迭代格式
$$x^{(k+1)} = \Phi(x^{(k)}), \quad k = 0, 1, \cdots, \qquad (2.29)$$
其中,Φ 为迭代函数. 若不动点迭代格式(2.29)产生的向量序列 $\{x^{(k)}\}$ 满足 $\lim_{k \to \infty} x^{(k)} = x^*$,则由 Φ 的连续性可知 $x^* = \Phi(x^*)$,即 x^* 为 Φ 的不动点,也就是非线性方程组(2.26)的解.

类似于 $n=1$ 时单个非线性方程的情形,非线性方程组(2.26)的不动点迭代法具有如下收敛性定理.

定理 2.7.1 设函数 Φ 定义在区域 $D \subset \mathbb{R}^n$,且
1) 存在闭集 $D_0 \subset D$ 和实数 $0 < L < 1$,使得
$$\|\Phi(x) - \Phi(y)\| \leq L\|x - y\|, \quad \forall x, y \in D_0; \qquad (2.30)$$
2) 对任意 $x \in D_0$ 有 $\Phi(x) \in D_0$;

则 Φ 在 D_0 有唯一的不动点 x^*,且对任意 $x^{(0)} \in D_0$,迭代法产生的序列 $\{x^{(k)}\}$ 均收敛于 x^*,并有误差估计式
$$\|x^{(k)} - x^*\| \leq \frac{L^k}{1-L} \|x^{(1)} - x^{(0)}\|.$$

定理 2.7.1 中不动点迭代法的收敛性属于全局收敛性. 条件 1) 称为 D_0 的压缩条件. 显然,若 Φ 是压缩的,则 Φ 也是连续的. 条件 2) 说明 Φ 将区域 D_0 映入自身. 因此,定理 2.7.1 也称为压缩映射原理. 除全局收敛性外,不动点迭代法也有相应的局部收敛性,其判定定理如下.

定理 2.7.2 设 Φ 在定义域内有不动点 x^*,Φ 的分量函数有连续偏导数且
$$\rho(\Phi'(x^*)) < 1,$$
则存在 x^* 的邻域 S,对任意 $x^{(0)} \in S$,迭代格式(2.29)产生的序列 $\{x^{(k)}\}$ 均收敛于 x^*,其中 $\rho(\Phi'(x^*))$ 表示函数 Φ 的雅可比矩阵的谱半径.

例 2.7.1 用不动点迭代法求解方程组

$$\begin{cases} f_1 = x_1^2 + x_2^2 - 7x_1 + 1 = 0, \\ f_2 = x_2^2 + x_1 - 6x_2 + 2 = 0. \end{cases}$$

解 将方程组等价表示为 $x = \Phi(x)$，其中

$$x = \begin{pmatrix} x_1 \\ x_2 \end{pmatrix}, \quad \Phi(x) = \begin{pmatrix} \varphi_1(x) \\ \varphi_2(x) \end{pmatrix} = \begin{pmatrix} \dfrac{1}{7}(x_1^2 + x_2^2 + 1) \\ \dfrac{1}{6}(x_2^2 + x_1 + 2) \end{pmatrix}.$$

设 $D = \{(x_1, x_2) \mid 0 \leq x_1, x_2 \leq 1\}$，则有 $\dfrac{1}{7} \leq \varphi_1(x), \varphi_2(x) \leq \dfrac{2}{3}$，即对任意 $x \in D$，有 $\Phi(x) \in D$. 又对任意 $x, y \in D$，

$$|\varphi_1(y) - \varphi_1(x)| = \dfrac{1}{7}|y_1^2 - x_1^2 + y_2^2 - x_2^2| \leq \dfrac{1}{3}(|y_1 - x_1| + |y_2 - x_2|),$$

$$|\varphi_2(y) - \varphi_2(x)| = \dfrac{1}{6}|y_2^2 - x_2^2 + y_1 - x_1| \leq \dfrac{1}{3}(|y_1 - x_1| + |y_2 - x_2|).$$

因此，$\|\Phi(x) - \Phi(y)\|_1 \leq \dfrac{1}{3}\|x - y\|_1$，即 Φ 满足条件 (2.30). 由定理 2.7.1 可知，Φ 在 D 有唯一的不动点 x^*，且对任意 $x^{(0)} \in D$，不动点迭代 $x^{(k+1)} = \Phi(x^{(k)})$ 均收敛于 x^*. 取初值 $x^{(0)} = (1,1)^T$，停机准则为 $\|F(x)\|_1 < 10^{-6}$ 进行计算，计算结果见表 2-12.

表 2-12 不动点迭代法计算结果

k	$x^{(k)}$	$\|F(x^{(k)})\|_1$
1	$(0.428571, 0.666667)^T$	2.50
2	$(0.232588, 0.478836)^T$	7.56×10^{-1}
3	$(0.183340, 0.410312)^T$	1.92×10^{-1}
4	$(0.171710, 0.391949)^T$	4.52×10^{-2}
5	$(0.169016, 0.387556)^T$	1.05×10^{-2}
6	$(0.168395, 0.386536)^T$	2.41×10^{-3}
7	$(0.168252, 0.386301)^T$	5.54×10^{-4}
8	$(0.168220, 0.386247)^T$	1.27×10^{-4}
9	$(0.168212, 0.386234)^T$	2.93×10^{-5}
10	$(0.168210, 0.386232)^T$	6.73×10^{-6}
11	$(0.168210, 0.386231)^T$	1.55×10^{-6}
12	$(0.168210, 0.386231)^T$	3.56×10^{-7}

由
$$\boldsymbol{\Phi}'(\boldsymbol{x}) = \begin{pmatrix} \dfrac{2}{7}x_1 & \dfrac{2}{7}x_2 \\ \dfrac{1}{6} & \dfrac{1}{3}x_2 \end{pmatrix},$$

也可知对 $\forall \boldsymbol{x} \in D$，$\rho(\boldsymbol{\Phi}'(\boldsymbol{x}^*)) \leq \|\boldsymbol{\Phi}'(\boldsymbol{x})\|_1 \leq \dfrac{1}{3} < 1$，即满足定理 2.7.2 中的条件.

2.7.2 非线性方程组的牛顿迭代法

给定非线性方程组 (2.26) 的一个近似根 $\boldsymbol{x}^{(k)} = (x_1^{(k)}, \cdots, x_n^{(k)})^{\mathrm{T}}$. 假设 $\boldsymbol{F}(\boldsymbol{x})$ 在 D 上可导，将 $\boldsymbol{F}(\boldsymbol{x})$ 的分量函数 $f_i(\boldsymbol{x})$ ($i=1,2,\cdots,n$) 在 $\boldsymbol{x}^{(k)}$ 处进行泰勒展开，并进行线性截断，则有

$$\boldsymbol{F}(\boldsymbol{x}) \approx \boldsymbol{F}(\boldsymbol{x}^{(k)}) + \boldsymbol{F}'(\boldsymbol{x}^{(k)})(\boldsymbol{x} - \boldsymbol{x}^{(k)}),$$

其中 $\boldsymbol{F}'(\boldsymbol{x})$ 表示 $\boldsymbol{F}$ 的雅可比矩阵 (2.27). 因此，可用线性方程组

$$\boldsymbol{F}'(\boldsymbol{x}^{(k)})(\boldsymbol{x} - \boldsymbol{x}^{(k)}) = -\boldsymbol{F}(\boldsymbol{x}^{(k)}) \tag{2.31}$$

来近似非线性方程组 (2.26)，进而可用线性方程组 (2.31) 的解近似非线性方程组的解 $\boldsymbol{x}^*$. 记 (2.31) 的解为 $\boldsymbol{x}^{(k+1)}$，则有

$$\boldsymbol{x}^{(k+1)} = \boldsymbol{x}^{(k)} - \boldsymbol{F}'(\boldsymbol{x}^{(k)})^{-1}\boldsymbol{F}(\boldsymbol{x}^{(k)}),$$

称为求解非线性方程组 (2.26) 的牛顿迭代法.

定理 2.7.3 假设 $\boldsymbol{F}(\boldsymbol{x})$ 在 $D \subset \mathbb{R}^n$ 上有定义，$\boldsymbol{x}^*$ 满足 $\boldsymbol{F}(\boldsymbol{x}^*) = \boldsymbol{0}$，$\boldsymbol{F}'(\boldsymbol{x})$ 在 $\boldsymbol{x}^*$ 的开邻域 $S_0 \subset D$ 上存在且连续，$\boldsymbol{F}'(\boldsymbol{x}^*)$ 可逆，则

1) 存在以 $\boldsymbol{x}^*$ 为中心，δ 为半径的闭球 $S = S(\boldsymbol{x}^*, \delta) \subset S_0$，使得 $\boldsymbol{x} - \boldsymbol{F}'(\boldsymbol{x})^{-1}\boldsymbol{F}(\boldsymbol{x})$ 在 S 上有意义.

2) 牛顿迭代序列 $\{\boldsymbol{x}^{(k)}\}$ 在 S 上超线性收敛于 $\boldsymbol{x}^*$.

3) 若再加上条件：存在常数 $K > 0$，使得
$$\|\boldsymbol{F}'(\boldsymbol{x}) - \boldsymbol{F}'(\boldsymbol{x}^*)\| \leq K\|\boldsymbol{x} - \boldsymbol{x}^*\|, \quad \forall \boldsymbol{x} \in S,$$
其中 $\|\cdot\|$ 表示矩阵范数，则 $\{\boldsymbol{x}^{(k)}\}$ 至少平方收敛.

证明见文献 [1].

在牛顿迭代法求解非线性方程组 (2.26) 的过程中，通常是通过求解线性方程组

$$\boldsymbol{F}'(\boldsymbol{x}^{(k)})\Delta\boldsymbol{x}^{(k)} = -\boldsymbol{F}(\boldsymbol{x}^{(k)}), \tag{2.32}$$

其中，$\boldsymbol{x}^{(k+1)} - \boldsymbol{x}^{(k)} = \Delta\boldsymbol{x}^{(k)}$，得到 $\Delta\boldsymbol{x}^{(k)}$，进而求得 $\boldsymbol{x}^{(k+1)} = \boldsymbol{x}^{(k)} + \Delta\boldsymbol{x}^{(k)}$.

例 2.7.2 用牛顿迭代法求解例 2.7.1 中的方程组.

解 由 $F(x) = \begin{pmatrix} x_1^2 + x_2^2 - 7x_1 + 1 \\ x_2^2 + x_1 - 6x_2 + 2 \end{pmatrix}$ 可知 $F'(x) = \begin{pmatrix} 2x_1 - 7 & 2x_2 \\ 1 & 2x_2 - 6 \end{pmatrix}$.

取初值 $x^{(0)} = (1,1)^T$，停机准则为 $\|F(x)\|_1 < 10^{-6}$. 迭代过程按照式 (2.32) 进行计算，从而得到 $x^{(k+1)} = x^{(k)} + \Delta x^{(k)}$. 计算结果见表 2-13.

表 2-13 牛顿迭代法的计算结果

k	$x^{(k)}$	$\|F(x^{(k)})\|_1$
1	$(-0.111111, 0.222222)^T$	2.44
2	$(0.153219, 0.378690)^T$	1.19×10^{-1}
3	$(0.168166, 0.386211)^T$	3.37×10^{-4}
4	$(0.168210, 0.386231)^T$	2.70×10^{-9}

小结与思考

非线性方程(组)的数值求解是数值代数和数值优化中的重要问题，也是数值计算的核心问题，在物理、国防、工程、经济等领域均有广泛的应用。本章重点介绍单变量非线性方程的数值方法，相应的方法和理论也可以扩展到非线性方程组的数值求解上。不动点迭代法是求解非线性方程的有效方法，但构造具有快速收敛性质(超线性、平方收敛等)的迭代法在实际计算中并不容易。牛顿迭代法作为典型的不动点迭代法，对于一般的非线性方程均适用，且至少是二阶局部收敛的，因而在数值计算中经常被采用。但是牛顿法在使用时，一定要注意初值的选取。牛顿迭代法对于重根问题的收敛效率，及其迭代过程中导数的高效计算也需加以重视。针对这些缺点的改进方法(例如割线法和抛物线法)实际上是利用第四章讲述的插值近似来设计的。读者在学习时要注意思考数值方法设计的基本思路，这对更好地理解教材内容，设计求解其他复杂实际问题的数值方法很有帮助。

实验案例 2——氟化钙消光系数的计算

透明固体材料(如氟化钙、溴化钾、硅、硒化锌等)被广泛应用于激光器、光谱仪的窗口、透镜、反射镜和光纤系统等，其光学常数(折射率 η 和消光系数 k)对于光学系统及其设计至关重要。基于双厚度透射率模型，以及厚度满足整数比的光谱透射率方程，通过选择大于 0 小于 1 的实数根可以计算消光系数和折射率[7]。

下面以氟化钙消光系数的计算为例，展示牛顿迭代法求解非线性方程的数值实现过程。假设氟化钙光学窗口材料的两个厚度分别为 2mm 和 8mm，则消光系数的计算需要求解一个 16 次的多项式方程：

$$f(x) = \sum_{i=0}^{16} p_i x^i = 0, \text{ 其中}$$

$p_0 = b^2$, $p_1 = 2ab^2$, $p_2 = a^2 b^2$, $p_3 = -2ab$,
$p_4 = -2a^2 b$, $p_5 = 2ab$, $p_6 = a^2 - 2a^2 b$, $p_7 = -2a^2 b$,
$p_8 = -2a^2 - 2a^2 b^2 - 2b^2$, $p_9 = 2ab^2$, $p_{10} = a^2 + 2a^2 b$,
$p_{11} = 2ab$, $p_{12} = 2a^2 b$, $p_{13} = -2ab$, $p_{14} = a^2 b^2$,
$p_{15} = -2ab^2$, $p_{16} = b^2$.

通过计算该多项式位于 $(0,1)$ 的根 x^*，便可得到消光系数 k.

取 $a=0.95027954$, $b=0.95027117$, 利用牛顿迭代法求解 16 次的多项式方程. 牛顿法中初值为 $x_0=0.9$, 当 $|f(x_k)|<10^{-8}$ 时停止计算. 于是可得 x^* 的近似值 0.99950452. 北太天元的代码见右侧二维码.

习题与实验题 2

1. 用二分法近似求解 $xe^x-1=0$ 在区间 $[0,1]$ 上的根,使其满足 $|x_k-x^*|\le10^{-3}$. 若要求满足 $|x_k-x^*|\le10^{-6}$, 需要二分多少次?

2. 用二分法求解 $x^5-5x^2+1=0$ 在 $[-1,0]$ 上的根,要求满足 $|x_k-x^*|\le10^{-5}$.

3. 考虑方程 $f(x)=x^3-x^2-1=0$, $x\in[1,2]$.

(1) 分析不动点迭代 $x_{k+1}=\varphi(x_k)=(1+x_k^2)^{\frac{1}{3}}$ 的收敛性.

(2) 构造另外一种不动点迭代,并分析其收敛性.

4. 分析求解 $1-2x+\cos x=0$ 的不动点迭代法 $x_{k+1}=\dfrac{1+\cos x_k}{2}$ 在区间 $[0,1]$ 上的全局收敛性.

5. 考虑求解 $4x+e^x=2$ 的不动点迭代 $x_{k+1}=\dfrac{2-e^{x_k}}{4}$. 分析该迭代法在区间 $[0,1]$ 上的局部收敛性.

6. 考虑方程 $x=1+\dfrac{1}{2}\sin x$, $x\in[0.5,2]$.

(1) 迭代法 $x_{k+1}=\varphi(x_k)=1+\dfrac{1}{2}\sin x_k$ 是否收敛? 若收敛,是全局收敛还是局部收敛,其收敛阶是多少?

(2) 迭代法 $x_{k+1}=\varphi(x_k)=2x_k-1-\dfrac{1}{2}\sin x_k$ 是否收敛,为什么?

(3) 将史蒂芬森加速迭代法应用于 (1) 和 (2) 中的迭代法,并进行对比,观察史蒂芬森迭代法的加速效果.

7. 用牛顿迭代法求解下列方程的根,使得计算精确到 4 位有效数字.

(1) $f(x)=-e^x-3x+2\cos x=0$, 取 $x_0=0.5$.

(2) $f(x)=12-3x+2\cos x=0$, 取 $x_0=\pi$.

8. 写出牛顿法求解方程 $x-0.5\sin x=1$, $x\in[0,\pi]$ 的迭代格式,并分析其收敛性.

9. 用牛顿法求解 $f(x)=x^3-x^2-x+1=0$ 的正根.

(1) 取 $x_0=0.6$, 观察并分析其收敛速度.

(2) 构造两种加速其收敛的迭代方法.

10. 对于方程 $xe^x-x^2=1$, 选取合适的初值,分别用牛顿法和割线法求它的正根.

11. 取适当的初值,用牛顿法求解下列方程组

(1) $\begin{cases}x^2+2y^2=3,\\x^2-y^2=1;\end{cases}$ (2) $\begin{cases}4x^2-y^2=3,\\x^2y-y^2=1.\end{cases}$

12. (实验题) 已知关于权函数 $w(x)=(1-x)^\alpha(1+x)^\beta$ 正交的 n 次雅可比多项式 $J_n^{(\alpha,\beta)}(x)$ 可根据如下迭代公式进行计算

$$\begin{cases}J_0^{(\alpha,\beta)}(x)=1,\ J_1^{(\alpha,\beta)}(x)=\dfrac{1}{2}[\alpha-\beta+(\alpha+\beta+2)x],\\ J_{n+1}^{(\alpha,\beta)}(x)=(\alpha_n x+\beta_n)J_n^{(\alpha,\beta)}(x)-\gamma_n J_{n-1}^{(\alpha,\beta)}(x),\ n=1,2,\cdots,\end{cases}$$

其中,

$$\alpha_n=\dfrac{(2n+\alpha+\beta+1)(2n+\alpha+\beta+2)}{2(n+1)(n+\alpha+\beta+1)};$$

$$\beta_n=\dfrac{(2n+\alpha+\beta+1)(\alpha^2-\beta^2)}{2(n+1)(n+\alpha+\beta+1)(2n+\alpha+\beta)};$$

$$\gamma_n=\dfrac{(n+\alpha)(n+\beta)(2n+\alpha+\beta+2)}{(n+1)(n+\alpha+\beta+1)(2n+\alpha+\beta)}.$$

取 $\alpha=-0.9$, $\beta=-0.1$ 计算 5 次雅可比多项式 $J_5^{(\alpha,\beta)}(x)$ 的所有根.

13. (实验题) 用牛顿法计算下列非线性方程组

$$\begin{cases}x^2y-y^2+x=3,\\xy-2y-x^3=1,\end{cases}$$

取停机条件为 $\|f(x)\|_1<10^{-6}$, 通过选取不同的初值,分析初值对于牛顿迭代法收敛性的影响.

第 3 章
线性方程组的数值解法

在科学与工程计算领域，很多问题最终都归结于线性或非线性方程组的求解，例如图像融合问题. 上一章中以非线性方程为主讨论了非线性方程(组)的经典求解方法，本章重点介绍线性方程组的数值求解方法. 给定如下方程组

$$\begin{cases} a_{11}x_1+a_{12}x_2+\cdots+a_{1n}x_n=b_1, \\ a_{21}x_1+a_{22}x_2+\cdots+a_{2n}x_n=b_2, \\ \quad\vdots \\ a_{n1}x_1+a_{n2}x_2+\cdots+a_{nn}x_n=b_n, \end{cases} \tag{3.1}$$

记

$$A=\begin{pmatrix} a_{11} & a_{12} & \cdots & a_{1n} \\ a_{21} & a_{22} & \cdots & a_{2n} \\ \vdots & \vdots & & \vdots \\ a_{n1} & a_{n2} & \cdots & a_{nn} \end{pmatrix}, \quad x=\begin{pmatrix} x_1 \\ x_2 \\ \vdots \\ x_n \end{pmatrix}, \quad b=\begin{pmatrix} b_1 \\ b_2 \\ \vdots \\ b_n \end{pmatrix},$$

则方程组(3.1)可等价写成 $Ax=b$. 由线性代数的知识可知，若矩阵 A 非奇异，即 $\det A \neq 0$，则方程组(3.1)存在唯一解. 该解理论上可以由克拉默(Cramer)法则进行计算，但其计算效率太低，因而只适合矩阵维数 n 较小的情形. 事实上，对于 n 阶方程组(3.1)，用克拉默法则进行求解需要计算 $n+1$ 个 n 阶行列式的值. 若按照行列式的定义去计算，则共需要 $n!(n^2-1)$ 次乘法. 当 n 稍大时计算量便很大. 为高效而准确地计算出方程组(3.1)的解，通常采用直接法或迭代法进行求解.

直接法是指在不考虑计算过程产生的舍入误差的情况下，经过有限次四则运算可求得方程组精确解的方法. 但由于计算机字长的限制，在数值计算过程中不可避免地存在舍入误差，因而即使是精确解法，最终得到的也只能是近似解. 典型的直接法便是高斯消去法及其变形算法. 这类方法是求解低阶稠密线性方程组或某些具有特殊结构的大规模稀疏线性方程组的有效方法.

迭代法是指从给定的初始近似值出发，按照某种算法逐步将

近似解精确化的方法. 一般来说, 迭代法不能在有限步内得到精确解. 但是该方法能够充分利用线性方程组(3.1)中系数矩阵的结构, 尤其是当系数矩阵较稀疏时, 并且具有存储量小、程序设计简单等优点, 因而是求解大规模线性方程组, 尤其是大规模稀疏线性方程组的主要方法. 需要注意的是, 在使用迭代法时需要考虑它的收敛性和收敛速度.

本章主要讲述求解线性方程组 $Ax=b$ 的直接法中最基本的高斯消去法及其变形算法, 以及经典的迭代法及其收敛性. 这里总假定矩阵 A 非奇异.

3.1 高斯消去法与三角分解

高斯消去法是求解线性方程组的基本方法, 下面先看一个简单的例子.

例 3.1.1 用高斯消去法解方程组

$$\begin{cases} 2x_1 + x_2 + x_3 = 7, \\ 2x_1 + 5x_2 - x_3 = 4, \\ x_1 - x_2 + 3x_3 = 0. \end{cases} \tag{3.2}$$

解

第一次消元: 令方程组(3.2)中第一个方程乘以 -1 加到第二个方程, 乘以 $-\frac{1}{2}$ 加到第三个方程, 则有

$$\begin{cases} 2x_1 + x_2 + x_3 = 7, \\ 4x_2 - 2x_3 = -3, \\ -\frac{3}{2}x_2 + \frac{5}{2}x_3 = -\frac{7}{2}. \end{cases} \tag{3.3}$$

第二次消元: 令方程组(3.3)中第二个方程乘以 $\frac{3}{8}$ 加到第三个方程可得

$$\begin{cases} 2x_1 + x_2 + x_3 = 7, \\ 4x_2 - 2x_3 = -3, \\ \frac{7}{4}x_3 = -\frac{37}{8}. \end{cases}$$

于是方程组(3.2)的解为

$$x_1 = \frac{41}{7}, \quad x_2 = -\frac{29}{14}, \quad x_3 = -\frac{37}{14}.$$

高斯消去法的基本思想就是通过逐步消去未知量的方式将原

始方程组等价转化为上三角方程组，此过程称为消元过程. 而后按照从后往前的顺序求解上三角方程组，此过程称为回代过程. 为便于使用高斯消去法在计算机上求解线性方程组(3.1)，我们对该方法的计算过程进行归纳和总结，并给出具体的算法过程.

3.1.1 顺序高斯消去法

考虑一般的线性方程组(3.1)，它可等价表示为

$$\begin{pmatrix} a_{11} & a_{12} & \cdots & a_{1n} \\ a_{21} & a_{22} & \cdots & a_{2n} \\ \vdots & \vdots & & \vdots \\ a_{n1} & a_{n2} & \cdots & a_{nn} \end{pmatrix} \begin{pmatrix} x_1 \\ x_2 \\ \vdots \\ x_n \end{pmatrix} = \begin{pmatrix} b_1 \\ b_2 \\ \vdots \\ b_n \end{pmatrix}, \quad (3.4)$$

简记为 $\boldsymbol{Ax}=\boldsymbol{b}$. 记 $\boldsymbol{A}^{(1)}=(a_{ij}^{(1)})=\boldsymbol{A}=(a_{ij})$，$\boldsymbol{b}^{(1)}=(b_i^{(1)})=\boldsymbol{b}=(b_i)$，则顺序高斯消去法的计算过程如下.

1. 第 1 步消元 $(k=1)$

设 $a_{11}^{(1)}\neq 0$，计算 $l_{i1}=a_{i1}^{(1)}/a_{11}^{(1)}$，$i=2,3,\cdots,n$. 将 $-l_{i1}(i=2,3,\cdots,n)$ 乘以方程组(3.4)的第一个方程，并加到第 i 个方程上，可得方程组(3.4)的等价方程组

$$\boldsymbol{A}^{(2)}\boldsymbol{x}=\begin{pmatrix} a_{11}^{(1)} & a_{12}^{(1)} & \cdots & a_{1n}^{(1)} \\ 0 & a_{22}^{(2)} & \cdots & a_{2n}^{(2)} \\ \vdots & \vdots & & \vdots \\ 0 & a_{n2}^{(2)} & \cdots & a_{nn}^{(2)} \end{pmatrix}\begin{pmatrix} x_1 \\ x_2 \\ \vdots \\ x_n \end{pmatrix}=\begin{pmatrix} b_1^{(1)} \\ b_2^{(2)} \\ \vdots \\ b_n^{(2)} \end{pmatrix}=\boldsymbol{b}^{(2)}, \quad (3.5)$$

其中,

$$a_{ij}^{(2)}=a_{ij}^{(1)}-l_{i1}a_{1j}^{(1)}, \quad b_i^{(2)}=b_i^{(1)}-l_{i1}b_1^{(1)}, \quad i,j=2,3,\cdots,n.$$

2. 第 2 步消元 $(k=2)$

设 $a_{22}^{(2)}\neq 0$，计算 $l_{i2}=a_{i2}^{(2)}/a_{22}^{(2)}$，$i=3,4,\cdots,n$. 将 $-l_{i2}(i=3,4,\cdots,n)$ 乘以方程组(3.5)的第二个方程，并加到第 i 个方程上，可得

$$\boldsymbol{A}^{(3)}\boldsymbol{x}=\begin{pmatrix} a_{11}^{(1)} & a_{12}^{(1)} & a_{13}^{(1)} & \cdots & a_{1n}^{(1)} \\ & a_{22}^{(2)} & a_{23}^{(2)} & \cdots & a_{2n}^{(2)} \\ & & a_{33}^{(3)} & \cdots & a_{3n}^{(3)} \\ & & & \vdots & \vdots \\ & & a_{n3}^{(3)} & \cdots & a_{nn}^{(3)} \end{pmatrix}\begin{pmatrix} x_1 \\ x_2 \\ x_3 \\ \vdots \\ x_n \end{pmatrix}=\begin{pmatrix} b_1^{(1)} \\ b_2^{(2)} \\ b_3^{(3)} \\ \vdots \\ b_n^{(3)} \end{pmatrix}=\boldsymbol{b}^{(3)},$$

其中,

$$a_{ij}^{(3)}=a_{ij}^{(2)}-l_{i2}a_{2j}^{(2)}, \quad b_i^{(3)}=b_i^{(2)}-l_{i2}b_2^{(2)}, \quad i,j=3,4,\cdots,n.$$

依次下去可得第 k 步的消元过程. 假设已完成 $k-1$ 步消元，则原

方程组(3.4)可等价表示为

$$A^{(k)}x = \begin{pmatrix} a_{11}^{(1)} & a_{12}^{(1)} & \cdots & a_{1k}^{(1)} & \cdots & a_{1n}^{(1)} \\ & a_{22}^{(2)} & \cdots & a_{2k}^{(2)} & \cdots & a_{2n}^{(2)} \\ & & \ddots & \vdots & & \vdots \\ & & & a_{kk}^{(k)} & & a_{kn}^{(k)} \\ & & & \vdots & & \vdots \\ & & & a_{nk}^{(k)} & & a_{nn}^{(k)} \end{pmatrix} \begin{pmatrix} x_1 \\ x_2 \\ \vdots \\ x_k \\ \vdots \\ x_n \end{pmatrix} = \begin{pmatrix} b_1^{(1)} \\ b_2^{(2)} \\ \vdots \\ b_k^{(k)} \\ \vdots \\ b_n^{(k)} \end{pmatrix} = b^{(k)}. \quad (3.6)$$

3. 第 k 步消元($k=1,2,\cdots,n-1$)

设 $a_{kk}^{(k)} \neq 0$，计算 $l_{ik} = a_{ik}^{(k)}/a_{kk}^{(k)}$，$i=k+1,k+2,\cdots,n$. 将 $-l_{ik}(i=k+1,\cdots,n)$ 乘以方程组(3.6)的第 k 个方程加到第 i 个方程上，则可将方程组(3.6)中系数矩阵的第 k 列第 k 行以下的元素消为零，同时可得 $A^{(k+1)}x = b^{(k+1)}$，其中

$$a_{ij}^{(k+1)} = a_{ij}^{(k)} - l_{ik}a_{kj}^{(k)}, \quad b_i^{(k+1)} = b_i^{(k)} - l_{ik}b_k^{(k)}, \quad i,j=k+1,k+2,\cdots,n.$$

4. 回代

完成 $n-1$ 步消元后，可得方程组(3.4)的等价上三角方程组

$$A^{(n)}x = \begin{pmatrix} a_{11}^{(1)} & a_{12}^{(1)} & \cdots & a_{1n}^{(1)} \\ 0 & a_{22}^{(2)} & \cdots & a_{2n}^{(2)} \\ \vdots & \vdots & & \vdots \\ 0 & 0 & \cdots & a_{nn}^{(n)} \end{pmatrix} \begin{pmatrix} x_1 \\ x_2 \\ \vdots \\ x_n \end{pmatrix} = \begin{pmatrix} b_1^{(1)} \\ b_2^{(2)} \\ \vdots \\ b_n^{(n)} \end{pmatrix} = b^{(n)},$$

它的解为

$$\begin{cases} x_n = b_n^{(n)}/a_{nn}^{(n)}, \\ x_k = \left(b_k^{(k)} - \sum_{j=k+1}^{n} a_{kj}^{(k)} x_j \right) \Big/ a_{kk}^{(k)}, \quad k=n-1,n-2,\cdots,1. \end{cases} \quad (3.7)$$

由上述顺序高斯消去法的计算过程可以发现，该方法能进行到底的充要条件是 $a_{kk}^{(k)} \neq 0(k=1,2,\cdots,n-1)$. 一般地，称 $a_{kk}^{(k)}$ 为主元. 注意到第 k 步消元($k=1,2,\cdots,n-1$)过程中计算完 l_{ik}、$a_{ij}^{(k+1)}$ 和 $b_i^{(k+1)}$ 后，$a_{ij}^{(k)}$ 和 $b_i^{(k)}$ 不会在剩余的计算中再次使用，而 $a_{ik}^{(k)}$ 处的元素被消为零，其中 $i,j=k+1,k+2,\cdots,n$，因而可将 l_{ik} 存储在 $a_{ik}^{(k)}$ 相应的位置，而 $a_{ij}^{(k+1)}$ 和 $b_i^{(k+1)}$ 存储在 $a_{ij}^{(k)}$ 和 $b_i^{(k)}$ 相应的位置. 于是可得如下算法.

算法 3.1.1　顺序高斯消去法

1) 输入矩阵 $A=(a_{ij})$ 和 $b=(b_i)$.

2) (消元)对于 $k=1,2,\cdots,n-1$，如果 $a_{kk}=0$，算法失效，停止计算. 否则，计算 $a_{ik}=a_{ik}/a_{kk}$ 以及

$$\begin{cases} a_{ij} = a_{ij} - a_{ik}a_{kj}, \\ b_i = b_i - a_{ik}b_k, \end{cases} i,j = k+1, k+2, \cdots n.$$

3)（回代）计算方程组的解

$$\begin{cases} x_n = b_n/a_{nn}, \\ x_k = \left(b_k - \sum_{j=k+1}^{n} a_{kj}x_j\right)\Big/a_{kk}, \quad k = n-1, n-2, \cdots, 1. \end{cases}$$

由算法 3.1.1 可知，第 k 次消元共需 $n-k$ 次除法，$(n-k)^2+n-k$ 次乘法和 $(n-k)^2+n-k$ 次减法. 因此，消元过程中乘除法的运算次数为

$$\sum_{k=1}^{n-1} [(n-k)^2 + 2(n-k)] = \frac{n^3}{3} + \frac{n^2}{2} - \frac{5n}{6},$$

加减法的运算次数为

$$\sum_{k=1}^{n-1} [(n-k)^2 + n-k] = \frac{n^3}{3} - \frac{n}{3}.$$

回代过程中乘除法的运算次数为 $\frac{n(n+1)}{2}$，加减法的运算次数为 $\frac{n(n-1)}{2}$. 于是采用顺序高斯消去法求解方程组(3.4)时，乘除法的运算次数为 $\frac{n^3}{3} + n^2 - \frac{1}{3}n$，加减法的运算次数为 $\frac{n^3}{3} + \frac{n^2}{2} - \frac{5}{6}n$.

3.1.2 矩阵的三角分解

观察高斯消去法的实现过程可以发现，消元过程和矩阵分解具有紧密联系. 假设 $a_{kk}^{(k)} \neq 0 (k=1,2,\cdots,n-1)$，并记矩阵 $\boldsymbol{A}$ 的 k 阶顺序主子式为 Δ_k. 显然 $\Delta_1 = a_{11} = a_{11}^{(1)}$.

对于第 1 步消元，记

$$\boldsymbol{L}_1 = \begin{pmatrix} 1 & & & \\ -l_{21} & 1 & & \\ \vdots & & \ddots & \\ -l_{n1} & \cdots & & 1 \end{pmatrix}, \tag{3.8}$$

则有 $\boldsymbol{A}^{(2)} = \boldsymbol{L}_1\boldsymbol{A}^{(1)}$，$\boldsymbol{b}^{(2)} = \boldsymbol{L}_1\boldsymbol{b}^{(1)}$. 分别取 $\boldsymbol{A}^{(2)}$ 和 $\boldsymbol{L}_1\boldsymbol{A}^{(1)}$ 的 2 阶顺序主子式，结合式(3.8)可知

$$a_{11}^{(1)}a_{22}^{(2)} = \Delta_2.$$

类似地，对于第 k 步消元 ($k=1,2,\cdots,n-1$)，记

$$L_k = \begin{pmatrix} 1 & & & & & \\ & \ddots & & & & \\ & & 1 & & & \\ & & -l_{k+1,k} & 1 & & \\ & & \vdots & & \ddots & \\ & & -l_{nk} & \cdots & & 1 \end{pmatrix}, \quad (3.9)$$

其中，l_{ik} 位于 L_k 的第 k 列，则可验证 $A^{(k+1)} = L_k A^{(k)}$，$b^{(k+1)} = L_k b^{(k)}$. 于是有

$$A^{(k+1)} = L_k A^{(k)} = L_k L_{k-1} A^{(k-1)} = \cdots = L_k L_{k-1} \cdots L_1 A^{(1)} = L_k L_{k-1} \cdots L_1 A. \quad (3.10)$$

由于 L_k 均为单位下三角矩阵，它们的乘积 $L_k L_{k-1} \cdots L_1$ 也必为单位下三角矩阵. 直接取 $A^{(k+1)}$ 和 $L_k L_{k-1} \cdots L_1 A$ 的 $k+1$ 阶顺序主子式可得

$$a_{11}^{(1)} a_{22}^{(2)} \cdots a_{k+1\,k+1}^{(k+1)} = \Delta_{k+1}.$$

由此可知，$a_{kk}^{(k)} \neq 0 (k=1,2,\cdots,n)$ 等价于 $\Delta_k \neq 0 (k=1,2,\cdots,n)$，且有 $a_{11}^{(1)} = \Delta_1$，$a_{kk}^{(k)} = \dfrac{\Delta_k}{\Delta_{k-1}} (k=2,\cdots,n)$.

定理 3.1.1 对于 n 阶非奇异矩阵 A，求解方程组 $Ax = b$ 的顺序高斯消去法能进行到底的充要条件是 A 的顺序主子式 $\Delta_k (k=1,2,\cdots,n)$ 不为零，即 $\Delta_k \neq 0$.

根据式(3.10)，完成 $n-1$ 步消元后有

$$A^{(n)} = L_{n-1} A^{(n-1)} = \cdots = L_{n-1} L_{n-2} \cdots L_2 L_1 A^{(1)},$$
$$b^{(n)} = L_{n-1} b^{(n-1)} = \cdots = L_{n-1} L_{n-2} \cdots L_2 L_1 b^{(1)}.$$

令 $L^{-1} = L_{n-1} L_{n-2} \cdots L_1$，$U = A^{(n)}$，则有

$$A = A^{(1)} = LU,$$

其中，U 为上三角矩阵，$L = (L_{n-1} L_{n-2} \cdots L_1)^{-1}$. 由 L_k 的表达式(3.9)，直接计算可得

$$L_k^{-1} = \begin{pmatrix} 1 & & & & & \\ & \ddots & & & & \\ & & 1 & & & \\ & & l_{k+1,k} & 1 & & \\ & & \vdots & & \ddots & \\ & & l_{nk} & \cdots & & 1 \end{pmatrix}.$$

于是有

$$L = L_1^{-1} L_2^{-1} \cdots L_{n-1}^{-1} = \begin{pmatrix} 1 & & & & & & \\ l_{21} & 1 & & & & & \\ l_{31} & l_{32} & \ddots & & & & \\ l_{41} & l_{42} & \ddots & 1 & & & \\ \vdots & \vdots & & l_{k+1,k} & \ddots & & \\ \vdots & \vdots & & \vdots & \ddots & 1 & \\ l_{n1} & l_{n2} & \cdots & l_{nk} & \cdots & l_{n,n-1} & 1 \end{pmatrix},$$

它是一个单位下三角矩阵.

定义 3.1.1 如果方阵 A 可分解为一个下三角矩阵 L 和上三角矩阵 U 的乘积, 即 $A = LU$, 则称其为矩阵 A 的 **三角分解**. 特别地, 若 L 是单位下三角矩阵, 则称为矩阵 A 的 **杜利特尔 (Doolittle) 分解**; 若 U 是单位上三角矩阵, 则称为矩阵 A 的 **克劳特 (Crout) 分解**.

矩阵 A 的三角分解并不一定存在, 例如 $A = \begin{pmatrix} 0 & 1 \\ 1 & 0 \end{pmatrix}$, 找不到下三角矩阵 L 和上三角矩阵 U, 使得 $A = LU$. 注意到前面对于高斯消去法的矩阵分析, 它的消元过程等价于矩阵 A 的三角分解, 且是杜利特尔分解, 通常也称为矩阵 A 的 LU 分解. 于是有如下定理.

定理 3.1.2 对于 n 阶非奇异矩阵 A, 记它的 k 阶顺序主子式为 Δ_k, 则矩阵 A 存在三角分解的充要条件是 A 的顺序主子式 $\Delta_k (k=1,2,\cdots,n)$ 均不为零. 进一步, 矩阵 A 的三角分解若存在, 则可唯一地表示为 $A = LDU$, 其中 L 是单位下三角矩阵, U 是单位上三角矩阵, D 是对角矩阵.

证明 高斯消去法的矩阵分析过程说明了该定理的充分性, 必要性可直接利用矩阵的三角分解来计算各阶顺序主子式. 下证三角分解存在时, $A = LDU$ 的唯一性. 假设存在单位下三角矩阵 $\tilde{L}$, 单位上三角矩阵 $\tilde{U}$ 和对角矩阵 $\tilde{D}$, 使得 $A = LDU = \tilde{L}\tilde{D}\tilde{U}$, 则有 $\tilde{L}^{-1}LD = \tilde{D}\tilde{U}U^{-1}$. 由 $\tilde{L}^{-1}$ 为单位下三角矩阵可知 $\tilde{L}^{-1}L$ 也为单位下三角矩阵. 类似地, 由 U^{-1} 为单位上三角矩阵可知 $\tilde{U}U^{-1}$ 也为单位上三角矩阵. 于是有 $D = \tilde{D}$, $\tilde{L}^{-1}L = I = \tilde{U}U^{-1}$, 即 $L = \tilde{L}$, $U = \tilde{U}$. 证毕.

由上述分析可知, 矩阵的三角分解若存在, 则并不是唯一的. 但若限定 L 是单位下三角矩阵或 U 是单位上三角矩阵, 则三角分解具有唯一性.

推论 3.1.1 对于 n 阶非奇异矩阵 A，记它的 k 阶顺序主子式为 Δ_k，则矩阵 A 存在唯一的杜利特尔分解或克劳特分解的充要条件是 A 的顺序主子式 $\Delta_k(k=1,2,\cdots,n)$ 均不为零.

在下面的阐述中，若不加说明，则称杜利特尔分解为 **LU 分解**.

3.1.3 列主元高斯消去法

对于顺序高斯消去法，若第 k 步消元中 $a_{kk}^{(k)}=0$，则算法失效. 事实上，若实际计算中 $a_{kk}^{(k)}$ 非常接近零，由于计算 l_{ik} 时舍入误差的影响，可能会导致数值解的误差很大.

例 3.1.2 用高斯消去法求解方程组（用 4 位浮点数进行计算）
$$\begin{cases} 0.002x_1+2x_2=3.1, \\ 2.397x_1-6.127x_2=4.2. \end{cases}$$

解 方法一：直接计算系数矩阵的顺序主子式 $\Delta_1=0.002$ 和 $\Delta_2=-4.806254$ 可知该方程存在唯一解. 按照顺序高斯消去过程进行计算，有 $l_{21}\approx-1199$，故

$$(A\mid b)=\begin{pmatrix} 0.002 & 2 & \mid & 3.1 \\ 2.397 & -6.127 & \mid & 4.2 \end{pmatrix} \rightarrow \begin{pmatrix} 0.002 & 2 & \mid & 3.1 \\ & -2404 & \mid & -3713 \end{pmatrix}.$$

其数值解为 $x_1=5.000$，$x_2=1.545$. 而方程组的精确解为 $x_1=5.699594\cdots$，$x_2=1.544300\cdots$，故误差较大. 其主要原因在于小主元 0.002 的出现，导致误差被放大，并且后续计算中误差被不断累积.

方法二：若将原方程组中两个方程进行互换，即

$$(A\mid b)=\begin{pmatrix} 0.002 & 2 & \mid & 3.1 \\ 2.397 & -6.127 & \mid & 4.2 \end{pmatrix} \rightarrow \begin{pmatrix} 2.397 & -6.127 & \mid & 4.2 \\ 0.002 & 2 & \mid & 3.1 \end{pmatrix},$$

再进行消元，由 $l_{21}\approx-0.0008344$ 可得

$$\begin{pmatrix} 2.397 & -6.127 & \mid & 4.2 \\ 0.002 & 2 & \mid & 3.1 \end{pmatrix} \rightarrow \begin{pmatrix} 2.397 & -6.127 & \mid & 4.2 \\ & 2.005 & \mid & 3.096 \end{pmatrix}.$$

解上三角方程组可得数值解 $x_1=5.6988$，$x_2=1.544$，它比顺序高斯消去法的数值解更精确.

由例 3.1.2 可知顺序高斯消去法中主元 $a_{kk}^{(k)}\approx 0$ 会导致舍入误差被放大，为避免此问题，可通过改变方程的次序（即换行）的方式选取绝对值较大的元素作为主元，这实际上就是列主元高斯消

去法的基本思想.

列主元高斯消去法和顺序高斯消去法的主要区别在于,每步消元之前,它都需要先选主元,具体如下.

第 1 步:在 $\boldsymbol{A}=\boldsymbol{A}^{(1)}=(a_{ij}^{(1)})$ 的第一列中选主元.具体地,取 $a_{i_1 1}^{(1)}$ 为主元,它满足 $|a_{i_1 1}^{(1)}|=\max\limits_{1\leqslant i\leqslant n}|a_{i1}^{(1)}|$. 交换 $(\boldsymbol{A}^{(1)}|\boldsymbol{b}^{(1)})$ 的第 1 行和 $a_{i_1 1}^{(1)}$ 所在的第 i_1 行,然后进行消元,可得 $(\boldsymbol{A}^{(2)}|\boldsymbol{b}^{(2)})$.

第 k 步:假设已完成前 $k-1$ 步选主元和消元的过程得到 $(\boldsymbol{A}^{(k)}|\boldsymbol{b}^{(k)})$,则在 $\boldsymbol{A}^{(k)}$ 的第 k 列第 k 行到第 n 行的元素中选主元,即选取满足 $|a_{i_k k}^{(k)}|=\max\limits_{k\leqslant i\leqslant n}|a_{ik}^{(k)}|$ 的 $a_{i_k k}^{(k)}$ 作主元,并交换 $(\boldsymbol{A}^{(k)}|\boldsymbol{b}^{(k)})$ 的第 k 行和 $a_{i_k k}^{(k)}$ 所在的第 i_k 行,然后进行消元,可得 $(\boldsymbol{A}^{(k+1)}|\boldsymbol{b}^{(k+1)})$.

将上述过程重复 $n-1$ 次,即 $k=1,2,\cdots,n-1$,可得上三角方程组的增广矩阵 $(\boldsymbol{A}^{(n)}|\boldsymbol{b}^{(n)})$. 按照式(3.7)即可求出方程组 $\boldsymbol{Ax}=\boldsymbol{b}$ 的解.

由于消元过程不改变原始矩阵 $\boldsymbol{A}$ 的行列式,而行交换只改变行列式的符号,因此高斯消去法可在求解方程组的同时计算矩阵 $\boldsymbol{A}$ 的行列式.

算法 3.1.2　列主元高斯消去法

1) 输入矩阵 $\boldsymbol{A}=(a_{ij})$ 和 $\boldsymbol{b}=(b_i)$. 令 $\det=1$.
2) 对于 $k=1,2,\cdots,n-1$
   ① 按列选主元 $|a_{i_k k}|=\max\limits_{k\leqslant i\leqslant n}|a_{ik}|$;
   ② 如果 $a_{i_k k}=0$,令 $\det=0$ 并停止计算;
   ③ 如果 $i_k\neq k$,则进行换行:$a_{kj}\leftrightarrow a_{i_k,j}, j=k,k+1,\cdots,n$,$b_k\leftrightarrow b_{i_k}$,并令 $\det=-\det$;
   ④ 对于 $i=k+1,\cdots,n$,
       计算 $a_{ik}=a_{ik}/a_{kk}$;
       对于 $j=k+1,\cdots,n$,
           计算 $a_{ij}=a_{ij}-a_{ik}a_{kj}$;
       计算 $b_i=b_i-a_{ik}b_k$;
   ⑤ 计算 $\det=a_{kk}\cdot\det$.
3) 如果 $a_{nn}=0$,令 $\det=0$ 并停止计算,否则令 $\det=a_{nn}\cdot\det$.
4) 计算 $b_n=b_n/a_{nn}$;
   对于 $k=n-1,n-2,\cdots,1$,
       计算 $b_k=\left(b_k-\sum\limits_{j=k+1}^{n}a_{kj}b_j\right)\big/a_{kk}$.

上述算法最终将方程组的解存储在右端向量 $\boldsymbol{b}$ 中. 由算法过

程可知，只要矩阵 A 非奇异，列主元高斯消去法就不会中断，且选取主元满足 $|a_{i_k k}| = \max\limits_{k \leqslant i \leqslant n} |a_{ik}|$ 可以确保 $|a_{ik}'| = |a_{ik}/a_{kk}| \leqslant 1$，从而避免舍入误差的产生，保证数值稳定性.

由于列主元高斯消去和顺序高斯消去只相差选主元的过程，因此它的运算过程也可以用矩阵分解来等价描述. 注意到列主元高斯消去法的第 k 步相当于

$$L_k I_{k,i_k}(A^{(k)} | b^{(k)}) = (A^{(k+1)} | b^{(k+1)}), \quad k = 1, 2, \cdots, n-1, \quad (3.11)$$

其中，L_k 的表达式同式(3.9)；I_{k,i_k} 为初等置换矩阵，即将单位矩阵交换第 k 行和第 i_k 行得到的矩阵. 经过 $n-1$ 次换行和消元后，列主元高斯消去法将矩阵 A 化为了上三角矩阵 $A^{(n)} = U$，结合式(3.11)可得

$$\begin{aligned}
A^{(n)} &= L_{n-1} I_{n-1,i_{n-1}} A^{(n-1)} = \cdots = L_{n-1} I_{n-1,i_{n-1}} L_{n-2} I_{n-2,i_{n-2}} \cdots L_1 I_{1,i_1} A^{(1)} \\
&= L_{n-1}(I_{n-1,i_{n-1}} L_{n-2} I_{n-1,i_{n-1}}) I_{n-1,i_{n-1}} I_{n-2,i_{n-2}} L_{n-3} I_{n-3,i_{n-3}} \cdots L_1 I_{1,i_1} A^{(1)} \\
&= L_{n-1}(I_{n-1,i_{n-1}} L_{n-2} I_{n-1,i_{n-1}})(I_{n-1,i_{n-1}} I_{n-2,i_{n-2}} L_{n-3} I_{n-2,i_{n-2}} I_{n-1,i_{n-1}}) \\
&\quad I_{n-1,i_{n-1}} I_{n-2,i_{n-2}} I_{n-3,i_{n-3}} \cdots L_1 I_{1,i_1} A^{(1)} \\
&= \cdots \\
&= L_{n-1}(I_{n-1,i_{n-1}} L_{n-2} I_{n-1,i_{n-1}})(I_{n-1,i_{n-1}} I_{n-2,i_{n-2}} L_{n-3} I_{n-2,i_{n-2}} I_{n-1,i_{n-1}}) \cdots \\
&\quad (I_{n-1,i_{n-1}} I_{n-2,i_{n-2}} \cdots I_{2,i_2} L_1 I_{2,i_2} \cdots I_{n-2,i_{n-2}} I_{n-1,i_{n-1}}) I_{n-1,i_{n-1}} I_{n-2,i_{n-2}} \cdots \\
&\quad I_{2,i_2} I_{1,i_1} A^{(1)}.
\end{aligned}$$

由 L_k 的表达式(3.9)可知 $I_{n-1,i_{n-1}} I_{n-2,i_{n-2}} \cdots I_{k+1,i_{k+1}} L_k I_{k+1,i_{k+1}} \cdots I_{n-2,i_{n-2}} I_{n-1,i_{n-1}}$ 仍为单位下三角矩阵，令

$$P = I_{n-1,i_{n-1}} I_{n-2,i_{n-2}} \cdots I_{2,i_2} I_{1,i_1}, \quad (3.12)$$

则 P 为排列矩阵且有

$$PA = LU, \quad (3.13)$$

其中，L 为单位下三角矩阵，U 为上三角矩阵. 因此可得如下定理.

定理 3.1.3 假设矩阵 A 非奇异，则存在排列矩阵 P，使得式(3.13)成立，即 PA 存在 LU 分解.

例 3.1.3 用列主元高斯消去法求解方程组 $Ax = b$，其中

$$A = \begin{pmatrix} 0.0003 & 2 & 2 \\ 1 & 0.7813 & 0 \\ 2 & 2.5625 & 4 \end{pmatrix}, \quad b = \begin{pmatrix} 0.4 \\ 1.3 \\ 7.4 \end{pmatrix}.$$

解 记 $(A^{(1)} | b^{(1)}) = (A | b)$.

第 1 步：选主元为 $a_{31}^{(1)} = 2$，交换第 1 行和第 3 行并消元，可得

$$(A|b) \rightarrow \begin{pmatrix} 2 & 2.5625 & 4 & | & 7.4 \\ 1 & 0.7813 & 0 & | & 1.3 \\ 0.0003 & 2 & 2 & | & 0.4 \end{pmatrix}$$

$$\rightarrow \begin{pmatrix} 2 & 2.5625 & 4 & | & 7.4 \\ & -0.49995 & -2 & | & -2.4 \\ & 1.99962 & 1.9994 & | & 0.39889 \end{pmatrix} = (A^{(2)}|b^{(2)}).$$

第 2 步：取主元为 $a_{32}^{(2)} = 1.99962$，交换 $(A^{(2)}|b^{(2)})$ 的第 2 行和第 3 行并消元，可得

$$(A^{(2)}|b^{(2)}) \rightarrow \begin{pmatrix} 2 & 2.5625 & 4 & | & 7.4 \\ & 1.99962 & 1.9994 & | & 0.39889 \\ & -0.49995 & -2 & | & -2.4 \end{pmatrix}$$

$$\rightarrow \begin{pmatrix} 2 & 2.5625 & 4 & | & 7.4 \\ & 1.99962 & 1.9994 & | & 0.39889 \\ & & -1.50010 & | & -2.30027 \end{pmatrix}.$$

解上三角方程可得 $x = (2.34206, -1.33376, 1.53341)^T$.

除列主元高斯消去法外，也可采用全主元高斯消去法解方程组 $Ax = b$. 该方法在第 $k(k = 1, 2, \cdots, n-1)$ 步计算中，主元在 $A^{(k)}$ 右下角的 $n-k+1$ 阶子矩阵中选取，具体为

$$|a_{i_k j_k}^{(k)}| = \max_{k \leq i, j \leq n} |a_{ij}^{(k)}|.$$

然后交换第 k 行和第 i_k 行，第 k 列和第 j_k 列，再进行消元. 由于全主元高斯消去法中会出现列交换，更改了解 x 中元素的顺序，故需记录其交换次序，解出上三角方程的解后需要换回. 此外，由计算过程可见，该方法比列主元消去法的稳定性更好，但其计算量更大. 事实上，列主元高斯消去法的稳定性已能满足实际需求，考虑到计算效率，该方法是目前求解线性方程组 $Ax = b$ 直接法中的首选方法.

3.2 常用的矩阵三角分解法

由于高斯消去过程等价于矩阵的三角分解，故也可通过分解式求解线性方程组.

3.2.1 杜利特尔(Doolittle)分解

假设矩阵 A 的顺序主子式 $\Delta_k \neq 0 (k = 1, 2, \cdots, n-1)$，由推论 3.1.1 可知 A 存在唯一的杜利特尔分解，即 $A = LU$，其中 L 为单位下三角矩阵，U 为上三角矩阵. 该分解也称为 LU 分解. 对于 A

的 LU 分解,利用待定系数法可以逐步求出 L 和 U 中的元素. 令 $A = LU$,即

$$\begin{pmatrix} a_{11} & a_{12} & \cdots & a_{1n} \\ a_{21} & a_{22} & \cdots & a_{2n} \\ \vdots & \vdots & & \vdots \\ a_{n1} & a_{n2} & \cdots & a_{nn} \end{pmatrix} = \begin{pmatrix} 1 & & & \\ l_{21} & 1 & & \\ \vdots & \ddots & \ddots & \\ l_{n1} & \cdots & l_{n,n-1} & 1 \end{pmatrix} \begin{pmatrix} u_{11} & u_{12} & \cdots & u_{1n} \\ & u_{22} & \cdots & u_{2n} \\ & & \ddots & \vdots \\ & & & u_{nn} \end{pmatrix}.$$
(3.14)

第 1 步:分别取式(3.14)中等号两侧的第一行可知 $u_{1j} = a_{1j}$,$j = 1,2,\cdots,n$. 分别取等号两侧的第一列可得 $l_{i1} = a_{i1}/u_{11}$,$i = 2,3,\cdots,n$.

第 2 步:分别取式(3.14)中等号两侧的第二行可知 $a_{2j} = l_{21}u_{1j} + u_{2j}$,$j = 2,3,\cdots,n$,即

$$u_{2j} = a_{2j} - l_{21}u_{1j}, \quad j = 2,3,\cdots,n.$$

分别取等号两侧的第二列可得 $a_{i2} = l_{i1}u_{12} + l_{i2}u_{22}$,$i = 3,4,\cdots,n$,于是有

$$l_{i2} = (a_{i2} - l_{i1}u_{12})/u_{22}, \quad i = 3,4,\cdots,n.$$

重复上述过程,假设已完成前 $k-1$ 次计算,即 U 的前 $k-1$ 行和 L 的前 $k-1$ 列已经计算完成. 对于第 k 步,分别取式(3.14)中等号两侧的第 k 行,则有

$$a_{kj} = l_{k1}u_{1j} + l_{k2}u_{2j} + \cdots + l_{k,k-1}u_{k-1,j} + u_{kj}, \quad j = k, k+1,\cdots,n,$$

即

$$u_{kj} = a_{kj} - l_{k1}u_{1j} - l_{k2}u_{2j} - \cdots - l_{k,k-1}u_{k-1,j}, \quad j = k, k+1,\cdots,n. \quad (3.15)$$

分别取等号两侧的第 k 列可得

$$a_{ik} = l_{i1}u_{1k} + l_{i2}u_{2k} + \cdots + l_{i,k-1}u_{k-1,k} + l_{ik}u_{kk}, \quad i = k+1,\cdots,n,$$

从而有

$$l_{ik} = (a_{ik} - l_{i1}u_{1k} - l_{i2}u_{2k} - \cdots - l_{i,k-1}u_{k-1,k})/u_{kk}, \quad i = k+1,\cdots,n. \quad (3.16)$$

按照上述过程完成 n 步计算(即 $k = 1,2,\cdots,n$)可求得 A 的 LU 分解,然后通过求解单位下三角方程 $Ly = b$ 和上三角方程 $Ux = y$ 便可计算出方程组 $Ax = b$ 的解,具体计算公式为

$$y_1 = b_1, \quad y_i = b_i - \sum_{j=1}^{i-1} l_{ij}y_j, \quad i = 2,3,\cdots,n,$$

$$x_n = \frac{y_n}{u_{nn}}, \quad x_i = \frac{1}{u_{ii}}\left(y_i - \sum_{j=i+1}^{n} u_{ij}x_j\right), \quad i = n-1, n-2,\cdots,1.$$
(3.17)

结合 LU 分解每步的计算公式(3.15)和式(3.16)可知,利用直接分解法计算方程组 $Ax = b$ 需要 $\dfrac{n^3}{3} + n^2 - \dfrac{1}{3}n$ 次乘除法,与顺序高斯消去法的计算量是相同的. 注意到 u_{kj} 和 l_{ik} 在计算过程中采用

的 a_{kj} 和 a_{ik} 在之后的运算中不会再被使用,因而可将 U 的上三角部分和 L 的严格下三角部分(即下三角除对角线以外的部分)的元素分别存储在 A 中相应的位置上,即

$$\begin{pmatrix} a_{11} & a_{12} & a_{13} & \cdots & a_{1n} \\ a_{21} & a_{22} & a_{23} & \cdots & a_{2n} \\ a_{31} & a_{32} & a_{33} & \cdots & a_{3n} \\ \vdots & \vdots & \vdots & & \vdots \\ a_{n1} & a_{n2} & a_{n3} & \cdots & a_{nn} \end{pmatrix} \rightarrow \begin{pmatrix} u_{11} & u_{12} & u_{13} & \cdots & u_{1n} \\ l_{21} & u_{22} & u_{23} & \cdots & u_{2n} \\ l_{31} & l_{32} & u_{33} & \cdots & u_{3n} \\ \vdots & \vdots & \vdots & & \vdots \\ l_{n1} & l_{n2} & l_{n3} & \cdots & u_{nn} \end{pmatrix}.$$

例 3.2.1 用杜利特尔分解法求方程组

$$\begin{pmatrix} 5 & 2 & 1 & -1 \\ 2 & 3 & 0 & 1 \\ 1 & -1 & 4 & 1 \\ -1 & 0 & 1 & 3 \end{pmatrix} \begin{pmatrix} x_1 \\ x_2 \\ x_3 \\ x_4 \end{pmatrix} = \begin{pmatrix} 1 \\ -1 \\ 2 \\ -5 \end{pmatrix}.$$

解 利用式(3.15)和式(3.16)得

$$L = \begin{pmatrix} 1 & & & \\ \frac{2}{5} & 1 & & \\ \frac{1}{5} & -\frac{7}{11} & 1 & \\ -\frac{1}{5} & \frac{2}{11} & \frac{14}{39} & 1 \end{pmatrix}, \quad U = \begin{pmatrix} 5 & 2 & 1 & -1 \\ & \frac{11}{5} & -\frac{2}{5} & \frac{7}{5} \\ & & \frac{39}{11} & \frac{23}{11} \\ & & & \frac{70}{39} \end{pmatrix}.$$

由(3.17)得 $Ly = b$ 的解 $y = \left(1, -\frac{7}{5}, \frac{10}{11}, -\frac{190}{39}\right)^\mathrm{T}$ 和 $Ux = y$ 的解 $x = \left(-\frac{9}{7}, \frac{10}{7}, \frac{13}{7}, -\frac{19}{7}\right)^\mathrm{T}.$

类似地,若矩阵 A 的顺序主子式 $\Delta_k \neq 0 (k=1,2,\cdots,n-1)$,$A$ 的克劳特分解也是唯一的,且由待定系数法同样可以计算出其分解式.

3.2.2 选主元的三角分解

由式(3.16)可以看出,$u_{kk} = 0$ 时杜利特尔分解的计算会发生中断,而当 $|u_{kk}|$ 很小时舍入误差可能会被放大. 这与顺序高斯消去法是一致的. 为避免这类现象的产生,对应于列主元高斯消去法,可采用列选主元的三角分解法求解非奇异方程组 $Ax = b$. 该方法基于定理 3.1.3,结合式(3.12)和式(3.13)可知排列矩阵 P 可由每步选主元过程中的初等置换矩阵 I_{k,i_k} 来确定,从而使得 PA 存

在 LU 分解. 列主元三角分解法的具体计算过程如下:

假设 $A^{(1)} = A$ 已完成前 $k-1$ 步的分解计算,并将已计算出的 U 和 L 的元素存放在了 A 的相应位置,则有

$$A^{(k)} = \begin{pmatrix} u_{11} & u_{12} & \cdots & & \cdots & \cdots & u_{1n} \\ l_{21} & u_{22} & \cdots & & \cdots & \cdots & u_{2n} \\ \vdots & \ddots & \ddots & & & & \vdots \\ & & \ddots & u_{k-1,k-1} & \cdots & \cdots & u_{k-1,n} \\ \vdots & & & l_{k,k-1} & a_{kk}^{(k)} & \cdots & a_{kn}^{(k)} \\ \vdots & & & \vdots & \vdots & & \vdots \\ l_{n1} & l_{n2} & \cdots & l_{n,k-1} & a_{nk}^{(k)} & \cdots & a_{nn}^{(k)} \end{pmatrix}.$$

在第 $k(k=1,2,\cdots,n-1)$ 步中,为避免很小的 u_{kk} 做分母,引入中间量

$$s_i = a_{ik}^{(k)} - \sum_{j=1}^{k-1} l_{ij} u_{jk}, \quad i = k, k+1, \cdots, n.$$

取 $\max\limits_{k \leqslant i \leqslant n} |s_i| = |s_{i_k}|$,交换 $A^{(k)}$ 的第 k 行和第 i_k 行,同时交换 $(s_k, s_{k+1}, \cdots, s_n)^{\mathrm{T}}$ 的第 1 行和第 $i_k - k + 1$ 行. 交换后的元素仍保持原来的记号,则按照

$$\begin{aligned} & u_{kk} = s_k, \quad l_{ik} = s_i / s_k, \quad i = k+1, \cdots, n, \\ & u_{kj} = a_{kj}^{(k)} - \sum_{t=1}^{k-1} l_{kt} u_{tj}, \quad j = k+1, \cdots, n, \end{aligned} \quad (3.18)$$

可得 U 的第 k 行元素和 L 的第 k 列元素,且有 $|l_{ik}| \leqslant 1, i = k+1, \cdots, n$. 将 $u_{kj}(j = k, \cdots, n)$ 和 $l_{ik}(i = k+1, \cdots, n)$ 分别放在 A 的相应位置,于是得到 $A^{(k+1)}$. 在第 n 步中只需按照式(3.15)计算 u_{nn} 即可,注意其计算公式和 s_i 的计算公式是一致的. 根据式(3.18)中 s_i 和 u_{kk}、l_{ik} 的关系式,在计算中可先将 s_i 存放在 $a_{ik}^{(k)}$ 的位置,而后进行换行和计算. 将上述计算过程进行整合,可得如下算法.

算法 3.2.1 列主元三角分解法
1) 输入矩阵 $A = (a_{ij})$ 和 $b = (b_i)$,令 $Ip(i) = i(i = 1, 2, \cdots, n)$.
2) 对于 $r = 1, 2, \cdots, n$

① 对于 $i = r, r+1, \cdots, n$,计算 $a_{ir} = a_{ir} - \sum\limits_{k=1}^{r-1} a_{ik} a_{kr}$;

② 如果 $r \neq n$

 a) 选主元 $|a_{i_r, r}| = \max\limits_{r \leqslant i \leqslant n} |a_{ir}|$,令 $Ip(r) \leftarrow i_r$;

 b) 如果 $r \neq i_r$,交换 A 的第 r 行和第 i_r 行元素

$$a_{rj} \leftrightarrow a_{i_r,j}, \quad j=1,2,\cdots,n;$$

  c) 对于 $i=r+1, r+2, \cdots, n$

  计算 $a_{ir} = a_{ir}/a_{rr}$ 和 $a_{ri} = a_{ri} - \sum_{k=1}^{r-1} a_{rk}a_{ki}.$

3) 求解 $Ly = Pb$ 和 $Ux = y$.

  ① 对于 $i=1,2,\cdots,n-1$,

  如果 $Ip(i) \neq i$,交换 b 的第 i 个和第 $Ip(i)$ 个元素,即 $b_i \leftrightarrow b_{Ip(i)}$;

  ② 对于 $i=2,3,\cdots,n-1$,计算 $b_i = b_i - \sum_{j=1}^{i-1} a_{ij}b_j$;

  ③ 计算 $b_n = b_n/a_{nn}$,

  对于 $i=n-1,\cdots,2,1$,计算 $b_i = \left(b_i - \sum_{k=i+1}^{n} a_{ik}b_k\right)\Big/a_{ii}.$

算法 3.2.1 的前两步完成后,便得到了排列矩阵 P 所对应的排列,存放在 $Ip(\cdot)$ 中,以及 PA 的 LU 分解,其中 L 的严格下三角部分和 U 的上三角部分分别存储在 A 的相应位置. 方程组 $Ax = b$ 的解存储在 b 中. 利用算法 3.2.1 中的分解 $PA = LU$ 也可以计算矩阵 A 的逆矩阵 $A^{-1} = U^{-1}L^{-1}P$,具体步骤如下.

1) 计算上三角矩阵 U 的逆矩阵 U^{-1};
2) 计算 $U^{-1}L^{-1}$;
3) 利用最终 $Ip(\cdot)$ 记录的排列交换 $U^{-1}L^{-1}$ 的列.

该方法大约需要 n^3 次乘法运算.

3.2.3 乔里斯基(Cholesky)分解

在数值求解流体力学、结构力学等问题时,经常会遇到系数矩阵 A 对称或对称正定的线性方程组 $Ax = b$. 当矩阵 A 对称时,它的 LU 分解可被简化.

定理 3.2.1 设 A 为对称矩阵,且 A 的所有顺序主子式均不为零,则 A 可唯一分解为

$$A = LDL^T,$$

其中 L 为单位下三角矩阵,D 为对角矩阵.

证明 由定理 3.1.2 可知,矩阵 A 可唯一分解为 $A = LDU$,其中 L 是单位下三角矩阵,U 是单位上三角矩阵,D 是对角矩阵. 故只需证明 $U = L^T$ 即可. 由 A 的对称性可得 $A = LDU = A^T = U^TDL^T$,即

$U^{-T}LD=DL^TU^{-1}$. 由于 $U^{-T}L$ 为单位下三角矩阵，L^TU^{-1} 为单位上三角矩阵，因此有 $U^{-T}L=I$，$L^TU^{-1}=I$，即 $U=L^T$. 证毕.

当矩阵 A 对称正定时，结合定理 3.2.1 可知，A 可唯一分解为 $A=L_1DL_1^T$，其中 L_1 为单位下三角矩阵，D 为对角矩阵且其对角元素 $d_i(i=1,2,\cdots,n)$ 均大于零. 令

$$D^{1/2}=\begin{pmatrix}\sqrt{d_1}&&\\&\ddots&\\&&\sqrt{d_n}\end{pmatrix},$$

则有 $D=D^{1/2}D^{1/2}$. 记 $L=L_1D^{1/2}$，则有分解式 $A=LL^T$. 于是可得如下定理.

> **定理 3.2.2（Cholesky 分解）** 设 A 为对称正定矩阵，则 A 可唯一分解为
> $$A=LL^T, \tag{3.19}$$
> 其中，L 为下三角矩阵，且其对角线的元素全大于零. 这样的分解称为乔里斯基(Cholesky)分解.

对于系数矩阵 A 对称正定的线性方程组 $Ax=b$，利用乔里斯基分解(3.19)，可将问题等价转化为三角方程组的求解，即先求 $Ly=b$，再求 $L^Tx=y$. 类似于 LU 分解，乔里斯基分解(3.19)也可通过待定系数法来确定.

令

$$A=\begin{pmatrix}a_{11}&a_{12}&\cdots&a_{1n}\\a_{21}&a_{22}&\cdots&a_{2n}\\\vdots&\vdots&&\vdots\\a_{n1}&a_{n2}&\cdots&a_{nn}\end{pmatrix}=\begin{pmatrix}l_{11}&&&\\l_{21}&l_{22}&&\\\vdots&\ddots&\ddots&\\l_{n1}&\cdots&l_{n,n-1}&l_{nn}\end{pmatrix}\begin{pmatrix}l_{11}&l_{21}&\cdots&l_{n1}\\&l_{22}&\cdots&l_{n2}\\&&\ddots&\vdots\\&&&l_{nn}\end{pmatrix}=LL^T.$$

直接计算可得

$$a_{ij}=\sum_{k=1}^{j-1}l_{ik}l_{jk}+l_{ij}l_{jj},\quad i=j,j+1,\cdots,n.$$

当 $i=j$ 时，有

$$l_{jj}=\left(a_{jj}-\sum_{k=1}^{j-1}l_{jk}^2\right)^{1/2},\quad j=1,2,\cdots,n; \tag{3.20}$$

当 $i>j$ 时，有

$$l_{ij}=\left(a_{ij}-\sum_{k=1}^{j-1}l_{ik}l_{jk}\right)\bigg/l_{jj},\quad i=j+1,\cdots,n. \tag{3.21}$$

需要指出的是 $j=1$ 时，$l_{11}=\sqrt{a_{11}}$，$l_{i1}=a_{i1}/l_{11}$，$i=2,3,\cdots,n$；$j=2,3,\cdots,n-1$ 时，用式(3.20)和式(3.21)直接计算，当 $j=n$ 时，

按式(3.20)计算即可. 于是得到利用乔里斯基分解求解对称正定线性方程组 $Ax=b$ 的**平方根法**, 其具体计算过程如下.

1) 计算乔里斯基分解.

① 计算 $l_{11}=\sqrt{a_{11}}$ 和 $l_{i1}=a_{i1}/l_{11}, i=2,3,\cdots,n$;

② 对于 $j=2,3,\cdots,n-1$, 按照式(3.20)和式(3.21)进行计算;

③ 计算 $l_{nn}=\left(a_{nn}-\sum_{k=1}^{n-1}l_{nk}^2\right)^{1/2}$.

2) 解方程组 $Ly=b$ 和 $L^Tx=y$.

① 计算 $y_1=b_1/l_{11}$ 和 $y_i=\left(b_i-\sum_{k=1}^{i-1}l_{ik}y_k\right)\Big/l_{ii}, i=2,3,\cdots,n$;

② 计算 $x_n=y_n/l_{nn}$ 和 $x_i=\left(y_i-\sum_{k=i+1}^{n}l_{ki}x_k\right)\Big/l_{ii}, i=n-1,n-2,\cdots,1$.

在平方根法的数值实现中, 由 A 的对称性可知, 只需存储其下三角部分即可, 共需存储 $n(n+1)/2$ 个元素, 可用一维数组存放. 在计算下三角矩阵 L 时, 其元素可以存放在 A 的相应位置上, 因此该方法的存储量和计算量大约是杜利特尔分解法的一半.

根据式(3.20), 有

$$\sum_{k=1}^{j}l_{jk}^2=a_{jj}, \quad j=1,2,\cdots,n.$$

于是

$$l_{jk}^2\leqslant a_{jj}\leqslant \max_{1\leqslant j\leqslant n}a_{jj}, \quad j,k=1,2,\cdots,n.$$

这说明乔里斯基分解过程中元素 l_{jk} 的数量级不会增长, 因而平方根法是数值稳定的.

例 3.2.2 用平方根法求方程组

$$\begin{pmatrix} 6 & 0 & 3 \\ 0 & 2 & 1 \\ 3 & 1 & 4 \end{pmatrix}\begin{pmatrix} x_1 \\ x_2 \\ x_3 \end{pmatrix}=\begin{pmatrix} 3 \\ -1 \\ -1 \end{pmatrix}.$$

解 首先验证系数矩阵 A 的对称正定性. 对称性显然, 由 $\Delta_1=6>0, \Delta_2=12>0, \Delta_3=24>0$ 可知 A 正定. 利用乔里斯基分解, 可得

$$L=\begin{pmatrix} \sqrt{6} & & \\ 0 & \sqrt{2} & \\ \sqrt{6}/2 & \sqrt{2}/2 & \sqrt{2} \end{pmatrix}.$$

解 $Ly=b$, 得 $y=(\sqrt{6}/2,-\sqrt{2}/2,-\sqrt{2})^T$; 再解 $L^Tx=y$ 得 $x=(1,0,-1)^T$.

由式(3.20)可知, 平方根法在求解对称正定线性方程组时需

要进行开方运算，它相对于四则运算的复杂度更高. 为避免进行开方运算，可利用定理 3.2.1 中的分解式 $A=LDL^T$ 求解对称正定方程组 $Ax=b$，其中 L 为单位下三角矩阵，D 为对角矩阵. 令

$$\begin{pmatrix} a_{11} & a_{12} & \cdots & a_{1n} \\ a_{21} & a_{22} & \cdots & a_{2n} \\ \vdots & \vdots & & \vdots \\ a_{n1} & a_{n2} & \cdots & a_{nn} \end{pmatrix}$$

$$=\begin{pmatrix} 1 & & & \\ l_{21} & 1 & & \\ \vdots & \ddots & \ddots & \\ l_{n1} & \cdots & l_{n,n-1} & 1 \end{pmatrix}\begin{pmatrix} d_1 & & & \\ & d_2 & & \\ & & \ddots & \\ & & & d_n \end{pmatrix}\begin{pmatrix} 1 & l_{21} & \cdots & l_{n1} \\ & 1 & \cdots & l_{n2} \\ & & \ddots & \vdots \\ & & & 1 \end{pmatrix}.$$

由矩阵乘法可得

$$a_{ij}=\sum_{k=1}^{j-1}l_{ik}d_kl_{jk}+l_{ij}d_j, \quad i=j,j+1,\cdots,n.$$

当 $i=j$ 时，有

$$d_j=a_{jj}-\sum_{k=1}^{j-1}l_{jk}^2d_k, \quad j=1,2,\cdots,n;$$

当 $i>j$ 时，有

$$l_{ij}=\left(a_{ij}-\sum_{k=1}^{j-1}l_{ik}d_kl_{jk}\right)\Big/d_j, \quad i=j+1,j+2,\cdots,n.$$

根据分解式 $A=LDL^T$，可得求解对称正定方程组的**改进的平方根法**，其计算过程如下.

1) 求分解式 $A=LDL^T$ 中的 L 和 D.

① 计算 $d_1=a_{11}$ 和 $l_{i1}=a_{i1}/d_1, i=2,3,\cdots,n$.

② 对于 $j=2,3,\cdots,n$,

计算 $t_{jk}=l_{jk}d_k, k=1,2,\cdots j-1$;

计算 $d_j=a_{jj}-\sum_{k=1}^{j-1}l_{jk}t_{jk}$;

如果 $j<n$，计算 $l_{ij}=\left(a_{ij}-\sum_{k=1}^{j-1}l_{ik}t_{jk}\right)\Big/d_j, i=j+1,j+2,\cdots,n$.

2) 解方程组 $Ly=b$ 和 $DL^Tx=y$.

① 计算 $y_1=b_1$ 和 $y_i=b_i-\sum_{k=1}^{i-1}l_{ik}y_k, i=2,3,\cdots,n$;

② 计算 $x_n=y_n/d_n$ 和 $x_i=y_i/d_i-\sum_{k=i+1}^{n}l_{ki}x_k, i=n-1,n-2,\cdots,1$.

改进的平方根法中只涉及四则运算，大约需要 $\dfrac{n^3}{6}$ 次乘除法. 在

具体计算中,仍旧只存储矩阵 A 的下三角部分,并将计算出的 D 的对角元和 L 严格下三角部分的元素分别存储在 A 的相应位置上.

3.2.4 追赶法

在数值求解微分方程时还会经常遇到三对角方程组 $Ax=f$ 的求解,其中

$$A=\begin{pmatrix} b_1 & c_1 & & & \\ a_2 & b_2 & c_2 & & \\ & \ddots & \ddots & \ddots & \\ & & & \ddots & c_{n-1} \\ & & & a_n & b_n \end{pmatrix}, \quad f=\begin{pmatrix} f_1 \\ f_2 \\ \vdots \\ \vdots \\ f_n \end{pmatrix}. \quad (3.22)$$

假设 A 的各阶顺序主子式均不为零,由定理 3.1.2 可知,矩阵 A 存在唯一的 LU 分解,且 L 和 U 满足

$$L=\begin{pmatrix} 1 & & & \\ l_2 & 1 & & \\ & \ddots & \ddots & \\ & & l_n & 1 \end{pmatrix}, \quad U=\begin{pmatrix} u_1 & c_1 & & \\ & u_2 & \ddots & \\ & & \ddots & c_{n-1} \\ & & & u_n \end{pmatrix}, \quad (3.23)$$

其中,l_i 和 u_i 为待定的系数.

由式(3.22)、式(3.23)和矩阵乘法可知

$$\begin{cases} u_1=b_1, \\ l_i=a_i/u_{i-1}, & i=2,3,\cdots,n, \\ u_i=b_i-l_ic_{i-1}, & i=2,3,\cdots,n. \end{cases} \quad (3.24)$$

再解方程组 $Ly=f$ 和 $Ux=y$,便可得到 $Ax=f$ 的解. 解三角方程组的公式为

$$\begin{cases} y_1=f_1, \\ y_i=f_i-l_iy_{i-1}, & i=2,3,\cdots,n. \end{cases}$$

和

$$\begin{cases} x_n=y_n/u_n, \\ x_i=(y_i-c_ix_{i+1})/u_i, & i=n-1,n-2,\cdots,1. \end{cases}$$

上述过程称为解三对角方程的**追赶法**,也称为**托马斯(Thomas)算法**. 该方法本质上就是 LU 分解法,矩阵 A 的三对角结构使得求解过程被简化,整体计算过程只需 $5n-4$ 次乘除法,且只需存储向量 $\{a_i\}$,$\{b_i\}$,$\{c_i\}$ 和 f,计算出的 $\{u_i\}$ 和 $\{l_i\}$ 存储在 $\{b_i\}$ 和 $\{a_i\}$ 的位置,y 和 x 按照计算顺序,依次存储在 f 的相应位置.

追赶法的实现需要矩阵 A 的顺序主子式均不为零,但此条件不易验证. 下面给出容易验证的充分条件.

> **定理 3.2.3** 假设形如式(3.22)的三对角矩阵 A 满足
> $$\begin{cases} |b_1|>|c_1|>0, \\ |b_i|\geqslant |a_i|+|c_i|, \quad a_i,c_i\neq 0, \quad i=2,3,\cdots,n-1, \\ |b_n|>|a_n|>0. \end{cases} \quad (3.25)$$
> 则 A 非奇异,且式(3.24)中 u_i 满足
> $$\begin{cases} u_i\neq 0, & i=1,2,\cdots,n, \\ 0<|c_i|/|u_i|<1, & i=1,2,\cdots,n-1, \\ |b_i|-|a_i|<|u_i|<|b_i|+|a_i|, & i=2,3,\cdots,n. \end{cases} \quad (3.26)$$

证明 对式(3.26)中前两式用归纳法来证明. $i=1$ 时,由 $|u_1|=|b_1|>|c_1|>0$ 可知 $u_1\neq 0$ 且 $0<|c_1|/|u_1|<1$. 假设 $u_{i-1}\neq 0$ 且 $0<|c_{i-1}|/|u_{i-1}|<1$,利用式(3.24)可得

$$\begin{cases} |u_i|=|b_i-l_i c_{i-1}|\geqslant |b_i|-\dfrac{|a_i||c_{i-1}|}{|u_{i-1}|}>|b_i|-|a_i|, \\ |u_i|\leqslant |b_i|+|l_i||c_{i-1}|=|b_i|+\dfrac{|a_i||c_{i-1}|}{|u_{i-1}|}<|b_i|+|a_i|, \quad i=2,3,\cdots,n. \end{cases}$$

结合条件(3.25)可知 $|u_i|>|c_i|>0$,故有 $u_i\neq 0$,且 $0<|c_i|/|u_i|<1$. 结合式(3.23)可得

$$\det A=\det L\cdot \det U=u_1 u_2\cdots u_n\neq 0,$$

即矩阵 A 非奇异. 证毕.

在定理 3.2.3 的条件下,可用追赶法求解三对角方程组,且计算过程中的中间变量有界,确保了方法的数值稳定性. 此外,若三对角矩阵 A 中 $a_i=0$ 或 $c_i=0$,则三对角方程组可等价转换为两个低阶的三对角方程组. 对于低阶的三对角方程可利用定理 3.2.3 判断追赶法的适用性.

3.3 方程组的性态与直接法的误差分析

对于非奇异线性方程组 $Ax=b$,由于 A 或 b 中的元素通常是经过测量或计算得到的,因而不可避免地存在误差,此时计算出的解也具有误差. 下面我们对这种误差进行分析. 先看一个简单的例子.

例 3.3.1 方程组

$$\begin{pmatrix} 1 & 3 \\ 1 & 3.00001 \end{pmatrix} \begin{pmatrix} x_1 \\ x_2 \end{pmatrix} = \begin{pmatrix} 4 \\ 4.00001 \end{pmatrix}$$

的精确解为 $x^* = (1,1)^T$. 若 A 和 b 均有微小变化，变为如下方程组

$$\begin{pmatrix} 1 & 3 \\ 1 & 3.00002 \end{pmatrix} \begin{pmatrix} x_1 \\ x_2 \end{pmatrix} = \begin{pmatrix} 4 \\ 4 \end{pmatrix},$$

则其精确解为 $\tilde{x} = (4, 0)^T$. 可见 A 和 b 的微小扰动导致解的很大变化. 这种现象称为"病态".

定义 3.3.1 对于线性方程组 $Ax = b$，若 A 或 b 的微小变化引起解的巨大变化，则称此线性方程组为**病态方程组**，并称其系数矩阵 A 为关于方程组或矩阵求逆的**病态矩阵**. 否则称 $Ax = b$ 为**良态方程组**，矩阵 A 为**良态矩阵**.

需要注意的是，矩阵的病态与否是相对问题而言的，对于解方程组而言 A 为病态矩阵，但对于其他问题，例如求特征问题，可能是良态矩阵. 另外，方程组的病态与否是方程本身的性质，与数值方法无关.

为简单直接地刻画方程组的性态，我们首先考虑非奇异方程组 $Ax = b$ 中右端项 b 的扰动对方程组解的影响. 假设 A 是精确的，b 有微小的误差 δb，记扰动后方程组的解为 $x + \delta x$，即 $A(x + \delta x) = b + \delta b$，则由 $Ax = b$ 可知 $\delta x = A^{-1} \delta b$. 于是有 $\|\delta x\| \leq \|A^{-1}\| \|\delta b\|$. 结合 $\|b\| \leq \|A\| \|x\|$，可得

$$\frac{\|\delta x\|}{\|x\|} \leq \|A^{-1}\| \|A\| \frac{\|\delta b\|}{\|b\|}.$$

这说明 b 发生扰动时，方程组解的相对误差至多是右端项相对误差的 $\|A^{-1}\| \|A\|$ 倍. 当 b 发生微小改变时，$\|A^{-1}\| \|A\|$ 越小，解的相对误差越小；$\|A^{-1}\| \|A\|$ 越大，解的相对误差可能越大. 一般地，有如下定理.

定理 3.3.1 设矩阵 A 非奇异，x 是方程组 $Ax = b$ 的解，$x + \delta x$ 是扰动方程组 $(A + \delta A)(x + \delta x) = b + \delta b$ 的解. 若存在算子范数 $\|\cdot\|$，使得 $\|A^{-1}\| \|\delta A\| < 1$，则有估计式

$$\frac{\|\delta x\|}{\|x\|} \leq \frac{\|A\| \|A^{-1}\|}{1 - \|A\| \|A^{-1}\| \frac{\|\delta A\|}{\|A\|}} \left(\frac{\|\delta A\|}{\|A\|} + \frac{\|\delta b\|}{\|b\|} \right).$$

证明 由方程组 $Ax = b$ 和扰动方程组 $(A + \delta A)(x + \delta x) = b + \delta b$ 可知

$$(A + \delta A) \delta x = \delta b - \delta A \cdot x. \tag{3.27}$$

由 A 非奇异和 $\|A^{-1}\|\|\delta A\|<1$，以及定理 1.4.7 可知
$$A+\delta A = A(I+A^{-1}\delta A)$$
非奇异，且有
$$\|(I+A^{-1}\delta A)^{-1}\| \leqslant \frac{1}{1-\|A^{-1}\|\|\delta A\|}.$$
结合式(3.27)得
$$\begin{aligned}\|\delta x\| &= \|(A+\delta A)^{-1}(\delta b - \delta A \cdot x)\| \\ &\leqslant \|(I+A^{-1}\delta A)^{-1}\|\|A^{-1}\|(\|\delta b\|+\|\delta A\|\|x\|) \\ &\leqslant \frac{\|A^{-1}\|}{1-\|A^{-1}\|\|\delta A\|}(\|\delta b\|+\|\delta A\|\|x\|).\end{aligned}$$
注意到 $\|b\| \leqslant \|A\|\|x\|$，于是有
$$\frac{\|\delta x\|}{\|x\|} \leqslant \frac{\|A\|\|A^{-1}\|}{1-\|A\|\|A^{-1}\|\frac{\|\delta A\|}{\|A\|}}\left(\frac{\|\delta A\|}{\|A\|}+\frac{\|\delta b\|}{\|b\|}\right).$$
证毕.

定理 3.3.1 中的条件 $\|A^{-1}\|\|\delta A\|<1$ 一般是可以满足的，因为矩阵 A 的扰动 δA 通常很小. 当该定理中的条件满足时，有
$$\frac{\|A\|\|A^{-1}\|}{1-\|A\|\|A^{-1}\|\frac{\|\delta A\|}{\|A\|}} \approx \|A\|\|A^{-1}\|.$$

这说明，$\|A^{-1}\|\|A\|$ 在很大程度上能够反映方程组的解对原始数据的敏感程度，即方程组的病态与否. 于是有如下定义.

定义 3.3.2 设矩阵 A 非奇异，称
$$\mathrm{cond}(A) = \|A\|\|A^{-1}\|$$
为矩阵 A 的**条件数**，其中 $\|\cdot\|$ 为任一给定的算子范数.

由定义可见矩阵的条件数依赖于矩阵范数的选取. 设 $A \in \mathbb{R}^{n \times n}$，常用的条件数有
$$\mathrm{cond}(A)_\infty = \|A\|_\infty \|A^{-1}\|_\infty;$$
$$\mathrm{cond}(A)_1 = \|A\|_1 \|A^{-1}\|_1;$$
和谱条件数
$$\mathrm{cond}(A)_2 = \|A\|_2 \|A^{-1}\|_2 = \sqrt{\frac{\lambda_{\max}(A^{\mathrm{T}}A)}{\lambda_{\min}(A^{\mathrm{T}}A)}}.$$
特别地，当 A 为对称矩阵时，有
$$\mathrm{cond}(A)_2 = \frac{\max\limits_{1 \leqslant i \leqslant n}|\lambda_i|}{\min\limits_{1 \leqslant i \leqslant n}|\lambda_i|}.$$
此外，容易验证条件数具有以下性质:

1) 对任意非奇异矩阵 A，有 $\mathrm{cond}(A) = \mathrm{cond}(A^{-1}) \geqslant 1$. 事

实上，
$$\operatorname{cond}(A) = \operatorname{cond}(A^{-1}) = \|A\|\|A^{-1}\| \geqslant \|AA^{-1}\| = 1.$$

2) 对任意非奇异矩阵 A，有
$$\operatorname{cond}(\alpha A) = \operatorname{cond}(A), \quad \alpha \in \mathbb{C}, \quad \alpha \neq 0$$

3) 对任意非奇异矩阵 A 和正交矩阵 U，有 $\operatorname{cond}(U)_2 = 1$，且
$$\operatorname{cond}(A)_2 = \operatorname{cond}(UA)_2 = \operatorname{cond}(AU)_2.$$

4) 对任意非奇异矩阵 A，有
$$\operatorname{cond}(A) \geqslant \frac{\max\limits_{1\leqslant i \leqslant n}|\lambda_i|}{\min\limits_{1\leqslant i \leqslant n}|\lambda_i|}.$$

实际上，由算子范数的定义可知
$$\max_{1\leqslant i \leqslant n}|\lambda_i| \leqslant \|A\|, \quad 1/\min_{1\leqslant i \leqslant n}|\lambda_i| \leqslant \|A^{-1}\|.$$

矩阵的条件数是数值代数中非常重要的概念. 一般来说，矩阵的条件数相对较小，则对应的方程组是良态的. 矩阵的条件数越大，对应的方程组越病态. 由于矩阵范数的等价性，矩阵 A 在一种范数意义下是病态的，则其在其他范数意义下也是病态的.

例 3.3.1 中方程组系数矩阵 A 满足 $\|A\|_\infty = 4.00001$，
$$A^{-1} = \begin{pmatrix} 300001 & -300000 \\ -100000 & 100000 \end{pmatrix}, \quad \|A^{-1}\|_\infty = 600001.$$

因此 $\operatorname{cond}(A)_\infty = \|A\|_\infty \|A^{-1}\|_\infty \approx 2400010.00001$. 故该矩阵是严重病态的，相应的方程组也是病态的.

典型的病态矩阵（相对于方程组而言）是希尔伯特(Hilbert)矩阵. 给定 n 阶希尔伯特矩阵

$$H_n = \begin{pmatrix} 1 & \dfrac{1}{2} & \cdots & \dfrac{1}{n} \\ \dfrac{1}{2} & \dfrac{1}{3} & \cdots & \dfrac{1}{n+1} \\ \vdots & \vdots & & \vdots \\ \dfrac{1}{n} & \dfrac{1}{n+1} & \cdots & \dfrac{1}{2n-1} \end{pmatrix}.$$

当 $n = 3$ 时，$\|H_3\|_\infty = \dfrac{11}{6}$，
$$H_3^{-1} = \begin{pmatrix} 9 & -36 & 30 \\ -36 & 192 & -180 \\ 30 & -180 & 180 \end{pmatrix}, \quad \|H_3^{-1}\|_\infty = 408.$$

故 $\operatorname{cond}(H_3)_\infty = 748$. 类似地，$\operatorname{cond}(H_4)_\infty \approx 2.84 \times 10^4$，$\operatorname{cond}(H_6)_\infty \approx 2.91 \times 10^7$，依次计算可以发现，$H_n$ 的阶数越大，其条件数越大，该矩阵越病态.

虽然按照条件数的定义可以判断方程组的性态，但其往往需要计算矩阵的逆，这通常是比较困难的。为此我们列出几条经验性的判断矩阵病态的依据：

1）矩阵元素间数量级相差很大，且无一定规律；
2）矩阵的行列式相对较小，或矩阵中某些行近似线性相关；
3）列主元消去过程中，出现数量级很小的主元；
4）矩阵中按模取最大的特征值和按模取最小的特征值的比值很大。

对于方程组而言，在实际计算中精确解通常是未知的，只能得到数值方法计算出的近似解。此时如何判断近似解的近似效果呢？

定理 3.3.2 设非奇异线性方程组 $Ax=b$ 中 $b\neq 0$，$\bar{x}$ 为该方程组的近似解，则

$$\frac{1}{\operatorname{cond}(A)}\frac{\|b-A\bar{x}\|}{\|b\|}\leq\frac{\|x-\bar{x}\|}{\|x\|}\leq\operatorname{cond}(A)\frac{\|b-A\bar{x}\|}{\|b\|}.$$

证明 先证估计式中右式成立。由方程组 $Ax=b$ 可知

$$b-A\bar{x}=Ax-A\bar{x}=A(x-\bar{x}),$$

即 $x-\bar{x}=A^{-1}(b-A\bar{x})$。结合 $1/\|x\|\leq\|A\|/\|b\|$，可得

$$\frac{\|x-\bar{x}\|}{\|x\|}\leq\frac{\|A\|}{\|b\|}\|A^{-1}\|\|b-A\bar{x}\|=\operatorname{cond}(A)\frac{\|b-A\bar{x}\|}{\|b\|}.$$

根据 $\|b-A\bar{x}\|\leq\|A\|\|x-\bar{x}\|$ 和 $\|x\|\leq\|A^{-1}\|\|b\|$ 得

$$\frac{\|b-A\bar{x}\|}{\|A\|\|A^{-1}\|\|b\|}\leq\frac{\|x-\bar{x}\|}{\|x\|}.$$

于是有左式成立。证毕。

对于方程组 $Ax=b$ 的近似解 $\bar{x}$，通常称 $r=b-A\bar{x}$ 为残量。定理 3.3.2 说明近似解 $\bar{x}$ 的相对误差与条件数和相对残量 $\|b-A\bar{x}\|/\|b\|$ 有关。当条件数较小时，近似解的精确程度取决于 $\|b-A\bar{x}\|/\|b\|$ 的大小；当条件数较大，即方程组病态时，即使相对残量很小，解的相对误差仍然可能很大，因而很难用常规的数值方法（例如列主元高斯消去法）计算出比较准确的解。

一般地，可采用预处理方法将方程组等价转化为良态问题，然后再进行数值求解。具体地，可选取合适的非奇异矩阵 P,Q 将方程组 $Ax=b$ 等价转化为 $PAQ(Q^{-1}x)=Pb$，使得 $\tilde{A}=PAQ$ 具有较小的条件数。通过数值求解 $\tilde{A}\tilde{x}=Pb$，利用 $x=Q\tilde{x}$ 得到原方程较准确的近似解。当矩阵 A 中元素的数量级相差很大时，也可采用行均衡或列均衡的方法改善 A 的条件数。以行均衡法为例，它通过

计算 $s_i = \max\limits_{1 \leq j \leq n} |a_{ij}|$,构造对角矩阵 $D = \mathbf{diag}(1/s_1, 1/s_2, \cdots, 1/s_n)$,将 $Ax = b$ 等价转化为 $\tilde{A}x = DAx = Db = \tilde{b}$. 例如方程组

$$Ax = \begin{pmatrix} 1 & 10^4 \\ 2 & 1 \end{pmatrix} \begin{pmatrix} x_1 \\ x_2 \end{pmatrix} = \begin{pmatrix} 10^4 \\ 2 \end{pmatrix} = b,$$

A 的条件数为 $\mathrm{cond}(A)_\infty \approx 5 \times 10^3$,其精确解为 $(0.500025\cdots, 0.999949\cdots)^\mathrm{T}$. 直接对其用列主元高斯消去法得近似解 $(3.000400, -4.000800)^\mathrm{T}$,与精确解误差较大. 若用行平衡法,可取 $D = \mathbf{diag}(10^{-4}, 1/2)$,则平衡后的方程组为

$$\tilde{A}\tilde{x} = \begin{pmatrix} 10^{-4} & 1 \\ 1 & 1/2 \end{pmatrix} \begin{pmatrix} x_1 \\ x_2 \end{pmatrix} = \begin{pmatrix} 1 \\ 1 \end{pmatrix} = \tilde{b}.$$

此时 $\mathrm{cond}(\tilde{A})_\infty \approx 1.64$. 用列主元高斯消去法解平衡后的方程组得近似解 $(0.499975, 1.000050)^\mathrm{T}$,与原方程组的精确解较接近.

3.4 解线性方程组的迭代法

对于 n 阶非奇异线性方程组 $Ax = b$,尤其是系数矩阵 A 稠密的方程组,采用直接法进行求解的存储量和计算量分别是 $O(n^2)$ 和 $O(n^3)$. 当 n 较大时,存储量和计算量都是非常大的,因而直接法多用于求解低阶线性方程组. 大规模线性方程组(n 较大),尤其是大规模稀疏线性方程组(A 中零元素较多),采用直接法求解时,可能会在消元的过程中将很多原来是零的元素变为非零的元素,破坏系数矩阵的稀疏结构,从而增加其计算量和存储量,因而对于此类问题经常采用迭代法进行求解. 该方法通过构造迭代格式,利用矩阵与向量的乘法、向量与向量的加法来逐步求解方程的近似解. 注意到 n 阶矩阵与向量的乘法至多需要 $O(n^2)$ 的计算量,当迭代法可以快速收敛到方程组的解时,迭代法相对直接法具有明显的优势,因而迭代法是目前求解大规模线性方程组的首选方法.

3.4.1 基本迭代法

求解线性方程组 $Ax = b$ 的迭代法的构造类似于非线性方程(组)中迭代法的构造. 以三阶线性方程组为例,即

$$\begin{cases} a_{11}x_1 + a_{12}x_2 + a_{13}x_3 = b_1, \\ a_{21}x_1 + a_{22}x_2 + a_{23}x_3 = b_2, \\ a_{31}x_1 + a_{32}x_2 + a_{33}x_3 = b_3. \end{cases}$$

若 $a_{ii} \neq 0 (i = 1, 2, 3)$,则可通过将该方程组等价表示成

$$\begin{cases} x_1 = (b_1 - a_{12}x_2 - a_{13}x_3)/a_{11}, \\ x_2 = (b_2 - a_{21}x_1 - a_{23}x_3)/a_{22}, \\ x_3 = (b_3 - a_{31}x_1 - a_{32}x_2)/a_{33}, \end{cases}$$

构造迭代法

$$\begin{cases} x_1^{(k+1)} = (b_1 - a_{12}x_2^{(k)} - a_{13}x_3^{(k)})/a_{11}, \\ x_2^{(k+1)} = (b_2 - a_{21}x_1^{(k)} - a_{23}x_3^{(k)})/a_{22}, \quad k = 0,1,\cdots. \\ x_3^{(k+1)} = (b_3 - a_{31}x_1^{(k)} - a_{32}x_2^{(k)})/a_{33}, \end{cases}$$

一般地，对于 n 阶线性方程组 $\boldsymbol{Ax} = \boldsymbol{b}$，若 $a_{ii} \neq 0 (i=1,2,\cdots,n)$，则可构造迭代格式

$$\begin{cases} x_1^{(k+1)} = (b_1 - a_{12}x_2^{(k)} - a_{13}x_3^{(k)} \cdots - a_{1n}x_n^{(k)})/a_{11}, \\ x_2^{(k+1)} = (b_2 - a_{21}x_1^{(k)} - a_{23}x_3^{(k)} - \cdots - a_{2n}x_n^{(k)})/a_{22}, \\ \quad \vdots \\ x_i^{(k+1)} = (b_i - a_{i1}x_1^{(k)} - \cdots - a_{i,i-1}x_{i-1}^{(k)} - a_{i,i+1}x_{i+1}^{(k)} \cdots - a_{in}x_n^{(k)})/a_{ii}, \\ \quad \vdots \\ x_n^{(k+1)} = (b_n - a_{n1}x_1^{(k)} - a_{n2}x_2^{(k)} - \cdots - a_{n,n-1}x_{n-1}^{(k)})/a_{nn}, \end{cases} \quad k = 0,1,\cdots.$$

(3.28)

该方法称为**雅可比(Jacobi)迭代法**，简称 **J 法**，且式(3.28)可等价表示为

$$\boldsymbol{x}^{(k+1)} = \boldsymbol{D}^{-1}(\boldsymbol{L}+\boldsymbol{U})\boldsymbol{x}^{(k)} + \boldsymbol{D}^{-1}\boldsymbol{b}, \quad k=0,1,\cdots, \quad (3.29)$$

其中 $\boldsymbol{A} = \boldsymbol{D} - \boldsymbol{L} - \boldsymbol{U}$ 且 $\boldsymbol{D} = \text{diag}(a_{11},\cdots,a_{nn})$，

$$\boldsymbol{L} = -\begin{pmatrix} 0 & & & & \\ a_{21} & 0 & & & \\ a_{31} & a_{32} & 0 & & \\ \vdots & \vdots & \ddots & \ddots & \\ a_{n1} & a_{n2} & \cdots & a_{n,n-1} & 0 \end{pmatrix}, \quad \boldsymbol{U} = -\begin{pmatrix} 0 & a_{12} & a_{12} & \cdots & a_{1n} \\ & 0 & a_{23} & \cdots & a_{2n} \\ & & 0 & \ddots & \vdots \\ & & & \ddots & a_{n-1,n} \\ & & & & 0 \end{pmatrix}.$$

(3.30)

雅可比迭代法按照分量形式(3.28)进行计算时，需要两组单元存储向量 $\boldsymbol{x}^{(k)}$ 和 $\boldsymbol{x}^{(k+1)}$，且便于并行计算；按照矩阵形式(3.29)进行计算时，只需一组单元存储 $\boldsymbol{x}^{(k)}$. 无论采用哪一种形式，雅可比迭代法的计算公式都很简单，且每次迭代只需计算一次矩阵和向量的乘法.

观察雅可比迭代法(3.28)可以发现，在计算 $x_i^{(k+1)}$ 时，使用的都是 $\boldsymbol{x}^{(k)}$ 的相应分量，但经过前 $i-1$ 步的计算，已经得到了新的近似值 $x_1^{(k+1)}, x_2^{(k+1)}, \cdots, x_{i-1}^{(k+1)}$，因而可将雅可比迭代法进行改进，用最新计算出来的前 $i-1$ 分量替换 $\boldsymbol{x}^{(k)}$ 的相应分量用于计算 $x_i^{(k+1)}$，

于是得到新的迭代格式

$$x_i^{(k+1)} = \frac{1}{a_{ii}}\left(b_i - \sum_{j=1}^{i-1} a_{ij}x_j^{(k+1)} - \sum_{j=i+1}^{n} a_{ij}x_j^{(k)}\right), \quad i=1,2,\cdots,n, \quad k=0,1,\cdots.$$

(3.31)

该方法称为<u>高斯-赛德尔(Gauss-Seidel)迭代法</u>,简称 **GS 法**,其矩阵形式为

$$x^{(k+1)} = (D-L)^{-1}Ux^{(k)} + (D-L)^{-1}b, \quad k=0,1,\cdots. \quad (3.32)$$

高斯-赛德尔迭代法是串行算法,它的分量形式(3.31)和矩阵形式(3.32)均只需一组单元存储向量 $x^{(k)}$,分量形式中新计算出的 $x_i^{(k+1)}$ 直接存放在 $x_i^{(k)}$ 的相应位置即可. 于是有如下算法.

> **算法 3.4.1 高斯-赛德尔迭代法**
>
> 1) 输入矩阵 A,右端项 b,初始近似值 x,矩阵维数 n 和精度 ε. 令 $k=0$.
>
> 2) 若 $\|b-Ax\|/\|b\| \leq \varepsilon$,则停止计算,输出 x;否则,转入下一步.
>
> 3) 令 $k=k+1$,对于 $i=1,2,\cdots,n$
>
> 计算 $x_i = \frac{1}{a_{ii}}\left(b_i - \sum_{j=1}^{i-1} a_{ij}x_j - \sum_{j=i+1}^{n} a_{ij}x_j\right)$,转入第 2 步.

进一步,在高斯-赛德尔迭代(3.31)的基础上进行加权平均,可得新的迭代方法. 假设已有近似值 $x^{(k)}$,高斯-赛德尔迭代执行一步后的近似值记为 $\bar{x}^{(k+1)}$,它满足

$$\bar{x}_i^{(k+1)} = \frac{1}{a_{ii}}\left(b_i - \sum_{j=1}^{i-1} a_{ij}x_j^{(k+1)} - \sum_{j=i+1}^{n} a_{ij}x_j^{(k)}\right), \quad i=1,2,\cdots,n,$$

将 $x^{(k)}$ 与 $\bar{x}^{(k+1)}$ 进行加权平均,可得新的迭代格式

$$x_i^{(k+1)} = (1-\omega)x_i^{(k)} + \omega\bar{x}_i^{(k+1)}$$

$$= (1-\omega)x_i^{(k)} + \frac{\omega}{a_{ii}}\left(b_i - \sum_{j=1}^{i-1} a_{ij}x_j^{(k+1)} - \sum_{j=i+1}^{n} a_{ij}x_j^{(k)}\right)$$

$$= x_i^{(k)} + \frac{\omega}{a_{ii}}\left(b_i - \sum_{j=1}^{i-1} a_{ij}x_j^{(k+1)} - \sum_{j=i+1}^{n} a_{ij}x_j^{(k)}\right), \quad i=1,2,\cdots,n, k=1,2\cdots.$$

称为<u>逐次超松弛(Successive Over Relaxation)迭代法</u>,简称 **SOR 迭代**,其相应的矩阵形式为

$$x^{(k+1)} = (D-\omega L)^{-1}[(1-\omega)D+\omega U]x^{(k)} + \omega(D-\omega L)^{-1}b, \quad (3.33)$$

其中, $\omega>0$ 称为<u>松弛因子</u>.

显然,$\omega=1$ 时 SOR 迭代即为高斯-赛德尔迭代. SOR 迭代和雅可比迭代、高斯-赛德尔迭代类似,每步迭代的主要计算量是一次矩阵和向量的乘法.

例 3.4.1　分别用雅可比迭代、高斯-赛德尔迭代和 SOR 迭代($\omega=1.2$)解方程组

$$\begin{pmatrix} -10 & 1 & 3 & 1 \\ 3 & -8 & 1 & 2 \\ 0 & 1 & -5 & 2 \\ 2 & 1 & 3 & -7 \end{pmatrix} \begin{pmatrix} x_1 \\ x_2 \\ x_3 \\ x_4 \end{pmatrix} = \begin{pmatrix} 1 \\ 1 \\ 1 \\ 1 \end{pmatrix}.$$

取初始值为零向量,停机条件为 $\|b-Ax\|/\|b\| \leqslant 10^{-6}$.

解　该方程组的雅可比迭代格式为

$$\begin{cases} x_1^{(k+1)} = -(1-x_2^{(k)}-3x_3^{(k)}-x_4^{(k)})/10, \\ x_2^{(k+1)} = -(1-3x_1^{(k)}-x_3^{(k)}-2x_4^{(k)})/8, \\ x_3^{(k+1)} = -(1-x_2^{(k)}-2x_4^{(k)})/5, \\ x_4^{(k+1)} = -(1-2x_1^{(k)}-x_2^{(k)}-3x_3^{(k)})/7, \end{cases} \quad k=0,1,\cdots.$$

高斯-赛德尔迭代格式为

$$\begin{cases} x_1^{(k+1)} = -(1-x_2^{(k)}-3x_3^{(k)}-x_4^{(k)})/10, \\ x_2^{(k+1)} = -(1-3x_1^{(k+1)}-x_3^{(k)}-2x_4^{(k)})/8, \\ x_3^{(k+1)} = -(1-x_2^{(k+1)}-2x_4^{(k)})/5, \\ x_4^{(k+1)} = -(1-2x_1^{(k+1)}-x_2^{(k+1)}-3x_3^{(k+1)})/7, \end{cases} \quad k=0,1,\cdots.$$

SOR 迭代格式为

$$\begin{cases} x_1^{(k+1)} = x_1^{(k)} - \omega(1+10x_1^{(k)}-x_2^{(k)}-3x_3^{(k)}-x_4^{(k)})/10, \\ x_2^{(k+1)} = x_2^{(k)} - \omega(1-3x_1^{(k+1)}+8x_2^{(k)}-x_3^{(k)}-2x_4^{(k)})/8, \\ x_3^{(k+1)} = x_3^{(k)} - \omega(1-x_2^{(k+1)}+5x_3^{(k)}-2x_4^{(k)})/5, \\ x_4^{(k+1)} = x_4^{(k)} - \omega(1-2x_1^{(k+1)}-x_2^{(k+1)}-3x_3^{(k+1)}+7x_4^{(k)})/7, \end{cases} \quad k=0,1,\cdots.$$

按照迭代格式进行计算,雅可比需要迭代 36 步,其近似解为
$x^{(36)} \approx (-0.34532344,-0.44604276,-0.49640248,-0.51798515)^{\mathrm{T}}$;
高斯-赛德尔需要迭代 20 步,近似解为
$x^{(20)} \approx (-0.34532359,-0.44604300,-0.49640274,-0.51798549)^{\mathrm{T}}$;
而 SOR($\omega=1.2$)需要迭代 12 步,近似解为
$x^{(12)} \approx (-0.34532366,-0.44604305,-0.49640295,-0.51798558)^{\mathrm{T}}$.
该方程组的真解为
$x^* \approx (-0.34532374\cdots,-0.44604316\cdots,-0.49640287\cdots,-0.51798561\cdots)^{\mathrm{T}}$.
由此可见这三种迭代法均可用于求解该方程组.

由雅可比、高斯-赛德尔和 SOR 的迭代格式(3.29)、式(3.32)和式(3.33)可知,它们可统一表示为

$$x^{(k+1)} = Bx^{(k)} + f, \quad k=0,1,\cdots, \tag{3.34}$$

且 $x = Bx + f$ 与方程组 $Ax = b$ 等价. 这实际上就是求解线性方程的迭代法的基本思想. 不同的等价形式, 即 B 和 f, 确定了不同的迭代格式, 并称式 (3.34) 中 B 为**迭代矩阵**. 一般地, 可将矩阵 A 分解为

$$A = M - N, \qquad (3.35)$$

其中, M 是非奇异矩阵, 且其逆矩阵相对容易求解. 于是有 $Ax = b$ 的等价形式

$$x = M^{-1} N x + M^{-1} b = Bx + f.$$

其中, 迭代矩阵 $B = M^{-1} N$; $f = M^{-1} b$. 从而可构造迭代格式

$$x^{(k+1)} = M^{-1} N x^{(k)} + M^{-1} b = B x^{(k)} + f. \qquad (3.36)$$

由于该迭代格式是通过矩阵分裂式 (3.35) 构造的, 因而也称其为**分裂迭代法**.

雅可比迭代、高斯-赛德尔迭代和 SOR 迭代均属于分裂迭代法. 假设 D 非奇异, 取 $M = D$ 和 $N = L + U$, 可得雅可比迭代法

$$x^{(k+1)} = B_J x^{(k)} + f, \quad k = 0, 1, \cdots, \qquad (3.37)$$

其中, 雅可比迭代矩阵 $B_J = D^{-1}(L + U)$; $f = D^{-1} b$. 取 $M = D - L$ 和 $N = U$, 可得高斯-赛德尔迭代法

$$x^{(k+1)} = B_G x^{(k)} + f, \quad k = 0, 1, \cdots, \qquad (3.38)$$

其中, 高斯-赛德尔迭代矩阵 $B_G = (D - L)^{-1} U$; $f = (D - L)^{-1} b$. 类似地, 取 $M = (1/\omega)(D - \omega L)$ 和 $N = (1/\omega)[(1 - \omega)D + \omega U]$ 可得 SOR 迭代法

$$x^{(k+1)} = B_S x^{(k)} + f, \quad k = 0, 1, \cdots, \qquad (3.39)$$

其中, SOR 迭代矩阵 $B_S = (D - \omega L)^{-1}[(1 - \omega)D + \omega U]$; $f = \omega(D - \omega L)^{-1} b$. 此外, 也可选取其他的分裂矩阵 M 和 N, 构造新的分裂迭代法, 例如对称 SOR (简称 SSOR) 迭代, 它对应的分裂矩阵分别为

$$\begin{aligned} M &= \frac{1}{\omega(2-\omega)}(D - \omega L) D^{-1}(D - \omega U), \\ N &= \frac{1}{\omega(2-\omega)}[(1-\omega)^2 D + \omega(1-\omega)(L+U) + \omega^2 L D^{-1} U]. \end{aligned} \qquad (3.40)$$

该迭代法实际上是由两步迭代构成的, 即

$$\begin{cases} (D - \omega L) x^{(k+1/2)} = [(1-\omega)D + \omega U] x^{(k)} + \omega b, \\ (D - \omega U) x^{(k+1)} = [(1-\omega)D + \omega L] x^{(k+1/2)} + \omega b. \end{cases}$$

将第一个迭代式的 $x^{(k+1/2)}$ 代入第二个迭代式可得形如式 (3.36) 的分裂迭代法, 其中 M 和 N 满足式 (3.40). 若方程组 $Ax = b$ 中系数矩阵 A 是正定矩阵, 即 $H = (A + A^T)/2$ 对称正定, 记 $S = (A - A^T)/2$, 则可构造 HSS 迭代法, 其迭代格式为

$$\begin{cases} (\alpha I+H)x^{(k+1/2)} = (\alpha I-S)x^{(k)}+b, \\ (\alpha I+S)x^{(k+1)} = (\alpha I-H)x^{(k+1/2)}+b, \end{cases}$$

其中，$\alpha>0$ 是给定的参数. 该迭代法可整合成一步迭代

$$x^{(k+1)} = (\alpha I+S)^{-1}(\alpha I+H)^{-1}(\alpha I-H)(\alpha I-S)x^{(k)} + \\ 2\alpha(\alpha I+S)^{-1}(\alpha I+H)^{-1}b,$$

其对应的矩阵分裂为

$$M = \frac{1}{2\alpha}(\alpha I+H)(\alpha I+S), \quad N = \frac{1}{2\alpha}(\alpha I-H)(\alpha I-S).$$

3.4.2 迭代法的收敛性

形如式(3.34)的迭代法在求解线性方程组时，同样有敛散性问题. 在例 3.4.1 中，J 法、GS 法和 SOR 迭代法均是收敛的，即由迭代格式产生的迭代向量序列 $\{x^{(k)}\}$ 满足 $\lim\limits_{k\to\infty}x^{(k)} = x^*$，其中 x^* 为方程组的真解. 但迭代法(3.34)不总是收敛的，例如求解方程组

$$\begin{pmatrix} 1 & 2 & 5 \\ 3 & 1 & 2 \\ 1 & 4 & 2 \end{pmatrix} \begin{pmatrix} x_1 \\ x_2 \\ x_3 \end{pmatrix} = \begin{pmatrix} 1 \\ 0 \\ 1 \end{pmatrix}$$

的雅可比迭代法. 因而在使用迭代法求解线性方程组时要考虑它的收敛性，包括收敛速度.

对于迭代法

$$x^{(k+1)} = Bx^{(k)} + f, \tag{3.41}$$

记 $\varepsilon^{(k)} = x^{(k)} - x^*$，由 $x^* = Bx^* + f$ 与 $Ax^* = b$ 等价，可得

$$\varepsilon^{(k+1)} = B(x^{(k)} - x^*) = B\varepsilon^{(k)} = B^2\varepsilon^{(k-1)} = \cdots = B^{k+1}\varepsilon^{(0)}, \quad k=0,1,\cdots, \tag{3.42}$$

式中，$\varepsilon^{(0)}$ 与 k 无关. 因此，$\lim\limits_{k\to\infty}x^{(k)} = x^*$ 等价于

$$\lim_{k\to\infty}\varepsilon^{(k)} = \lim_{k\to\infty}B^k\varepsilon^{(0)} = \mathbf{0}, \tag{3.43}$$

且对任意初始误差 $\varepsilon^{(0)}$ 均成立. 这说明迭代法(3.41)的收敛性与迭代矩阵 B 紧密相关.

由矩阵序列 $A_k = (a_{ij}^{(k)}) \in \mathbb{R}^{m\times n}$ 收敛的定义，即 $\lim\limits_{k\to\infty}A_k = A$ 等价于 $\lim\limits_{k\to\infty}a_{ij}^{(k)} = a_{ij}(i,j=1,2,\cdots,n)$，可得如下定理.

定理 3.4.1 给定矩阵序列 A_k，则 $\lim\limits_{k\to\infty}A_k = A$ 等价于 $\lim\limits_{k\to\infty}\|A_k - A\| = 0$，其中 $\|\cdot\|$ 为任意一种算子范数.

根据矩阵范数的等价性，利用 $\|\cdot\|_\infty$ 可得此结论.

定理 3.4.2 给定矩阵序列 $A_k \in \mathbb{R}^{m\times n}$，则 $\lim\limits_{k\to\infty} A_k = O$ 的充分必要条件是
$$\lim_{k\to\infty} A_k x = 0, \qquad \forall\, x \in \mathbb{R}^n.$$

证明 由定理 3.4.1 可知 $\lim\limits_{k\to\infty} A_k = O$ 等价于 $\lim\limits_{k\to\infty} \|A_k\| = 0$，其中 $\|\cdot\|$ 为任意一种算子范数。根据算子范数的性质，有 $\|A_k x\| \leqslant \|A_k\|\|x\|$。于是必要性成立。下证充分性。取 x 为第 j 个坐标分量 e_j，则 $\lim\limits_{k\to\infty} A_k e_j = 0$，即 $\lim\limits_{k\to\infty} a_{ij}^{(k)} = 0\,(i=1,2,\cdots,n)$。令 $j=1,2,\cdots,n$，则有 $\lim\limits_{k\to\infty} A_k = O$。证毕。

定理 3.4.3 设矩阵 $B \in \mathbb{R}^{n\times n}$，则 $\lim\limits_{k\to\infty} B^k = O$ 的充分必要条件是 $\rho(B) < 1$，其中 $\rho(\cdot)$ 表示谱半径。

证明 若 $\lim\limits_{k\to\infty} B^k = O$，即 $\lim\limits_{k\to\infty} \|B^k\| = 0$。由 $\rho(B^k) = \rho(B)^k \leqslant \|B^k\|$ 知 $\rho(B) < 1$。反之，若 $\rho(B) < 1$，由定理 1.4.5 知，对 $\forall\, \varepsilon > 0$，存在矩阵范数 $\|\cdot\|_\varepsilon$，使得 $\|B\|_\varepsilon \leqslant \rho(B) + \varepsilon < 1$。于是由
$$\|B^k\|_\varepsilon \leqslant \|B\|_\varepsilon^k \leqslant (\rho(B) + \varepsilon)^k,$$
得 $\lim\limits_{k\to\infty} \|B^k\| = 0$，即 $\lim\limits_{k\to\infty} B^k = O$。

通过类似的证明还可得如下定理。

定理 3.4.4 设矩阵 $B \in \mathbb{R}^{n\times n}$，$\|\cdot\|$ 为任意一种矩阵范数，则
$$\lim_{k\to\infty} \|B^k\|^{1/k} = \rho(B).$$

根据定理 3.4.2 和定理 3.4.3，式 (3.43) 等价于 $\lim\limits_{k\to\infty} B^k = O$，等价于 $\rho(B) < 1$。于是有迭代法的基本收敛定理。

定理 3.4.5 迭代法 (3.41) 对任意初始值 $x^{(0)}$ 收敛的充分必要条件是
$$\rho(B) < 1,$$
其中，$\rho(B)$ 表示 B 的谱半径。

推论 3.4.1 给定矩阵分解 $A = D - L - U$，其中 $D = \mathbf{diag}(a_{11}, a_{22}, \cdots, a_{nn})$ 非奇异，L 和 U 由式 (3.30) 给出，则

1) 雅可比迭代法 (3.37) 收敛的充要条件是 $\rho(B_J) < 1$，其中 $B_J = D^{-1}(L+U)$。

2) 高斯-赛德尔迭代法(3.38)收敛的充要条件是 $\rho(\boldsymbol{B}_G)<1$，其中 $\boldsymbol{B}_G=(\boldsymbol{D}-\boldsymbol{L})^{-1}\boldsymbol{U}$.

3) SOR 迭代法(3.39)收敛的充要条件是 $\rho(\boldsymbol{B}_S)<1$，其中 $\boldsymbol{B}_S=(\boldsymbol{D}-\omega\boldsymbol{L})^{-1}[(1-\omega)\boldsymbol{D}+\omega\boldsymbol{U}]$.

例 3.4.2 讨论用雅可比迭代法和高斯-赛德尔迭代法求解方程组

$$\begin{cases} 8x_1+x_2+2x_3=3, \\ 2x_1+6x_2+3x_3=1, \\ 3x_1+4x_2+10x_3=9 \end{cases}$$

的收敛性.

解 雅可比迭代法的迭代矩阵为

$$\boldsymbol{B}_J=\boldsymbol{D}^{-1}(\boldsymbol{L}+\boldsymbol{U})=\begin{pmatrix} 0 & -\dfrac{1}{8} & -\dfrac{1}{4} \\ -\dfrac{1}{3} & 0 & -\dfrac{1}{2} \\ -\dfrac{3}{10} & -\dfrac{2}{5} & 0 \end{pmatrix}.$$

它的特征值为 $\lambda_1 \approx -0.6318$，$\lambda_2 \approx 0.1842$，$\lambda_3 \approx 0.4475$，因而 $\rho(\boldsymbol{B}_J) \approx 0.6318<1$. 类似地，由高斯-赛德尔迭代法的迭代矩阵

$$\boldsymbol{B}_G=(\boldsymbol{D}-\boldsymbol{L})^{-1}\boldsymbol{U}=\begin{pmatrix} 0 & -\dfrac{1}{8} & -\dfrac{1}{4} \\ 0 & \dfrac{1}{24} & -\dfrac{5}{12} \\ 0 & \dfrac{1}{48} & \dfrac{29}{120} \end{pmatrix},$$

计算出它的特征值为 $\lambda_1=0$，$\lambda_2 \approx 0.1053$，$\lambda_3 \approx 0.1780$，因而 $\rho(\boldsymbol{B}_G) \approx 0.1780<1$. 由推论 3.4.1 知雅可比迭代法和高斯-赛德尔迭代法均收敛.

定理 3.4.5 虽可用于判断迭代法的收敛性，但是需要计算迭代矩阵的特征值，这在矩阵维数很大时是非常困难的. 注意到 $\rho(\boldsymbol{B}) \leqslant \|\boldsymbol{B}\|$，故可借助于迭代矩阵 $\boldsymbol{B}$ 的矩阵范数判断迭代法的收敛性.

定理 3.4.6 若迭代法(3.41)中迭代矩阵 $\boldsymbol{B}$ 的某种算子范数 $\|\boldsymbol{B}\|=q<1$，则对任意初始向量 $\boldsymbol{x}^{(0)} \in \mathbb{R}^n$，迭代序列 $\{\boldsymbol{x}^{(k)}\}_0^\infty$ 均收敛于方程组 $\boldsymbol{A}\boldsymbol{x}=\boldsymbol{b}$ 的解 $\boldsymbol{x}^*$，且有误差估计式

1) $\|\boldsymbol{x}^{(k)}-\boldsymbol{x}^*\| \leq q^k \|\boldsymbol{x}^{(0)}-\boldsymbol{x}^*\|$;

2) $\|\boldsymbol{x}^{(k)}-\boldsymbol{x}^*\| \leq \dfrac{q}{1-q} \|\boldsymbol{x}^{(k)}-\boldsymbol{x}^{(k-1)}\|$;

3) $\|\boldsymbol{x}^{(k)}-\boldsymbol{x}^*\| \leq \dfrac{q^k}{1-q} \|\boldsymbol{x}^{(1)}-\boldsymbol{x}^{(0)}\|$.

证明 由 $\rho(\boldsymbol{B}) \leq \|\boldsymbol{B}\| = q < 1$ 可得迭代法的收敛性. 下证估计式成立. 由迭代格式(3.41)和 $\boldsymbol{x}^* = \boldsymbol{B}\boldsymbol{x}^* + \boldsymbol{f}$ 得

$$\boldsymbol{x}^{(k+1)}-\boldsymbol{x}^* = \boldsymbol{B}(\boldsymbol{x}^{(k)}-\boldsymbol{x}^*), \quad \boldsymbol{x}^{(k+1)}-\boldsymbol{x}^{(k)} = \boldsymbol{B}(\boldsymbol{x}^{(k)}-\boldsymbol{x}^{(k-1)}).$$

于是有

$$\|\boldsymbol{x}^{(k+1)}-\boldsymbol{x}^*\| \leq \|\boldsymbol{B}\| \|\boldsymbol{x}^{(k)}-\boldsymbol{x}^*\| = q\|\boldsymbol{x}^{(k)}-\boldsymbol{x}^*\|,$$

$$\|\boldsymbol{x}^{(k+1)}-\boldsymbol{x}^{(k)}\| \leq \|\boldsymbol{B}\| \|\boldsymbol{x}^{(k)}-\boldsymbol{x}^{(k-1)}\| = q\|\boldsymbol{x}^{(k)}-\boldsymbol{x}^{(k-1)}\|,$$

反复应用上式即得误差估计式(1)和 $\|\boldsymbol{x}^{(k+1)}-\boldsymbol{x}^{(k)}\| \leq q^k\|\boldsymbol{x}^{(1)}-\boldsymbol{x}^{(0)}\|$. 结合

$$\|\boldsymbol{x}^{(k+1)}-\boldsymbol{x}^*\| \leq q\|\boldsymbol{x}^{(k)}-\boldsymbol{x}^*\| \leq q\|\boldsymbol{x}^{(k+1)}-\boldsymbol{x}^{(k)}\| + q\|\boldsymbol{x}^{(k+1)}-\boldsymbol{x}^*\|,$$

可得误差估计式(2)和误差估计式(3).

定理 3.4.6 中给出了判断迭代法(3.41)收敛的充分条件，但不是必要条件，即条件 $\|\boldsymbol{B}\| < 1$ 对任何范数都不成立时，迭代序列仍可能收敛.

例 3.4.3 给定迭代法(3.41)中迭代矩阵 $\boldsymbol{B}$ 和 $\boldsymbol{f}$，其中

$$\boldsymbol{B} = \begin{pmatrix} 0.9 & & \\ 0.3 & 0.8 & \\ 0.5 & 0.4 & 0.7 \end{pmatrix}, \quad \boldsymbol{f} = \begin{pmatrix} 1 \\ 1 \\ 2 \end{pmatrix}.$$

讨论该迭代法的收敛性.

解 直接计算可得 $\|\boldsymbol{B}\|_\infty = 1.6$，$\|\boldsymbol{B}\|_1 = 1.7$，$\|\boldsymbol{B}\|_2 \approx 1.2746$，$\|\boldsymbol{B}\|_F \approx 1.5620$，均大于 1，但 $\rho(\boldsymbol{B}) = 0.9 < 1$. 故由定理 3.4.5 知此迭代法是收敛的.

由定理 3.4.6 中的误差估计式(3)可以看出 $\|\boldsymbol{B}\| = q$ 越小，迭代法收敛得越快. 一般地，对于迭代法(3.41)，假设其收敛，则 $\rho(\boldsymbol{B}) < 1$，即 $\lim\limits_{k \to \infty} \boldsymbol{B}^k = \boldsymbol{O}$. 根据式(3.42)得 $\boldsymbol{\varepsilon}^{(k)} = \boldsymbol{B}^k \boldsymbol{\varepsilon}^{(0)}$ 且

$$\|\boldsymbol{\varepsilon}^{(k)}\| \leq \|\boldsymbol{B}^k\| \|\boldsymbol{\varepsilon}^{(0)}\|, \quad \forall \boldsymbol{\varepsilon}^{(0)} \neq \boldsymbol{0}.$$

进一步，利用算子范数的定义可知

$$\|\boldsymbol{B}^k\| = \max_{\boldsymbol{\varepsilon}^{(0)} \neq \boldsymbol{0}} \frac{\|\boldsymbol{B}^k \boldsymbol{\varepsilon}^{(0)}\|}{\|\boldsymbol{\varepsilon}^{(0)}\|} = \max_{\boldsymbol{\varepsilon}^{(0)} \neq \boldsymbol{0}} \frac{\|\boldsymbol{\varepsilon}^{(k)}\|}{\|\boldsymbol{\varepsilon}^{(0)}\|}.$$

故迭代 k 次后，平均每次迭代误差范数的减小率可近似为 $\|\boldsymbol{B}^k\|^{1/k}$. 若迭代法中要求 k 次迭代后，满足 $\|\boldsymbol{\varepsilon}^{(k)}\| \leq \sigma \|\boldsymbol{\varepsilon}^{(0)}\|$，其中 $\sigma \ll 1$，则只需 $\|\boldsymbol{B}^k\| \leq \sigma$ 即可. 于是有 $\|\boldsymbol{B}^k\|^{1/k} \leq \sigma^{1/k} < 1$. 两侧取对数可得

$$k \geqslant \frac{-\ln\sigma}{-\ln\|\boldsymbol{B}^k\|^{1/k}}.$$

这说明迭代次数 k 和 $-\ln\|\boldsymbol{B}^k\|^{1/k}$ 成反比，即 $-\ln\|\boldsymbol{B}^k\|^{1/k}$ 越大，迭代法收敛得越快. 于是可定义

$$R_k(\boldsymbol{B}) = -\ln\|\boldsymbol{B}^k\|^{1/k},$$

为迭代法(3.41)的<u>平均收敛速度</u>. 考虑到其依赖于矩阵范数，结合定理 3.4.4 可得

$$\lim_{k\to\infty} R_k(\boldsymbol{B}) = -\lim_{k\to\infty}\ln\|\boldsymbol{B}^k\|^{1/k} = -\ln\rho(\boldsymbol{B}).$$

因此可定义 $R(\boldsymbol{B}) = -\ln\rho(\boldsymbol{B})$ 为迭代法(3.41)的<u>渐进收敛速度</u>. 它与迭代矩阵 $\boldsymbol{B}$ 选取的矩阵范数和迭代次数无关. 若迭代法(3.41)收敛，则 $\rho(\boldsymbol{B}) < 1$，因此 $\rho(\boldsymbol{B})$ 越小，$-\ln\rho(\boldsymbol{B})$ 越大，迭代法的收敛速度越快. 此外，也可将

$$k \geqslant \frac{-\ln\sigma}{-\ln\rho(\boldsymbol{B})},$$

作为迭代法(3.41)满足 $\|\boldsymbol{\varepsilon}^{(k)}\| \leqslant \sigma\|\boldsymbol{\varepsilon}^{(0)}\|$ 时，所需迭代次数的近似估计.

3.4.3 特殊线性方程组迭代法的收敛性

推论 3.4.1 给出了分析雅可比迭代、高斯-赛德尔迭代、SOR 迭代收敛性的充要条件，但是该条件通常不易验证. 定理 3.4.6 仅给出了判断迭代法收敛的充分条件. 由于在实际科学与工程问题的计算中，线性方程组的系数矩阵经常具有某些特殊结构，利用它们的特殊性质可以相对简单地判断迭代法的收敛性.

定义 3.4.1 若 $\boldsymbol{A} = (a_{ij})_{n\times n}$ 满足

$$|a_{ii}| \geqslant \sum_{\substack{j=1 \\ j\neq i}}^{n} |a_{ij}|, \quad i=1,2,\cdots,n, \tag{3.44}$$

且对所有 $i=1,2,\cdots,n$ 上述不等式严格成立，则称 $\boldsymbol{A}$ 为<u>严格对角占优矩阵</u>；若式(3.44)中至少有一个不等式严格成立，则称 $\boldsymbol{A}$ 为<u>弱对角占优矩阵</u>.

定义 3.4.2 设 $\boldsymbol{A} = (a_{ij})_{n\times n}(n\geqslant 2)$，若存在排列矩阵 $\boldsymbol{P}$ 使得

$$\boldsymbol{P}^{\mathrm{T}}\boldsymbol{A}\boldsymbol{P} = \begin{pmatrix} \boldsymbol{A}_{11} & \boldsymbol{A}_{12} \\ \boldsymbol{0} & \boldsymbol{A}_{22} \end{pmatrix}, \tag{3.45}$$

其中，$\boldsymbol{A}_{11}$ 是 r 阶方阵，$\boldsymbol{A}_{22}$ 是 $n-r$ 阶方阵 $(1\leqslant r<n)$，则称矩阵 $\boldsymbol{A}$ <u>可约</u>，否则，若不存在排列矩阵 $\boldsymbol{P}$ 使得式(3.45)成立，则称矩阵 $\boldsymbol{A}$ <u>不可约</u>.

显然,当矩阵 A 中所有元素均非零时,矩阵 A 不可约. 当矩阵 A 可约时,由式(3.45)可知,方程组 $Ax = b$ 可等价为 $P^T A P(P^T x) = P^T b$,即

$$\begin{pmatrix} A_{11} & A_{12} \\ O & A_{22} \end{pmatrix} \begin{pmatrix} y_1 \\ y_2 \end{pmatrix} = \begin{pmatrix} d_1 \\ d_2 \end{pmatrix},$$

其中 $P^T x = (y_1, y_2)^T$,$P^T b = (d_1, d_2)^T$,且 y_1、d_1 均为 r 维向量. 于是原方程组转化成了两个低阶线性方程组

$$\begin{cases} A_{11} y_1 + A_{12} y_2 = d_1, \\ A_{22} y_2 = d_2. \end{cases}$$

当线性方程组的系数矩阵 A 具有严格对角占优、不可约等性质时,雅可比迭代法、高斯-赛德尔迭代法、SOR 迭代法的收敛性可根据下述定理进行判断.

定理 3.4.7 若 $A = (a_{ij})_{n \times n}$ 为严格对角占优矩阵或不可约弱对角占优矩阵,则 $a_{ii} \neq 0 (i = 1, \cdots, n)$,且矩阵 A 非奇异.

证明 当矩阵 A 严格对角占优时,显然有 $a_{ii} \neq 0 (i = 1, \cdots, n)$. 当矩阵 A 不可约弱对角占优时,假设 $a_{kk} = 0$,由式(3.44)可知 A 的第 k 行全为零. 将第 k 行与第 n 行交换,第 k 列与第 n 列交换可得形如式(3.45)的矩阵,即矩阵 A 可约,矛盾. 故有 $a_{ii} \neq 0 (i = 1, \cdots, n)$.

下证矩阵 A 非奇异. 当 A 为严格对角占优矩阵时,假设 A 奇异,则 $Ax = 0$ 有非零解,记为 $x = (x_1, x_2, \cdots, x_n)^T$. 取 $|x_k| = \max_{1 \leq i \leq n} |x_i| \neq 0$,由 $\sum_{j=1}^{n} a_{kj} x_j = 0$ 可得

$$|a_{kk} x_k| = \left| \sum_{\substack{j=1 \\ j \neq k}}^{n} a_{kj} x_j \right| \leq \sum_{\substack{j=1 \\ j \neq k}}^{n} |a_{kj}| |x_j| \leq |x_k| \sum_{\substack{j=1 \\ j \neq k}}^{n} |a_{kj}|,$$

即

$$|a_{kk}| \leq \sum_{\substack{j=1 \\ j \neq k}}^{n} |a_{kj}|,$$

这与 A 严格对角占优矛盾,故 A 非奇异.

类似地,A 为不可约弱对角占优矩阵时,也用反证法证明. 假设 A 奇异,记 $Ax = 0$ 的非零解为 $x = (x_1, x_2, \cdots, x_n)^T$. 若 $|x_1| = |x_2| = \cdots = |x_n| \neq 0$,则

$$|a_{ii} x_i| = \left| \sum_{\substack{j=1 \\ j \neq i}}^{n} a_{ij} x_j \right| \leq \sum_{\substack{j=1 \\ j \neq i}}^{n} |a_{ij}| |x_j| = |x_i| \sum_{\substack{j=1 \\ j \neq i}}^{n} |a_{ij}|, \quad i = 1, 2, \cdots, n,$$

即

$$|a_{ii}| \leqslant \sum_{\substack{j=1\\j\neq i}}^{n} |a_{ij}|, \quad i=1,2,\cdots,n.$$

这与 A 弱对角占优矛盾，故 $|x_i|$ 不全相等．因此，存在 $1 \leqslant m < n$，使得 x_i 交换次序，同时 A 交换相应的列时，有

$$|x_1| \leqslant |x_2| \leqslant \cdots \leqslant |x_m| < |x_{m+1}| = |x_{m+2}| = \cdots = |x_n|,$$

且 A 仍不可约．取 A 左下角的 $(n-m) \times m$ 子矩阵，由 A 不可约可知，该子矩阵中至少有一个非零元．不妨设 $a_{ik} \neq 0$，$m+1 \leqslant i \leqslant n$，$1 \leqslant k \leqslant m$，则有

$$|a_{ii} x_{m+1}| = |a_{ii} x_i| = \left| \sum_{\substack{j=1\\j\neq i}}^{n} a_{ij} x_j \right| \leqslant \sum_{\substack{j=1\\j\neq i}}^{n} |a_{ij}| |x_j| < |x_{m+1}| \sum_{\substack{j=1\\j\neq i}}^{n} |a_{ij}|,$$

即

$$|a_{ii}| < \sum_{\substack{j=1\\j\neq i}}^{n} |a_{ij}|.$$

这与 A 弱对角占优矛盾，故 A 非奇异．

定理 3.4.8 对于线性方程组 $Ax = b$，若 $A = (a_{ij})_{n \times n}$ 为严格对角占优矩阵或不可约弱对角占优矩阵，则解 $Ax = b$ 的雅可比迭代法和高斯-赛德尔迭代法均收敛．

证明 只证明 A 不可约弱对角占优时，高斯-赛德尔迭代法收敛，其余情形的证明类似，留作练习．

反证法．若高斯-赛德尔迭代法不收敛，则其迭代矩阵 $B_G = (D-L)^{-1} U$ 满足 $\rho(B_G) \geqslant 1$，即存在一个特征值 λ 使得 $|\lambda| \geqslant 1$．根据特征值的性质，

$$\det(\lambda I - (D-L)^{-1} U) = \det((D-L)^{-1}) \cdot \det(\lambda(D-L-\lambda^{-1} U)) = 0.$$

又由定理 3.4.7 知 $a_{ii} \neq 0 (i=1,\cdots,n)$，即 $\det((D-L)^{-1}) \neq 0$．于是有

$$\det(D-L-\lambda^{-1} U) = 0.$$

由于矩阵 $D-L-\lambda^{-1} U$ 和 $A = D-L-U$ 的非零元素与零元素的位置相同，故 $D-L-\lambda^{-1} U$ 也是不可约矩阵．又 $|\lambda| \geqslant 1$，故 $D-L-\lambda^{-1} U$ 也是弱对角占优矩阵．由定理 3.4.7 知 $\det(D-L-\lambda^{-1} U) \neq 0$，矛盾．故高斯-赛德尔迭代法收敛．证毕．

定理 3.4.9 若 $A = (a_{ij})_{n \times n}$ 中 $a_{ii} \neq 0 (i=1,2,\cdots,n)$，则求解线性方程组 $Ax = b$ 的 SOR 迭代法收敛的必要条件是 $0 < \omega < 2$．

证明 由 SOR 迭代矩阵 B_S 的表达式

$$B_S = (D-\omega L)^{-1}[(1-\omega)D+\omega U],$$

可知

$$\det B_S = \det((D-\omega L)^{-1})\det[(1-\omega)D+\omega U] = (1-\omega)^n.$$

记 B_S 的特征值为 $\lambda_1,\cdots,\lambda_n$，则由 SOR 迭代法收敛，可得

$$1 > \rho(B_S) = \max_{1\le i\le n}|\lambda_i| \ge |\lambda_1\lambda_2\cdots\lambda_n|^{1/n} = |\det B_S|^{1/n} = |1-\omega|,$$

故有 $0<\omega<2$.

定理 3.4.10 若 $A=(a_{ij})_{n\times n}$ 为严格对角占优矩阵或不可约弱对角占优矩阵，且 $0<\omega\le 1$，则解线性方程组 $Ax=b$ 的 SOR 迭代法收敛.

该定理的证明与定理 3.4.8 类似，可用反证法证明.

当线性方程组的系数矩阵 A 对称正定时，雅可比迭代法、高斯-赛德尔迭代法、SOR 迭代法具有如下收敛性结论.

定理 3.4.11 若 $A=(a_{ij})_{n\times n}$ 对称正定，则

1) 解线性方程组 $Ax=b$ 的高斯-赛德尔迭代法收敛；

2) 当 $2D-A$ 也正定时，解线性方程组 $Ax=b$ 的雅可比迭代法也收敛.

定理 3.4.11 中（1）的结论是定理 3.4.12 中 $\omega=1$ 的特殊情形，（2）的证明见文献[1].

定理 3.4.12 若 $A=(a_{ij})_{n\times n}$ 对称正定，且 $0<\omega<2$，则解线性方程组 $Ax=b$ 的 SOR 迭代法对任意初始值 $x^{(0)}$ 均收敛.

证明 任取 SOR 迭代矩阵 B_S 的特征值 λ，则存在非零特征向量 x，使得

$$[(1-\omega)D+\omega U]x = \lambda(D-\omega L)x.$$

令上式与 x 作内积，则

$$(1-\omega)(Dx,x)+\omega(Ux,x) = \lambda[(Dx,x)-\omega(Lx,x)].$$

由 $A=D-L-U$ 对称正定，可知 $U=L^T$ 且 D 正定. 记 $(Dx,x)=p>0$，$(Lx,x)=\alpha+\mathrm{i}\beta$，于是有 $(Ux,x)=(L^T x,x)=\overline{(Lx,x)}=\alpha-\mathrm{i}\beta$，且

$$\lambda = \frac{(1-\omega)p+\omega(\alpha-\mathrm{i}\beta)}{p-\omega(\alpha+\mathrm{i}\beta)},$$

即

$$|\lambda|^2 = \frac{[p-\omega(p-\alpha)]^2+\omega^2\beta^2}{(p-\omega\alpha)^2+\omega^2\beta^2}. \tag{3.46}$$

利用 A 对称正定，可得

$$(Ax,x) = (Dx,x)-(Lx,x)-(Ux,x) = (Dx,x)-(Lx,x)-\overline{(Lx,x)}$$

$$=p-2\alpha>0,$$

结合 $0<\omega<2$ 可知

$$[p-\omega(p-\alpha)]^2-(p-\omega\alpha)^2=p\omega(2-\omega)(2\alpha-p)<0.$$

故由式(3.46)可得 $|\lambda|^2<1$，即 $\rho(\boldsymbol{B}_S)<1$，SOR 迭代法收敛.

例 3.4.4 给定矩阵

$$\boldsymbol{A}=\begin{pmatrix}2 & a & a \\ a & 2 & a \\ a & a & 2\end{pmatrix},$$

证明当 $-1<a<2$ 时，求解 $\boldsymbol{A}\boldsymbol{x}=\boldsymbol{b}$ 的高斯-赛德尔迭代法收敛；当 $-1<a<1$ 时，求解 $\boldsymbol{A}\boldsymbol{x}=\boldsymbol{b}$ 的雅可比迭代法收敛.

证明 计算 $\boldsymbol{A}$ 的顺序主子式，令它的各阶顺序主子式大于零，即

$$\Delta_1=2>0, \quad \Delta_2=\begin{vmatrix}2 & a \\ a & 2\end{vmatrix}=4-a^2>0,$$

$$\Delta_3=\det\boldsymbol{A}=8+2a^3-6a^2=2(a^2-a-2)(a-2)>0,$$

则有 $-1<a<2$，此时矩阵 $\boldsymbol{A}$ 对称正定. 由定理 3.4.11 知，$-1<a<2$ 时高斯-赛德尔迭代法收敛. 同样地计算 $2\boldsymbol{D}-\boldsymbol{A}$ 的顺序主子式，并令其各阶顺序主子式大于零，即

$$\Delta_1=2>0, \quad \Delta_2=\begin{vmatrix}2 & -a \\ -a & 2\end{vmatrix}=4-a^2>0,$$

$$\Delta_3=\det(2\boldsymbol{D}-\boldsymbol{A})=8-2a^3-6a^2=-2(a+2)^2(a-1)>0,$$

则有 $-2<a<1$，此时矩阵 $2\boldsymbol{D}-\boldsymbol{A}$ 对称正定. 由定理 3.4.11 知，$-1<a<1$ 时雅可比迭代法收敛. 证毕.

该例也可以利用推论 3.4.1，结合谱半径来验证. 此外，在求解线性方程组 $\boldsymbol{A}\boldsymbol{x}=\boldsymbol{b}$ 时，若换行后方程组满足雅可比迭代、高斯-赛德尔迭代或 SOR 迭代的收敛性条件，则应对变换后的方程组使用相应的迭代法. 例如，方程组

$$\begin{cases}3x_1+10x_2=1, \\ 9x_1-2x_2=5.\end{cases}$$

将上述两个方程互换，则有

$$\begin{cases}9x_1-2x_2=5, \\ 3x_1+10x_2=1.\end{cases}$$

显然，此时方程组的系数矩阵是严格对角占优的，故求解该方程组的雅可比迭代、高斯-赛德尔迭代、SOR 迭代（取 $0<\omega\leqslant1$）均收敛.

对于 SOR 迭代，它的收敛速度取决于迭代矩阵 $\boldsymbol{B}_S$ 的谱半径 $\rho(\boldsymbol{B}_S)$，故它与松弛因子 ω 有直接关系. 若 ω^* 使得

$$\rho(\boldsymbol{B}_S(\omega^*)) = \min_{0<\omega<2} \rho(\boldsymbol{B}_S(\omega)),$$

则称 ω^* 为**最优松弛因子**,它的选取通常较为复杂,目前仅对某些特殊的矩阵,建立了 SOR 迭代的最优松弛因子理论. 例如,对于对称正定的三对角矩阵 $\boldsymbol{A}$,求解线性方程组 $\boldsymbol{Ax}=\boldsymbol{b}$ 的 SOR 迭代的最优松弛因子为

$$\omega_b = \frac{2}{1+\sqrt{1-\mu^2}},$$

其中 $\mu=\rho(\boldsymbol{B}_J)$ 是雅可比迭代矩阵的谱半径,且有

$$\rho(\boldsymbol{B}_S) = \begin{cases} [\omega\mu+\sqrt{\omega^2\mu^2-4(\omega-1)}]^2/4, & 0<\omega\leq\omega_b, \\ \omega-1, & \omega_b\leq\omega<2. \end{cases}$$

当 $\omega=1$ 时,$\rho(\boldsymbol{B}_G)=\mu^2=\rho^2(\boldsymbol{B}_J)$,因而其渐近收敛速度满足

$$R(\boldsymbol{B}_G) = -\ln\rho(\boldsymbol{B}_G) = -2\ln\rho(\boldsymbol{B}_J) = 2R(\boldsymbol{B}_J).$$

这说明此时高斯-赛德尔迭代比雅可比迭代快一倍.

其他类型的基本迭代法,如 SSOR 迭代法、HSS 迭代法的收敛性分析可参考文献[8].

小结与思考

线性方程组的数值解法在物理、生物、航空航天、石油勘探、图像处理等领域具有广泛应用. 本章重点介绍了求解非奇异线性方程组的直接法和基本迭代法. 直接法中介绍了 LU 分解和 PLU 分解,针对对称正定方程组的乔里斯基(Cholesky)分解,以及针对三对角矩阵的追赶法. 读者在学习时要注意不同方法之间的联系和适用条件,思考数值算法设计中涉及的稳定性. 迭代法中介绍了雅可比(Jacobi)迭代、高斯-赛德尔(Gauss-Seidel)迭代和 SOR 迭代,以及它们的收敛性分析. 读者在学习时,应重点掌握迭代法设计的思路,并学会迭代法的收敛性分析和判断. 同时要注意方程组性态的分析,这对于高效求解线性方程组、选取有效的数值算法至关重要. 通过本章的学习,读者可以思考直接法和迭代法求解线性方程组,尤其是大规模线性方程组的优缺点是什么? 对于大规模线性方程组的数值求解,除基本迭代法外,还有很多高效的迭代法,例如多重网格迭代法[9] 和 Krylov 子空间迭代法[8]. 此外,基于矩阵分裂还可构造很多其他的基本迭代法,它们除了可直接用于求解线性方程组外,还可用作多重网格方法的光滑算子或 Krylov 子空间迭代法的预处理.

实验案例 3——泊松融合算法中线性方程组的求解

在图像处理领域,将不同图像的一部分放在一起,整合成一张新的图像可以通过求解线性方程组来实现,这就是著名的泊松融合算法[10]. 该算法可以将一张图片(称为源图像)的一部分无缝融合到另一张图片(称为目标图像). 泊松融合的基本原理是在保持目标图像融合边界像素的基础上,使得融合区域生成像素的梯度场与源图像融合部分像素的梯度场尽可能相同,从而生成融合区域的像素. 具体的实现过程可表示为

$$\min_f \iint_\Omega |\nabla f - v|^2 \quad \text{s.t.} \quad f|_{\partial\Omega} = f^*|_{\partial\Omega}, \quad (3.47)$$

其中,Ω 为融合区域;f^* 为目标图像的像素;f 为融合

后图像的像素；v 为源图像在融合区域的梯度场. 该问题可等价转化成具有狄利克雷边界条件的泊松方程.

由于图像的像素点是离散的, 最小化问题(3.47)可近似为离散的极小值问题

$$\min_{f|_{\Omega}} \sum_{<p,q>\cap\Omega\neq\varnothing} (f_p - f_q - v_{pq})^2 \quad \text{s.t.} \quad f_p = f_p^*, \quad p \in \partial\Omega \tag{3.48}$$

将最小化问题(3.48)等价转换成

$$|N_p| f_p - \sum_{q \in N_p \cap \Omega} f_q = \sum_{q \in N_p \cap \partial\Omega} f_q^* + \sum_{q \in N_p} v_{pq}, \quad \forall p \in \Omega \tag{3.49}$$

并求解该方程组便可得到融合区域的像素值. 若将图 3-1 和图 3-2 融合在一起, 对于 RGB 通道, 泊松融合算法中需要构建三个类似的方程组, 这三个方程组的数据见右侧二维码.

图 3-1 源图像

图 3-2 目标图像

三个方程组的系数矩阵均为 6461 阶对称正定稀疏矩阵. 分别采用平方根法、雅可比迭代法、高斯-赛德尔迭代法和 SOR 迭代法计算第一个方程组（见 data1.mat）. 迭代法的初值为零向量, 停机条件为 $\|\boldsymbol{b} - \boldsymbol{A}\boldsymbol{x}^{(k)}\| / \|\boldsymbol{b}\| \leq 10^{-8}$, 计算结果见表 3-1. 具体的算法代码见右侧二维码.

表 3-1 计算结果

指标	方法			
	平方根	雅可比	高斯-赛德尔	SOR($w=1.92$)
计算时间/s	13.52	2.55	1.32	0.08
迭代次数	—	16941	8388	279

对于方程组(3.49), 采用直接法进行计算会破坏系数矩阵的稀疏结构, 因而需要耗费较多的存储量和计算量. 采用迭代法进行计算可以充分利用系数矩阵的稀疏结构, 但是由表 3-1 可知雅可比迭代法的收敛速度较慢, 高斯-赛德尔迭代法的收敛速度优于雅可比迭代法, 而 SOR 迭代法的收敛速度优于高斯-赛德尔. 对于对称正定线性方程组, 除采用本章介绍的基本迭代法外, 还可采用共轭梯度法（CG）[11]或基于 V 循环的多重网格方法[9]. 求解三组方程组后, 可得融合后的图像, 见图 3-3.

图 3-3 融合后的图像

习题与实验题 3

1. 用列主元高斯消元法求解下面的线性方程组

$$\begin{pmatrix} 0 & 2 & 1 \\ 1 & 1 & 0 \\ 2 & 3 & 2 \end{pmatrix} \begin{pmatrix} x_1 \\ x_2 \\ x_3 \end{pmatrix} = \begin{pmatrix} 5 \\ 3 \\ 0 \end{pmatrix},$$

并求出系数矩阵的行列式.

2. 假设 $\boldsymbol{A} = (a_{ij}) \in \mathbb{R}^{n \times n}$ 是对称矩阵且 $a_{11} \neq 0$, 经过一步高斯消去法后, $\boldsymbol{A}$ 约化为

$$\begin{pmatrix} a_{11} & \boldsymbol{a}_1^{\mathrm{T}} \\ \boldsymbol{0} & \boldsymbol{A}_2 \end{pmatrix},$$

其中 $A_2 = (a_{ij}^{(2)}) \in \mathbb{R}^{(n-1)\times(n-1)}$，证明：

(1) A_2 也为对称矩阵；

(2) 若 A 正定，则 A_2 也正定且 $a_{ii}^{(2)} \leq a_{ii}, i = 2,3,\cdots,n$；

(3) 若 A 严格对角占优，则 A_2 也严格对角占优.

3. 下列矩阵的杜利特尔分解是否存在，若存在，分解式是否唯一？

(1) $A = \begin{pmatrix} 1 & 2 & 0 \\ 1 & 2 & 3 \\ 2 & 0 & 4 \end{pmatrix}$；   (2) $A = \begin{pmatrix} 1 & 2 & 1 \\ 2 & 4 & 2 \\ 3 & 6 & 3 \end{pmatrix}$；

(3) $A = \begin{pmatrix} 1 & 2 & 3 \\ 1 & 3 & 0 \\ 2 & -1 & 3 \end{pmatrix}$.

4. 用杜利特尔分解求解如下线性方程组

$$\begin{pmatrix} 3 & 2 & 1 & 1 \\ 0 & 4 & 2 & 0 \\ 1 & 1 & 3 & 1 \\ 0 & 2 & 1 & 4 \end{pmatrix} \begin{pmatrix} x_1 \\ x_2 \\ x_3 \\ x_4 \end{pmatrix} = \begin{pmatrix} 4 \\ 0 \\ 2 \\ 4 \end{pmatrix}.$$

5. 给定非奇异的上三角矩阵 U.

(1) 写出逐次求解 $Ux = f$ 的计算过程，并分析其乘除法的运算次数；

(2) 写出求解 U^{-1} 的计算过程.

6. 用平方根法求解下面的线性方程组

$$\begin{pmatrix} 3 & 2 & 1 \\ 2 & 5 & 2 \\ 1 & 2 & 3 \end{pmatrix} \begin{pmatrix} x_1 \\ x_2 \\ x_3 \end{pmatrix} = \begin{pmatrix} 2 \\ -1 \\ 2 \end{pmatrix}.$$

7. 用追赶法求解三对角方程组

$$\begin{cases} 2x_1 - x_2 = 1, \\ -x_1 + 2x_2 - x_3 = 2, \\ -x_2 + 2x_3 = 1, \end{cases}$$

并计算其系数矩阵的谱条件数.

8. 计算方程组

$$\begin{pmatrix} 1 & 1/2 & 1/3 & 0 \\ 1/2 & 1/3 & 1/4 & 1/5 \\ 0 & 1/4 & 1/5 & 1/6 \\ 0 & 1/5 & 0 & 1/7 \end{pmatrix} \begin{pmatrix} x_1 \\ x_2 \\ x_3 \\ x_4 \end{pmatrix} = \begin{pmatrix} 1 \\ 2 \\ 0 \\ 1 \end{pmatrix}$$

的解 x，及其扰动方程

$$\begin{pmatrix} 1 & 0.56 & 1/3 & 0 \\ 1/2 & 1/3 & 1/4 & 1/5 \\ 0 & 1/4 & 1/5 & 1/6 \\ 0.01 & 1/5 & 0 & 1/7 \end{pmatrix} \begin{pmatrix} x_1 \\ x_2 \\ x_3 \\ x_4 \end{pmatrix} = \begin{pmatrix} 1 \\ 2 \\ 0 \\ 1 \end{pmatrix}$$

的解 $x + \delta x$. 利用矩阵的条件数给出 $\frac{\|\delta x\|}{\|x\|}$ 的上界估计.

9. 给定方程组

$$Ax = \begin{pmatrix} 2 & -2 \\ 1 & -1.001 \end{pmatrix} \begin{pmatrix} x_1 \\ x_2 \end{pmatrix} = \begin{pmatrix} 1 \\ 1 \end{pmatrix} = b.$$

当方程组的右端项有误差 $\delta b = \begin{pmatrix} 0.001 \\ 0 \end{pmatrix}$ 时，求出解 x 的相对误差 $\frac{\|\delta x\|_\infty}{\|x\|_\infty}$，并给出 $\frac{\|\delta x\|_\infty}{\|x\|_\infty}$ 的上界.

10. 考虑如下线性方程组

$$\begin{pmatrix} 1 & 2 & -2 & 0 \\ 1 & 1 & 1 & 0 \\ 2 & 2 & 1 & 0 \\ 0 & 0 & 1 & 3 \end{pmatrix} \begin{pmatrix} x_1 \\ x_2 \\ x_3 \\ x_4 \end{pmatrix} = \begin{pmatrix} 1 \\ 1 \\ 1 \\ 1 \end{pmatrix}.$$

(1) 取初值为零向量，停机条件为 $\|b - Ax^{(k)}\| / \|b - Ax^{(0)}\| < 10^{-6}$，分别采用雅可比和高斯-赛德尔迭代进行计算.

(2) 在(1)中的初值和停机条件下，选取合适的松弛因子 w，采用 SOR 迭代进行计算.

(3) 利用迭代矩阵，分析雅可比、高斯-赛德尔、SOR 迭代法的收敛性和收敛速度.

11. 给定方程组 $Ax = b$ 的系数矩阵

(1) $A = \begin{pmatrix} 5 & 2 & 1 \\ 1 & -4 & 2 \\ -1 & -2 & 6 \end{pmatrix}$； (2) $A = \begin{pmatrix} 1 & 2 & -2 \\ 0 & 2 & 2 \\ 1 & 3 & 4 \end{pmatrix}$；

分析雅可比迭代法和高斯-赛德尔迭代法的收敛性.

12. 设 $A = \begin{pmatrix} 2 & a & 0 \\ b & 2 & b \\ 0 & a & 1 \end{pmatrix}$，$\det A \neq 0$，采用雅可比迭代法和高斯-赛德尔迭代法求解 $Ax = f$ 时，确保收敛的充分必要条件分别是什么？

13. 给定方程组

$$\begin{pmatrix} 3 & 2 & -2 \\ 1 & 2 & 1 \\ 1 & -1 & 2 \end{pmatrix} \begin{pmatrix} x_1 \\ x_2 \\ x_3 \end{pmatrix} = \begin{pmatrix} 1 \\ 1 \\ 1 \end{pmatrix}.$$

(1) 取初值为零向量,停机条件为 $\|b-Ax^{(k)}\|/\|b-Ax^{(0)}\|<10^{-6}$,分别采用雅可比和高斯-赛德尔迭代进行计算.

(2) 分析雅可比迭代法和高斯-赛德尔迭代的收敛性.

14. (实验题)考虑方程组
$$\begin{pmatrix} 1 & 8\times10^{-10} & -2 & 2 \\ 0.4 & 3\times10^{-10} & -1 & 0.1 \\ 2 & -60 & -3 & 1 \\ -1 & 5 & 1 & 3 \end{pmatrix} \begin{pmatrix} x_1 \\ x_2 \\ x_3 \\ x_4 \end{pmatrix} = \begin{pmatrix} 1 \\ 1 \\ 1 \\ 1 \end{pmatrix}.$$

(1) 采用顺序高斯消元法计算方程组的解;

(2) 采用列主元高斯消元法计算方程组的解;

(3) 采用 LU 分解计算方程组的解;

(4) 采用列主元三角分解法计算方程组的解;

(5) 对(1)~(4)中的计算结果进行分析.

15. (实验题)利用本章实验案例中的数据 data2.mat(见右侧二维码),

(1) 采用平方根法和改进的平方根法计算方程组;

(2) 采用雅可比迭代法、高斯-赛德尔迭代法和 SOR 迭代法计算方程组;

(3) 根据(1)和(2)的计算结果对不同的方法进行对比.

第 4 章 插 值 法

在实际问题的处理过程中，经常会遇到如下情形：给定一组数据 $(x_i, y_i)(i=0,1,\cdots,n)$，并根据该组数据估计出数据间的函数关系或其他点 z_k 处的函数值. 例如在水库库容的计算中，若任意水位面的面积与水位面高程之间的函数关系已知，对其积分便可求得水库的库容量. 但是水位面的面积与高程之间的函数关系通常很难确定，只能通过部分高程处的水位面面积测算结果，并对函数关系进行近似. 再比如数据科学中，对数据进行挖掘和分析之前通常需要对数据进行清洗，例如对缺失值和异常值的处理等，因而需要根据已有的数据推测出缺失数据或异常数据的值，以达到数据清洗的目的.

事实上，对于任何给定的离散数据 $(x_i, y_i)(i=0,1,\cdots,n)$，它们之间都存在某种内在规律的数量关系，记为 $y=f(x)$. 这里，$f(x)$ 可以是未知的，也可以是已知的不便于作数值计算的复杂函数. 为估计出其他点处的函数值，我们需要根据离散数据构造出一个既能反映 $f(x)$ 的函数特征，又便于作数值计算的简单函数 $p(x)$，即用简单易算的函数 $p(x)$ 近似 $f(x)$. 这样的简单函数通常选用多项式、分段多项式、三角函数、有理函数等. 为了尽可能地捕捉 $f(x)$ 的函数特征，可以要求所选用的简单函数 $p(x)$ 在某些给定的数据点 x_i 处的函数值与 $y_i=f(x_i)$ 相同，这就是插值法.

4.1 插值问题与多项式插值

4.1.1 插值问题

设函数 $y=f(x)$ 在区间 $[a,b]$ 上有定义，给定 $f(x)$ 在点 $x_0, x_1, \cdots, x_n(x_i \in [a,b])$ 处的函数值 $y_0, y_1, \cdots, y_n$，其中 $y_i=f(x_i)$. 若存在简单函数 $p(x)$ 使得

$$p(x_i) = y_i = f(x_i), \quad i=0,1,\cdots,n, \qquad (4.1)$$

则称 $p(x)$ 为 $f(x)$ 的**插值函数**，点 $x_0, x_1, \cdots, x_n$ 称为**插值节点**，包含插值节点的区间 $[a,b]$ 称为**插值区间**，求插值函数 $p(x)$ 的方法称为**插值法**. 若 $p(x)$ 是多项式，则称其为插值多项式，相应的插值法称为**多项式插值**. 若 $p(x)$ 是分段多项式，则称其为分段插值多项式，相应的插值法称为**分段多项式插值**. 若 $p(x)$ 是三角多项式，则称相应的插值法为**三角插值**. 本章只讨论前两种，即多项式插值和分段多项式插值.

由插值法的描述可以看出，求解该问题就是寻找 $y=f(x)$ 的近似曲线 $y=p(x)$，使其经过给定的 $n+1$ 个点 (x_i, y_i)，它的几何图形表示见图 4-1.

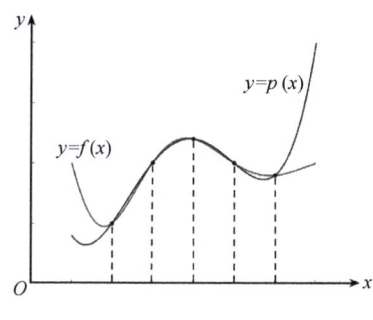

图 4-1 插值法

插值法是数值计算中的重要方法，在数据处理、卫星轨道计算、数字图像处理等领域均具有广泛应用. 本章先介绍多项式插值的构造及分析，再介绍分段插值和样条插值.

4.1.2 多项式插值

对于区间 $[a,b]$ 上给定的 $n+1$ 个点 $a \leq x_0 < x_1 < \cdots < x_n \leq b$ 和这些点处的函数值 $y_0, y_1, \cdots, y_n$. 多项式插值指的是，求次数不超过 n 次的多项式

$$p(x) = a_0 + a_1 x + \cdots + a_n x^n, \tag{4.2}$$

使其满足插值条件 (4.1). 可以证明这样的插值多项式是存在且唯一的.

定理 4.1.1 给定 $[a,b]$ 上互不相同的插值节点 x_i 和它们所对应的函数值 $y_i (i=0,1,\cdots,n)$，则满足插值条件 (4.1) 的插值多项式存在且唯一.

证明 将插值条件直接代入多项式的表达式 (4.2) 可得如下线性方程组

$$\begin{cases} a_0 + a_1 x_0 + \cdots + a_n x_0^n = y_0 \\ a_0 + a_1 x_1 + \cdots + a_n x_1^n = y_1 \\ \vdots \\ a_0 + a_1 x_n + \cdots + a_n x_n^n = y_n \end{cases}. \quad (4.3)$$

显然，该方程组的系数矩阵为范德蒙(Vandermonde)矩阵，且其行列式为 $\prod\limits_{\substack{i,j=0 \\ i>j}}^{n}(x_i - x_j)$. 由给定的插值节点 x_i 互不相同可知，方程组(4.3)存在唯一解. 证毕.

上述定理的证明过程也给出了求解插值多项式的一种方法，但此方法需要求解线性方程组，计算起来较为繁琐，因此很少采用. 在实际计算中通常使用下面两节中介绍的形式较为简单的方法.

4.2 拉格朗日(Lagrange)插值

为更直接地构造出插值多项式，我们先从最简单的一次插值和二次插值入手.

4.2.1 线性插值与抛物线插值

当多项式插值中 $n=1$，即给定两个互不相同的插值节点 x_0, x_1 和它们的函数值 y_0, y_1 时，线性插值(一次插值)多项式 $L_1(x)$ 满足 $L_1(x_0) = y_0, L_1(x_1) = y_1$. 由此可知 $L_1(x)$ 就是经过点 (x_0, y_0) 和 (x_1, y_1) 的直线，如图 4-2 所示. 由直线的两点式可知

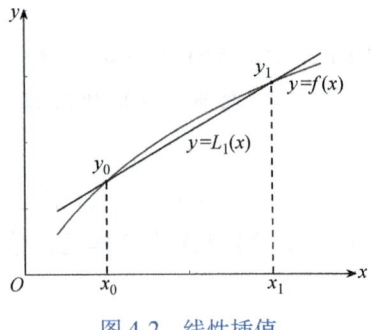

图 4-2　线性插值

$$L_1(x) = y_0 \frac{x - x_1}{x_0 - x_1} + y_1 \frac{x - x_0}{x_1 - x_0}.$$

记

$$l_0(x) = \frac{x - x_1}{x_0 - x_1}, \quad l_1(x) = \frac{x - x_0}{x_1 - x_0},$$

则 $l_0(x)$ 和 $l_1(x)$ 均为一次多项式,且线性插值多项式 $L_1(x)$ 可以表示成它们的线性组合,即
$$L_1(x) = y_0 l_0(x) + y_1 l_1(x).$$
进一步观察 $l_0(x)$ 和 $l_1(x)$ 可以发现,它们在 x_0 和 x_1 处满足

$$\begin{aligned} l_0(x_0) &= 1, \quad l_0(x_1) = 0; \\ l_1(x_0) &= 0, \quad l_1(x_1) = 1. \end{aligned} \quad (4.4)$$

由此可知 $l_0(x)$ 和 $l_1(x)$ 线性无关,构成了由次数不超过 1 次的多项式组成的线性空间 H_1 中的一组基,它们的图形见图 4-3. 因此,可以通过选取 H_1 中满足条件 (4.4) 的基函数 $l_0(x)$ 和 $l_1(x)$ 来构造线性插值多项式 $L_1(x)$. 类似地,也可以利用该思想求解抛物线插值,即多项式插值中 $n=2$ 的情形.

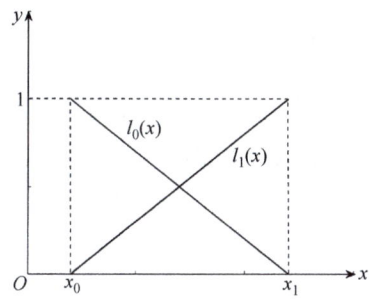

图 4-3　线性插值基函数

对于抛物线插值,给定插值节点 x_0, x_1, x_2,则可以构造 H_2 中的一组基函数 $l_0(x), l_1(x), l_2(x)$,满足

$$\begin{aligned} l_0(x_0) &= 1, \quad l_0(x_1) = 0 \quad l_0(x_2) = 0; \\ l_1(x_0) &= 0, \quad l_1(x_1) = 1 \quad l_1(x_2) = 0; \\ l_2(x_0) &= 0, \quad l_2(x_1) = 0 \quad l_2(x_2) = 1. \end{aligned} \quad (4.5)$$

事实上,由 $l_0(x_1) = 0, l_0(x_2) = 0$ 以及 $l_0(x) \in H_2$ 可知
$$l_0(x) = a(x-x_1)(x-x_2),$$
进一步,将 $l_0(x_0) = 1$ 代入可知 $a = 1/(x_0-x_1)(x_0-x_2)$,即
$$l_0(x) = \frac{(x-x_1)(x-x_2)}{(x_0-x_1)(x_0-x_2)}.$$
类似地,也可以由式 (4.5) 求出 $l_1(x)$ 和 $l_2(x)$ 的表达式
$$l_1(x) = \frac{(x-x_0)(x-x_2)}{(x_1-x_0)(x_1-x_2)}, \quad l_2(x) = \frac{(x-x_0)(x-x_1)}{(x_2-x_0)(x_2-x_1)}.$$
它们的图形见图 4-4. 于是二次插值多项式可以表示成 $l_0(x)$, $l_1(x), l_2(x)$ 的线性组合. 结合抛物线插值的插值条件 $L_2(x_i) = y_i (i=0,1,2)$ 和式 (4.5),易知
$$L_2(x) = y_0 l_0(x) + y_1 l_1(x) + y_2 l_2(x).$$

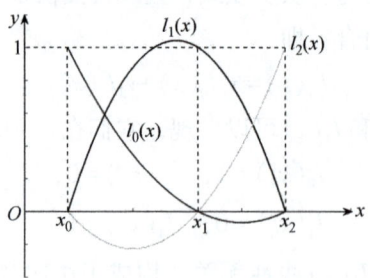

图 4-4　抛物线插值基函数

由上述构造线性插值和抛物线插值多项式的方法可知,一般的插值多项式均可通过寻找多项式空间中类似式(4.4)或式(4.5)的基函数 $l_i(x)$,结合插值条件来获得.

4.2.2　拉格朗日(Lagrange)插值多项式

对于一般的 n 次插值,给定互不相同的插值节点 $x_0,x_1,\cdots,x_n \in [a,b]$,则可类似地构造次数不超过 n 的多项式空间 H_n 中的一组基函数 $l_0(x),l_1(x),\cdots,l_n(x)$,其中 $l_j(x)(j=0,1,\cdots,n)$ 满足

$$l_j(x_k) = \begin{cases} 0, & k \neq j, \\ 1, & k = j, \end{cases} \quad k = 0,1,\cdots,n. \tag{4.6}$$

事实上,由式(4.6)可知 $l_j(x) = a(x-x_0)\cdots(x-x_{j-1})(x-x_{j+1})\cdots(x-x_n)$,代入条件 $l_j(x_j) = 1$ 可得

$$l_j(x) = \frac{(x-x_0)\cdots(x-x_{j-1})(x-x_{j+1})\cdots(x-x_n)}{(x_j-x_0)\cdots(x_j-x_{j-1})(x_j-x_{j+1})\cdots(x_j-x_n)}, \quad j = 0,1,\cdots,n. \tag{4.7}$$

这里 $x_{-1} = 0$. 形如式(4.7)满足条件(4.6)的多项式 $l_0(x),l_1(x),\cdots,l_n(x)$ 称为节点 $x_0,x_1,\cdots,x_n$ 上的 **n 次插值基函数**. 于是,结合插值条件

$$L_n(x_i) = y_i, \quad i = 0,1,\cdots,n, \tag{4.8}$$

可知 n 次插值多项式为

$$L_n(x) = y_0 l_0(x) + y_1 l_1(x) + \cdots + y_n l_n(x) = \sum_{j=0}^{n} y_j \prod_{\substack{k=0 \\ k \neq j}}^{n} \frac{(x-x_k)}{(x_j-x_k)}. \tag{4.9}$$

形如式(4.9)的插值多项式称为**拉格朗日插值多项式**. 它在理论分析和数值计算中均具有重要作用.

记区间 $[a,b]$ 上函数 $f(x)$ 的 n 次插值多项式 $L_n(x)$ 的插值误差为 $R_n(x) = f(x) - L_n(x)$,也称为插值多项式的余项,则插值误差满足如下定理.

定理 4.2.1　设 $f^{(n)}(x)$ 在 $[a,b]$ 上连续,$f^{(n+1)}(x)$ 在 (a,b) 内存在,$L_n(x)$ 为互不相同的节点 $x_0,x_1,\cdots,x_n \in [a,b]$ 上满足插值条

件(4.8)的插值多项式,则对任意 $x \in [a,b]$,插值余项 $R_n(x)$ 满足

$$R_n(x) = f(x) - L_n(x) = \frac{f^{(n+1)}(\xi)}{(n+1)!}\omega_{n+1}(x), \quad (4.10)$$

这里 $\xi \in (a,b)$ 且与 x 有关,$\omega_{n+1}(x)$ 为

$$\omega_{n+1}(x) = (x-x_0)(x-x_1)\cdots(x-x_n). \quad (4.11)$$

证明 由插值条件可知 $x_0, x_1, \cdots, x_n$ 为插值余项 $R_n(x)$ 的根,故有

$$R_n(x) = K(x)(x-x_0)(x-x_1)\cdots(x-x_n) = K(x)\omega_{n+1}(x), \quad (4.12)$$

其中,$K(x)$ 是与 x 有关的待定函数. 现将 x 看作 $[a,b]$ 上的固定点,并记

$$\varphi(t) = R_n(t) - K(x)\omega_{n+1}(t) = f(t) - L_n(t) - K(x)\omega_{n+1}(t),$$

则由 $f(x)$ 所满足的条件及式(4.12)可知 $\varphi^{(n)}(t)$ 在 $[a,b]$ 上连续,$\varphi^{(n+1)}(t)$ 在 (a,b) 内存在. 进一步,由插值条件可知 $\varphi(x_i) = 0 (i = 0,1,\cdots,n)$ 且 $\varphi(x) = 0$,即 $\varphi(t)$ 在 $[a,b]$ 上至少有 $n+2$ 个互异零点. 由罗尔(Rolle)定理可知 $\varphi'(t)$ 在 $[a,b]$ 内至少有 $n+1$ 个互异零点. 反复应用罗尔定理可知 $\varphi^{(n+1)}(t)$ 至少有 1 个零点 $\xi \in (a,b)$,即

$$\varphi^{(n+1)}(\xi) = f^{(n+1)}(\xi) - (n+1)!K(x) = 0.$$

由此可得

$$K(x) = \frac{f^{(n+1)}(\xi)}{(n+1)!}.$$

结合式(4.12)便可得定理中的结论. 证毕.

需要说明的是,定理 4.2.1 中的结论只有当 $f(x)$ 的高阶导数存在时才成立,且 ξ 通常是未知的. 但如果 $M_{n+1} = \max_{a \leq x \leq b} |f^{(n+1)}(x)|$ 已知,那么插值多项式 $L_n(x)$ 的误差余项可以用下式估计

$$|R_n(x)| \leq \frac{M_{n+1}}{(n+1)!}|\omega_{n+1}(x)|.$$

由定理 4.2.1 中的结论也可以看出,若被插函数 $f(x) \in H_n$,即 $f(x)$ 是次数不超过 n 次的多项式,则由式(4.10)可知,它的 n 次插值多项式的插值余项满足 $R_n(x) = 0$,因而有 $f(x) = L_n(x) = \sum_{i=0}^{n} f(x_i) l_i(x)$. 特别地,当 $f \equiv 1$ 时,有 $\sum_{i=0}^{n} l_i(x) = 1$.

例 4.2.1 设 $f(x) = \ln(1+x)$,并给定如下数据(见表 4-1).

表 4-1 例 4.2.1 数据

x	0.2	0.4	0.7	1.0
$\ln(x+1)$	0.182322	0.336472	0.530628	0.693147

试分别用一次和二次拉格朗日插值多项式计算 $f(x)$ 在 $x=0.5$ 处的近似值，并估计插值近似的误差.

解 对于一次和二次插值多项式，首先需要根据给定的数据确定插值节点. 由插值误差表达式(4.10)和式(4.11)可知，点 x 越靠近插值节点，误差余项越小. 因此，一般选用和需要计算近似值的点 x 靠近的点作为插值节点. 于是一次插值取 $x_0=0.4$，$x_1=0.7$，由拉格朗日插值多项式的表达式(4.9)可知 $x=0.5$ 时，

$$L_1(x) = y_0 \frac{x-x_1}{x_0-x_1} + y_1 \frac{x-x_0}{x_1-x_0} \approx 0.401191.$$

由式(4.10)及 $f^{(2)}(\xi) = -\dfrac{1}{(1+x)^2}$ 可知一次插值的误差满足

$$|R_1(0.5)| = \frac{|f^{(2)}(\xi)|}{2!}|(0.5-x_0)(0.5-x_1)| \leq \max_{0.4 \leq x \leq 0.7} \frac{0.01}{(1+x)^2} \approx 0.005102.$$

这里 ξ 位于 0.4 和 0.7 之间.

二次插值取 $x_0=0.2, x_1=0.4, x_2=0.7$，由式(4.9)可知 $x=0.5$ 时，

$$L_2(x) = y_0 l_0(x) + y_1 l_1(x) + y_2 l_2(x) \approx 0.406133.$$

由式(4.10)及 $f^{(3)}(\xi) = \dfrac{2}{(1+x)^3}$ 可得二次插值的误差满足

$$|R_2(0.5)| = \frac{|f^{(3)}(\xi)|}{3!}|(0.5-x_0)(0.5-x_1)(0.5-x_2)|$$

$$\leq \max_{0.2 \leq x \leq 0.7} \frac{0.002}{(1+x)^3} \approx 0.001157.$$

这里 ξ 位于 0.2 和 0.7 之间.

由式(4.9)可知，拉格朗日插值多项式的表达形式简单，只包含四则运算，因而便于计算机实现. 但由插值基函数的表达式(4.7)可以看出，它依赖于所有插值节点. 当插值节点发生改变时，所有的基函数都要重新计算，这就给数值计算带来了麻烦. 在下一节中，我们将介绍另外一种构造插值多项式的方法，使其增加或减少节点后可以充分利用已有的插值多项式.

4.3 均差与牛顿(Newton)插值

为避免增加或减少插值节点后拉格朗日插值多项式需要重新计算的缺点，基于插值多项式的唯一性，可以考虑将插值多项式用另一种形式的基函数来表示.

给定互不相同的插值节点 $x_0, x_1, \cdots, x_n \in [a,b]$，记满足插值

条件(4.1)的 n 次插值多项式为 $p_n(x)$ $(n=0,1,\cdots)$. 若增加或减少一个插值节点后,相应的插值多项式可以由已有的插值多项式推出,则必有关系式
$$p_n(x)=p_{n-1}(x)+g_n(x).$$
由该式可知 $g_n(x)$ 为次数不超过 n 次的多项式. 再结合插值条件
$$p_n(x_i)=p_{n-1}(x_i)=f(x_i), \quad i=0,1,\cdots,n-1.$$
可得
$$g_n(x)=a_n(x-x_0)(x-x_1)\cdots(x-x_{n-1}).$$
于是有
$$p_n(x)=p_{n-1}(x)+a_n(x-x_0)(x-x_1)\cdots(x-x_{n-1}), \quad n=1,2,\cdots.$$
反复应用该递推式可得
$$p_n(x)=a_0+a_1(x-x_0)+\cdots+a_n(x-x_0)(x-x_1)\cdots(x-x_{n-1}),$$
其中 $a_0=p_0(x)$ 为常数. 记
$$w_0(x)=1, \quad w_i(x)=(x-x_0)\cdots(x-x_{i-1}), \quad i=1,2,\cdots, \quad (4.13)$$
则 $w_0(x),w_1(x),\cdots,w_n(x)$ 构成了 H_n 中的一组基函数,且 $p_n(x)$ 可以表示成它们的线性组合,而组合系数 a_i 可由插值条件(4.1)逐一确定. 为简便地给出系数 a_i 的表达式,下面引入均差(即差商)的定义.

4.3.1 均差的定义及性质

定义 4.3.1 称 $f[x_i,x_j]=\dfrac{f(x_i)-f(x_j)}{x_i-x_j}$ 为函数 $f(x)$ 关于点 x_i,x_j 的一阶均差;称 $f[x_i,x_j,x_k]=\dfrac{f[x_i,x_j]-f[x_j,x_k]}{x_i-x_k}$ 为函数 $f(x)$ 关于点 x_i,x_j,x_k 的二阶均差. 一般地,称
$$f[x_0,x_1,\cdots,x_k]=\frac{f[x_0,x_1,\cdots,x_{k-1}]-f[x_1,x_2,\cdots,x_k]}{x_0-x_k} \quad (4.14)$$
为函数 $f(x)$ 关于点 $x_0,x_1,\cdots,x_k$ 的 k 阶均差.

均差的性质如下:

1) k 阶均差可表示为函数值 $f(x_0),f(x_1),\cdots,f(x_k)$ 的线性组合,具体为
$$f[x_0,x_1,\cdots,x_k]=\sum_{i=0}^{k}\frac{f(x_i)}{(x_i-x_0)(x_i-x_1)\cdots(x_i-x_{i-1})(x_i-x_{i+1})\cdots(x_i-x_k)}.$$

该性质可直接由归纳法推出,且由此性质可以看出均差与节点的排列次序无关,这种性质被称为对称性.

2）若 $f(x)$ 存在 n 阶导数，且节点 $x_i \in [a,b]$，则 n 阶均差和导数存在关系式

$$f[x_0,x_1,\cdots,x_n]=\frac{f^{(n)}(\xi)}{n!}, \quad \xi \in [a,b]. \tag{4.15}$$

该性质可由罗尔定理证明.

对于均差的具体计算，可通过均差表 4-2 来实现.

表 4-2 均差表

x_k	$f(x_k)$	一阶均差	二阶均差	三阶均差	四阶均差
x_0	$f(x_0)$				
x_1	$f(x_1)$	$f[x_0,x_1]$			
x_2	$f(x_2)$	$f[x_1,x_2]$	$f[x_0,x_1,x_2]$		
x_3	$f(x_3)$	$f[x_2,x_3]$	$f[x_1,x_2,x_3]$	$f[x_0,x_1,x_2,x_3]$	
x_4	$f(x_4)$	$f[x_3,x_4]$	$f[x_2,x_3,x_4]$	$f[x_1,x_2,x_3,x_4]$	$f[x_0,x_1,x_2,x_3,x_4]$
⋮	⋮	⋮	⋮	⋮	⋮

例 4.3.1 给定如下数据（见表 4-3）.

表 4-3 例 4.3.1 数据

x_i	1.00	2.00	2.50	4.00
$f(x_i)$	0.18	0.68	1.00	0.42

请列出这些点的均差表.

解 根据表 4-2 可得均差表 4-4.

表 4-4 均差计算结果

x_k	$f(x_k)$	一阶均差	二阶均差	三阶均差
1.00	0.18			
2.00	0.68	0.5000		
2.50	1.00	0.6400	0.0933	
4.00	0.42	−0.3867	−0.5133	−0.2022

4.3.2 牛顿插值多项式

将 x 看成 $[a,b]$ 上一点，利用均差的定义可知

$f(x)=f(x_0)+f[x,x_0](x-x_0)$,

$f[x,x_0]=f[x_0,x_1]+f[x,x_0,x_1](x-x_1)$,

$f[x,x_0,x_1]=f[x_0,x_1,x_2]+f[x,x_0,x_1,x_2](x-x_2)$,

⋮

$f[x,x_0,\cdots,x_{n-1}]=f[x_0,x_1,\cdots,x_n]+f[x,x_0,\cdots,x_n](x-x_n)$.

从最后一式开始逐次代入前一式可得

$$f(x)=f(x_0)+f[x_0,x_1](x-x_0)+f[x_0,x_1,x_2](x-x_0)(x-x_1)+\cdots+$$
$$f[x_0,x_1,\cdots,x_n](x-x_0)\cdots(x-x_{n-1})+$$
$$f[x,x_0,\cdots,x_n](x-x_0)\cdots(x-x_n)=N_n(x)+R_n(x).$$

其中
$$N_n(x)=f(x_0)+f[x_0,x_1](x-x_0)+f[x_0,x_1,x_2](x-x_0)(x-x_1)+\cdots+$$
$$f[x_0,x_1,\cdots,x_n](x-x_0)\cdots(x-x_{n-1}), \tag{4.16}$$
$$R_n(x)=f[x,x_0,\cdots,x_n](x-x_0)\cdots(x-x_n). \tag{4.17}$$

直接验证可知 $N_n(x)$ 满足插值条件(4.1)，故式(4.16)是 n 次插值问题的插值多项式，称之为**牛顿插值多项式**，它是基函数 $w_0(x)$, $w_1(x),\cdots,w_n(x)$ 的线性组合，其系数 a_k 为
$$a_k=f[x_0,\cdots,x_k], \quad k=0,1,\cdots,n. \tag{4.18}$$

它可以根据均差(4.14)计算，数值实现较为简单，且增加或减少一个节点后，可以通过在均差表的最后删除或增加一行得到改变节点后插值多项式所需的系数，从而构造其插值多项式，但需注意将新增加或减少的插值节点放在其他节点的后面.

由插值多项式的唯一性可知牛顿插值多项式 $N_n(x)$ 和拉格朗日插值多项式 $L_n(x)$ 是相同的，即 $N_n(x)=L_n(x)$，因而其插值余项式也是相同的，即
$$R_n(x)=f[x,x_0,\cdots,x_n]\omega_{n+1}(x)=\frac{f^{(n+1)}(\xi)}{(n+1)!}\omega_{n+1}(x).$$

由此可推出差商的性质2，即 $f[x,x_0,\cdots,x_n]=\dfrac{f^{(n+1)}(\xi)}{(n+1)!}$，这里 ξ 位于 $x,x_0,\cdots,x_n$ 的最小值和最大值之间.

例 4.3.2 请根据表 4-5 中数据分别用三次和四次牛顿插值多项式计算 $f(6)$ 的近似值，并估计它们的误差.（$f(6)$ 的精确值近似为 -0.0399）

表 4-5 例 4.3.2 数据

x_k	1	3	4	7	10
$f(x_k)$	0.4207	0.0353	-0.1514	0.0821	-0.0495

解 根据表 4-5 中数据选取 $x_0=3, x_1=4, x_2=7, x_3=10$ 构造三次牛顿插值多项式，之后增加点 $x_4=1$ 构造四次牛顿插值多项式进行计算. 于是可列均差表 4-6.

表 4-6 均差的计算结果

x_k	$f(x_k)$	一阶均差	二阶均差	三阶均差	四阶均差
3	0.0353				

（续）

x_k	$f(x_k)$	一阶均差	二阶均差	三阶均差	四阶均差
4	−0.1514	−0.1867			
7	0.0821	0.0778	0.0661		
10	−0.0495	−0.0439	−0.0203	−0.0123	
1	0.4207	−0.0522	0.0014	−0.0072	−0.0026

由表 4-6 可得牛顿插值多项式

$$N_3(x)=0.0353-0.1867(x-3)+0.0661(x-3)(x-4)-0.0123(x-3)(x-4)(x-7),$$

$$N_4(x)=N_3(x)-0.0026(x-3)(x-4)(x-7)(x-10).$$

代入 $x=6$ 有

$$f(6)\approx N_3(6)\approx -0.0539,\quad f(6)\approx N_4(6)\approx -0.1154.$$

利用近似值可得它们的误差

$$R_3(6)=f[6,3,4,7,10](6-3)(6-4)(6-7)(6-10)\approx 0.0140,$$
$$R_4(6)=f[6,3,4,7,10,1](6-3)(6-4)(6-7)(6-10)(6-1)$$
$$\approx 0.0755.$$

4.3.3 差分形式的牛顿前后插值

前面讨论的插值多项式是节点任意分布的，而在实际问题的应用中，插值节点经常是等距分布的，即 $x_k=x_0+kh, k=0,1,\cdots,n$. 这里称 h 为步长. 此时牛顿插值多项式的基函数(4.13)和系数(4.18)均可被简化. 为方便描述，下面引入差分的概念和性质.

定义 4.3.2 给定函数 $f(x)$ 在等距节点 $x_k=x_0+kh$ 处的函数值 $f_k=f(x_k)$, 则称 $\Delta f_k=f_{k+1}-f_k$ 和 $\nabla f_k=f_k-f_{k-1}$ 分别为 $f(x)$ 在 x_k 处以 h 为步长的**一阶向前差分**和**一阶向后差分**. 称 $\Delta^2 f_k=\Delta f_{k+1}-\Delta f_k$ 和 $\nabla^2 f_k=\nabla f_k-\nabla f_{k-1}$ 分别为 $f(x)$ 在 x_k 处以 h 为步长的**二阶向前差分**和**二阶向后差分**. 一般地，称

$$\Delta^m f_k=\Delta^{m-1}f_{k+1}-\Delta^{m-1}f_k,\quad \nabla^m f_k=\nabla^{m-1}f_k-\nabla^{m-1}f_{k-1}, \tag{4.19}$$

分别为 $f(x)$ 在 x_k 处以 h 为步长的 m **阶向前差分**和 m **阶向后差分**. 规定 $\Delta^0 f_k=f_k$, $\nabla^0 f_k=f_k$.

定义中的符号 Δ^k 和 ∇^k 分别称为**向前差分算子**和**向后差分算子**. 除此之外，也可以定义不变算子 I 和位移算子 E, 它们分别满足 $If_k=f_k$ 和 $Ef_k=f_{k+1}$. 于是有

$$\Delta f_k=f_{k+1}-f_k=Ef_k-If_k=(E-I)f_k,$$
$$\nabla f_k=f_k-f_{k-1}=If_k-E^{-1}f_k=(I-E^{-1})f_k,$$

即 $\Delta = E-I$, $\nabla = I-E^{-1}$. 结合差分算子的定义可得其基本性质.

1) 各阶差分均可用函数值表示, 反之亦然.

由差分的定义(4.19)可知

$$\Delta^n f_k = (E-I)^n f_k = \sum_{j=0}^{n} (-1)^j \binom{n}{j} E^{n-j} f_k = \sum_{j=0}^{n} (-1)^j \binom{n}{j} f_{n+k-j},$$

$$\nabla^n f_k = (I-E^{-1})^n f_k = \sum_{j=0}^{n} (-1)^{n-j} \binom{n}{j} E^{j-n} f_k = \sum_{j=0}^{n} (-1)^{n-j} \binom{n}{j} f_{k+j-n},$$

其中 $\binom{n}{j} = \dfrac{n(n-1)\cdots(n-j+1)}{j!}$ 为二项式展开系数. 反之,

$$f_{n+k} = E^n f_k = (I+\Delta)^n f_k = \left[\sum_{j=0}^{n} \binom{n}{j} \Delta^j \right] f_k.$$

2) 均差与差分满足关系式

$$f[x_k, \cdots, x_{k+m}] = \frac{1}{m!} \frac{1}{h^m} \Delta^m f_k, \quad m=0,1,\cdots,n,$$

$$f[x_k, x_{k-1}, \cdots, x_{k-m}] = \frac{1}{m!} \frac{1}{h^m} \nabla^m f_k, \quad m=0,1,\cdots,n.$$

这一性质可直接利用归纳法推出. 结合均差与导数的关系式(4.15)可知 $\Delta^n f_k = h^n f^{(n)}(\xi)$, 其中 ξ 位于 $x_k, \cdots, x_{k+m}$ 的最小值和最大值之间.

类似于均差的计算差分也可通过列表的方式给出, 见表 4-7.

表 4-7 差分表

$f(x_k)$	$\Delta(\nabla)$	$\Delta^2(\nabla^2)$	$\Delta^3(\nabla^3)$	$\Delta^4(\nabla^4)$
f_0				
	$\Delta f_0(\nabla f_1)$			
f_1		$\Delta^2 f_0(\nabla^2 f_2)$		
	$\Delta f_1(\nabla f_2)$		$\Delta^3 f_0(\nabla^3 f_3)$	
f_2		$\Delta^2 f_1(\nabla^2 f_3)$		$\Delta^4 f_0(\nabla^4 f_4)$
	$\Delta f_2(\nabla f_3)$		$\Delta^3 f_1(\nabla^3 f_4)$	$\vdots$
f_3		$\Delta^2 f_2(\nabla^2 f_4)$		
	$\Delta f_3(\nabla f_4)$	$\vdots$		
f_4	$\vdots$			
$\vdots$				

根据差分的定义和性质, 当插值节点取等距节点 $x_k = x_0 + kh(k=0,1,\cdots,n)$ 时, 若需计算点 x_0 附近某点 x 的函数值 $f(x)$, 令 $x = x_0 + th(0 \leq t \leq 1)$, 则牛顿插值多项式的基函数为

$$\omega_{k+1}(x) = \prod_{j=0}^{k} (x-x_j) = t(t-1)\cdots(t-k)h^{k+1},$$

系数为

$$a_k = f[x_0, \cdots x_k] = \frac{1}{k!} \frac{1}{h^k} \Delta^k f_0.$$

将其代入牛顿插值多项式(4.16)可得牛顿前插公式

$$N_n(x_0+th)=f_0+t\Delta f_0+\frac{t(t-1)}{2!}\Delta^2 f_0+\cdots+\frac{t(t-1)\cdots(t-n+1)}{n!}\Delta^n f_0, \quad (4.20)$$

其插值余项(4.17)可化简为

$$R_n(x)=\frac{t(t-1)\cdots(t-n)}{(n+1)!}h^{n+1}f^{(n+1)}(\xi).$$

若需计算点 x_n 附近某点 x 的函数值 $f(x)$，令 $x=x_n+th(-1\leqslant t\leqslant 0)$，则由

$$\omega_{k+1}(x)=\prod_{j=0}^{k}(x-x_{n-j})=t(t+1)\cdots(t+k)h^{k+1},$$

和

$$a_k=f[x_n,\cdots,x_{n-k}]=\frac{1}{k!}\frac{1}{h^k}\nabla^k f_n,$$

可得牛顿后插公式

$$N_n(x_n+th)=f_n+t\nabla f_n+\frac{t(t+1)}{2!}\nabla^2 f_n+\cdots+\frac{t(t+1)\cdots(t+n-1)}{n!}\nabla^n f_n,$$
(4.21)

其插值余项(4.17)可化简为

$$R_n(x)=\frac{t(t+1)\cdots(t+n)}{(n+1)!}h^{n+1}f^{(n+1)}(\xi).$$

这里 ξ 位于 $x_0,\cdots,x_n$ 的最小值和最大值之间.

例 4.3.3 给定 $f(x)=(1+x)\cos x$ 在 $x_k=kh(k=0,1,\cdots,4)$，$h=0.1$ 处的函数值，试用 3 次牛顿插值公式计算 $f(0.05)$ 和 $f(0.38)$ 的近似值，并估计它们的误差.

解 根据给定的条件可得如下差分表，见表 4-8.

表 4-8 差分表

x_i	$f(x_i)$	$\Delta(\nabla)$	$\Delta^2(\nabla^2)$	$\Delta^3(\nabla^3)$
0.0	1.0000			
		0.0945		
0.1	1.0945		-0.0129	
		0.0816		-0.0029
0.2	1.1761		-0.0158	
		0.0658		-0.0024
0.3	1.2419		-0.0182	
		0.0476		
0.4	1.2895			

由牛顿前插公式(4.20)和牛顿后插公式(4.21)，得

$$f(0.05)\approx N_3(0.05)=N_3(0.5h)$$

$$=1.0000+0.0945\times 0.5-\frac{0.0129}{2!}\times 0.5\times(0.5-1)-$$

$$\frac{0.0029}{3!}\times 0.5\times(0.5-1)\times(0.5-2)$$

$$\approx 1.04868,$$

$$f(0.38) \approx N_3(0.38) = N_3(0.4-0.2h)$$
$$= 1.2895 + 0.0476 \times (-0.2) - \frac{0.0182}{2!} \times (-0.2) \times (-0.2+1) -$$
$$\frac{0.0024}{3!} \times (-0.2) \times (-0.2+1) \times (-0.2+2) \approx 1.28155.$$

对 $f(x) = (1+x)\cos x$ 直接求导可知 $f^{(4)}(x) = 4\sin x + (1+x)\cos x$, 故近似值的误差分别为

$$|R_3(0.05)| = |R_3(0.5h)| = \left| \frac{0.5(0.5-1)(0.5-2)(0.5-3)}{4!} 0.1^4 f^{(4)}(\xi) \right|$$
$$\leq 2.1094 \times 10^{-5},$$
$$|R_3(0.38)| = |R_3(0.4-0.2h)|$$
$$= \left| \frac{(-0.2)(-0.2+1)(-0.2+2)(-0.2+3)}{4!} 0.1^4 f^{(4)}(\xi) \right|$$
$$\leq 1.8144 \times 10^{-5}.$$

4.4 埃尔米特(Hermite)插值

在许多实际问题中, 插值多项式除要求在插值节点上函数值相同外, 还要求其导数值甚至是高阶导数值在节点上相同, 满足这种要求的插值多项式称为**埃尔米特(Hermite)插值多项式**. 为简单起见, 本节主要考虑一阶导数值相同的埃尔米特插值, 并以两个典型的三次埃尔米特插值为例介绍其插值多项式的求解方法.

4.4.1 典型的三次埃尔米特插值多项式

第一种典型的埃尔米特插值是求解满足如下条件的插值多项式

$$H_3(x_k) = f(x_k) = y_k, \quad H_3'(x_k) = f'(x_k) = m_k, \quad k = 0, 1, \quad (4.22)$$

其中, x_0 和 x_1 互不相同. 可以证明满足式(4.22)的插值多项式存在且唯一[1,3]. 利用类似于构造拉格朗日插值多项式的基函数法可以直接地给出满足式(4.22)的埃尔米特插值多项式. 事实上, 记 $\alpha_0(x), \alpha_1(x), \beta_0(x), \beta_1(x)$ 为三次多项式, 分别满足

$$\alpha_0(x_0) = 1, \quad \alpha_0(x_1) = 0, \quad \alpha_0'(x_0) = 0, \quad \alpha_0'(x_1) = 0;$$
$$\alpha_1(x_0) = 0, \quad \alpha_1(x_1) = 1, \quad \alpha_1'(x_0) = 0, \quad \alpha_1'(x_1) = 0;$$
$$\beta_0(x_0) = 0, \quad \beta_0(x_1) = 0, \quad \beta_0'(x_0) = 1, \quad \beta_0'(x_1) = 0;$$
$$\beta_1(x_0) = 0, \quad \beta_1(x_1) = 0, \quad \beta_1'(x_0) = 0, \quad \beta_1'(x_1) = 1.$$

由条件可知 $\alpha_0(x), \alpha_1(x), \beta_0(x), \beta_1(x)$ 构成了次数不超过三次的多项式空间 H_3 的一组基, 通常称之为**埃尔米特插值基函数**. 并且

根据条件可简单地计算出它们的表达式. 由 $\alpha_0(x)$ 所满足的条件 $\alpha_0(x_1)=0, \alpha_0'(x_1)=0$ 可设

$$\alpha_0(x) = (ax+b)\left(\frac{x-x_1}{x_0-x_1}\right)^2.$$

代入条件 $\alpha_0(x_0)=1, \alpha_0'(x_0)=0$ 可得

$$\alpha_0(x) = \left(1+2\frac{x-x_0}{x_1-x_0}\right)\left(\frac{x-x_1}{x_0-x_1}\right)^2.$$

同理可得

$$\alpha_1(x) = \left(1+2\frac{x-x_1}{x_0-x_1}\right)\left(\frac{x-x_0}{x_1-x_0}\right)^2,$$

$$\beta_0(x) = (x-x_0)\left(\frac{x-x_1}{x_0-x_1}\right)^2,$$

$$\beta_1(x) = (x-x_1)\left(\frac{x-x_0}{x_1-x_0}\right)^2.$$

于是满足插值条件(4.22)的埃尔米特插值多项式可以表示为

$$H_3(x) = y_0\alpha_0(x) + y_1\alpha_1(x) + m_0\beta_0(x) + m_1\beta_1(x). \quad (4.23)$$

记插值余项为 $R(x) = f(x) - H_3(x)$, 则由插值条件(4.22)可知

$$R(x) = k(x)(x-x_0)^2(x-x_1)^2,$$

其中, $k(x)$ 为待定的函数. 令

$$\varphi(t) = f(t) - H_3(t) - k(x)(t-x_0)^2(t-x_1)^2,$$

则有 $\varphi(x_k)=0, \varphi'(x_k)=0, k=0,1, \varphi(x)=0$. 假设函数 $f(x)$ 具有较好的可微性, 反复对 $\varphi(t)$ 应用罗尔定理可得 $\varphi^{(4)}(\xi) = f^{(4)}(\xi) - 4!k(x) = 0$, 即 $k(x) = \dfrac{f^{(4)}(\xi)}{4!}$, 其中, ξ 位于 x_0, x_1 和 x 所界定的范围内. 因此有

$$R(x) = \frac{f^{(4)}(\xi)}{4!}(x-x_0)^2(x-x_1)^2. \quad (4.24)$$

例 4.4.1 给定 $f(x)=x^{3/2}$, $x_0=1, x_1=2$, 试求 $f(x)$ 在 $[1,2]$ 上满足式(4.22)的三次埃尔米特插值多项式 $H_3(x)$, 并给出余项表达式.

解 由插值节点可得

$$\alpha_0(x) = (1+2(x-1))(x-2)^2 = (2x-1)(x-2)^2,$$
$$\alpha_1(x) = (1-2(x-2))(x-1)^2 = (5-2x)(x-1)^2,$$
$$\beta_0(x) = (x-1)(x-2)^2, \quad \beta_1(x) = (x-2)(x-1)^2.$$

结合插值条件

$$H_3(1)=f(1)=1, \quad H_3(2)=f(2)=2\sqrt{2},$$
$$H_3'(1)=f'(1)=\frac{3}{2}, \quad H_3'(2)=f'(2)=\frac{3}{2}\sqrt{2}, \quad (4.25)$$

可得
$$H_3(x) = \alpha_0(x) + 2\sqrt{2}\alpha_1(x) + \frac{3}{2}\beta_0(x) + \frac{3}{2}\sqrt{2}\beta_1(x),$$
余项表达式为
$$R(x) = \frac{f^{(4)}(\xi)}{4!}(x-1)^2(x-2)^2 = \frac{3}{128}\xi^{-5/2}(x-1)^2(x-2)^2, \quad \xi \in (1,2).$$

另一种典型的埃尔米特插值是三点三次的插值多项式，满足
$$H_3(x_k) = f(x_k), \quad k=0,1,2, \quad H_3'(x_1) = f'(x_1), \quad (4.26)$$
其中，x_0, x_1, x_2 互不相同. 该插值多项式也是存在且唯一的，且利用类似构造牛顿插值多项式的基函数法可以简单地推导出它的表达式. 直接取牛顿插值基函数
$$w_0(x) = 1, \quad w_1(x) = (x-x_0), \quad w_2(x) = (x-x_0)(x-x_1),$$
$$w_3(x) = (x-x_0)(x-x_1)(x-x_2),$$
结合 $H_3(x_k) = f(x_k) = y_k (k=0,1,2)$，可得满足式(4.26)的埃尔米特插值多项式
$$H_3(x) = f(x_0) + f[x_0, x_1](x-x_0) +$$
$$f[x_0, x_1, x_2](x-x_0)(x-x_1) + A(x-x_0)(x-x_1)(x-x_2),$$
其中，A 为待定的系数. 代入条件 $H_3'(x_1) = f'(x_1)$，可得
$$A = \frac{f'(x_1) - f[x_0, x_1] - f[x_0, x_1, x_2](x_1 - x_0)}{(x_1 - x_0)(x_1 - x_2)}.$$
利用类似于上一个埃尔米特插值问题的分析方法可得满足式(4.26)的插值余项
$$R(x) = f(x) - H_3(x) = \frac{f^{(4)}(\xi)}{4!}(x-x_0)(x-x_1)^2(x-x_2), \quad (4.27)$$
其中，ξ 位于 x_0, x_1, x_2 和 x 所界定的范围内.

例 4.4.2 给定 $f(x) = \ln x, x_0 = 1, x_1 = 1.5, x_2 = 2$，利用满足式(4.26)的三次埃尔米特插值多项式 $H_3(x)$ 计算 $f(1.2)$ 的近似值，并给出余项表达式.

解 由插值条件可得差商表，见表 4-9.

表 4-9 差商表

x_i	$f(x_i)$		
1	0		
1.5	0.4055	0.8109	
2	0.6931	0.5754	−0.2356

于是有
$$H_3(x) = 0.8109(x-1) - 0.2356(x-1)(x-1.5) + A(x-1)(x-1.5)(x-2).$$

代入条件 $H_3'(1.5)=f'(1.5)=0.6667$ 可得 $A=0.1057$. 故有
$$f(1.2) \approx H_3(1.2) \approx 0.1814.$$
由式(4.27)可知余项表达式为
$$R(x) = \frac{f^{(4)}(\xi)}{4!}(x-1)(x-1.5)^2(x-2)$$
$$= -\frac{1}{4}\xi^{-4}(x-1)(x-1.5)^2(x-2), \quad \xi \in (1,2).$$

4.4.2 牛顿形式的埃尔米特插值

埃尔米特插值除用上述两种方式求解外,还可通过引入重节点的均差构造牛顿形式的埃尔米特插值多项式进行计算. 前面介绍的均差都是基于互不相同的节点定义的. 事实上,当含有重节点时也可以定义均差.

设 $f \in C^n[a,b]$,给定互不相同的节点 $x_0, x_1, \cdots, x_n \in [a,b]$,则利用归纳法,可以证明
$$f[x_0, x_1, \cdots, x_n] = \int_0^{t_0}\int_0^{t_1}\cdots\int_0^{t_{n-1}} f^{(n)}(t_n(x_n-x_{n-1})+\cdots+t_1(x_1-x_0)+t_0 x_0)\mathrm{d}t_n\cdots\mathrm{d}t_2\mathrm{d}t_1,$$
其中,$n \geq 1$;$t_0=1$. 上式右侧的被积函数是关于 $x_0, x_1, \cdots, x_n$ 的连续函数,故 $f[x_0, x_1, \cdots, x_n]$ 也是关于 $x_0, x_1, \cdots, x_n$ 的连续函数,且有
$$f[x_0, x_1, \cdots, x_n] = f^{(n)}(\xi)\int_0^{t_0}\int_0^{t_1}\cdots\int_0^{t_{n-1}}\mathrm{d}t_n\cdots\mathrm{d}t_2\mathrm{d}t_1,$$
其中,$\min(x_0, x_1, \cdots, x_n) \leq \xi \leq \max(x_0, x_1, \cdots, x_n)$. 结合
$$\int_0^1\int_0^{t_1}\cdots\int_0^{t_{n-1}}\mathrm{d}t_n\cdots\mathrm{d}t_2\mathrm{d}t_1 = \frac{1}{n!},$$
可将均差扩充到重节点的情形.

定理 4.4.1 设 $f^{(n)}(x)$ 为连续函数,则有 n 阶均差
$$f[\underbrace{x,x,\cdots,x}_{n+1}] = \frac{f^{(n)}(x)}{n!}.$$

定理 4.4.2 设 $f \in C^{n+2}[a,b]$,$x_0, x_1, \cdots, x_n, x \in [a,b]$,则
$$\frac{\mathrm{d}}{\mathrm{d}x}f[x_0, x_1, \cdots, x_n, x] = f[x_0, x_1, \cdots, x_n, x, x].$$

证明 取 Δx 使得 $x+\Delta x \in [a,b]$,由均差的定义和性质可得
$$\frac{\mathrm{d}}{\mathrm{d}x}f[x_0, x_1, \cdots, x_n, x]$$

$$= \lim_{\Delta x \to 0} \frac{f[x_0, x_1, \cdots, x_n, x+\Delta x] - f[x_0, x_1, \cdots, x_n, x]}{\Delta x}$$
$$= \lim_{\Delta x \to 0} f[x_0, x_1, \cdots, x_n, x+\Delta x, x]$$
$$= f[x_0, x_1, \cdots, x_n, x, x].$$

利用重节点的均差可以按照牛顿插值多项式的方式较简单地给出埃尔米特插值多项式.

给定互异节点 $x_0, x_1, \cdots, x_{2n}, x_{2n+1} \in [a,b]$，则 $f(x)$ 在这些节点上的牛顿插值多项式为

$$N_{2n+1}(x) = f(x_0) + f[x_0,x_1](x-x_0) + f[x_0,x_1,x_2](x-x_0)(x-x_1) + \cdots +$$
$$f[x_0,x_1,\cdots,x_{2n},x_{2n+1}](x-x_0)(x-x_1)\cdots(x-x_{2n}),$$

相应的误差余项为

$$R_{2n+1}(x) = f(x) - N_{2n+1}(x) = f[x_0,x_1,\cdots,x_{2n+1},x](x-x_0)(x-x_1)\cdots$$
$$(x-x_{2n+1}).$$

假设 $f \in C^{2n+2}[a,b]$，令 $x_{2i}, x_{2i+1} \to x_i, 0, 1, \cdots, n$，则有

$$N_{2n+1}(x) = f(x_0) + f[x_0,x_0](x-x_0) + f[x_0,x_0,x_1](x-x_0)^2 + \cdots +$$
$$f[x_0,x_0,x_1,x_1,\cdots,x_n,x_n](x-x_0)^2\cdots(x-x_{n-1})^2(x-x_n),$$
(4.28)

和

$$R_{2n+1}(x) = f[x_0,x_0,\cdots,x_n,x_n,x](x-x_0)^2\cdots(x-x_{n-1})^2(x-x_n)^2.$$
(4.29)

可以证明式(4.28)是埃尔米特插值多项式，且满足

$$H_{2n+1}(x_k) = f(x_k), \quad H'_{2n+1}(x_k) = f'(x_k), \quad k = 0,1,\cdots,n. \quad (4.30)$$

事实上，由余项表达式(4.29)可知 $N_{2n+1}(x_k) = f(x_k)$，进一步由

$$R'_{2n+1}(x) = \prod_{j=0}^{n}(x-x_j)^2 \frac{\mathrm{d}}{\mathrm{d}x} f[x_0,x_0,\cdots,x_n,x_n,x] +$$
$$2f[x_0,x_0,\cdots,x_n,x_n,x] \sum_{j=0}^{n}\left[(x-x_j)\prod_{\substack{k=0\\k\neq j}}^{n}(x-x_k)^2\right],$$

可知 $N'_{2n+1}(x_k) = f'(x_k)$. 结合埃尔米特插值多项式的唯一性可得 $N_{2n+1}(x) = H_{2n+1}(x)$，并且利用定理 4.4.2 有

$$R_{2n+1}(x) = \frac{f^{(2n+2)}(\xi)}{(2n+2)!}(x-x_0)^2\cdots(x-x_{n-1})^2(x-x_n)^2,$$

其中，$\min(x,x_0,x_1,\cdots,x_n) \leq \xi \leq \max(x,x_0,x_1,\cdots,x_n)$. 当 $n=1$ 时，该误差余项与式(4.24)相同. 因此埃尔米特插值问题(4.30)可以通过计算重节点的均差来求解. 类似地，一般的埃尔米特插值问题

$$H^{(i)}(x_k) = f^{(i)}(x_k), \quad k = 0,1,\cdots,n, \quad i = 0,1,\cdots,m,$$

也可以利用重节点的均差给出牛顿形式的插值多项式. 下面按照牛顿形式的埃尔米特插值多项式计算例 4.4.1 和例 4.4.2.

对于例 4.4.1, 可列均差表 4-10.

表 4-10 例 4.4.1 均差表

x_i	$f(x_i)$			
1	1			
1	1	$\dfrac{3}{2}$		
2	$2\sqrt{2}$	$2\sqrt{2}-1$	$2\sqrt{2}-\dfrac{5}{2}$	
2	$2\sqrt{2}$	$\dfrac{3}{2}\sqrt{2}$	$-\dfrac{1}{2}\sqrt{2}+1$	$-\dfrac{5}{2}\sqrt{2}+\dfrac{7}{2}$

于是满足式(4.25)的三次埃尔米特插值多项式为

$$H_3(x) = 1 + \frac{3}{2}(x-1) + \frac{4\sqrt{2}-5}{2}(x-1)^2 + \frac{7-5\sqrt{2}}{2}(x-1)^2(x-2).$$

对于例 4.4.2, 可列均差表 4-11.

表 4-11 例 4.4.2 均差表

x_i	$f(x_i)$			
1	0			
1.5	0.4055	0.8110		
1.5	0.4055	0.6667	−0.2886	
2	0.6931	0.5752	−0.1830	0.1056

于是满足式(4.26)的三次埃尔米特插值多项式为

$H_3(x) = 0.8110(x-1) - 0.2886(x-1)(x-1.5) + 0.1056(x-1)(x-1.5)^2.$

4.5 分段低次插值

4.5.1 多项式插值的收敛性

给定 $f(x) \in C[a,b]$ 和互异节点 $x_0, x_1, \cdots, x_n \in [a,b]$, 若满足条件(4.1)的插值多项式 $L_n(x)$ 成立

$$\lim_{n \to \infty} L_n(x) = f(x), \quad x \in (a,b), \tag{4.31}$$

则称插值多项式 $L_n(x)$ 收敛于 $f(x)$. 若式(4.31)成立, 则意味着插值多项式的次数越高, 它逼近于函数 $f(x)$ 的效果越好. 但事实并不一定如此, 即使 $f(x)$ 的各阶导数均存在, 式(4.31)也不一定成立. 20 世纪初龙格(Runge)就给出了一个插值多项式 $L_n(x)$ 不收敛于 $f(x)$ 的反例.

例 4.5.1 给定 $f(x)=\dfrac{1}{1+x^2}$，在 $[-5,5]$ 上取 $n+1$ 个等距节点 $x_k = x_0+kh, k=0,1,\cdots,n$，其中 $h=\dfrac{10}{n}$，则满足式（4.1）的拉格朗日插值多项式 $L_n(x)$ 为

$$L_n(x) = \sum_{i=0}^{n} \frac{1}{1+x_i^2} \prod_{\substack{k=0 \\ k \neq i}}^{n} \frac{(x-x_k)}{(x_i-x_k)}.$$

取 $x_{n-1/2}=\dfrac{1}{2}(x_{n-1}+x_n)=5-\dfrac{5}{n}$，表 4-12 列出了 $n=2,4,\cdots,20$ 时 $L_n(x_{n-1/2})$ 的计算结果及其误差 $R_n(x_{n-1/2})$ 的绝对值. 由计算结果可知，当 n 不断增大时，$|R_n(x_{n-1/2})|$ 几乎成倍地增加. 这说明在 $[-5,5]$ 上 $L_n(x)$ 并不收敛于 $f(x)$. 图 4-5 给出了 $L_{10}(x)$ 和 $f(x)$ 的图形. 由图 4-5 可以看出当 x 靠近 0 时 $L_{10}(x)$ 近似 $f(x)$ 的效果较好，但当 x 靠近 -5 或 5 时 $L_{10}(x)$ 近似 $f(x)$ 的误差较大. 龙格证明了当 $|x| \leqslant c \approx 3.63$ 时 $\lim\limits_{n\to\infty} L_n(x) = f(x)$，但当 $|x|>c$ 时 $L_n(x)$ 并不收敛于 $f(x)$.

表 4-12　计算结果

n	$f(x_{n-1/2})$	$L_n(x_{n-1/2})$	$\|R_n(x_{n-1/2})\|$
2	0.137931	0.759615	0.621684
4	0.066390	−0.356826	0.423216
6	0.054463	0.607879	0.553416
8	0.049651	−0.831017	0.880668
10	0.047059	1.578721	1.531662
12	0.045440	−2.755000	2.800440
14	0.044334	5.332743	5.288409
16	0.043530	−10.173867	10.217397
18	0.042920	20.123671	20.080751
20	0.042440	−39.952449	39.994889

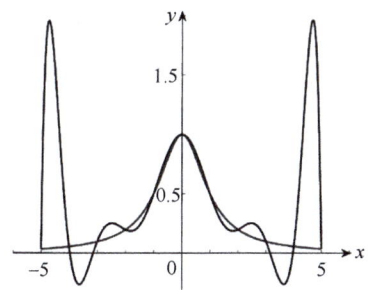

图 4-5　$n=10$ 的插值结果

基于龙格现象，在实际计算中通常采用低次插值，而非高次插值. 为确保低次插值具有较高的近似精度，可以考虑将区间划分成若干小区间，在小区间上使用低次插值，从而得到分段插值多项式. 下面介绍两种常用的分段低次插值.

4.5.2 分段插值

当在小区间上采用线性插值时，便可得到分段线性插值多项式. 给定节点 $a=x_0<x_1<\cdots<x_n=b$ 上的函数值 $f_0,f_1,\cdots,f_n$，记 $h_k=x_{k+1}-x_k$，$h=\max\limits_{k} h_k$，若折线函数 $I_h(x)$ 满足

1) $I_h(x)\in C[a,b]$；

2) $I_h(x_i)=f_i$，$i=0,1,\cdots,n$；

3) $I_h(x)$ 在每个小区间 $[x_i,x_{i+1}]$ ($i=0,1,\cdots,n-1$) 上为线性函数，则称 $I_h(x)$ 为分段线性函数，它在每个小区间 $[x_i,x_{i+1}]$ 上表示为

$$I_h(x)=\frac{x-x_{i+1}}{x_i-x_{i+1}}f_i+\frac{x-x_i}{x_{i+1}-x_i}f_{i+1}, \quad x_i\leqslant x\leqslant x_{i+1}. \tag{4.32}$$

分段线性插值多项式 $I_h(x)$ 的误差余项可利用式(4.10)直接给出. 任取 $x\in[a,b]$，则存在 $i\in\{0,1,\cdots,n-1\}$，使得 $x\in[x_i,x_{i+1}]$，由小区间上 $I_h(x)$ 的表达式(4.32)可得

$$R_h(x)=f(x)-I_h(x)=\frac{f''(\xi)}{2!}(x-x_i)(x-x_{i+1}), \quad \xi\in(x_i,x_{i+1}).$$

于是有

$$\max_{a\leqslant x\leqslant b}|R_h(x)|\leqslant \frac{M}{2}\max_i\max_{x_i\leqslant x\leqslant x_{i+1}}|(x-x_i)(x-x_{i+1})|\leqslant\frac{M}{2}\max_i\frac{h_i^2}{4}\leqslant\frac{M}{8}h^2,$$

其中 $M=\max\limits_{x\in[a,b]}|f''(x)|$. 由此可知 $\lim\limits_{h\to 0}R_h(x)=0$，即 $\lim\limits_{h\to 0}I_h(x)=f(x)$ 在区间 $[a,b]$ 上一致成立.

分段线性插值虽然是一致收敛的，但是其不可导. 若要求插值函数可导，则可以考虑使用分段埃尔米特插值进行计算.

给定节点 $a=x_0<x_1<\cdots<x_n=b$ 上的函数值 f_k 和导数值 $f'_k=m_k$，$k=0,1,\cdots,n$，记 $h_k=x_{k+1}-x_k$，则可构造一个导函数连续的分段三次埃尔米特插值函数 $I_h(x)$，满足

1) $I_h(x)\in C^1[a,b]$；

2) $I_h(x_i)=f_i$，$I'_h(x_i)=f'_i=m_i$，$i=0,1,\cdots,n$；

3) $I_h(x)$ 在每个子区间 $[x_i,x_{i+1}]$ ($i=0,1,\cdots,n-1$) 上是 3 次多项式. 由式(4.23)可知，$I_h(x)$ 在每个小区间 $[x_i,x_{i+1}]$ 上的表达式为

$$I_h(x) = \left(1+2\frac{x-x_i}{x_{i+1}-x_i}\right)\left(\frac{x-x_{i+1}}{x_i-x_{i+1}}\right)^2 f_i + \left(1+2\frac{x-x_{i+1}}{x_i-x_{i+1}}\right)\left(\frac{x-x_i}{x_{i+1}-x_i}\right)^2 f_{i+1} +$$
$$(x-x_i)\left(\frac{x-x_{i+1}}{x_i-x_{i+1}}\right)^2 f_i' + (x-x_{i+1})\left(\frac{x-x_i}{x_{i+1}-x_i}\right)^2 f_{i+1}', \quad x_i \le x \le x_{i+1}.$$

利用两点三次埃尔米特插值多项式的误差余项(4.24)可得 $I_h(x)$ 的误差 $R_h(x)$ 的表达式. 任取 $x \in [a,b]$，则存在 $k \in \{0,1,\cdots,n-1\}$，使得 $x \in [x_k, x_{k+1}]$，于是有

$$R_h(x) = f(x) - I_h(x) = \frac{f^{(4)}(\xi_k)}{4!}(x-x_k)^2(x-x_{k+1})^2, \quad \xi_k \in (x_k, x_{k+1}).$$

由此可得

$$\max_{a \le x \le b}|R_h(x)| \le \frac{M_4}{4!}\max_k \max_{x_k \le x \le x_{k+1}}(x-x_k)^2(x-x_{k+1})^2 \le \frac{M_4}{384}\max_k h_k^4 = \frac{M_4}{384}h^4,$$

其中 $M_4 = \max_{a \le x \le b}|f^{(4)}(x)|$，$h = \max_k h_k$.

分段三次埃尔米特插值比分段线性插值具有更高的精度，但是其要求的条件更强，需要节点处的导数值已知，且只有一阶导函数连续，光滑性并不高. 下节中给出的三次样条插值可以很好地克服分段三次埃尔米特插值的这些缺点.

4.6 三次样条插值

很多实际问题往往要求插值函数具有较高的光滑度，如高速飞机的机翼形线、精密机械加工等要求二阶光滑度，即二阶导数连续. 上节中介绍的分段低次插值函数虽具有一致收敛性，但光滑性较差，通常无法满足工程实际的需要.

早期工程师在制图时，会把富有弹性的细木条(简称样条)固定在样点上，并让它在其他地方自由弯曲，然后沿细木条画下曲线，称之为样条曲线. 该曲线是由分段三次曲线拼接而成的，且在连接点(即样点)上要求满足二阶导数连续，因而用数学语言可直接归纳出样条函数的概念. 本节主要讨论最常用的三次样条函数.

4.6.1 三次样条函数

定义 4.6.1 给定节点 $a = x_0 < x_1 < \cdots < x_n = b$，若函数 $s(x) \in C^2[a,b]$ 在每个小区间 $[x_i, x_{i+1}]$ 上是三次多项式，则称 $s(x)$ 是节点 $x_0, x_1, \cdots, x_n$ 上的<u>三次样条函数</u>. 进一步，若 $s(x)$ 在节点上满足

$$s(x_i) = f_i = y_i, \quad i = 0, 1, \cdots, n, \tag{4.33}$$

则称 $s(x)$ 是节点 $x_0, x_1, \cdots, x_n$ 上的<u>三次样条插值</u>函数.

由定义 4.6.1 可知 $s(x)$ 在每个小区间 $[x_i, x_{i+1}]$ 上有 4 个待定的系数,由区间个数 n 可知共有 $4n$ 个待定的参数. 根据定义中的条件 $s(x) \in C^2[a,b]$, $s(x)$ 满足

$$\begin{cases} s(x_i-0) = s(x_i+0), \\ s'(x_i-0) = s'(x_i+0), \quad i=1,2,\cdots,n-1. \\ s''(x_i-0) = s''(x_i+0), \end{cases}$$

这给出了 $3(n-1)$ 个条件. 加上插值条件(4.33)给出的 $n+1$ 个条件,共有 $4n-2$ 个条件. 因此想要确定三次样条插值函数还需增加 2 个条件. 一般地,可在区间 $[a,b]$ 的端点各加一个条件,称为边界条件. 常见的边界条件有以下几种.

1) 固支条件:

$$s'(x_0) = f_0', \quad s'(x_n) = f_n'. \tag{4.34}$$

2) 两端点的二阶导数已知,即

$$s''(x_0) = f_0'', \quad s''(x_n) = f_n''. \tag{4.35}$$

特别地 $s''(x_0) = s''(x_n) = 0$,称为自然边界条件.

3) 周期条件:当 $f(x)$ 是周期为 $x_n - x_0$ 的周期函数,即 $f(x_0) = f(x_n)$ 时,$s(x)$ 也是周期函数,满足

$$s(x_0+0) = s(x_n-0), \quad s'(x_0+0) = s'(x_n-0), \quad s''(x_0+0) = s''(x_n-0). \tag{4.36}$$

此时 $s(x)$ 称为周期样条函数.

例 4.6.1 给定 $f(-1) = 1, f(0) = 0, f(1) = 2$,试求 $f(x)$ 在自然边界条件下的三次样条插值多项式.

解 由条件可知 $n = 2$,故设

$$s(x) = \begin{cases} s_0(x) = a_0 x^3 + b_0 x^2 + c_0 x + d_0, & -1 \leq x \leq 0, \\ s_1(x) = a_1 x^3 + b_1 x^2 + c_1 x + d_1, & 0 \leq x \leq 1. \end{cases}$$

代入条件 $s_0(-1) = 1, s_0(0) = 0, s_1(0) = 0, s_1(1) = 2$,得

$$\begin{cases} -a_0 + b_0 - c_0 = 1, \quad d_0 = 0, \\ d_1 = 0, \quad a_1 + b_1 + c_1 = 2. \end{cases}$$

由内节点处导数的连续性条件 $s_0'(0) = s_1'(0)$, $s_0''(0) = s_1''(0)$,得 $c_0 = c_1$, $b_0 = b_1$. 再由自然边界条件 $s_0''(-1) = s_1''(1) = 0$,得 $-3a_0 + b_0 = 3a_1 + b_1 = 0$. 于是有

$$a_0 = -a_1 = \frac{3}{4}, \quad b_0 = b_1 = \frac{9}{4}, \quad c_0 = c_1 = \frac{1}{2}, \quad d_0 = d_1 = 0.$$

给定边界条件后三次样条插值可以通过类似例题的方式结合待定系数法确定其表达式,但 n 较大时计算起来工作量较大. 下面介绍一种简便的求解方法——三弯矩法. 该方法通常

只需求解三对角方程组便可确定样条插值函数，且其力学含义明确.

4.6.2 三弯矩方法

假设 $s(x)$ 在节点 $a \leq x_0 < x_1 < \cdots < x_n \leq b$ 上的二阶导数值为 $s''(x_i) = M_i (i=0,1,\cdots,n)$，由 $s(x)$ 在 $[x_i, x_{i+1}]$ 上是三次多项式可知 $s''(x)$ 在 $[x_i, x_{i+1}]$ 上是线性函数，故可设

$$s''(x) = \frac{x_{i+1}-x}{h_i} M_i + \frac{x-x_i}{h_i} M_{i+1}.$$

对该式积分两次，并利用 $s(x_i) = f_i$ 和 $s(x_{i+1}) = f_{i+1}$ 可得

$$s(x) = \frac{(x_{i+1}-x)^3}{6h_i} M_i + \frac{(x-x_i)^3}{6h_i} M_{i+1} + \frac{x_{i+1}-x}{h_i}\left(f_i - \frac{M_i h_i^2}{6}\right) + \frac{x-x_i}{h_i}\left(f_{i+1} - \frac{M_{i+1} h_i^2}{6}\right), \quad x \in [x_i, x_{i+1}], \tag{4.37}$$

其中，$M_i(i=0,1,\cdots,n)$ 是未知量. 由

$$s'(x) = -\frac{(x_{i+1}-x)^2}{2h_i} M_i + \frac{(x-x_i)^2}{2h_i} M_{i+1} + \frac{f_{i+1}-f_i}{h_i} - \frac{h_i}{6}(M_{i+1}-M_i),$$

可知

$$s'(x_i + 0) = -\frac{h_i}{2} M_i + \frac{f_{i+1}-f_i}{h_i} - \frac{h_i}{6}(M_{i+1}-M_i),$$

$$s'(x_i - 0) = \frac{h_{i-1}}{2} M_i + \frac{f_i - f_{i-1}}{h_{i-1}} - \frac{h_{i-1}}{6}(M_i - M_{i-1}).$$

结合条件 $s'(x_i - 0) = s'(x_i + 0) (i=1,2,\cdots,n-1)$，可得 $n-1$ 个关于 $M_0, M_1, \cdots, M_n$ 的方程

$$\mu_i M_{i-1} + 2M_i + \lambda_i M_{i+1} = d_i, \quad i=1,2,\cdots,n-1, \tag{4.38}$$

其中

$$\begin{cases} \mu_i = \dfrac{h_{i-1}}{h_{i-1}+h_i}, \quad \lambda_i = 1 - \mu_i = \dfrac{h_i}{h_{i-1}+h_i}, \\ d_i = 6f[x_{i-1}, x_i, x_{i+1}], \quad i=1,2,\cdots,n-1. \end{cases} \tag{4.39}$$

对于固支条件(4.34)，可导出另外两个方程

$$\begin{cases} 2M_0 + M_1 = \dfrac{6}{h_0}(f[x_0, x_1] - f_0') = d_0, \\ M_{n-1} + 2M_n = \dfrac{6}{h_{n-1}}(f_n' - f[x_{n-1}, x_n]) = d_n. \end{cases} \tag{4.40}$$

结合式(4.38)和式(4.40)可得关于 $M_0, M_1, \cdots, M_n$ 的 $n+1$ 阶线性方程组

$$\begin{pmatrix} 2 & \lambda_0 & & & \\ \mu_1 & 2 & \lambda_1 & & \\ & \ddots & \ddots & \ddots & \\ & & \mu_{n-1} & 2 & \lambda_{n-1} \\ & & & \mu_n & 2 \end{pmatrix} \begin{pmatrix} M_0 \\ M_1 \\ \vdots \\ M_{n-1} \\ M_n \end{pmatrix} = \begin{pmatrix} d_0 \\ d_1 \\ \vdots \\ d_{n-1} \\ d_n \end{pmatrix}, \quad (4.41)$$

其中，$\lambda_0 = 1$；$\mu_n = 1$.

对于第二种边界条件(4.35)，直接代入可知 $M_0 = f''_0$，$M_n = f''_n$. 结合式(4.38)同样可得关于 $M_0, M_1, \cdots, M_n$ 的 $n+1$ 阶线性方程组(4.41)，其中 $\lambda_0 = \mu_n = 0$，$d_0 = 2f''_0$，$d_n = 2f''_n$.

对于周期边界条件(4.36)，有

$$M_0 = M_n, \quad \lambda_n M_1 + \mu_n M_{n-1} + 2M_n = d_n, \quad (4.42)$$

其中

$$\begin{cases} \lambda_n = \dfrac{h_0}{h_0 + h_{n-1}}, \quad \mu_n = \dfrac{h_{n-1}}{h_0 + h_{n-1}}, \\ d_n = 6 \dfrac{f[x_0, x_1] - f[x_{n-1}, x_n]}{h_0 + h_{n-1}}. \end{cases}$$

联立式(4.38)和式(4.42)可得关于 $M_1, \cdots, M_n$ 的 n 阶线性方程组

$$\begin{pmatrix} 2 & \lambda_1 & & & \mu_1 \\ \mu_2 & 2 & \lambda_2 & & \\ & \ddots & \ddots & \ddots & \\ & & \mu_{n-1} & 2 & \lambda_{n-1} \\ \lambda_n & & & \mu_n & 2 \end{pmatrix} \begin{pmatrix} M_1 \\ M_2 \\ \vdots \\ M_{n-1} \\ M_n \end{pmatrix} = \begin{pmatrix} d_1 \\ d_2 \\ \vdots \\ d_{n-1} \\ d_n \end{pmatrix}. \quad (4.43)$$

方程组(4.41)和(4.43)称为三弯矩方程，它的解 M_i ($i = 0, 1, \cdots, n$) 在力学上表示细梁在 x_i 处的截面弯矩，称为样条插值函数 $s(x)$ 的矩. 由 $\lambda_i, \mu_i \geq 0$，$\lambda_i + \mu_i = 1$ 可知方程组(4.41)和方程组(4.43)的系数矩阵都是严格对角占优矩阵，因而存在唯一解. 求出解 $M_0, M_1, \cdots, M_n$ 后，直接代入式(4.37)便可知 $s(x)$ 的表达式.

例 4.6.2 设 $f(x)$ 是定义在 $[1, 2.5]$ 上的函数，在节点 $x_i = 1 + i/2$ ($i = 0, 1, 2, 3$) 上满足

$$f(x_0) = 1, \quad f(x_1) = 1.5, \quad f(x_2) = 2.0, \quad f(x_3) = 1.2.$$

试求三次样条插值函数 $s(x)$，使其满足固支边界条件 $s'(x_0) = f'_0 = 0$，$s'(x_3) = f'_3 = -1$.

解 由三弯矩方程(4.41)以及式(4.39)和式(4.40)可知 $h_i = 0.5$ ($i = 0, 1, 2$)，$\mu_3 = \lambda_0 = 1$，$\mu_1 = \mu_2 = \lambda_1 = \lambda_2 = 0.5$，$d_1 = 6f[x_0, x_1, x_2] = 0$，$d_2 = 6f[x_1, x_2, x_3] = -15.6$，

$$d_0 = \frac{6}{h_0}(f[x_0, x_1] - f'_0) = 12, \quad d_3 = \frac{6}{h_2}(f'_3 - f[x_2, x_3]) = 7.2.$$

于是可得方程组

$$\begin{pmatrix} 2 & 1 & & \\ 0.5 & 2 & 0.5 & \\ & 0.5 & 2 & 0.5 \\ & & 1 & 2 \end{pmatrix} \begin{pmatrix} M_0 \\ M_1 \\ M_2 \\ M_3 \end{pmatrix} = \begin{pmatrix} 12 \\ 0 \\ -15.6 \\ 7.2 \end{pmatrix}.$$

它的解为 $M_0 \approx 5.3867, M_1 \approx 1.2267, M_2 \approx -10.2933, M_3 \approx 8.7467$.
故三次样条函数为

$$s(x) = \begin{cases} -1.3867x^3 + 6.8533x^2 - 9.5467x + 5.0800, & x \in [0,1], \\ -3.8400x^3 + 17.8934x^2 - 26.1067x + 13.3601, & x \in [1,2], \\ 6.3467x^3 - 43.2266x^2 + 96.1333x - 68.1333, & x \in [2,3]. \end{cases}$$

它的图形见图 4-6.

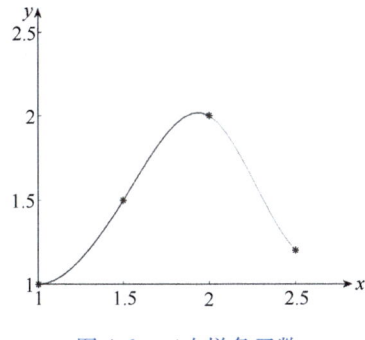

图 4-6　三次样条函数

小结与思考

插值法是科学与工程计算中的基本工具, 也是后续章节中介绍的数值微积分、微分方程数值解法的基础. 本章首先讲述了拉格朗日插值和牛顿插值, 包括等距情形的牛顿插值公式. 读者在学习时要注意这些插值公式的区别和联系, 以及应用范围. 基于等距节点的牛顿前插和后插公式利用差分进行计算, 简单易用, 因而在实际计算中经常使用. 当被插函数需要具有较高的光滑性时, 可以采用埃尔米特插值多项式进行计算. 同时, 为避免插值函数出现龙格现象, 实际中通常采用分段低次插值, 尤其是三次样条插值进行数值计算. 在这里读者可以观察并思考分段三次埃尔米特插值和三次样条插值的区别与优劣. 对于样条函数, 本章只简单介绍了最常用的三弯矩方程, 一般的 B-样条和样条函数理论可参考文献[12]. 此外, 本章介绍的一维插值问题的数值方法可相应推广至二维, 甚至更高维的插值上, 详细的二维插值方法见文献[13].

实验案例 4——不同高程水位面面积的计算

在本章的开头我们简单介绍了水库库容的测算, 该问题对于防洪安全及农业灌溉等具有重要作用. 下面给定某水库不同等高线高程处水位面的面积(见表 4-13), 并以此为例给出不同插值方法的数值实现过程.

表 4-13 不同等高线高程处水位面的面积

高程(m)	水位面面积(m^2)	高程(m)	水位面面积(m^2)
20.18	0.00	28.00	23987.34
21.00	458.60	29.00	31238.92
22.00	2135.40	30.00	36921.02
23.00	4429.85	31.00	40548.29
24.00	6987.88	32.00	54986.58
25.00	9873.76	33.00	73985.67
26.00	15630.54	34.00	95287.40
27.00	18679.89	35.00	106487.66

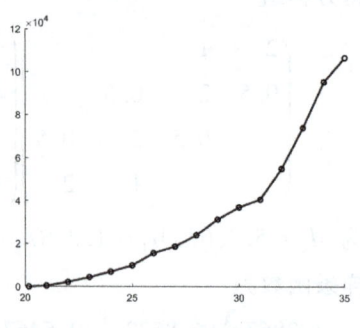

图 4-7 分段线性插值多项式

给定插值节点 $x_0=23$, $x_1=24$, $x_2=25$, $x_3=26$, 利用拉格朗日插值或牛顿插值可计算出高程 24.6m 处水位面面积的近似值 8517.31, 北太天元软件的实现代码见右侧二维码.

由于插值节点为等距节点, 故也可采用牛顿前插或后插公式进行计算, 也可得近似值 8517.31, 代码见右侧二维码.

为给出水位面的面积与高程之间的近似函数关系, 同时避免出现龙格现象, 可采用分段插值多项式进行近似. 基于表 4-13 的分段线性插值多项式见图 4-7, 其北太天元软件的实现代码见右侧二维码.

当节点处导函数值已知时, 也可采用分段三次埃尔米特插值多项式进行近似. 例如例 4.5.1 中的龙格函数, 当对区间 $[-5,5]$ 进行等分时, 其分段三次埃尔米特插值多项式见图 4-8, 实现代码见右侧二维码.

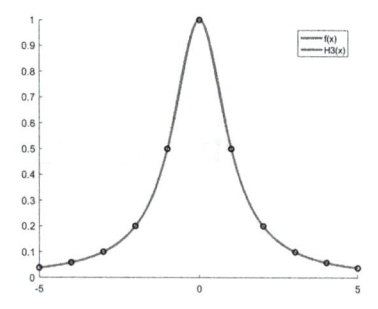

图 4-8 分段三次埃尔米特插值多项式

习题与实验题 4

1. 已知 $f(0)=0, f(-2)=2, f(1)=-3$, 求函数 $f(x)$ 过 $0,-2,1$ 三个点的二次拉格朗日插值多项式.

2. 给定 $f(x)=\cos x$ 的数值表, 见表 4-14.

表 4-14 习题 2 数值表

x	0.2	0.3	0.5	0.7	1.0
$\cos x$	0.980067	0.955336	0.877583	0.764842	0.540302

用二次插值多项式计算 $\cos 0.4$ 的近似值, 并估计其误差.

3. 设 $x_i(i=0,1,\cdots,n)$ 为互异节点, $l_i(x)$ 为关于节点 x_i 的拉格朗日插值基函数. 证明

(1) $\sum_{i=0}^{n} x_i^k l_i(x) = x^k$, $k=0,1,\cdots,n$;

(2) $\sum_{i=0}^{n} (x_i-a)^k l_i(a) = 0$, $k=0,1,\cdots,n$.

4. 设 $x_i(i=0,1,\cdots,5)$ 为互异节点, $l_i(x)$ 为关于节点 x_i 的拉格朗日插值基函数, 求 $\sum_{i=0}^{5} x_i^5 l_i(0)$ 和 $\sum_{i=0}^{5} (x_i^5+4) l_i(x)$.

5. 已知 $f(x)=x^3+1$, 求 $f[0,1,2,3]$ 和 $f[0,1,2,3,4]$.

6. 已知 $f(x)=\sin x$ 的数值表(见表 4-15).

表 4-15 习题 6 数值表

x	0	0.2	0.4	0.5
$f(x)$	0	0.198669	0.389418	0.479426

求出过这 4 个点的三次牛顿插值多项式,并估计 $f(0.41)$ 的近似值及其误差.

7. 给定 $f(x)=\cos x$ 的数据表(见表 4-16).

表 4-16 习题 7 数据表

x	0.1	0.2	0.3	0.4	0.5	0.6
$f(x)$	0.995004	0.980067	0.955336	0.921061	0.877583	0.825336

用等距的牛顿插值多项式计算 $\cos 0.12$ 和 $\cos 0.58$ 的近似值.

8. 求一个次数不高于 4 次的多项式 $p(x)$,使其满足
$$p(1)=p'(1)=2,\quad p(2)=p'(2)=1,\quad p(4)=0.$$

9. 求一个次数不高于 3 次的多项式 $H(x)$,使其满足
$$H(0)=-2,\quad H'(0)=1,\quad H(2)=3,\quad H'(2)=-1.$$

10. 求一个次数不高于 3 次的多项式 $H(x)$,使其满足
$$H(-1)=1,\quad H(0)=-1,\quad H'(0)=0,\quad H(1)=5.$$

11. 设 $f(x)\in C^5[0,1]$,求一个次数不高于 4 次的多项式 $H(x)$,使其满足
$$H(0)=f(0),\quad H'(0)=f'(0),\quad H''(0)=f''(0),$$
$$H(2)=f(2),\quad H'(2)=f'(2),$$

并写出插值余项 $f(x)-H(x)$ 的表达式.

12. 求 $f(x)=x^2+\sin x$ 在 $[a,b]$ 上的分段线性插值多项式(取 n 等分),并估计其误差.

13. 设 $s(x)=\begin{cases} 1+x^2, & -1\leqslant x\leqslant 0 \\ x^3+ax^2+bx+c, & 0\leqslant x\leqslant 1 \end{cases}$,是以 $-1,0,1$ 为节点的三次样条函数,则 a,b,c 应为何值?

14. 给定如下数据表(见表 4-17).

表 4-17 习题 14 数据表

x	1.0	1.5	2.4	3.0	4.0
$f(x)$	0.9	6.4	9.8	3.5	0.6

试求三次样条函数 $s(x)$,使其满足
(1) $s'(1.0)=1.0$,$s'(4.0)=0.5$;
(2) $s''(1.0)=s''(4.0)=0$.

15. (实验题)给定函数 $f(x)=\dfrac{1}{1+x^2}$,在 $[-5,5]$ 上取 11 个等距节点 $x_k=-5+k(k=0,1,\cdots,10)$,试用分段三次埃尔米特插值多项式近似 $f(x)$,并画出其图形.

16. (实验题)给定数据表 4-18.

表 4-18 实验题 16 数据表

x	3.0	4.5	5.0	7.0	8.0
$f(x)$	9.1	6.0	-1.2	3.5	0

试分别利用三次、四次拉格朗日插值多项式和牛顿插值多项式,通过编程计算缺失值 5.5 处函数值的近似值.

17. (实验题)已知机翼断面的下缘轮廓线部分数据如表 4-19.

表 4-19 实验题 17 部分数据

x	0	3	5	7	9	11	12	13	15
y	0	1.2	1.7	2.0	2.1	2.0	1.8	1.2	1.4	1.6

试用三次样条函数(自然边界条件)画出机翼曲线,并给出 x 每改变 0.2 时 y 的值.

第 5 章
函数逼近与曲线拟合

在数值计算中经常会遇到某些函数较复杂，或需要反复计算某些函数的函数值的情况，例如计算机三维建模与游戏开发、光学检测等领域涉及的大量三角函数与反三角函数的计算. 因此，需要考虑利用简单易算的函数对某些函数进行近似，这就是函数逼近. 若函数表达式未知，但其在若干点处的函数值已知，也会涉及利用简单函数近似未知复杂函数的问题，这就是曲线拟合，也是一种函数逼近. 上一章中介绍的插值法也是一种函数逼近，它要求所逼近的简单函数在若干点处和所逼近函数的函数值相同.

5.1 基本概念

本章中的函数逼近主要讨论对函数类 $\mathcal{A}$ 中给定的函数 $f(x)$，在另一类简单易算的函数类 $\mathcal{B}$ 中求函数 $s(x)$，使得 $s(x)$ 与 $f(x)$ 的误差在某种度量意义下达到最小. 函数类 $\mathcal{A}$ 通常是区间 $[a,b]$ 上的连续函数构成的线性空间，记作 $C[a,b]$，函数类 $\mathcal{B}$ 通常是多项式、有理函数或三角函数等. 最常用的两种度量是连续函数空间 $C[a,b]$ 上的 $\|\cdot\|_2$ 和 $\|\cdot\|_\infty$. 此时，函数逼近问题可以描述为

1) 给定 $f(x) \in C[a,b]$，求 $s^*(x) \in \mathcal{B}$，使得
$$\|f(x)-s^*(x)\|_2^2 = \min_{s(x)\in\mathcal{B}} \|f(x)-s(x)\|_2^2. \tag{5.1}$$
该度量下的函数逼近称为最佳平方(均方)逼近.

2) 给定 $f(x) \in C[a,b]$，求 $s^*(x) \in \mathcal{B}$，使得
$$\|f(x)-s^*(x)\|_\infty = \min_{s(x)\in\mathcal{B}} \|f(x)-s(x)\|_\infty. \tag{5.2}$$
该度量下的函数逼近称为最佳一致(均匀)逼近.

曲线拟合最常用的是最小二乘拟合. 给定 $f(x)$ 在若干点 $a \leqslant x_0 < x_1 < \cdots < x_m \leqslant b$ 处的函数值 $f(x_i)(i=0,1,\cdots,m)$，求 $s^*(x) \in \mathcal{B}$，使得
$$\sum_{i=0}^m |f(x_i)-s^*(x_i)|^2 = \min_{s(x)\in\mathcal{B}} \sum_{i=0}^m |f(x_i)-s(x_i)|^2. \tag{5.3}$$
由式(5.3)可以看出最小二乘拟合问题是最佳平方逼近问题的

离散情形. 在接下来的内容中, 我们将重点阐述如何求解上述函数逼近与曲线拟合问题. 在此之前我们先给出后续小节中所需要的有关正交多项式的定义和性质.

5.2 正交多项式

定义 5.2.1 若 $f(x), g(x) \in C[a,b]$, $\rho(x)$ 为 $[a,b]$ 上的权函数, 满足

$$(f,g) = \int_a^b \rho(x) f(x) g(x) \mathrm{d}x = 0,$$

则称函数 $f(x)$ 和 $g(x)$ 在 $[a,b]$ 带权 $\rho(x)$ 正交.

若函数族 $\varphi_0(x), \varphi_1(x), \cdots, \varphi_n(x), \cdots \in C[a,b]$, 关于 $[a,b]$ 上的权函数 $\rho(x)$ 满足

$$(\varphi_j, \varphi_k) = \int_a^b \rho(x) \varphi_j(x) \varphi_k(x) \mathrm{d}x = \begin{cases} 0, & j \neq k, \\ A_k > 0, & j = k, \end{cases} \quad (5.4)$$

则称 $\{\varphi_k(x)\}$ 是 $[a,b]$ 上带权 $\rho(x)$ 的正交函数族. 进一步, 若 $A_k = 1 (k=0,1,\cdots)$, 则称其为标准正交函数族.

例 5.2.1 三角函数族 $1, \sin x, \cos x, \sin 2x, \cos 2x, \cdots$ 在 $[-\pi, \pi]$ 上是正交函数族 $(\rho(x)=1)$.

直接计算可得 $(1,1) = \int_{-\pi}^{\pi} \mathrm{d}x = 2\pi$,

$$(\sin nx, \cos mx) = \int_{-\pi}^{\pi} \sin nx \cos mx \mathrm{d}x = 0, \quad n,m = 1,2,\cdots,$$

$$(\sin nx, \sin mx) = \int_{-\pi}^{\pi} \sin nx \sin mx \mathrm{d}x = \begin{cases} 0, & m \neq n, \\ \pi, & m = n, \end{cases} \quad n,m = 1,2,\cdots,$$

$$(\cos nx, \cos mx) = \int_{-\pi}^{\pi} \cos nx \cos mx \mathrm{d}x = \begin{cases} 0, & m \neq n, \\ \pi, & m = n, \end{cases} \quad n,m = 1,2,\cdots.$$

设 $\varphi_n(x)$ 是 $[a,b]$ 上首项系数不为零的 n 次多项式, $\rho(x)$ 为 $[a,b]$ 上的权函数. 若多项式序列 $\{\varphi_n(x)\}_0^\infty$ 满足关系式 (5.4), 则它构成 $[a,b]$ 上带权 $\rho(x)$ 的正交多项式族, 或正交多项式序列, 并称 $\varphi_n(x)$ 为 $[a,b]$ 上带权 $\rho(x)$ 的 n 次正交多项式. 此类正交多项式序列 $\{\varphi_n(x)\}_0^\infty$ 可以通过将多项式空间的一组基 $\{1, x, \cdots, x^n, \cdots\}$ 逐步进行施密特 (Schmidt) 正交化获得, 具体如下:

$$\varphi_0(x) = 1,$$

$$\varphi_n(x) = x^n - \sum_{j=0}^{n-1} \frac{(x^n, \varphi_j(x))}{(\varphi_j(x), \varphi_j(x))} \varphi_j(x), \quad n = 1, 2, \cdots.$$

这里 $(x^n, \varphi_j) = \int_a^b x^n \rho(x) \varphi_j(x) \mathrm{d}x$. 由上述表达式可知 $\varphi_n(x)$ 是最高项系数为 1 的 n 次正交多项式. 记 H_n 为所有次数不超过 n 的多项式构成的线性空间. 一般地，$[a,b]$ 上带权 $\rho(x)$ 的正交多项式 $\{\varphi_n(x)\}_0^\infty$ 具有以下性质.

性质 1 $\{\varphi_0(x), \varphi_1(x), \cdots, \varphi_n(x)\}$ 构成 H_n 的一组基.

性质 2 $\varphi_n(x)$ 与任何次数小于 n 的多项式 $p(x)$ 正交，即对 $\forall p(x) \in H_{n-1}$，成立

$$(\varphi_n, p) = \int_a^b \rho(x) \varphi_n(x) p(x) \mathrm{d}x = 0.$$

性质 3 设 $\{\varphi_n(x)\}_0^\infty$ 为首项系数为 1 的正交多项式，则

$$\varphi_{n+1}(x) = (x - \alpha_n) \varphi_n(x) - \beta_n \varphi_{n-1}(x), \quad n = 0, 1, \cdots,$$

其中，

$$\varphi_{-1}(x) = 0, \quad \varphi_0(x) = 1, \quad \alpha_n = \frac{(x\varphi_n, \varphi_n)}{(\varphi_n, \varphi_n)},$$

$$\beta_n = \frac{(\varphi_n, \varphi_n)}{(\varphi_{n-1}, \varphi_{n-1})}, \quad n = 1, 2, \cdots.$$

这里 $(x\varphi_n, \varphi_n) = \int_a^b x \rho(x) \varphi_n^2(x) \mathrm{d}x$.

性质 4 $\varphi_n(x)(n \geq 1)$ 在区间 (a,b) 内有 n 个互不相同的零点.

性质 3~性质 4 的证明见文献[1]. 下面给出几种常见的正交多项式.

5.2.1 勒让德(Legendre)正交多项式

在区间 $[-1,1]$ 上，当权函数 $\rho(x) = 1$ 时，由 $\{1, x, \cdots, x^n, \cdots\}$ 进行施密特正交化得到的多项式称为勒让德多项式，记作 $P_0(x)$, $P_1(x), \cdots, P_n(x), \cdots$. 它是勒让德在 1784 年有关天文学的研究中引进的. 1814 年罗德利克(Rodrigues)给出了更简单的表达式

$$P_0(x) = 1, \quad P_n(x) = \frac{1}{2^n n!} \frac{\mathrm{d}^n}{\mathrm{d}x^n}(x^2 - 1)^n, \quad n = 1, 2, \cdots.$$

由此可知 $P_n(x)$ 中最高项 x^n 的系数为 $\dfrac{(2n)!}{2^n(n!)^2}$. 因此，最高项系数为 1 的勒让德多项式为

$$\widetilde{P}_n(x) = \frac{n!}{(2n)!} \frac{d^n}{dx^n}(x^2-1)^n. \tag{5.5}$$

勒让德多项式具有以下几个重要性质.

性质 1 正交性:

$$(P_n, P_m) = \int_{-1}^{1} P_n(x) P_m(x) dx = \begin{cases} 0, & m \neq n, \\ \dfrac{2}{2n+1}, & m = n. \end{cases} \tag{5.6}$$

证明 令 $\varphi(x) = (x^2-1)^n$,则

$$\varphi^{(k)}(\pm 1) = 0, \quad k = 0, 1, \cdots, n-1,$$

且 $P_n(x) = \dfrac{1}{2^n n!} \varphi^{(n)}(x)$. 任取多项式 $Q(x)$,则由分部积分法可知

$$\int_{-1}^{1} P_n(x) Q(x) dx = \frac{1}{2^n n!} \int_{-1}^{1} Q(x) \varphi^{(n)}(x) dx$$

$$= -\frac{1}{2^n n!} \int_{-1}^{1} Q'(x) \varphi^{(n-1)}(x) dx$$

$$= \cdots = \frac{(-1)^n}{2^n n!} \int_{-1}^{1} Q^{(n)}(x) \varphi(x) dx.$$

当多项式 $Q(x)$ 的次数小于 n 时,$Q^{(n)}(x) \equiv 0$,由上式可得

$$\int_{-1}^{1} P_n(x) P_m(x) dx = 0, \quad m \neq n.$$

当 $Q(x) = P_n(x)$ 时,$Q^{(n)}(x) = P_n^{(n)}(x) = \dfrac{(2n)!}{2^n n!}$,于是有

$$\int_{-1}^{1} P_n^2(x) dx = \frac{(-1)^n (2n)!}{2^{2n} (n!)^2} \int_{-1}^{1} \varphi(x) dx$$

$$= \frac{(2n)!}{2^{2n} (n!)^2} \int_{-1}^{1} (1-x^2)^n dx = \frac{2}{2n+1}.$$

证毕.

性质 2 奇偶性:$P_n(-x) = (-1)^n P_n(x)$.

由于 $\varphi(x) = (x^2-1)^n$ 是偶次多项式,经过偶数次求导仍为偶次多项式,经过奇数次求导为奇次多项式,所以当 n 为偶数时,$P_n(x)$ 为偶函数;n 为奇数时,$P_n(x)$ 为奇函数.

性质 3 递推关系:

$$P_0(x) = 1, \quad P_1(x) = x,$$
$$(n+1) P_{n+1}(x) = (2n+1) x P_n(x) - n P_{n-1}(x), \quad n = 1, 2, \cdots. \tag{5.7}$$

证明 由于 $xP_n(x)$ 为 $n+1$ 次多项式，因此它可以表示为
$$xP_n(x) = a_0 P_0(x) + a_1 P_1(x) + \cdots + a_{n+1} P_{n+1}(x).$$
两边乘以 $P_k(x)$，并在 $[-1,1]$ 上求积分，由正交性可得
$$\int_{-1}^1 xP_n(x)P_k(x)\,\mathrm{d}x = a_k \int_{-1}^1 P_k^2(x)\,\mathrm{d}x.$$
当 $k \leq n-2$ 时，$xP_k(x)$ 的次数小于等于 $n-1$，上式左侧为 0，故 $a_k = 0$。
当 $k = n$ 时，$xP_n^2(x)$ 为奇函数，上式左侧仍为 0，故 $a_n = 0$。于是有
$$xP_n(x) = a_{n-1} P_{n-1}(x) + a_{n+1} P_{n+1}(x).$$

比较上式两端 x^{n+1} 的系数可知 $a_{n+1} = \dfrac{n+1}{2n+1}$。在上式中取 $x=1$，并注意到勒让德正交多项式满足 $P_k(1) = 1\,(k=0,1,\cdots)$，于是有 $1 = a_{n-1} + a_{n+1}$，即 $a_{n-1} = \dfrac{n}{2n+1}$。证毕.

由递推关系式(5.7)可得
$$P_0(x) = 1,$$
$$P_1(x) = x,$$
$$P_2(x) = (3x^2 - 1)/2,$$
$$P_3(x) = (5x^3 - 3x)/2,$$
$$P_4(x) = (35x^4 - 30x^2 + 3)/8,$$
$$P_5(x) = (63x^5 - 70x^3 + 15x)/8,$$
$$P_6(x) = (231x^6 - 315x^4 + 105x^2 - 5)/16,$$
$$\vdots$$

图 5-1 中画出了 $P_0(x), P_1(x), P_2(x), P_3(x)$ 在区间 $[-1,1]$ 上的图形.

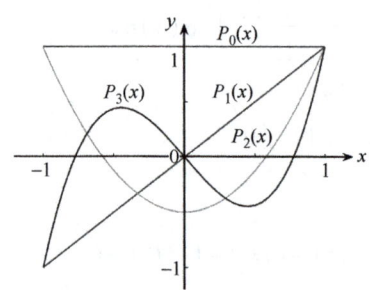

图 5-1　勒让德多项式

性质 4　$P_n(x)$ 在区间 $[-1,1]$ 内有 n 个互不相同的零点.

性质 5　在所有最高项系数为 1 的 n 次多项式中，勒让德正交多项式 $\widetilde{P}_n(x)$，即式(5.5)，在区间 $[-1,1]$ 上的欧氏范数(即 2-范数)最小.

证明 设 $Q_n(x)$ 是任意一个最高项系数为 1 的 n 次多项式，则它可表示为

$$Q_n(x) = \widetilde{P}_n(x) + \sum_{k=0}^{n-1} a_k \widetilde{P}_k(x).$$

于是有

$$(Q_n(x), Q_n(x)) = (\widetilde{P}_n(x), \widetilde{P}_n(x)) + \sum_{k=0}^{n-1} a_k^2 (\widetilde{P}_k(x), \widetilde{P}_k(x))$$
$$\geqslant (\widetilde{P}_n(x), \widetilde{P}_n(x)),$$

且等号成立当且仅当 $a_0 = a_1 = \cdots = a_{n-1} = 0$，即 $Q_n(x) = \widetilde{P}_n(x)$. 证毕.

5.2.2 切比雪夫(Chebyshev)正交多项式

在区间 $[-1,1]$ 上，当权函数 $\rho(x) = \dfrac{1}{\sqrt{1-x^2}}$ 时，由 $\{1, x, \cdots, x^n, \cdots\}$ 进行施密特正交化得到的多项式称为切比雪夫多项式，其表达式为

$$T_n(x) = \cos(n\arccos x), \quad |x| \leqslant 1. \tag{5.8}$$

若令 $x = \cos\theta$，则有 $T_n(x) = \cos n\theta$，其中 $\theta \in [0, \pi]$. 类似于勒让德多项式，切比雪夫多项式也有很多重要且有趣的性质.

性质 1 正交性：

$$\int_{-1}^{1} \frac{T_n(x) T_m(x)}{\sqrt{1-x^2}} dx = \begin{cases} 0, & n \neq m, \\ \dfrac{\pi}{2}, & n = m \neq 0, \\ \pi, & n = m = 0. \end{cases}$$

令 $x = \cos\theta$，则 $dx = -\sin\theta d\theta$，于是有

$$\int_{-1}^{1} \frac{T_n(x) T_m(x)}{\sqrt{1-x^2}} dx = \int_{0}^{\pi} \cos n\theta \cos m\theta d\theta = \begin{cases} 0, & n \neq m, \\ \dfrac{\pi}{2}, & n = m \neq 0, \\ \pi, & n = m = 0. \end{cases}$$

性质 2 递推关系：

$$\begin{aligned} &T_0(x) = 1, \quad T_1(x) = x, \\ &T_{n+1}(x) = 2x T_n(x) - T_{n-1}(x), \quad n = 1, 2, \cdots. \end{aligned} \tag{5.9}$$

以上递推关系可由三角恒等式

$$\cos[(n+1)\theta] + \cos[(n-1)\theta] = 2\cos\theta \cos n\theta$$

及 $x=\cos\theta$ 直接推出. 由递推关系式(5.9)可知

$$T_2(x) = 2x^2 - 1,$$
$$T_3(x) = 4x^3 - 3x,$$
$$T_4(x) = 8x^4 - 8x^2 + 1,$$
$$T_5(x) = 16x^5 - 20x^3 + 5x,$$
$$T_6(x) = 32x^6 - 48x^4 + 18x^2 - 1,$$
$$\vdots$$

图 5-2 中画出了 $T_0(x), T_1(x), T_2(x), T_3(x)$ 在区间 $[-1,1]$ 上的图形.

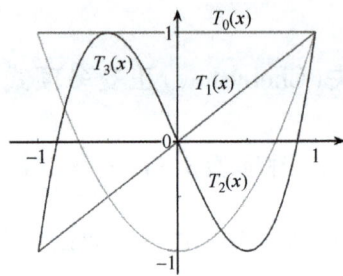

图 5-2　切比雪夫多项式

性质 3　$T_n(x)$ 在区间 $[-1,1]$ 内有 n 个互不相同的零点
$$x_k = \cos\frac{2k-1}{2n}\pi, \quad k = 1, 2, \cdots, n.$$

性质 4　奇偶性：$T_{2k}(x)$ 只含偶次幂，$T_{2k+1}(x)$ 只含奇次幂，因此有
$$T_n(-x) = (-1)^n T_n(x).$$

性质 5　$T_n(x)$ 的最高项 x^n 的系数为 2^{n-1} $(n=1,2,\cdots)$.

性质 4 和性质 5 可直接由递推关系式(5.9)推出. 由性质 5 可知最高项系数为 1 的切比雪夫多项式为 $\widetilde{T}_n(x) = \frac{1}{2^{n-1}} T_n(x), n = 1, 2, \cdots$. 记 $\widetilde{H}_n(x)$ 为最高项系数为 1 的 n 次多项式构成的集合，则 $\widetilde{T}_n(x)$ 具有以下性质.

性质 6　记 $\widetilde{T}_n(x)$ 为最高项系数为 1 的切比雪夫多项式，则
$$\|\widetilde{T}_n(x)\|_\infty = \max_{-1 \leq x \leq 1} |\widetilde{T}_n(x)| \leq \max_{-1 \leq x \leq 1} |P(x)| = \|P(x)\|_\infty, \quad \forall P(x) \in \widetilde{H}_n,$$
(5.10)

且

$$\|\widetilde{T}_n(x)\|_\infty = \max_{-1 \leq x \leq 1} |\widetilde{T}_n(x)| = \frac{1}{2^{n-1}}. \tag{5.11}$$

定理的证明可参考文献[1]. 除上述性质外,切比雪夫正交多项式(5.8)还具有以下有趣的性质.

1) $T_{n+1}(x) - T_{n-1}(x)$ 在 $[-1,1]$ 上的极值包络形成了一个椭圆 $x^2 + \frac{y^2}{4} = 1$,见图 5-3.

2) $T_{n+1}(x) \pm T_n(x)$ 在 $[-1,1]$ 上的极值包络形成了一个抛物线 $2(1 \pm x) = y^2$ 上,见图 5-4.

具体的说明见文献[14].

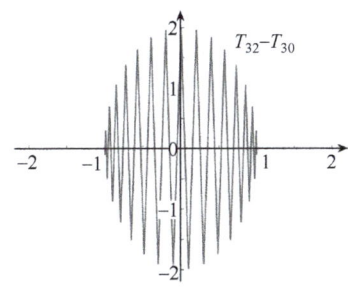

图 5-3 极值包络(椭圆)

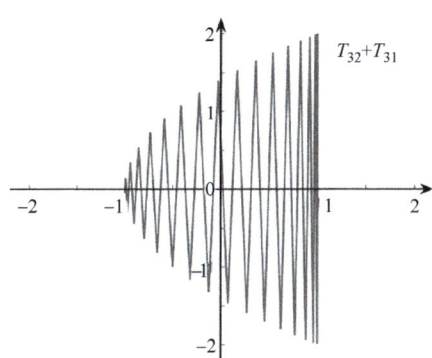
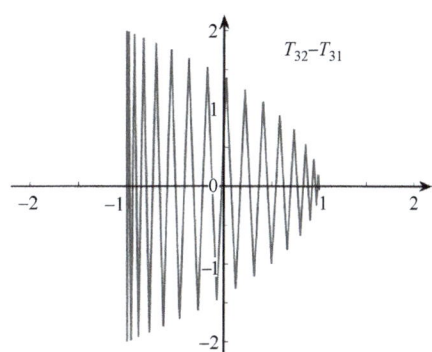

图 5-4 极值包络(抛物线)

5.2.3 其他正交多项式

除上述两种最常见且重要的正交多项式外,下面再给出三种常用的正交多项式.

1. 第二类切比雪夫多项式

区间 $[-1,1]$ 上,权函数为 $\rho(x) = \sqrt{1-x^2}$ 的正交多项式称为

第二类切比雪夫多项式,其表达式为

$$U_n(x) = \frac{\sin[(n+1)\arccos x]}{\sqrt{1-x^2}}, \quad n=0,1,\cdots.$$

令 $x = \cos\theta$,可得

$$\int_{-1}^{1} U_n(x) U_m(x) \sqrt{1-x^2}\,dx = \int_0^\pi \sin(n+1)\theta \sin(m+1)\theta\,d\theta = \begin{cases} 0, & m \neq n, \\ \dfrac{\pi}{2}, & m = n, \end{cases}$$

即 $\{U_n(x)\}$ 是 $[-1,1]$ 上带权 $\rho(x) = \sqrt{1-x^2}$ 的正交多项式. 同时它还满足递推公式

$$U_0(x) = 1, \quad U_1(x) = 2x,$$

$$U_{n+1}(x) = 2xU_n(x) - U_{n-1}(x), \quad n=1,2,\cdots.$$

2. 拉盖尔(Laguerre)多项式

区间 $[0, +\infty)$ 上,权函数为 $\rho(x) = e^{-x}$ 的正交多项式称为拉盖尔多项式,其表达式为

$$L_n(x) = e^x \frac{d^n}{dx^n}(x^n e^{-x}), \quad n=0,1,\cdots.$$

它具有正交性

$$(L_n, L_m) = \int_0^\infty L_n(x) L_m(x) e^{-x}\,dx = \begin{cases} 0, & m \neq n, \\ (n!)^2, & m = n, \end{cases}$$

且满足递推公式

$$L_0(x) = 1, \quad L_1(x) = 1-x,$$

$$L_{n+1}(x) = (1+2n-x)L_n(x) - n^2 L_{n-1}(x), \quad n=1,2,\cdots.$$

3. 埃尔米特(Hermite)多项式

区间 $(-\infty, +\infty)$ 上,权函数为 $\rho(x) = e^{-x^2}$ 的正交多项式称为埃尔米特多项式,其表达式为

$$H_n(x) = (-1)^n e^{x^2} \frac{d^n}{dx^n} e^{-x^2}, \quad n=0,1,\cdots.$$

它满足正交性

$$\int_{-\infty}^{+\infty} e^{-x^2} H_n(x) H_m(x)\,dx = \begin{cases} 0, & m \neq n, \\ 2^n n! \sqrt{\pi}, & m = n, \end{cases}$$

和递推关系

$$H_0(x) = 1, \quad H_1(x) = 2x.$$

$$H_{n+1}(x) = 2xH_n(x) - 2nH_{n-1}(x), \quad n=1,2,\cdots.$$

5.3 最佳平方逼近

5.3.1 最佳平方逼近的计算

本节考虑最佳平方逼近问题(5.1)的求解. 对于 $f(x) \in C[a,b]$ 及 $C[a,b]$ 中的一个子集 $\Phi = \mathrm{span}\{\varphi_0(x), \varphi_1(x), \cdots, \varphi_n(x)\}$, 若存在 $s^*(x) \in \Phi$ 使得

$$\|f(x) - s^*(x)\|_2^2 = \min_{s(x) \in \Phi} \|f(x) - s(x)\|_2^2 = \min_{s(x) \in \Phi} \int_a^b \rho(x) [f(x) - s(x)]^2 \mathrm{d}x, \tag{5.12}$$

则称 $s^*(x)$ 是 $f(x)$ 在子集 $\Phi \subset C[a,b]$ 中关于权函数 $\rho(x)$ 的最佳平方逼近函数. 为求 $s^*(x)$, 将 Φ 中的函数 $s(x)$ 用基函数来表示, 即 $s(x) = \sum_{j=0}^n a_j \varphi_j(x)$, 则由式(5.12)可知最佳平方逼近问题等价于求多元函数

$$I(a_0, a_1, \cdots, a_n) = \int_a^b \rho(x) \left[f(x) - \sum_{j=0}^n a_j \varphi_j(x) \right]^2 \mathrm{d}x \tag{5.13}$$

的最小值. 由于 $I(a_0, a_1, \cdots, a_n)$ 是关于 $a_0, a_1, \cdots, a_n$ 的二次函数, 利用多元函数求极值的必要条件可知

$$\frac{\partial I}{\partial a_k} = -2 \int_a^b \rho(x) \left[f(x) - \sum_{j=0}^n a_j \varphi_j(x) \right] \varphi_k(x) \mathrm{d}x = 0, \quad k = 0, 1, \cdots, n.$$

于是有

$$\sum_{j=0}^n (\varphi_k(x), \varphi_j(x)) a_j = (f(x), \varphi_k(x)), \quad k = 0, 1, \cdots, n. \tag{5.14}$$

这是关于 $a_0, a_1, \cdots, a_n$ 的线性方程组, 称为**法方程**, 用矩阵可表示为

$$\begin{pmatrix} (\varphi_0, \varphi_0) & (\varphi_0, \varphi_1) & \cdots & (\varphi_0, \varphi_n) \\ (\varphi_1, \varphi_0) & (\varphi_1, \varphi_1) & \cdots & (\varphi_1, \varphi_n) \\ \vdots & \vdots & & \vdots \\ (\varphi_n, \varphi_0) & (\varphi_n, \varphi_1) & \cdots & (\varphi_n, \varphi_n) \end{pmatrix} \begin{pmatrix} a_0 \\ a_1 \\ \vdots \\ a_n \end{pmatrix} = \begin{pmatrix} (f, \varphi_0) \\ (f, \varphi_1) \\ \vdots \\ (f, \varphi_n) \end{pmatrix}. \tag{5.15}$$

由 $\varphi_0(x), \varphi_1(x), \cdots, \varphi_n(x)$ 线性无关可知, 法方程的系数矩阵是非奇异的, 因此线性方程组(5.15)存在唯一解 $a_k = a_k^* \ (k = 0, 1, \cdots, n)$, 于是有

$$s^*(x) = a_0^* \varphi_0(x) + a_1^* \varphi_1(x) + \cdots + a_n^* \varphi_n(x). \tag{5.16}$$

下面证明 $s^*(x)$ 满足式(5.12), 即对任何 $s(x) \in \Phi$ 成立

$$\int_a^b \rho(x) [f(x) - s^*(x)]^2 \mathrm{d}x \leqslant \int_a^b \rho(x) [f(x) - s(x)]^2 \mathrm{d}x.$$

将上式中左右两侧公式相减，可得

$$D = \int_a^b \rho(x)[f(x)-s(x)]^2 dx - \int_a^b \rho(x)[f(x)-s^*(x)]^2 dx$$

$$= \int_a^b \rho(x)[s^*(x)-s(x)]^2 dx +$$

$$2\int_a^b \rho(x)[s^*(x)-s(x)][f(x)-s^*(x)] dx.$$

由于 $s^*(x)$ 的系数 a_k^* 是法方程(5.14)的解，因而

$$\int_a^b \rho(x)(f(x)-s^*(x))\varphi_k(x) dx = 0, \quad k=0,1,\cdots,n.$$

于是 D 中第二个积分为 0，从而有

$$D = \int_a^b \rho(x)[s^*(x)-s(x)]^2 dx \geq 0.$$

这就证明了 $s^*(x)$ 是 $f(x)$ 在 $\Phi \subseteq C[a,b]$ 中关于权函数 $\rho(x)$ 的最佳平方逼近函数.

若令 $\delta(x) = f(x) - s^*(x)$，注意到 $(f(x)-s^*(x), s^*(x)) = 0$，可知最佳平方逼近的误差为

$$\|\delta(x)\|_2^2 = (f(x)-s^*(x), f(x)-s^*(x))$$

$$= (f(x), f(x)) - (f(x), s^*(x))$$

$$= \|f(x)\|_2^2 - \sum_{k=0}^n a_k^*(f(x), \varphi_k(x)).$$

根据以上分析可得下述定理.

定理 5.3.1 设函数 $f(x) \in C[a,b]$，则问题(5.12)的最佳平方逼近函数存在且唯一，其表达式可由法方程(5.15)和式(5.16)确定，且逼近误差为

$$\|\delta(x)\|_2^2 = \|f(x)\|_2^2 - \sum_{k=0}^n a_k^*(f, \varphi_k). \tag{5.17}$$

特别地，对于 $f(x) \in C[0,1]$，当 $\varphi_k(x) = x^k (k=0,1,\cdots,n)$，$\rho(x) = 1$ 时，

$$\begin{aligned}
(f, \varphi_k) &= \int_0^1 f(x) x^k dx \equiv d_k, \\
(\varphi_j, \varphi_k) &= \int_0^1 x^{k+j} dx = \frac{1}{k+j+1}, \quad j,k=0,1,2,\cdots,n.
\end{aligned} \tag{5.18}$$

因此，法方程的系数矩阵为

$$H = \begin{pmatrix} 1 & 1/2 & \cdots & 1/(n+1) \\ 1/2 & 1/3 & \cdots & 1/(n+2) \\ \vdots & \vdots & & \vdots \\ 1/(n+1) & 1/(n+2) & \cdots & 1/(2n+1) \end{pmatrix},$$

它被称为 Hilbert 矩阵. 求解以 H 为系数矩阵的法方程, 并记它的解为 $a_k^*(k=0,1,\cdots,n)$, 则 $f(x)$ 在 $H_n = \text{span}\{1,x,\cdots,x^n\}$ 中的 n 次最佳平方逼近多项式为

$$s^*(x) = a_0^* + a_1^* x + \cdots + a_n^* x^n.$$

例 5.3.1 求 $f(x) = \sin(\pi x)$ 在区间 $[0,1]$ 上的二次最佳平方逼近多项式以及最佳平方逼近误差.

解 取 $\varphi_0(x)=1, \varphi_1(x)=x, \varphi_2(x)=x^2$, 则由式(5.18)可知

$$d_0 = (f, \varphi_0) = \int_0^1 \sin(\pi x) dx = 2/\pi,$$

$$d_1 = (f, \varphi_1) = \int_0^1 x\sin(\pi x) dx = 1/\pi,$$

$$d_2 = (f, \varphi_2) = \int_0^1 x^2 \sin(\pi x) dx = (1-4/\pi^2)/\pi,$$

法方程满足

$$\begin{pmatrix} 1 & 1/2 & 1/3 \\ 1/2 & 1/3 & 1/4 \\ 1/3 & 1/4 & 1/5 \end{pmatrix} \begin{pmatrix} a_0 \\ a_1 \\ a_2 \end{pmatrix} = \begin{pmatrix} 2/\pi \\ 1/\pi \\ (1-4/\pi^2)/\pi \end{pmatrix}.$$

解上述方程组可得 $a_0 = -0.0505, a_1 = 4.1225, a_2 = -4.1225$, 故

$$s^*(x) = -0.0505 + 4.1225x - 4.1225x^2.$$

由式(5.17)可得最佳平方逼近的误差为

$$\|\delta(x)\|_2^2 = \int_0^1 f^2(x)dx - \sum_{k=0}^2 a_k d_k \approx 0.0003215.$$

当 n 较大时, 若用 $\{1,x,\cdots,x^n\}$ 做基函数求解最佳平方逼近多项式, 则其对应的法方程通常是病态的, 例如区间为 $[0,1]$ 时法方程的系数矩阵 H, 它是高度病态的, 从而导致法方程的求解十分困难. 为此, 在实际计算中通常采用正交多项式作为基函数求解相应的最佳平方逼近问题.

5.3.2 勒让德正交多项式求最佳平方逼近多项式

假设 $f(x) \in C[a,b]$, 采用正交函数族 $\varphi_0(x), \varphi_1(x), \cdots, \varphi_n(x)$ 作为 Φ 的基函数时, 由正交性可知法方程(5.15)的系数矩阵为非奇异对角矩阵, 且其对角元为 (φ_k, φ_k) $(k=0,1,\cdots,n)$, 此时法方程的解为

$$a_k^* = (f, \varphi_k)/(\varphi_k, \varphi_k), \quad k=0,1,\cdots,n.$$

于是 $f(x)$ 在 Φ 中的最佳平方逼近函数为

$$s^*(x) = \sum_{k=0}^n \frac{(f,\varphi_k)}{(\varphi_k,\varphi_k)} \varphi_k(x), \tag{5.19}$$

且最佳平方逼近误差为

$$\|\delta(x)\|_2^2 = \|f(x)\|_2^2 - \sum_{k=0}^{n} \frac{(f, \varphi_k)^2}{(\varphi_k, \varphi_k)}.$$

由此式可直接得到著名的贝塞尔(Bessel)不等式

$$\sum_{k=0}^{n} \frac{(f, \varphi_k)^2}{(\varphi_k, \varphi_k)} \leqslant \|f(x)\|_2^2.$$

特别地，若 Φ 取次数不超过 n 次的多项式，即 $\Phi = H_n$，而 $\varphi_0(x), \varphi_1(x), \cdots, \varphi_n(x)$ 是一族正交多项式，则 $f(x) \in C[a, b]$ 在 Φ 上的最佳平方逼近多项式具有以下收敛定理。

定理 5.3.2 设 $f(x) \in C[a, b]$，$\varphi_0(x), \varphi_1(x), \cdots, \varphi_n(x)$ 是一族正交多项式，记 $s_n^*(x)$ 为式(5.19)给出的 $f(x)$ 的 n 次最佳平方逼近多项式，则有

$$\lim_{n \to \infty} \|f(x) - s_n^*(x)\|_2 = 0.$$

证明见文献[2].

当 $f(x) \in C[-1, 1]$ 时，利用勒让德正交多项式 $P_0(x), P_1(x), \cdots, P_n(x)$ 和式(5.6)，可以求得函数 $f(x)$ 的 n 次最佳平方逼近多项式

$$s_n^*(x) = \sum_{k=0}^{n} a_k^* P_k(x), \tag{5.20}$$

其中，

$$a_k^* = \frac{(f, P_k)}{(P_k, P_k)} = \frac{2k+1}{2} \int_{-1}^{1} f(x) P_k(x) \mathrm{d}x, \quad k = 0, 1, \cdots, n. \tag{5.21}$$

此时的最佳平方逼近误差为

$$\|\delta(x)\|_2^2 = \int_{-1}^{1} f^2(x) \mathrm{d}x - \sum_{k=0}^{n} \frac{2}{2k+1} (a_k^*)^2.$$

此外，由定理 5.3.2 可知 $\lim_{n \to \infty} \|f(x) - s_n^*(x)\|_2 = 0$. 如果 $f(x)$ 足够光滑，还可得到 $s_n^*(x)$ 一致收敛于 $f(x)$ 的结论。

定理 5.3.3 设 $f(x) \in C^2[-1, 1]$，$s_n^*(x)$ 是 $f(x)$ 的 n 次最佳平方逼近多项式，且由式(5.20)和式(5.21)给出，则对任意 $x \in [-1, 1]$ 和 $\forall \varepsilon > 0$，当 n 充分大时有

$$|f(x) - s_n^*(x)| \leqslant \frac{\varepsilon}{\sqrt{n}}.$$

证明见文献[2].

例 5.3.2 求 $f(x)=|x|$ 在 $[-1,1]$ 上的二次最佳平方逼近多项式.

解 取勒让德正交多项式 $P_0(x)=1$, $P_1(x)=x$, $P_2(x)=\frac{1}{2}(3x^2-1)$, 则有

$$(f,P_0)=\int_{-1}^{1}|x|\mathrm{d}x=1,$$

$$(f,P_1)=\int_{-1}^{1}x|x|\mathrm{d}x=0,$$

$$(f,P_2)=\int_{-1}^{1}\left(\frac{3}{2}x^2-\frac{1}{2}\right)|x|\mathrm{d}x=\frac{1}{4}.$$

由此可得

$$a_0^*=\frac{(f,P_0)}{(P_0,P_0)}=\frac{1}{2},\quad a_1^*=\frac{(f,P_1)}{(P_1,P_1)}=0,\quad a_2^*=\frac{(f,P_2)}{(P_2,P_2)}=\frac{5}{8}.$$

代入式 (5.20) 得

$$s_2^*(x)=\frac{1}{2}+\frac{5}{16}(3x^2-1).$$

其最佳平方逼近误差为

$$\|f(x)-s_2^*(x)\|_2=\sqrt{\int_{-1}^{1}x^2\mathrm{d}x-\sum_{k=0}^{2}\frac{2}{2k+1}(a_k^*)^2}\approx 0.1021.$$

一般地，当 $[a,b]\neq[-1,1]$ 时，求解 $f(x)\in C[a,b]$ 在 $[a,b]$ 上的最佳平方逼近多项式，只需作变换

$$x=\frac{b-a}{2}t+\frac{b+a}{2},\quad -1\leqslant t\leqslant 1,$$

并对 $F(t)=f\left(\frac{b-a}{2}t+\frac{b+a}{2}\right)$ 在 $[-1,1]$ 上利用勒让德正交多项式求解最佳平方逼近多项式 $s_n^*(t)$，便可得到 $[a,b]$ 上的最佳平方逼近多项式 $s_n^*((2x-a-b)/(b-a))$.

由于勒让德多项式是在 $[-1,1]$ 上由 $\{1,x,\cdots,x^k,\cdots\}$ 正交化得到的，因此利用勒让德正交多项式作为基函数求得的最佳平方逼近多项式与由 $\{1,x,\cdots,x^k,\cdots\}$ 作为基函数求得的最佳逼近平方逼近多项式是一致的. 但当 n 较大时后者的法方程会出现病态，从而导致计算出的解误差较大，而前者不用解线性方程组，不存在病态问题，计算公式也比较简单，因此在数值计算中通常采用这种方法求解最佳平方逼近多项式. 此外，当权函数 $\rho(x)=\frac{1}{\sqrt{1-x^2}}$，积分区间为 $[-1,1]$；或权函数 $\rho(x)=\mathrm{e}^{-x}$，积分区间为 $[0,+\infty)$；或权函数 $\rho(x)=\mathrm{e}^{-x^2}$，积分区间为 $(-\infty,+\infty)$ 时，我们可以相应地使用切比雪夫正交多项式、拉盖尔正交多项式、埃尔米特正交多

项式作基函数求解最佳平方逼近问题. 当然也可以采用其他正交多项式系, 比如三角函数系等, 获得最佳平方逼近函数.

5.4* 最佳一致逼近多项式

5.4.1 基本概念及其理论

本节讨论 $\mathcal{B} = H_n = \mathrm{span}\{1, x, \cdots, x^n\}$ 时的最佳一致逼近问题 (5.2), 即给定 $f(x) \in C[a,b]$, 求多项式 $p_n^*(x) \in H_n$ 使得

$$\|f - p_n^*\|_\infty = \max_{a \le x \le b} |f(x) - p_n^*(x)| = \min_{p_n(x) \in H_n} \|f(x) - p_n(x)\|_\infty.$$

这就是通常所说的最佳一致逼近多项式或切比雪夫逼近问题, 简称最佳逼近多项式. 该问题解的存在性见文献[2]. 为研究最佳一致逼近多项式的特性, 我们先引进偏差和偏差点的定义.

定义 5.4.1 设 $f(x) \in C[a,b]$, 对于 $p_n(x) \in H_n$, 记
$$\Delta(f, p_n) = \|f(x) - p_n(x)\|_\infty = \max_{a \le x \le b} |f(x) - p_n(x)|$$
为 $f(x)$ 与 $p_n(x)$ 在 $[a,b]$ 上的偏差. 显然 $\Delta(f, p_n) \ge 0$.

定义 5.4.2 设 $f(x) \in C[a,b]$, 若 $p(x) \in H_n$ 在 $x = x_0$ 处有
$$|p(x_0) - f(x_0)| = \max_{a \le x \le b} |p(x) - f(x)| = \mu,$$
则称 x_0 是 $p(x)$ 的偏差点. 若 $p(x_0) - f(x_0) = \mu$, 称 x_0 为"正"偏差点; 若 $p(x_0) - f(x_0) = -\mu$, 称 x_0 为"负"偏差点.

由 $p(x) - f(x)$ 在 $[a,b]$ 上的连续性可知 $p(x)$ 的偏差点一定存在. 下面给出反映最佳一致逼近多项式特征的切比雪夫定理.

定理 5.4.1 $p_n^*(x) \in H_n$ 是 $f(x) \in C[a,b]$ 的最佳一致逼近多项式的充要条件是 $p_n^*(x)$ 在 $[a,b]$ 上至少有 $n+2$ 个交替为"正"和"负"的偏差点, 即有 $n+2$ 个点 $a \le x_1 < x_2 < \cdots < x_{n+2} \le b$, 使得
$$p_n^*(x_k) - f(x_k) = (-1)^k \sigma \|p_n^*(x) - f(x)\|_\infty, \quad \sigma = 1 \text{ 或} -1. \quad (5.22)$$
这样的点组称为切比雪夫交错点组.

证明 这里只证充分性. 假设 $p_n^*(x)$ 在 $[a,b]$ 上有 $n+2$ 个点使得式 (5.22) 成立, 并用反证法证明. 假设 $p_n^*(x)$ 不是 $f(x)$ 在 $[a,b]$ 上的最佳一致逼近多项式, 则存在 $q(x) \in H_n$ 且 $q(x) \ne p_n^*(x)$, 使得

$$\|f(x)-q(x)\|_\infty < \|f(x)-p_n^*(x)\|_\infty.$$

注意到

$$p_n^*(x)-q(x) = [p_n^*(x)-f(x)] - [q(x)-f(x)],$$

则 $p_n^*(x)-q(x)$ 在点 $x_1, x_2, \cdots, x_{n+2}$ 上的符号与 $p_n^*(x_k)-f(x_k)$ ($k=1,\cdots,n+2$) 的符号一致, 故 $p_n^*(x)-q(x)$ 也在 $n+2$ 个点上交替取正号和负号, 由连续函数性质, 它在 $[a,b]$ 内有 $n+1$ 个零点, 但因 $p_n^*(x)-q(x) \neq 0$ 是不超过 n 次的多项式, 它的零点个数不超过 n, 矛盾. 故 $p_n^*(x)$ 是 $f(x)$ 在 $[a,b]$ 上的最佳一致逼近多项式. 必要性的证明可参见文献[2].

由上述定理可得以下重要推论.

推论 5.4.1 若 $f(x) \in C[a,b]$, 则在 H_n 中存在唯一的最佳一致逼近多项式.

证明见文献[2, 5].

特别地, 当 $f(x)$ 为 n 次多项式时, 它的 $n-1$ 次最佳逼近多项式可由切比雪夫正交多项式性质 6 中的结论式(5.10)和式(5.11)给出. 由该性质可知, 在 $[-1,1]$ 上所有最高项系数为 1 的 n 次多项式中, $\widetilde{T}_n(x) = \dfrac{1}{2^{n-1}} T_n(x)$ 与零的偏差最小, 且有

$$\|\widetilde{T}_n(x)\|_\infty = \frac{1}{2^{n-1}}.$$

这一结论的等价性叙述为: 对于 $[-1,1]$ 上最高项系数为 1 的 n 次多项式 $f(x)$, 在所有次数不超过 $n-1$ 次的多项式中, $p_{n-1}^*(x) = f(x) - \widetilde{T}_n(x)$ 是使得 $\max\limits_{-1 \leq x \leq 1}|f(x)-p_{n-1}(x)|$ 在 $p_{n-1}(x) \in H_{n-1}$ 中达到最小的解. 据此也可以给出 $[-1,1]$ 上一般 n 次多项式 $f(x)$ 在 H_{n-1} 中的最佳(一致)逼近多项式.

例 5.4.1 求 $f(x) = 2x^3 + 3x^2 + x - 1$ 在 $[-1,1]$ 上的最佳二次逼近多项式.

解 假设 $p_2^*(x)$ 是 $f(x)$ 的最佳二次逼近多项式, 则

$$\|f - p_2^*\|_\infty = \min_{p_2(x) \in H_2} \|f(x) - p_2(x)\|_\infty = 2 \min_{p_2(x) \in H_2} \left\| \frac{f(x) - p_2(x)}{2} \right\|_\infty.$$

注意到 $\dfrac{f(x)-p_2(x)}{2}$ 对于 $p_2(x) \in H_2$ 代表了所有最高项系数为 1 的 3 次多项式. 由切比雪夫正交多项式的性质 6 可知

$$\min_{p_2(x) \in H_2} \left\| \frac{f(x) - p_2(x)}{2} \right\|_\infty = \|\widetilde{T}_3(x)\|_\infty,$$

因此有
$$f(x)-p_2^*(x)=2\widetilde{T}_3(x)=2x^3-\frac{3}{2}x.$$
于是
$$p_2^*(x)=f(x)-2x^3+\frac{3}{2}x=3x^2+\frac{5}{2}x-1.$$

基于切比雪夫正交多项式的性质 6，可以给出插值多项式最优插值节点的选取方式.

> **定理 5.4.2** 设插值节点 $x_0,x_1,\cdots,x_n$ 为切比雪夫多项式 $T_{n+1}(x)$ 的零点，被插函数 $f(x)\in C^{n+1}[-1,1]$，$L_n(x)$ 为相应的插值多项式，则
> $$\max_{-1\leqslant x\leqslant 1}|f(x)-L_n(x)|\leqslant\frac{1}{2^n(n+1)!}\|f^{(n+1)}(x)\|_\infty$$

证明 由拉格朗日插值余项公式可得
$$\max_{-1\leqslant x\leqslant 1}|f(x)-L_n(x)|=\max_{-1\leqslant x\leqslant 1}\left|\frac{f^{(n+1)}(\xi)}{(n+1)!}\omega_{n+1}(x)\right|$$
$$\leqslant\frac{\|f^{(n+1)}(x)\|_\infty}{(n+1)!}\max_{-1\leqslant x\leqslant 1}|\omega_{n+1}(x)|,$$

其中，$\omega_{n+1}(x)=(x-x_0)(x-x_1)\cdots(x-x_n)$ 是最高次项系数为 1 的 $n+1$ 次多项式. 若插值节点为 $T_{n+1}(x)$ 的零点 $x_k=\cos\left(\frac{2k+1}{2(n+1)}\pi\right), k=0,1,\cdots,n$，则由切比雪夫正交多项式的性质 5 可知
$$\max_{-1\leqslant x\leqslant 1}|\omega_{n+1}(x)|=\max_{-1\leqslant x\leqslant 1}|\widetilde{T}_{n+1}(x)|=\frac{1}{2^n}.$$

从而结论成立. 证毕.

由上述定理及其证明可以看出在区间 $[-1,1]$ 上，选用切比雪夫多项式 $T_{n+1}(x)$ 的零点作为插值节点可以使得插值误差的上界最小化. 而对于一般区间 $[a,b]$ 上的插值，则可通过变量替换
$$x=\frac{b-a}{2}t+\frac{b+a}{2},\quad -1\leqslant t\leqslant 1,$$
得到
$$\omega_{n+1}(x)=\omega_{n+1}\left(\frac{b-a}{2}t+\frac{a+b}{2}\right)=\left(\frac{b-a}{2}\right)^{n+1}(t-t_0)(t-t_1)\cdots(t-t_n).$$
此时取插值点 $t_k=\cos\left(\frac{2k+1}{2(n+1)}\pi\right), k=0,1,\cdots,n$，即
$$x_k=\frac{b-a}{2}\cos\left(\frac{2k+1}{2(n+1)}\pi\right)+\frac{a+b}{2},$$

则有估计误差

$$\max_{a \leqslant x \leqslant b} |f(x) - L_n(x)| \leqslant \frac{\|f^{(n+1)}(x)\|_\infty}{(n+1)!} \max_{a \leqslant x \leqslant b} |\omega_{n+1}(x)|$$

$$= \frac{(b-a)^{n+1}}{2^{2n+1}} \frac{\|f^{(n+1)}(x)\|_\infty}{(n+1)!}.$$

这说明用切比雪夫多项式的零点作插值，可使插值余项 $\max\limits_{a \leqslant x \leqslant b} |\omega_{n+1}(x)|$ 极小化.

在插值法中我们知道高次插值会出现龙格现象，因为插值多项式 $L_n(x)$ 不一定收敛于 $f(x)$，但用切比雪夫多项式零点构造插值多项式却能避免龙格现象，可保证其在整个区间上收敛. 此外，插值多项式和最佳一致逼近多项式还有如下关系.

定理 5.4.3 若 $f(x) \in C[a,b]$，则其最佳一致逼近多项式 $p_n^*(x) \in H_n$ 就是 $f(x)$ 的一个拉格朗日插值多项式.

证明 由定理 5.4.1 可知 $p_n^*(x) - f(x)$ 在 $[a,b]$ 上要么恒为 0，要么有 $n+2$ 个交替取"正"和"负"的偏差点 $x_k (k=0,1,\cdots,n+1)$，于是存在 $n+1$ 个点 $x_k \leqslant \bar{x}_k \leqslant x_{k+1} (k=0,1,\cdots,n)$，使得 $p_n^*(\bar{x}_k) - f(\bar{x}_k) = 0$，即 $p_n^*(x)$ 满足插值条件，由插值多项式的唯一性可知结论成立.

5.4.2 最佳一致逼近多项式的求解

定理 5.4.1 给出了最佳逼近多项式 $p_n^*(x)$ 的特性，它是求解最佳一致逼近多项式的主要依据. 假设 $p_n^*(x) = \sum\limits_{i=0}^{n} a_i^* x^i$，则由定理 5.4.1 可知 $f(x) - p_n^*(x)$ 在 $[a,b]$ 上有 $n+2$ 个偏差点 $\{x_i\}_{i=1}^{n+2}$ 满足式(5.22). 注意到 $R_n(x) = f(x) - p_n^*(x)$ 在区间 (a,b) 内的偏差点必然是 $R_n(x)$ 的极值点，故偏差点 $\{x_i\}_{i=1}^{n+2}$ 部分或全部满足方程

$$[f(x) - p_n^*(x)]' = 0.$$

因此，求得 $f(x)$ 的最佳一致逼近多项式的关键在于寻找切比雪夫交错点组，而这通常是比较困难的. 下面介绍两种简单的求解最佳逼近多项式的方法.

1. 一次最佳逼近多项式

下面讨论 $n=1$ 的情形. 假定 $f(x) \in C^2[a,b]$，且 $f''(x)$ 在 (a,b) 内不变号，求一次最佳逼近多项式 $p_1^*(x) = a_0 + a_1 x$. 根据定理 5.4.1 可知至少存在 3 个点 $a \leqslant x_1 < x_2 < x_3 \leqslant b$，使得

$$p_1^*(x_k) - f(x_k) = (-1)^k \sigma \max_{a \leqslant x \leqslant b} |p_1^*(x) - f(x)|, \quad \sigma = 1 \text{ 或} -1, \quad k=1,2,3,$$

且偏差点 x_2 满足方程

$$[f(x)-p_1^*(x)]'=f'(x)-a_1=0.$$

这是由于 $f''(x)$ 在 (a,b) 内不变号，故 $f'(x)$ 单调，$f'(x)-a_1$ 在 (a,b) 内只有一个零点 x_2。由此可得 $f'(x_2)=a_1$，且另外两个偏差点必在区间端点，即 $x_1=a$，$x_3=b$，满足

$$p_1^*(a)-f(a)=p_1^*(b)-f(b)=-[p_1^*(x_2)-f(x_2)].$$

于是有

$$\begin{cases} a_1=f'(x_2), \\ a_0+a_1a-f(a)=a_0+a_1b-f(b), \\ a_0+a_1a-f(a)=f(x_2)-a_0-a_1x_2. \end{cases}$$

该方程组的解为

$$\begin{cases} a_0=\dfrac{f(a)+f(x_2)}{2}-\dfrac{f(b)-f(a)}{b-a}\dfrac{a+x_2}{2}, \\ a_1=\dfrac{f(b)-f(a)}{b-a}=f'(x_2), \end{cases}$$

即一次最佳逼近多项式为

$$p_1^*(x)=\frac{1}{2}[f(a)+f(x_2)]+a_1\left(x-\frac{a+x_2}{2}\right).$$

例 5.4.2 求函数 $f(x)=4\sqrt{x}$ 在区间 $\left[\dfrac{1}{4},1\right]$ 上的一次最佳逼近多项式 $p_1^*(x)$，并计算误差 $\|f-p_1^*\|_\infty$。

解 由 $f(x)=4\sqrt{x}$，可得 $f'(x)=2x^{-\frac{1}{2}}$，$f''(x)=-x^{-\frac{3}{2}}$，故 $f''(x)$ 在 $\left[\dfrac{1}{4},1\right]$ 上不变号。于是 $f(x)$ 在 $\left[\dfrac{1}{4},1\right]$ 上的一次最佳逼近多项式为

$$p_1^*(x)=\frac{1}{2}[f(a)+f(x_2)]+a_1\left(x-\frac{a+x_2}{2}\right),$$

其中，$a=\dfrac{1}{4}$，

$$a_1=\frac{f(1)-f\left(\dfrac{1}{4}\right)}{1-\dfrac{1}{4}}=\frac{8}{3}, \quad f'(x_2)=\frac{8}{3}.$$

因而有 $x_2=\dfrac{9}{16}$。整理后可得 $f(x)=4\sqrt{x}$ 的一次最佳逼近多项式为

$$p_1^*(x)=\frac{1}{2}\left[f\left(\frac{1}{4}\right)+f\left(\frac{9}{16}\right)\right]+\frac{8}{3}\left(x-\frac{\dfrac{1}{4}+\dfrac{9}{16}}{2}\right)=\frac{8}{3}x+\frac{17}{12},$$

误差为

$$\|f(x)-p_1^*(x)\|_\infty = \left|f\left(\frac{1}{4}\right)-p_1^*\left(\frac{1}{4}\right)\right| = \frac{1}{12}.$$

2. 截断切比雪夫级数法

给定权函数 $\rho(x)=\dfrac{1}{\sqrt{1-x^2}}$，则 $f(x)\in C[-1,1]$ 可按切比雪夫多项式 $\{T_k(x)\}_{k=0}^\infty$ 展开成广义傅里叶级数，即

$$f(x)=\frac{C_0^*}{2}+\sum_{k=1}^\infty C_k^* T_k(x), \tag{5.23}$$

其中，

$$C_k^* = \frac{2}{\pi}\int_{-1}^1 \frac{f(x)T_k(x)}{\sqrt{1-x^2}}\mathrm{d}x, \quad k=0,1,\cdots. \tag{5.24}$$

称级数(5.23)为 $f(x)$ 在 $[-1,1]$ 上的切比雪夫级数.

若令 $x=\cos\theta, 0\le\theta\le\pi$，则式(5.23)就是 $f(\cos\theta)$ 的傅里叶级数，其中

$$C_k^* = \frac{2}{\pi}\int_0^\pi f(\cos\theta)\cos k\theta\mathrm{d}\theta, \quad k=0,1,\cdots.$$

根据傅里叶级数理论，只要 $f''(x)$ 在 $[-1,1]$ 上分段连续，则 $f(x)$ 的切比雪夫级数(5.23)就一致收敛于 $f(x)$. 记式(5.23)的部分和为

$$s_n^*(x)=\frac{C_0^*}{2}+\sum_{k=1}^n C_k^* T_k(x), \tag{5.25}$$

则其误差为

$$f(x)-s_n^*(x)\approx C_{n+1}^* T_{n+1}(x).$$

由 $T_{n+1}(x)$ 有 $n+2$ 个极值点可知，$R(x)=f(x)-s_n^*(x)$ 近似有 $n+2$ 个偏差点. 因此由切比雪夫定理 5.4.1 可得，式(5.25)是 $f(x)$ 在 $[-1,1]$ 上的近似最佳一致逼近 n 次多项式.

例 5.4.3　利用截断切比雪夫级数求 $f(x)=\arctan x$ 在区间 $[-1,1]$ 上的一次最佳逼近多项式.

解　由式(5.24)和式(5.25)可知 $f(x)$ 在区间 $[-1,1]$ 上的一次最佳逼近多项式为

$$s_1^*(x)=\frac{C_0^*}{2}+C_1^* T_1(x),$$

其中，

$$C_0^* = \frac{2}{\pi}\int_0^\pi \arctan(\cos\theta)\mathrm{d}\theta \approx 7.0679\times 10^{-17},$$

$$C_1^* = \frac{2}{\pi}\int_0^\pi \arctan(\cos\theta)\cos\theta d\theta \approx 0.8284,$$

即

$$s_1^*(x) \approx 3.5339\times 10^{-17} + 0.8284x.$$

5.5 曲线拟合的最小二乘法

5.5.1 最小二乘法的计算

在数值计算中,若给定通过实验或观察获得的数据(x_i, y_i) $(i=0,1,\cdots,m)$,则通常需要根据这组数据去近似数据本身所存在的函数关系$y=f(x)$,以便获取与数据相关的其他信息. 这种近似可以由插值来实现,但低次(分段)插值光滑性不好,高次(分段)插值计算量较大,且插值法只在插值点附件近似效果较好,远离插值点处误差相对较大,这就导致整体近似效果不佳. 为避免此问题,可在某种简单函数类 $\mathcal{B}$ 中寻找近似函数,通过计算每个数据点处$s(x) \in \Phi$ 的误差 $\delta_i = s(x_i) - y_i (i=0,1,\cdots,m)$,并确保由它们构成的向量$\delta = (\delta_0, \delta_1, \cdots, \delta_m)^\mathrm{T}$ 的某种度量(即范数$\|\delta\|$)达到最小来确定. 由于此方法需要求范数的极小化问题,采用 1-范数或最大范数(∞-范数)计算起来较困难,而 2-范数良好的光滑性可以使得极小化问题求解起来相对简单,因此通常采用欧氏范数$\|\delta\|_2 = \sqrt{\sum_{i=0}^m \delta_i^2}$ 作为误差度量的标准. 于是便得到拟合给定数据的最小二乘法(5.3).

更一般地,最小二乘逼近问题可以描述为给定一组数据(x_i, y_i) 及权系数 $w_i(i=0,1,\cdots,m)$,在函数类 $\Phi = \mathrm{span}\{\varphi_0, \varphi_1, \cdots, \varphi_n\}$ 中寻找函数 $s^*(x) \in \Phi$,使得数据点的误差平方和达到最小,即

$$\sum_{i=0}^m w_i [s^*(x_i) - y_i]^2 = \min_{s(x)\in\Phi} \sum_{i=0}^m w_i [s(x_i) - y_i]^2. \qquad (5.26)$$

几何上称之为曲线拟合的最小二乘法. 这里权重 w_i 可以表示此点的重要程度,也可以表示此点的重复次数. 由最小二乘法的描述可以看出它是最佳平方逼近问题的离散情形,因此它们的求解过程也是类似的.

由 $s(x) \in \Phi$ 可知

$$s(x) = a_0\varphi_0(x) + a_1\varphi_1(x) + \cdots + a_n\varphi_n(x).$$

将其代入式(5.26)的右侧,并记

$$I(a_0, a_1, \cdots, a_n) = \sum_{i=0}^m w_i \left[\sum_{j=0}^n a_j\varphi_j(x_i) - y_i\right]^2,$$

可将最小二乘逼近问题转化为求解多元函数 $I(a_0,a_1,\cdots,a_n)$ 的极小点问题. 进一步, 由求多元函数极值的必要条件可得

$$\frac{\partial I}{\partial a_k}=2\sum_{i=0}^{m}w_i\left[\sum_{j=0}^{n}a_j\varphi_j(x_i)-y_i\right]\varphi_k(x_i)=0. \quad (5.27)$$

记

$$(\varphi_j,\varphi_k)=\sum_{i=0}^{m}w_i\varphi_j(x_i)\varphi_k(x_i),$$
$$(f,\varphi_k)=\sum_{i=0}^{m}w_iy_i\varphi_k(x_i)=\sum_{i=0}^{m}w_if(x_i)\varphi_k(x_i), \quad (5.28)$$

其中, $y_i=f(x_i)$ 且 f 只是形式上的一个记号, 它的表达式通常是未知的, 则式(5.27)可等价写成

$$\sum_{j=0}^{n}(\varphi_j,\varphi_k)a_j=(f,\varphi_k), \quad k=0,1,\cdots,n. \quad (5.29)$$

其表达式形式上和式(5.14)是相同的, 也称为法方程. 它的矩阵形式为

$$Ga=d,$$

其中 $a=(a_0,a_1,\cdots,a_n)^T$, $d=(d_0,d_1,\cdots,d_n)^T$, 且 $d_k=(f,\varphi_k)$,

$$G=\begin{pmatrix}(\varphi_0,\varphi_0) & (\varphi_0,\varphi_1) & \cdots & (\varphi_0,\varphi_n)\\(\varphi_1,\varphi_0) & (\varphi_1,\varphi_1) & \cdots & (\varphi_1,\varphi_n)\\\vdots & \vdots & & \vdots\\(\varphi_n,\varphi_0) & (\varphi_n,\varphi_1) & \cdots & (\varphi_n,\varphi_n)\end{pmatrix}.$$

虽然最小二乘逼近问题的法方程(5.29)与最佳平方逼近问题的法方程在形式上是一致的, 但其具体含义不同. 对于离散情形的形式内积(5.28), 即使 $\varphi_0(x),\varphi_1(x),\cdots,\varphi_n(x)$ 在 $[a,b]$ 上线性无关也不能断定矩阵 G 非奇异, 从而无法确保法方程解的唯一性. 例如, 取 $\varphi_0(x)=\sin x$, $\varphi_1(x)=\sin 3x$, $x\in[0,2\pi]$, 显然 $\{\varphi_0(x),\varphi_1(x)\}$ 在 $[0,2\pi]$ 上线性无关, 但若取点 $x_k=k\pi$, $k=0,1,\cdots,4$, 则有 $\varphi_0(x_k)=\varphi_1(x_k)=0$, $k=0,1,\cdots,4$. 此时

$$G=\begin{pmatrix}(\varphi_0,\varphi_0) & (\varphi_0,\varphi_1)\\(\varphi_1,\varphi_0) & (\varphi_1,\varphi_1)\end{pmatrix}=O.$$

因此, 为保证法方程(5.29)的系数矩阵 G 非奇异, 必须加上额外的条件.

定义 5.5.1 设 $\varphi_0(x),\varphi_1(x),\cdots,\varphi_n(x)\in C[a,b]$ 的任何线性组合在点集 $\{x_i,i=0,1,\cdots,m\}$ $(m\geq n)$ 上至多只有 n 个不同的零点, 则称 $\varphi_0(x),\varphi_1(x),\cdots,\varphi_n(x)$ 在点集 $\{x_i,i=0,1,\cdots,m\}$ 上满足哈尔(Haar)条件.

显然 $1,x,\cdots,x^n$ 在任意 $m(m\geq n)$ 个点上满足哈尔条件. 此外, 可以证明, 如果 $\varphi_0(x),\varphi_1(x),\cdots,\varphi_n(x)\in C[a,b]$ 在 $\{x_i,i=0,1,\cdots,m\}$ 上满足 Haar 条件, 则法方程(5.29)的系数矩阵非奇异, 即该法方程有唯一解 $a_k^*(k=0,1,\cdots,n)$. 于是最小二乘解为

$$s^*(x)=a_0^*\varphi_0(x)+a_1^*\varphi_1(x)+\cdots+a_n^*\varphi_n(x).$$

由上述分析可知求解最小二乘逼近问题的关键在于确定基函数 $\varphi_0(x),\varphi_1(x),\cdots,\varphi_n(x)$, 这通常是困难的. 一般地, 可依据离散数据的散点图选取适当的基函数, 如取 $1,x,\cdots,x^n$ 作为基函数, 或将离散数据变换后再选取这组基函数等.

例 5.5.1 已知如下一组实验数据(见表 5-1), 求它的拟合曲线.

表 5-1 实验数据

x_i	3	5	6	7	9
y_i	5	2	1	1	3

解 该实验数据的分布见图 5-5. 由该图可设拟合曲线为

$$s^*(x)=a_0+a_1x+a_2x^2,$$

即取 $\varphi_0(x)=1,\varphi_1(x)=x,\varphi_2(x)=x^2$. 通过计算可得

$$(\varphi_0,\varphi_0)=\sum_{i=0}^{4}1=5,\quad (\varphi_0,\varphi_1)=\sum_{i=0}^{4}x_i=30,$$

$$(\varphi_0,\varphi_2)=(\varphi_1,\varphi_1)=\sum_{i=0}^{4}x_i^2=200,$$

$$(\varphi_1,\varphi_2)=\sum_{i=0}^{4}x_i^3=1440,$$

$$(\varphi_2,\varphi_2)=\sum_{i=0}^{4}x_i^4=10964,$$

$$d_0=(f,\varphi_0)=\sum_{i=0}^{4}y_i=12,$$

$$d_1=(f,\varphi_1)=\sum_{i=0}^{4}y_ix_i=65,$$

$$d_2=(f,\varphi_2)=\sum_{i=0}^{4}y_ix_i^2=423.$$

于是有法方程

$$\begin{pmatrix}5 & 30 & 200\\30 & 200 & 1440\\200 & 1440 & 10964\end{pmatrix}\begin{pmatrix}a_0\\a_1\\a_2\end{pmatrix}=\begin{pmatrix}12\\65\\423\end{pmatrix}.$$

它的解为

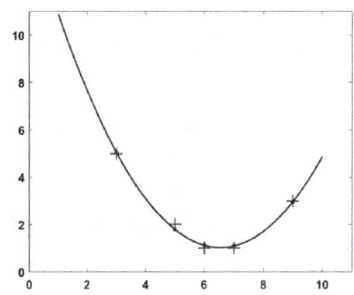

注:"+"表示实验数据分布.

图 5-5 实验数据分布及二次拟合曲线

$$a_0 = 14.7857, \quad a_1 = -4.2071, \quad a_2 = 0.3214,$$

所求二次拟合曲线为

$$s^*(x) = 14.7857 - 4.2071x + 0.3214x^2,$$

拟合图形见图 5-5. 该拟合曲线的平方误差为

$$\|\delta\|_2^2 = \sum_{i=0}^{4} [s^*(x_i) - y_i]^2 = \|f\|_2^2 - \sum_{k=0}^{2} a_k d_k = 0.0809.$$

例 5.5.2 钢包问题:炼钢厂出钢时所有的盛钢水的钢包在使用过程中,由于钢液及炉渣对包衬耐火材料的侵蚀使其容积不断增大,钢包的容积与相应的使用次数的试验数据见表 5-2.

表 5-2 实验数据

使用次数 x	容积 y	使用次数 x	容积 y
2	106.42	11	110.59
3	108.26	14	110.60
4	109.58	15	110.90
5	109.50	16	110.76
7	110.00	18	111.00
8	109.93	19	111.20
10	110.49		

试求拟合函数.

解 数据分布见图 5-6. 由该图可设 $1/y = a + b/x$. 令 $u = 1/y$, $t = 1/x$, 可得线性拟合函数

$$u = a + bt.$$

取 $\varphi_0(t) = 1, \varphi_1(t) = t$, 通过计算可得

$$(\varphi_0, \varphi_0) = \sum_{i=0}^{12} 1 = 13,$$

$$(\varphi_0, \varphi_1) = \sum_{i=0}^{12} t_i = 2.050882,$$

$$(\varphi_1, \varphi_1) = \sum_{i=0}^{12} t_i^2 \approx 0.537218,$$

$$d_0 = (u, \varphi_0) = \sum_{i=0}^{12} u_i = 0.118262,$$

$$d_1 = (u, \varphi_1) = \sum_{i=0}^{12} u_i t_i = 0.018833.$$

由此可得法方程

$$\begin{pmatrix} 13 & 2.050882 \\ 2.050882 & 0.537218 \end{pmatrix} \begin{pmatrix} a \\ b \end{pmatrix} = \begin{pmatrix} 0.118262 \\ 0.018833 \end{pmatrix}.$$

它的解为

$$a = 0.009, \quad b = 0.0008.$$

于是可得最小二乘拟合曲线

$$y = \frac{x}{ax+b} = \frac{x}{0.009x+0.0008}.$$

它的拟合图形见图 5-6.

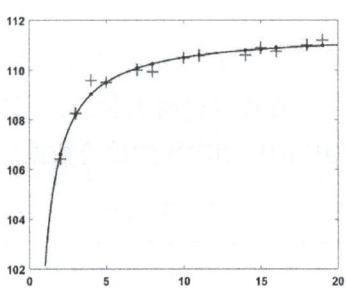

注："+"表示实验数据分布.

图 5-6　实验数据分布及拟合图形

虽然最小二乘拟合可采用 $1, x, \cdots, x^n$ 作为基函数，但当 $n \geqslant 3$ 时，它的法方程(5.29)也将出现病态的问题. 为此，可以采用离散内积意义下的正交基来进行计算，这与最佳平方逼近的求解是类似的.

5.5.2　用正交多项式求最小二乘拟合

对于最小二乘拟合问题的法方程(5.29)，若 $\varphi_0(x), \varphi_1(x), \cdots, \varphi_n(x)$ 是关于点集 $\{x_i, i=0,1,\cdots,m\}$ 带权 $w_i(i=0,1,2,\cdots,m)$ 正交的函数族，即

$$(\varphi_j, \varphi_k) = \sum_{i=0}^{m} w_i \varphi_j(x_i) \varphi_k(x_i) = \begin{cases} 0, & j \neq k, \\ A_k > 0, & j = k, \end{cases}$$

则它的解为

$$a_k^* = \frac{(f,\varphi_k)}{(\varphi_k,\varphi_k)}, \quad k=0,1,\cdots,n.$$

相应的最小二乘解为

$$s^*(x) = \sum_{k=0}^{n} \frac{(f,\varphi_k)}{(\varphi_k,\varphi_k)} \varphi_k(x),$$

它的平方误差为

$$\|\delta\|_2^2 = \sum_{i=0}^{n} \delta_i^2 = \|f\|_2^2 - \sum_{k=0}^{n} A_k (a_k^*)^2.$$

下面给出构造关于节点 x_i 及权函数 $w_i > 0 (i=0,1,\cdots,m)$ 正交的多项式族 $\{P_k(x)\}_{k=0}^{n} (n \leq m)$ 的方法. 事实上, 这族正交多项式可以通过递推公式来获得, 公式为

$$\begin{cases} P_0(x) = 1, \quad P_1(x) = (x-\alpha_1)P_0(x), \\ P_{k+1}(x) = (x-\alpha_{k+1})P_k(x) - \beta_k P_{k-1}(x), \quad k=1,2,\cdots,n-1, \end{cases} \quad (5.30)$$

其中,

$$\alpha_{k+1} = \frac{\sum_{i=0}^{m} w_i x_i P_k^2(x_i)}{\sum_{i=0}^{m} w_i P_k^2(x_i)} = \frac{(xP_k,P_k)}{(P_k,P_k)}, \quad k=0,1,\cdots,n-1, \quad (5.31)$$

$$\beta_k = \frac{\sum_{i=0}^{m} w_i P_k^2(x_i)}{\sum_{i=0}^{m} w_i P_{k-1}^2(x_i)} = \frac{(P_k,P_k)}{(P_{k-1},P_{k-1})}, \quad k=1,2,\cdots,n-1. \quad (5.32)$$

利用归纳法可以证明这样构造的 $\{P_k(x)\}_{k=0}^{n}$ 是正交的. 首先由递推式(5.30)及式(5.31)可知

$$(P_0,P_1) = (P_0,xP_0) - \alpha_1(P_0,P_0) = 0.$$

假设 $(P_l,P_s) = 0$ 对所有 $0 \leq s < l$ 及 $l = 0,1,\cdots,k(k<n)$ 均成立, 下证 $(P_{k+1},P_s) = 0$ 对所有 $0 \leq s < k+1$ 均成立. 由式(5.30)可得

$$(P_{k+1},P_s) = ((x-\alpha_{k+1})P_k,P_s) - \beta_k(P_{k-1},P_s)$$
$$= (xP_k,P_s) - \alpha_{k+1}(P_k,P_s) - \beta_k(P_{k-1},P_s).$$

若 $0 \leq s \leq k-2$, 则由假设条件可知 $(P_{k+1},P_s) = (xP_k,P_s) = (P_k,xP_s)$. 由于 xP_s 是首项系数为 1 的 $s+1$ 次多项式, 它可以表示成 $P_0,P_1,\cdots,P_{s+1}$ 的线性组合, 且 $s+1 \leq k-1$, 故有

$$(P_{k+1},P_s) = 0, \quad 0 \leq s \leq k-2.$$

当 $s = k-1$ 时,

$$(P_{k+1},P_{k-1}) = (xP_k,P_{k-1}) - \alpha_{k+1}(P_k,P_{k-1}) - \beta_k(P_{k-1},P_{k-1}),$$

由假设条件可知 $(P_k,P_{k-1}) = 0$, $(xP_k,P_{k-1}) = (P_k,xP_{k-1})$. 注意到 $\{P_k(x)\}_{k=0}^{n}$ 都是首项系数为 1 的多项式, 故 $xP_{k-1} = P_k + \sum_{j=0}^{k-1} c_j P_j$. 于

是有 $(xP_k, P_{k-1}) = (P_k, P_k)$. 由式(5.32)可知 $(P_{k+1}, P_{k-1}) = 0$. 当 $s = k$ 时, 由式(5.31)和式(5.32)可得

$$(P_{k+1}, P_k) = (xP_k, P_k) - \alpha_{k+1}(P_k, P_k) - \beta_k(P_k, P_{k-1})$$
$$= (xP_k, P_k) - \alpha_{k+1}(P_k, P_k) = 0.$$

由构造正交多项式 $\{P_k(x)\}_{k=0}^n$ 的递推公式可以看出, 用 $\{P_k(x)\}_{k=0}^n$ 求解最小二乘拟合问题, 只需要根据式(5.30)~式(5.32)逐步求解 $P_k(x)$, 计算出系数

$$a_k^* = \frac{(f, P_k)}{(P_k, P_k)} = \frac{\sum_{i=0}^m w_i f(x_i) P_k(x_i)}{\sum_{i=0}^m w_i P_k^2(x_i)},$$

并逐步把 $a_k^* P_k(x)$ 累加上去即可. 构造的拟合多项式的次数可以事先给定, 也可以根据计算过程中的误差来确定. 因此采用这种方法求解最小二乘拟合多项式不需要求解线性方程组, 且增加拟合多项式的次数时, 只需要将计算中的循环次数相应地增加即可.

例 5.5.3 利用正交多项式求解例 5.5.1 中给定数据(见表 5-1)的拟合曲线.

解 由权系数 $w_i \equiv 1$, $P_0(x) = 1$, 可得 $a_0^* = \frac{(f, P_0)}{(P_0, P_0)} = \frac{12}{5}$. 由

$$\alpha_1 = \frac{(xP_0, P_0)}{(P_0, P_0)} = 6, \text{ 可知 } P_1(x) = x - 6. \text{ 于是有}$$

$$a_1^* = \frac{(f, P_1)}{(P_1, P_1)} = \frac{\sum_{i=0}^4 y_i(x_i - 6)}{\sum_{i=0}^4 (x_i - 6)^2} = -0.35.$$

由

$$\alpha_2 = \frac{(xP_1, P_1)}{(P_1, P_1)} = \frac{\sum_{i=0}^4 x_i P_1^2(x_i)}{\sum_{i=0}^4 P_1^2(x_i)} = 6, \quad \beta_1 = \frac{(P_1, P_1)}{(P_0, P_0)} = \frac{\sum_{i=0}^4 P_1^2(x_i)}{\sum_{i=0}^4 P_0^2(x_i)} = 4,$$

可得

$$P_2(x) = (x - \alpha_2) P_1(x) - \beta_1 P_0(x) = x^2 - 12x + 32.$$

故有

$$a_2^* = \frac{(f, P_2)}{(P_2, P_2)} = \frac{\sum_{i=0}^4 y_i P_2(x_i)}{\sum_{i=0}^4 P_2^2(x_i)} = 0.3214286.$$

综合上述计算可得

$$s^*(x) = a_0^* P_0(x) + a_1^* P_1(x) + a_2^* P_2(x) \approx 0.3214x^2 - 4.2071x + 14.7857.$$

小结与思考

本章主要介绍了最佳平方逼近、最佳一致逼近以及最小二乘拟合问题的计算，它们在实际计算中均有广泛的应用. 在学习本章内容时，读者要注意基函数的选取对于逼近函数或拟合函数的影响. 采用正交函数系进行最佳平方逼近或最小二乘拟合，可以避免法方程的病态问题，简化计算，确保方法的稳定性. 勒让德正交多项式和切比雪夫正交多项式是两类非常重要的正交多项式，在数值计算中经常使用，应多加注意. 由于最佳一致逼近问题通常计算困难，本章只介绍了基本的求解方法，进一步的知识可参考文献[16]. 在学习最小二乘拟合时，可与上一章的插值法相结合，思考这两种方法有哪些区别，以及它们的优点分别是什么. 此外，读者也可以思考一下用切比雪夫多项式零点做插值节点与一般的拉格朗日插值有什么区别.

实验案例 5——水位流量关系的测定

曲线拟合的最小二乘是科学计算中的基本方法，在物理、生物、水文计算、图像恢复、数据处理、机器学习等领域具有广泛应用. 在水文计算中，水位流量关系的测定对于河道防汛、水文资料整编具有重要作用. 表 5-3 中给出了都江堰灌区某水文站的实测水位流量数据[15]，试用正交多项式对数据进行拟合.

表 5-3 都江堰灌区某水文站的实测水位流量数据

水位/m	流量/(m³·s⁻¹)	水位/m	流量/(m³·s⁻¹)
0	0	1.1	5.80
0.1	0.08	1.2	6.80
0.2	0.26	1.3	7.88
0.3	0.46	1.4	8.98
0.4	0.82	1.5	10.20
0.5	1.30	1.6	11.50
0.6	1.80	1.7	12.90
0.7	2.46	1.8	14.30
0.8	3.16	1.9	15.70
0.9	3.94	2.0	17.20
1.0	4.82	2.1	18.70

（续）

水位/m	流量/(m³·s⁻¹)	水位/m	流量/(m³·s⁻¹)
2.2	20.20	2.5	24.90
2.3	21.70	2.6	26.50
2.4	23.30	2.7	29.18

利用 5.5.2 节中构造正交多项式的方式对数据进行拟合，可得三次拟合多项式（见图 5-7）. 北太天元实现代码见右侧二维码.

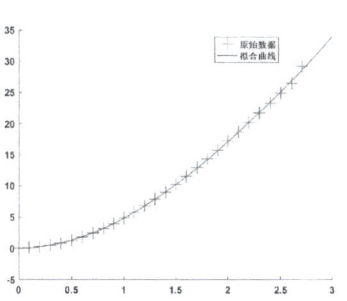

图 5-7　三次拟合多项式

习题与实验题 5

1. 求 $f(x) = \ln(1+x)$ 在 $[0,1]$ 上的一次最佳平方逼近多项式及其误差.

2. 求函数在指定区间上的二次最佳平方逼近多项式.
   (1) $f(x) = \sin(\pi x)$, $x \in [0,1]$;
   (2) $f(x) = x^2 e^x$, $x \in [1,2]$.

3. 求 $f(x) = \cos(\pi x)$ 在 $[-1,1]$ 上关于 $\Phi = \text{span}\{1, x^2, x^4\}$ 的最佳平方逼近多项式.

4. 利用勒让德正交多项式计算 $f(x) = |x|$ 在 $[-1,1]$ 上的二次最佳平方逼近多项式.

5. 求 $f(x) = \sqrt{x}$ 在 $\left[\dfrac{1}{4}, 1\right]$ 上的一次最佳一致逼近多项式,并求其偏差.

6. 设 $f(x) = x + e^x$, $x \in [-1,1]$,试用切比雪夫多项式 $T_3(x)$ 的零点作插值节点,求 $f(x)$ 的二次插值多项式,并估计其误差.

7. 给定实验数据,见表 5-4.

表 5-4 习题 7 数据

x_i	1	3	4	5	8	9
y_i	-1.0	0.3	0.8	2.6	1.4	1.0
ρ_i	2	1	3	1	1	1

试求其最小二乘拟合曲线.

8. 试求如下数据(见表 5-5)的 7 次最小二乘拟合多项式.

表 5-5 习题 8 数据

i	0	1	2	3	4	5	6	7	8
x_i	1.0	1.2	1.4	2.0	2.4	2.6	2.8	3.0	3.2
y_i	2.8	5.4	1.9	0	0.6	1.8	3.4	5.0	5.8

9. (实验题)在区间 $[-1,3]$ 上作函数 $f(x) = e^x$ 的四次最佳平方逼近多项式,并画出其图形,与函数 $f(x)$ 作比较.

10. (实验题)在铅酸电池以恒定电流强度放电过程中,电压随放电时间单调下降,直到额定的最低保护电压(假设为9V). 从充满电开始放电,电压随时间变化的关系称为放电曲线. 为探讨电池在当前负荷下的供电时长,附件1(见右方二维码)给出了某批次电池出厂时以 60A 电流强度放电测试的完整放电曲线的采样数据.

(1) 请根据附件 1 利用最小二乘拟合多项式表示放电曲线,并给出其误差.

(2) 如果在新电池使用中,以 60A 电流强度放电,测得电压为 9.8V 时,电池的剩余放电时间是多少?(本题参考 2016 年高教社杯全国大学生数学建模竞赛 C 题)

第 6 章
数值积分与数值微分

许多工程实际问题中经常会遇到定积分 $I=\int_a^b f(x)\mathrm{d}x$ 的计算,例如弹性力学中应力分布的求解,量子力学中波函数的计算等. 若 $f(x)$ 的原函数 $F(x)$ 已知,由牛顿-莱布尼茨(Newton-Leibniz)公式可知

$$\int_a^b f(x)\mathrm{d}x = F(b)-F(a).$$

然而实际计算中很多被积函数的原函数是未知的,无法用初等函数表示,如 $f(x)=\dfrac{\sin x}{x}(x\neq 0)$,$f(x)=\mathrm{e}^{-x^2}$,$f(x)=\sin x^2$ 等;有些被积函数的原函数虽然可以用初等函数表示,但是其表达式非常复杂,不利于数值计算,如 $f(x)=\dfrac{1}{1+x^6}$;还有些被积函数没有具体的表达式,只有一些通过观测或实验得到的离散数据点,因而不宜采用微积分基本定理的方式计算定积分. 为方便数值计算,需要考虑定积分的有效近似.

6.1 基本概念

基于积分中值定理(见图 6-1),即对 $f(x)\in C[a,b]$ 有

$$\int_a^b f(x)\mathrm{d}x = (b-a)f(\xi), \quad \xi\in[a,b],$$

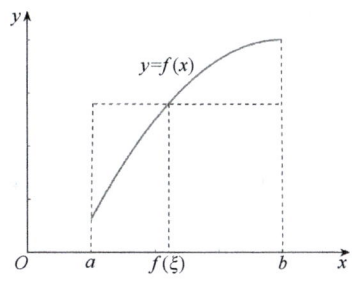

图 6-1 积分中值定理

可通过对区间$[a,b]$上的平均高度$f(\xi)$进行近似得到定积分的数值计算方法. 若取$f(\xi)\approx f(a)$, 则可得到计算定积分的左矩形公式

$$\int_a^b f(x)\mathrm{d}x \approx (b-a)f(a);$$

若取$f(\xi)\approx f(b)$, 则可得到右矩形公式

$$\int_a^b f(x)\mathrm{d}x \approx (b-a)f(b);$$

若取$f(\xi)\approx f\left(\dfrac{a+b}{2}\right)$, 则可得到中矩形公式

$$\int_a^b f(x)\mathrm{d}x \approx (b-a)f\left(\dfrac{a+b}{2}\right);$$

若取$f(\xi)\approx \dfrac{f(a)+f(b)}{2}$, 则可得到梯形公式(见图6-2)

$$\int_a^b f(x)\mathrm{d}x \approx \dfrac{b-a}{2}[f(a)+f(b)]; \tag{6.1}$$

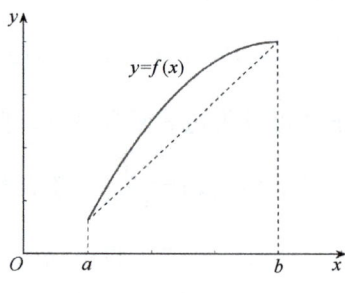

图 6-2 梯形公式

若取$f(\xi)\approx \dfrac{1}{6}\left[f(a)+4f\left(\dfrac{a+b}{2}\right)+f(b)\right]$, 则可得到辛普森(Simpson)公式

$$\int_a^b f(x)\mathrm{d}x \approx \dfrac{b-a}{6}\left[f(a)+4f\left(\dfrac{a+b}{2}\right)+f(b)\right]. \tag{6.2}$$

一般地, 可在区间$[a,b]$上适当选取若干节点$x_k(k=0,1,\cdots,n)$, 并用它们函数值$f(x_k)$的加权平均近似平均高度$f(\xi)$, 从而得到如下形式的求积公式

$$\int_a^b f(x)\mathrm{d}x \approx \sum_{k=0}^n A_k f(x_k), \tag{6.3}$$

其中, x_k称为求积节点; A_k称为求积系数, 也称为伴随节点x_k的权. 求积系数A_k只与求积节点x_k的选取有关, 与被积函数$f(x)$的表达式无关. 式(6.3)通常被称为**机械求积公式**, 它将定积分的求解问题转化为被积函数值的计算问题, 避免了原函数的求解与计

算，即使被积函数只有若干离散数据仍旧可以进行数值计算.

6.1.1 代数精度

对于一般的机械求积公式，我们自然希望它能对尽可能多的被积函数 $f(x)$ 精确成立，为此下面给出代数精度的概念，用于判定机械求积公式(6.3)近似定积分的效果.

定义 6.1.1 若某个求积公式对于次数不超过 m 次的多项式均能精确成立，但对 $m+1$ 次的多项式不精确成立，则称该求积公式具有 m 次代数精度.

利用代数精度的定义容易验证左矩形和右矩形公式具有零次代数精度，中矩形和梯形公式具有一次代数精度. 一般地，验证代数精度只需代入多项式空间的基函数，即令 $f(x)=x^k$，若求积公式(6.3)对 $k=0,1,\cdots,m$ 精确成立，对 $f(x)=x^{m+1}$ 不精确成立，则说明该公式具有 m 次代数精度. 反之，若求积节点给定，希望求积公式(6.3)具有 m 次代数精度，则只需代入 $f(x)=x^k(k=0,1,\cdots,m)$ 使得求积公式精确成立即可确定求积系数. 由此可得

$$\begin{cases} \sum_{k=0}^{n} A_k = b-a, \\ \sum_{k=0}^{n} A_k x_k = \frac{1}{2}(b^2-a^2), \\ \quad\vdots \\ \sum_{k=0}^{n} A_k x_k^m = \frac{1}{m+1}(b^{m+1}-a^{m+1}). \end{cases}$$

基于该方程组可得如下定理.

定理 6.1.1 对于区间 $[a,b]$ 上给定的互异节点 $x_0,x_1,\cdots,x_n$，存在求积系数 $A_k(k=0,1,\cdots,n)$，使得求积公式(6.3)至少具有 n 次代数精度.

例 6.1.1 假设有求积公式

$$\int_0^2 f(x)\,\mathrm{d}x \approx A_0 f(0) + A_1 f(1) + A_2 f(2),$$

试求 A_0, A_1, A_2 使得上式具有尽可能高的代数精度，并确定其代数精度的大小.

解 依次取 $f(x)$ 为 $1, x, x^2$ 使得求积公式精确成立，可得方程组

$$\begin{cases} A_0+A_1+A_2=2, \\ A_1+2A_2=2, \\ A_1+4A_2=8/3. \end{cases}$$

它的解为 $A_0=\dfrac{1}{3}, A_1=\dfrac{4}{3}, A_2=\dfrac{1}{3}$. 于是有求积公式

$$\int_0^2 f(x)\,dx \approx \frac{1}{3}f(0)+\frac{4}{3}f(1)+\frac{1}{3}f(2).$$

代入 $f(x)=x^3$ 可验证求积公式仍旧成立. 但对于 $f(x)=x^4$, 求积公式左侧 $=\dfrac{32}{5}$, 右侧 $=\dfrac{20}{3}$, 不精确成立. 故该求积公式的代数精度为 3 次.

6.1.2 插值型求积公式

虽然利用代数精度的概念可以确定求积公式 (6.3) 的求积系数, 使其具有尽可能高的代数精度, 但其需要求解线性方程组, 计算起来较复杂. 下面结合第 4 章介绍的插值函数简单地构造机械求积公式.

给定 $f(x)$ 在互异节点 $x_0, x_1, \cdots, x_n \in [a,b]$ 上的函数值. 由给定节点处的函数值可得近似被积函数 $f(x)$ 的插值多项式

$$L_n(x)=\sum_{k=0}^n l_k(x)f(x_k)=\sum_{k=0}^n f(x_k)\prod_{\substack{i=0\\i\neq k}}^n \frac{x-x_i}{x_k-x_i}.$$

于是有如下数值积分公式

$$\int_a^b f(x)\,dx \approx \int_a^b L_n(x)\,dx=\sum_{k=0}^n A_k f(x_k), \tag{6.4}$$

其中, $A_k=\int_a^b l_k(x)\,dx, k=0,1,\cdots,n$, 可通过拉格朗日插值基函数 $l_k(x)$ 求积分得到, 并称求积公式 (6.4) 为**插值型求积公式**.

结合插值多项式的误差余项, 可得插值型求积公式的余项

$$R(f)=\int_a^b f(x)\,dx-\int_a^b L_n(x)\,dx=\frac{1}{(n+1)!}\int_a^b f^{(n+1)}(\xi)\omega_{n+1}(x)\,dx, \tag{6.5}$$

其中, ξ 依赖于 x; $\omega_{n+1}(x)=(x-x_0)(x-x_1)\cdots(x-x_n)$. 由余项公式 (6.5) 可知, 当被积函数 $f(x)$ 为次数不超过 n 次的多项式时, 有 $R(f)=0$, 这说明插值型求积公式至少具有 n 次代数精度. 反之, 若求积公式 (6.3) 至少具有 n 次代数精度, 取被积函数 $f(x)=l_j(x)(j=0,1,\cdots,n)$ 为 n 次多项式, 则有

$$\int_a^b l_j(x)\,dx=\sum_{k=0}^n A_k l_j(x_k)=A_j.$$

这说明 (6.3) 是插值型求积公式. 于是有如下定理.

定理 6.1.2 求积公式(6.3)至少具有 n 次代数精度的充要条件是：它是插值型的．

例 6.1.2 求积公式
$$\int_{-1}^{1} f(x)\,\mathrm{d}x \approx f(-1)+f(1)$$
是否为插值型？为什么？

解法 1 利用插值型求积公式的定义去验证．根据求积节点 $x_0=-1, x_1=1$，可得
$$\int_{-1}^{1} l_0(x)\,\mathrm{d}x = \int_{-1}^{1}\frac{x-x_1}{x_0-x_1}\mathrm{d}x = 1 = A_0,$$
$$\int_{-1}^{1} l_1(x)\,\mathrm{d}x = \int_{-1}^{1}\frac{x-x_0}{x_1-x_0}\mathrm{d}x = 1 = A_1.$$
故求积公式是插值型的．

解法 2 取 $f(x)$ 分别为 $1,x$ 代入求积公式，可验证其精确成立，该公式至少具有 1 次代数精度．由定理 6.1.2 的结论可知该求积公式是插值型的．

6.1.3 求积公式的收敛性与稳定性

定义 6.1.2 若求积公式(6.3)满足
$$\lim_{\substack{n\to\infty \\ h\to 0}} \sum_{k=0}^{n} A_k f(x_k) = \int_a^b f(x)\,\mathrm{d}x,$$
其中 $h = \max_{1\leqslant i \leqslant n}\{x_i - x_{i-1}\}$，则称该求积公式是**收敛**的．

在数值计算中除考虑求积公式的收敛性外，还需考虑其稳定性．当 $f(x_i)$ 有误差 δ_i 时，其在实际计算时为 $\tilde{f}_i$，且满足 $\delta_i = |f(x_i)-\tilde{f}_i|\,(i=0,1,\cdots,n)$，此时定积分的数值近似值 $\sum_{k=0}^{n} A_k f(x_k)$ 也有误差，其实际计算值为 $\sum_{k=0}^{n} A_k \tilde{f}_k$．若它的误差可以被有效控制，则表明求积公式是稳定的．于是可得如下稳定性的定义．

定义 6.1.3 对任意 $\varepsilon>0$，若 $\exists \delta>0$，当 $|f(x_i)-\tilde{f}_i|\leqslant \delta\,(i=0,1,\cdots,n)$ 时，有
$$|I_n(f)-I_n(\tilde{f})| = \left|\sum_{k=0}^{n} A_k[f(x_k)-\tilde{f}_k]\right| \leqslant \varepsilon,$$
则称求积公式(6.3)是**稳定**的．

定理 6.1.3 若求积公式(6.3)中求积系数 $A_k>0(k=0,1,\cdots,n)$，则该求积公式是稳定的.

证明 任给 $\varepsilon>0$，取 $\delta=\dfrac{\varepsilon}{b-a}$，当 $|f(x_k)-\tilde{f}_k|\leq\delta(k=0,1,\cdots,n)$ 时，由 $A_k>0$ 可得

$$|I_n(f)-I_n(\tilde{f})|=\left|\sum_{k=0}^n A_k[f(x_k)-\tilde{f}_k]\right|\leq\delta\sum_{k=0}^n A_k=\delta(b-a)=\varepsilon,$$

由定义 6.1.3 可知求积公式是稳定的.

6.2 牛顿-科茨公式

6.2.1 牛顿-科茨(Newton-Cotes)公式的基本概念

当求积节点在区间 $[a,b]$ 上等距分布，即 $x_k=a+kh$，$(k=0,1,\cdots,n)$，且 $h=\dfrac{b-a}{n}$ 时，插值型求积公式(6.4)可表示为

$$\int_a^b f(x)\,\mathrm{d}x\approx(b-a)\sum_{k=0}^n C_k^{(n)}f(x_k),\tag{6.6}$$

称为**牛顿-科茨公式**，式中，$C_k^{(n)}$ 称为科茨系数，满足

$$C_k^{(n)}=\frac{1}{b-a}\int_a^b l_k(x)\,\mathrm{d}x=\frac{h}{b-a}\int_0^n\prod_{\substack{j=0\\j\neq k}}^n\frac{t-j}{k-j}\mathrm{d}t=\frac{(-1)^{n-k}}{nk!(n-k)!}\int_0^n\prod_{\substack{j=0\\j\neq k}}^n(t-j)\,\mathrm{d}t.\tag{6.7}$$

上式中利用了变量替换 $x=a+th$，且由此式可知科茨系数只与等分个数 n 有关，与被积函数和积分区间无关.

利用式(6.7)直接计算可知，当 $n=1$ 时，$C_0^{(1)}=C_1^{(1)}=\dfrac{1}{2}$，牛顿-科茨公式便是我们所熟知的**梯形公式**(6.1)；当 $n=2$ 时，$C_0^{(2)}=\dfrac{1}{6}$，$C_1^{(2)}=\dfrac{4}{6}$，$C_2^{(2)}=\dfrac{1}{6}$，牛顿-科茨公式是上节中给出的**辛普森公式**(6.2)；当 $n=4$ 时，式(6.6)的右侧为

$$C=\frac{b-a}{90}[7f(x_0)+32f(x_1)+12f(x_2)+32f(x_3)+7f(x_4)],$$

称为**科茨(Cotes)公式**.

表 6-1 列出了 $n\leq 8$ 时的科茨系数. 由该表可知科茨系数满足 $\sum_{k=0}^n C_k^{(n)}=1$ 和 $C_{n-k}^{(n)}=C_k^{(n)}$，并且 $n=8$ 时科茨系数出现负数，求积公

式的稳定性无法保证.

表 6-1 科茨系数

n									
1	$\dfrac{1}{2}$	$\dfrac{1}{2}$							
2	$\dfrac{1}{6}$	$\dfrac{2}{3}$	$\dfrac{1}{6}$						
3	$\dfrac{1}{8}$	$\dfrac{3}{8}$	$\dfrac{3}{8}$	$\dfrac{1}{8}$					
4	$\dfrac{7}{90}$	$\dfrac{16}{45}$	$\dfrac{2}{15}$	$\dfrac{16}{45}$	$\dfrac{7}{90}$				
5	$\dfrac{19}{288}$	$\dfrac{25}{96}$	$\dfrac{25}{144}$	$\dfrac{25}{144}$	$\dfrac{25}{96}$	$\dfrac{19}{288}$			
6	$\dfrac{41}{840}$	$\dfrac{9}{35}$	$\dfrac{9}{280}$	$\dfrac{34}{105}$	$\dfrac{9}{280}$	$\dfrac{9}{35}$	$\dfrac{41}{840}$		
7	$\dfrac{751}{17280}$	$\dfrac{3577}{17280}$	$\dfrac{1323}{17280}$	$\dfrac{2989}{17280}$	$\dfrac{2989}{17280}$	$\dfrac{1323}{17280}$	$\dfrac{3577}{17280}$	$\dfrac{751}{17280}$	
8	$\dfrac{989}{28350}$	$\dfrac{5888}{28350}$	$\dfrac{-928}{28350}$	$\dfrac{10496}{28350}$	$\dfrac{-4540}{28350}$	$\dfrac{10496}{28350}$	$\dfrac{-928}{28350}$	$\dfrac{5888}{28350}$	$\dfrac{989}{28350}$

例 6.2.1 分别用梯形公式、辛普森公式和科茨公式计算积分 $\int_0^2 \dfrac{\sin x}{x} \mathrm{d}x$.

解 利用梯形公式有

$$\int_0^2 \dfrac{\sin x}{x} \mathrm{d}x \approx 1 + \dfrac{\sin 2}{2} \approx 1.454649.$$

利用辛普森公式有

$$\int_0^2 \dfrac{\sin x}{x} \mathrm{d}x \approx \dfrac{2}{6}\left(1 + 4\sin 1 + \dfrac{\sin 2}{2}\right) \approx 1.606844.$$

利用科茨公式有

$$\int_0^2 \dfrac{\sin x}{x} \mathrm{d}x \approx \dfrac{2}{90}\left(7 + 32\dfrac{\sin 0.5}{0.5} + 12\sin 1 + 32\dfrac{\sin 1.5}{1.5} + 7\dfrac{\sin 2}{2}\right) \approx 1.605407.$$

积分的精确值为 $1.605412\cdots$，故三个求积公式的近似精度在逐步提高.

由于 n 阶牛顿-科茨公式是插值型的，由定理 6.1.2 可知它至少具有 n 次代数精度. 事实上，当 n 为偶数时，它具有更高的代数精度.

定理 6.2.1 当 n 为偶数时，牛顿-科茨公式 (6.6) 至少具有 $n+1$ 次代数精度.

证明 由代数精度的定义和定理 6.1.2 可知，只需验证

$f(x)=x^{n+1}$ 时式(6.6)的误差余项(6.5)为零即可. 直接计算可得

$$R(f) = \frac{1}{(n+1)!} \int_a^b f^{(n+1)}(\xi) \omega_{n+1}(x) \mathrm{d}x = \int_a^b \prod_{j=0}^n (x-x_j) \mathrm{d}x.$$

令 $x=a+th$,则有

$$R(f) = h^{n+2} \int_0^n \prod_{j=0}^n (t-j) \mathrm{d}t = (-1)^{n+1} h^{n+2} \int_0^n \prod_{j=0}^n (u-j) \mathrm{d}u = (-1)^{n+1} R(f).$$

上式中利用了变量替换 $u=n-t$,且由 n 为偶数可知 $R(f)=0$.
证毕.

可以验证,辛普森公式具有 3 次代数精度,科茨公式具有 5 次代数精度.

6.2.2 梯形公式和辛普森公式的余项

为更准确地刻画数值求积公式的近似精度,下面给出梯形公式和辛普森公式的余项表达式.

若 $f(x) \in C^2[a,b]$,由牛顿-科茨公式的误差余项(6.5)可知,梯形公式(6.1)的余项为

$$R_T = \int_a^b \frac{f''(\xi)}{2!} (x-a)(x-b) \mathrm{d}x.$$

由函数 $(x-a)(x-b)$ 在 $[a,b]$ 上不变号,利用积分中值定理可知

$$R_T = \frac{f''(\eta)}{2} \int_a^b (x-a)(x-b) \mathrm{d}x = -\frac{(b-a)^3}{12} f''(\eta), \quad \eta \in (a,b).$$
(6.8)

若 $f(x) \in C^4[a,b]$,构造埃尔米特插值多项式 $H(x)$,满足

$$H(a)=f(a), \quad H(b)=f(b), \quad H(c)=f(c), \quad H'(c)=f'(c),$$

其中,$c=\frac{a+b}{2}$. 由于辛普森公式(6.2)具有 3 次代数精度,因而有

$$\int_a^b H(x) \mathrm{d}x = \frac{b-a}{6} [H(a)+4H(c)+H(b)].$$

结合埃尔米特插值多项式的余项公式(4.27)可知,辛普森公式的误差余项为

$$R_S = \int_a^b [f(x)-H(x)] \mathrm{d}x = \int_a^b \frac{f^{(4)}(\xi)}{4!} (x-a)(x-c)^2(x-b) \mathrm{d}x.$$

由函数 $(x-a)(x-c)^2(x-b)$ 在 $[a,b]$ 上不变号,利用积分中值定理可知

$$R_S = \frac{f^{(4)}(\eta)}{4!} \int_a^b (x-a)(x-c)^2(x-b) \mathrm{d}x = -\frac{b-a}{180} \left(\frac{b-a}{2}\right)^4 f^{(4)}(\eta), \quad (6.9)$$

其中,$\eta \in (a,b)$.

6.3 复化求积公式

由于 $n \geq 8$ 时牛顿-科茨公式的稳定性得不到保证,在实际计算中通常采用低次的牛顿-科茨公式进行计算,但是其误差余项依赖于区间长度. 当插值区间较大时,低次的牛顿-科茨公式的精度很差. 为提高其近似精度,同时保证数值求积公式的稳定性,可将积分区间 $[a,b]$ 划分为若干小区间(通常是等分),在每个小区间上采用低阶的牛顿-科茨公式进行近似,整合起来便得到新的求积公式,称为**复化求积公式**. 本节主要介绍两种常用的复化求积公式: 复化梯形公式和复化辛普森公式.

6.3.1 复化梯形公式

将区间 $[a,b]$ 进行 n 等分,并记 $x_k = a + kh(k=0,1,\cdots,n)$,步长 $h = \dfrac{b-a}{n}$,在每个小区间 $[x_k, x_{k+1}](k=0,1,\cdots,n-1)$ 上采用梯形公式(6.1),可得

$$I = \int_a^b f(x)\,dx = \sum_{k=0}^{n-1} \int_{x_k}^{x_{k+1}} f(x)\,dx \approx \sum_{k=0}^{n-1} \frac{h}{2}[f(x_k) + f(x_{k+1})] = T_n.$$

于是有

$$T_n = \frac{h}{2}\left[f(a) + 2\sum_{k=1}^{n-1} f(x_k) + f(b)\right], \quad (6.10)$$

称为**复化梯形公式**. 该求积公式中求积系数 $A_k > 0 (k=0,1,\cdots,n)$,故它是稳定的. 利用定积分的定义还可知

$$\lim_{n\to\infty} T_n = \lim_{h\to 0} \frac{1}{2}\left[\sum_{k=0}^{n-1} f(x_k)h + \sum_{k=1}^{n} f(x_k)h\right] = \int_a^b f(x)\,dx = I,$$

即复化梯形公式(6.10)是收敛的.

若 $f(x) \in C^2[a,b]$,则由梯形公式的余项(6.8)可得

$$R_n = I - T_n = \sum_{k=0}^{n-1}\left[-\frac{h^3}{12}f''(\eta_k)\right], \quad \eta_k \in (x_k, x_{k+1}).$$

由 $f''(x)$ 的连续性和

$$\min_{0\leq k\leq n-1} f''(\eta_k) \leq \frac{1}{n}\sum_{k=0}^{n-1} f''(\eta_k) \leq \max_{0\leq k\leq n-1} f''(\eta_k),$$

可知存在 $\eta \in (a,b)$ 使得 $f''(\eta) = \dfrac{1}{n}\sum_{k=0}^{n-1} f''(\eta_k)$. 故复化梯形公式的误差余项为

$$R_n = I - T_n = -\frac{b-a}{12}h^2 f''(\eta), \quad \eta \in (a,b). \quad (6.11)$$

6.3.2 复化辛普森公式

将区间$[a,b]$进行n等分,在每个小区间$[x_k,x_{k+1}]$($k=0,1,\cdots,n-1$)上采用辛普森公式(6.2)进行近似,记$x_{k+1/2}=x_k+\dfrac{h}{2}$,则有

$$I=\int_a^b f(x)\mathrm{d}x=\sum_{k=0}^{n-1}\int_{x_k}^{x_{k+1}}f(x)\mathrm{d}x\approx\sum_{k=0}^{n-1}\dfrac{h}{6}[f(x_k)+4f(x_{k+1/2})+f(x_{k+1})]=S_n.$$

称

$$S_n=\dfrac{h}{6}\left[f(a)+4\sum_{k=0}^{n-1}f(x_{k+1/2})+2\sum_{k=1}^{n-1}f(x_k)+f(b)\right] \quad (6.12)$$

为**复化辛普森公式**. 该公式也是收敛且稳定的. 为便于编程实现, 求积公式(6.12)可等价改写成

$$S_n=\dfrac{h}{6}\left\{f(a)-f(b)+\sum_{k=1}^{n}[4f(x_{k-1/2})+2f(x_k)]\right\}.$$

若$f(x)\in C^4[a,b]$,类似于复化梯形公式的分析,由辛普森公式的余项(6.9)可得复化辛普森公式的余项

$$R_n=I-S_n=-\dfrac{b-a}{180}\left(\dfrac{h}{2}\right)^4 f^{(4)}(\eta),\quad \eta\in(a,b). \quad (6.13)$$

例 6.3.1 分别用$n=8$的复化梯形公式和$n=4$的复化辛普森公式计算积分$I=\int_0^1 f(x)\mathrm{d}x$,其中$f(x)=\dfrac{1}{1+x^6}$.

解 由$n=8$可知$x_k=kh$($k=0,1,\cdots,8$),$h=\dfrac{1}{8}$,应用复化梯形公式(6.10)得

$$T_8=\dfrac{1}{8}\times\dfrac{1}{2}\left[f(0)+2\sum_{i=1}^{7}f\left(\dfrac{i}{8}\right)+f(1)\right]\approx 0.901810.$$

由$n=4$可知$x_k=kh$($k=0,1,\cdots,4$),$h=\dfrac{1}{4}$,应用复化辛普森公式(6.12)得

$$S_4=\dfrac{1}{4}\times\dfrac{1}{6}\left[f(0)+4\sum_{i=0}^{3}f\left(\dfrac{2i+1}{8}\right)+2\sum_{i=1}^{3}f\left(\dfrac{i}{4}\right)+f(1)\right]\approx 0.903807.$$

对比近似值T_8和S_4,它们的计算量相当,精度差别也不大. 再对比积分的精确值$0.90377177\cdots$,可见复化辛普森公式的近似效果更好.

例 6.3.2 若分别用复化梯形公式和复化辛普森公式计算积分$I=\int_0^1 \dfrac{\sin x}{x}\mathrm{d}x$,为使其误差不超过$\dfrac{1}{2}\times 10^{-5}$,应将区间进行多少等分?

解 由 $f(x) = \dfrac{\sin x}{x} = \int_0^1 \cos(xt)\,dt$ 可知

$$f^{(k)}(x) = \int_0^1 \dfrac{d^k}{dx^k}\cos(xt)\,dt = \int_0^1 t^k \cos\left(xt + \dfrac{k\pi}{2}\right)dt.$$

根据复化梯形公式的余项(6.11)得

$$|R_n| = \dfrac{h^2}{12}|f''(\eta)| \leq \dfrac{1}{12n^2}\max_{x\in[0,1]}|f''(x)| \leq \dfrac{1}{12n^2}\int_0^1 t^2\,dt = \dfrac{1}{36n^2} \leq \dfrac{1}{2}\times 10^{-5},$$

故有 $n \geq 74.54$，即将区间 75 等分即可. 类似地，由复化辛普森公式的余项(6.13)得

$$|R_n| \leq \dfrac{1}{2880n^4}\max_{x\in[0,1]}|f^{(4)}(x)| \leq \dfrac{1}{2880n^4}\int_0^1 t^4\,dt = \dfrac{1}{14400n^4} \leq \dfrac{1}{2}\times 10^{-5},$$

故有 $n \geq 1.93$，即将区间 2 等分即可. 由此可见，达到同样的精度，复化梯形公式需要计算 76 个节点的函数值，而复化辛普森公式只需要计算 5 个节点的函数值，其计算量更少.

6.4 龙贝格算法

复化求积公式虽然能提高数值求积的精度，但是其步长的选取并不容易. 若被积函数导函数的上界容易确定，根据复化求积公式的余项可以取到较好的步长，但当被积函数的导函数计算较复杂时，通常采用经验性的方式选取步长，此时步长取得太大，精度无法达到；步长取得过小，计算量增加，舍入误差累积也会增大. 为此在实际计算中通常采用变步长的方式，即在步长逐步减半的过程中，反复利用复化求积公式，直至数值积分值满足精度要求为止. 下面以复化梯形公式为例，介绍其具体实现过程.

6.4.1 递推化的复化梯形公式

将区间 $[a,b]$ 进行 n 等分，等分节点为 $x_k = a + kh\,(k=0,1,\cdots,n)$，步长 $h = \dfrac{b-a}{n}$，在每个小区间 $[x_k, x_{k+1}]$ 上采用梯形公式并求和可得复化梯形公式

$$T_n = \sum_{k=0}^{n-1} \dfrac{h}{2}[f(x_k) + f(x_{k+1})]. \qquad (6.14)$$

将每个小区间 $[x_k, x_{k+1}]$ 二等分，并记其中点为 $x_{k+1/2} = \dfrac{1}{2}(x_k + x_{k+1})$，在每个子区间上采用梯形公式并求和可得此区间上的积分近似值

$$\dfrac{h/2}{2}[f(x_k) + f(x_{k+1/2})] + \dfrac{h/2}{2}[f(x_{k+1/2}) + f(x_{k+1})]$$

$$= \frac{h}{4}[f(x_k)+2f(x_{k+1/2})+f(x_{k+1})].$$

将所有小区间上的积分近似值加起来，则有 $2n$ 等分的复化梯形公式

$$T_{2n} = \sum_{k=0}^{n-1} \frac{h}{4}[f(x_k)+2f(x_{k+1/2})+f(x_{k+1})]$$

$$= \frac{h}{4}\sum_{k=0}^{n-1}[f(x_k)+f(x_{k+1})] + \frac{h}{2}\sum_{k=0}^{n-1} f(x_{k+1/2}).$$

利用式(6.14)可得递推式

$$T_{2n} = \frac{1}{2}T_n + \frac{h}{2}\sum_{k=0}^{n-1} f(x_{k+1/2}), \qquad (6.15)$$

其中，$x_{k+1/2}=a+\left(k+\frac{1}{2}\right)h(k=0,1,\cdots,n-1)$，$h=\frac{b-a}{n}$，称为**递推化的复化梯形公式**. 按照递推式(6.15)可逐步计算出步长减半后的复化梯形公式近似值，直至其满足精度要求. 根据复化梯形公式的收敛性，可取 $|T_{2n}-T_n| \leq \varepsilon$ 作为停机准则，其中 ε 是事先给定的精度.

例 6.4.1 用递推化的复化梯形公式计算积分 $I=\int_0^1 \frac{1}{1+x^6}dx$，使得 $|T_{2n}-T_n| \leq \frac{1}{2}\times 10^{-5}$.

解 由 $f(x)=\frac{1}{1+x^6}$，利用梯形公式可得

$$T_1 = \frac{1}{2}[f(0)+f(1)] = \frac{3}{4}.$$

根据递推式(6.15)可得区间二等分以后的复化梯形公式

$$T_2 = \frac{1}{2}T_1 + \frac{1}{2}f\left(\frac{1}{2}\right) \approx 0.867308.$$

进一步将每个小区间二等分可得

$$T_4 = \frac{1}{2}T_2 + \frac{1}{4}\left[f\left(\frac{1}{4}\right)+f\left(\frac{3}{4}\right)\right] \approx 0.895821.$$

不断二等分下去，计算结果见表 6-2. 表中 k 代表二等分的次数，区间数为 $n=2^k$.

表 6-2　递推化的复化梯形公式计算结果

k	1	2	3	4	5
T_n	0.867308	0.895821	0.901810	0.903283	0.903650
$\|T_n-T_{n/2}\|$	0.117308	0.028513	0.005990	0.001473	3.67×10^{-4}

(续)

k	6	7	8	9	10
T_n	0.903741	0.903764	0.903770	0.903771	0.903772
$\|T_n - T_{n/2}\|$	9.16×10^{-5}	2.29×10^{-5}	5.72×10^{-6}	1.43×10^{-6}	3.58×10^{-7}

由表 6-2 可知二等分 9 次可以达到所要求的精度,共需计算 513 个节点处的函数值,计算量较大. 为进一步提高数值求积公式的精度,降低计算量,可采用外推技巧构造新的数值求积公式.

6.4.2 龙贝格(Romberg)算法

当区间 $[a,b]$ 分为 n 等份时,记复化梯形公式 $T_n = T(h)$,其中 $h = \dfrac{b-a}{n}$,则有

$$T(h) = I + \frac{b-a}{12} h^2 f''(\eta), \quad \eta \in (a,b).$$

进一步,可以证明复化梯形公式的余项可展开成级数形式.

定理 6.4.1 设 $f(x) \in C^\infty[a,b]$,则有
$$T(h) = I + \alpha_1 h^2 + \alpha_2 h^4 + \cdots + \alpha_k h^{2k} + \cdots, \quad (6.16)$$
其中,$I = \int_a^b f(x) \mathrm{d}x$;系数 $\alpha_k (k=1,2,\cdots)$ 与步长 h 无关.

该定理可根据 $f(x)$ 的泰勒展开推导得到[16].

若式(6.16)中用 $h/2$ 代替 h,则有
$$T_{2n} = T(h/2) = I + \alpha_1 h^2/4 + \alpha_2 h^4/16 + \cdots + \alpha_k (h/2)^{2k} + \cdots, \quad (6.17)$$
观察式(6.16)和式(6.17)可知
$$S(h) = \frac{4T(h/2) - T(h)}{3} = I + \beta_1 h^4 + \beta_2 h^6 + \cdots, \quad (6.18)$$

其中,$\beta_k(k=1,2,\cdots)$ 与 h 无关. 故 $S(h)$ 近似积分值 I 的误差阶为 $O(h^4)$,它提高了 $T(h)$ 的误差阶 $O(h^2)$,称这种提高误差阶的方法为**理查森(Richardson)外推算法**. 同时可以发现 $S(h) = S_n$,是区间 $[a,b]$ n 等分时得到的复化辛普森公式,且有
$$S_n = \frac{4T_{2n} - T_n}{3}.$$

按照类似的方式,根据
$$S(h/2) = I + \beta_1 (h/2)^4 + \beta_2 (h/2)^6 + \cdots,$$
可得
$$C(h) = \frac{16 S(h/2) - S(h)}{15} = I + \gamma_1 h^6 + \gamma_2 h^8 + \cdots. \quad (6.19)$$

可以验证 $C(h)=C_n$ 是区间 $[a,b]n$ 等分时对应的复化科茨公式，它的误差阶为 $O(h^6)$，且有

$$C_n = \frac{16S_{2n}-S_n}{15}.$$

同样地，根据式(6.19)使用理查森外推技巧可得误差阶为 $O(h^8)$ 的龙贝格公式

$$R(h) = \frac{64C(h/2)-C(h)}{63} = I + r_1 h^8 + r_2 h^{10} + \cdots. \qquad (6.20)$$

记 $R(h)=R_n$，则有

$$R_n = \frac{64C_{2n}-C_n}{63}.$$

按照上述做法继续下去便是**龙贝格算法**.

为方便起见，引入记号 $T_0(h)=T(h)$，$T_1(h)=S(h)$，$T_2(h)=C(h)$，$T_3(h)=R(h)$，则式(6.18)~式(6.20)可统一表示为

$$T_m(h) = \frac{4^m}{4^m-1}T_{m-1}\left(\frac{h}{2}\right) - \frac{1}{4^m-1}T_{m-1}(h), \qquad (6.21)$$

按照此公式加速 $m(m=1,2,\cdots)$ 次后，有

$$T_m(h) = I + \delta_1 h^{2(m+1)} + \delta_2 h^{2(m+2)} + \cdots,$$

其中，$\delta_k(k=1,2,\cdots)$ 与 h 无关. 这种处理方法通常称为**理查森外推加速方法**.

记 $T_0^{(k)}$ 为二等分 k 次后得到的复化梯形值，$T_m^{(k)}$ 为序列 $\{T_0^{(k)}\}$ 经过 m 次加速后的数值，则根据递推式(6.21)可得

$$T_m^{(k)} = \frac{4^m}{4^m-1}T_{m-1}^{(k+1)} - \frac{1}{4^m-1}T_{m-1}^{(k)}, \quad k,m=1,2,\cdots. \qquad (6.22)$$

式(6.22)也称为**龙贝格算法**，其具体实现过程可参考表6-3，表中序号 (i) 表示运算的次序.

表6-3 龙贝格算法

k	h	$T_0^{(k)}$	$T_1^{(k)}$	$T_2^{(k)}$	$T_3^{(k)}$	$T_4^{(k)}$	$\cdots$
0	$b-a$	$T_0^{(0)}$					
1	$\frac{b-a}{2}$	$T_0^{(1)}$ (1)	$T_1^{(0)}$				
2	$\frac{b-a}{4}$	$T_0^{(2)}$ (2)	$T_1^{(1)}$ (3)	$T_2^{(0)}$			
3	$\frac{b-a}{8}$	$T_0^{(3)}$ (4)	$T_1^{(2)}$ (5)	$T_2^{(1)}$ (6)	$T_3^{(0)}$		
4	$\frac{b-a}{16}$	$T_0^{(4)}$ (7)	$T_1^{(3)}$ (8)	$T_2^{(2)}$ (9)	$T_3^{(1)}$ (10)	$T_4^{(0)}$	
$\vdots$	$\vdots$	$\vdots$	$\vdots$	$\vdots$	$\vdots$	$\vdots$	

按照龙贝格算法的实现过程,可得如下适用于编程实现的算法.

> **算法 6.4.1** 龙贝格算法
> 1) 输入区间端点 a,b,函数 $f(x)$ 和精度 ε,令 $k=0$,$h=b-a$,$n=1$,并取 $T(0)=\dfrac{h}{2}[f(a)+f(b)]$;
> 2) 令 $k=k+1$,$c=T(0)$,计算
> $$T(k)=\frac{1}{2}\Big[T(k-1)+h\sum_{i=1}^{n}f\Big(a+\Big(i-\frac{1}{2}\Big)h\Big)\Big].$$
> 取 $h=h/2$,$n=2n$,$d=1$. 对 $j=k,k-1,\cdots,1$,令 $d=4d$,计算
> $$T(j-1)=T(j)+[T(j)-T(j-1)]/(d-1).$$
> 3) 若 $|c-T(0)|\leq\varepsilon$,则输出 $T(0)$,停止计算,否则返回第 2 步,继续计算.

例 6.4.2 用龙贝格算法计算积分 $I=\displaystyle\int_0^1\frac{\sin x}{x}\mathrm{d}x$,使其满足 $|T_m^{(0)}-T_{m-1}^{(0)}|\leq\dfrac{1}{2}\times 10^{-5}$.

解 按照算法 6.4.1 计算,结果见表 6-4.

表 6-4 龙贝格算法计算结果

k	$T_0^{(k)}$	$T_1^{(k)}$	$T_2^{(k)}$	$T_3^{(k)}$
0	0.920735			
1	0.939793	0.946146		
2	0.944514	0.946087	0.946083	
3	0.945691	0.946083	0.946083	0.946083

该龙贝格算法达到预期的精度需要计算 9 个点的函数值,而由例 6.3.2 可知采用复化梯形公式则需要计算 76 个点的函数值. 因此,龙贝格算法起到了很好的加速效果.

龙贝格算法即理查森外推加速算法,是一种通用的加速技巧,其本质就是利用原序列的组合产生新的序列使其快速地收敛于积分值. 这里需要注意的是,龙贝格算法中外推的次数不宜过多. 若 m 过大,则 $4^m/(4^m-1)\approx 1$,$1/(4^m-1)\approx 0$,此时 $T_m^{(k)}\approx T_{m-1}^{(k+1)}$,外推对于精度的改善很小,故一般取外推次数 $m\leq 5$. 若固定外推次数为 m,则龙贝格算法按如下过程实现,其终止条件为 $|T_m^{(k+1)}-T_m^{(k)}|\leq\varepsilon$.

> **算法 6.4.2** 龙贝格算法(固定外推次数)
> 1) 输入区间端点 a,b,函数 $f(x)$,精度 ε 和外推的次数 m,令 $k=0$,$h=b-a$,$n=1$,并取 $T(0)=\dfrac{h}{2}[f(a)+f(b)]$;

2) 令 $k=k+1$，计算

$$T(k) = \frac{1}{2}\left[T(k-1) + h\sum_{i=1}^{n} f\left(a+\left(i-\frac{1}{2}\right)h\right)\right].$$

取 $h=h/2$，$n=2n$，$d=1$. 对 $j=k, k-1, \cdots, \max(k+1-m, 1)$，令 $d=4d$，计算

$$T(j-1) = T(j) + [T(j) - T(j-1)]/(d-1).$$

3) 若 $k>m$ 且 $|T(k-m) - T(k-m-1)| \leq \varepsilon$ 则输出 $T(k-m)$，停止计算，否则返回第 2 步，继续计算.

6.5 高斯求积公式

6.5.1 高斯(Gauss)求积公式的一般理论

本章主要考虑机械求积公式(6.3)，它是由求积节点和求积系数所确定的. 前面各节主要讨论求积节点给定时的插值型求积公式，其至少具有 n 次代数精度. 但是在数值计算中我们往往希望求积公式(6.3)具有尽可能高的代数精度. 为此可以考虑寻找最优的求积节点，使得求积公式(6.3)具有最高的代数精度. 当求积节点和求积系数都待定时，同样也可以利用代数精度的概念确定求积公式.

例 6.5.1 试确定求积节点 x_0, x_1 和求积系数 A_0, A_1，使得求积公式

$$\int_0^1 f(x)\,dx \approx A_0 f(x_0) + A_1 f(x_1)$$

具有尽可能高的代数精度.

解 令 $f(x) = 1, x, x^2, x^3$ 使得求积公式精确成立，则有

$$\begin{cases} A_0 + A_1 = 1, \\ A_0 x_0 + A_1 x_1 = \dfrac{1}{2}, \\ A_0 x_0^2 + A_1 x_1^2 = \dfrac{1}{3}, \\ A_0 x_0^3 + A_1 x_1^3 = \dfrac{1}{4}. \end{cases}$$

该非线性方程组的解为

$$x_0 = \frac{3+\sqrt{3}}{6}, \quad x_1 = \frac{3-\sqrt{3}}{6}, \quad A_0 = A_1 = \frac{1}{2}.$$

于是有

$$\int_0^1 f(x)\,\mathrm{d}x \approx \frac{1}{2} f\left(\frac{3+\sqrt{3}}{6}\right) + \frac{1}{2} f\left(\frac{3-\sqrt{3}}{6}\right).$$

代入 $f(x)=x^4$，可得上式左侧积分值为 0.2，右侧值为 0.1944…. 故该求积公式的代数精度为 3.

对于一般的机械求积公式 $\int_a^b f(x)\,\mathrm{d}x \approx \sum_{k=0}^n A_k f(x_k)$，当求积节点和求积系数未知时，也可通过代数精度的定义求解非线性方程组来确定求积公式，使其代数精度至少为 $2n+1$. 但此类型的非线性方程组求解起来比较复杂，故很少采用. 事实上，它的代数精度恰好为 $2n+1$. 这是由于机械求积公式(6.3)的代数精度最高为 $2n+1$. 要验证这一结论，只需找一个 $2n+2$ 次的多项式，使其机械求积公式不精确成立即可.

令 $f(x) = \omega_{n+1}^2(x)$，其中 $\omega_{n+1}(x) = \prod_{i=0}^n (x-x_i)$，则有 $\int_a^b \omega_{n+1}^2(x)\,\mathrm{d}x > 0$，而 $\sum_{k=0}^n A_k \omega_{n+1}^2(x_k) = 0$，即求积公式(6.3)不精确成立. 上述结果对于带权 $\rho(x)$ 积分的机械求积公式

$$\int_a^b \rho(x) f(x)\,\mathrm{d}x \approx \sum_{k=0}^n A_k f(x_k) \tag{6.23}$$

依旧成立，即存在求积节点 x_k 和求积系数 A_k 使得式(6.23)具有 $2n+1$ 次代数精度. 对于具有最高次代数精度的机械求积公式，有如下定义.

> **定义 6.5.1** 如果含有 $n+1$ 个节点的求积公式(6.23)具有 $2n+1$ 次代数精度，则称其为**高斯(Gauss)型求积公式**，其中 $\rho(x) \geq 0$ 为权函数. 此时称节点 x_k 为**高斯点**，系数 A_k 为**高斯系数**.

对于高斯点和高斯系数的确定，通过求解非线性方程组的方式是不切实际的. 通常是将高斯点和高斯系数分开来计算，先确定高斯点，而后确定高斯系数. 注意到高斯型求积公式一定是插值型求积公式，若高斯点 x_k 已确定，则利用

$$A_k = \int_a^b \rho(x) l_k(x)\,\mathrm{d}x, \quad k=0,1,\cdots,n, \tag{6.24}$$

便可求出高斯系数 A_k. 这里 $l_k(x)$ 为节点 $x_0, x_1, \cdots, x_n$ 确定的拉格朗日基函数，满足

$$l_k(x) = \prod_{\substack{i=0 \\ i \neq k}}^n \frac{x-x_i}{x_k-x_i}. \tag{6.25}$$

此外，高斯系数 A_k 也可通过代数精度的概念构造线性方程组来确定.

对于高斯点的选取，考虑节点 $x_0, x_1, \cdots, x_n \in [a, b]$ 上 $f(x)$ 的 n 次拉格朗日插值多项式

$$L_n(x) = \sum_{k=0}^{n} f(x_k) l_k(x),$$

它满足

$$f(x) = \sum_{k=0}^{n} f(x_k) l_k(x) + \frac{f^{(n+1)}(\xi)}{(n+1)!} \omega_{n+1}(x), \quad \xi \in (a, b).$$

对上式取 $[a, b]$ 上带权 $\rho(x)$ 的积分，则有

$$\int_a^b \rho(x) f(x) \mathrm{d}x = \sum_{k=0}^{n} A_k f(x_k) + R[f],$$

其中，A_k 为式 (6.24)；余项 $R[f]$ 为

$$R[f] = \frac{1}{(n+1)!} \int_a^b f^{(n+1)}(\xi) \rho(x) \omega_{n+1}(x) \mathrm{d}x.$$

由此可知求积公式 (6.23) 至少具有 n 次代数精度. 为使其达到 $2n+1$ 次代数精度，节点 x_k 需满足：对任意 $f(x) \in H_{2n+1}$ 成立 $R[f] = 0$. 此时 $f^{(n+1)}(x) \in H_n$，因而对任意 $p(x) \in H_n$ 成立

$$R[f] = \frac{1}{(n+1)!} \int_a^b \rho(x) p(x) \omega_{n+1}(x) \mathrm{d}x = 0,$$

即由节点 x_k 构成的 $\omega_{n+1}(x)$ 与所有次数不超过 n 次的多项式在 $[a, b]$ 上带权 $\rho(x)$ 正交. 于是可得如下定理.

定理 6.5.1 插值型求积公式 (6.23) 的节点 $x_0, x_1, \cdots, x_n \in [a, b]$ 是高斯点的充要条件是以这些节点为零点的 $n+1$ 次多项式

$$\omega_{n+1}(x) = (x-x_0)(x-x_1) \cdots (x-x_n),$$

满足对任意 $p(x) \in H_n$ 成立

$$\int_a^b \rho(x) p(x) \omega_{n+1}(x) \mathrm{d}x = 0. \tag{6.26}$$

证明 必要性：任取 $p(x) \in H_n$，则 $p(x) \omega_{n+1}(x) \in H_{2n+1}$. 由 x_k 是高斯点可知求积公式 (6.23) 对 $f(x) = p(x) \omega_{n+1}(x)$ 精确成立，即

$$\int_a^b \rho(x) p(x) \omega_{n+1}(x) \mathrm{d}x = \sum_{k=0}^{n} A_k p(x_k) \omega_{n+1}(x_k) = 0.$$

充分性：任取 $f(x) \in H_{2n+1}$，并用 $\omega_{n+1}(x)$ 除 $f(x)$，记商为 $p(x)$，余式为 $q(x)$，则

$$f(x) = p(x) \omega_{n+1}(x) + q(x),$$

其中，$p(x),q(x) \in H_n$. 进一步，由式(6.26)可得

$$\int_a^b \rho(x)f(x)\mathrm{d}x = \int_a^b \rho(x)q(x)\mathrm{d}x.$$

由于求积公式(6.23)是插值型的，它对于 $q(x) \in H_n$ 精确成立，即有

$$\int_a^b \rho(x)q(x)\mathrm{d}x = \sum_{k=0}^n A_k q(x_k).$$

注意到 $\omega_{n+1}(x_k)=0$，则有 $f(x_k)=q(x_k)$. 于是

$$\int_a^b \rho(x)f(x)\mathrm{d}x = \int_a^b \rho(x)q(x)\mathrm{d}x = \sum_{k=0}^n A_k f(x_k),$$

即求积公式(6.23)具有 $2n+1$ 次代数精度. 这说明 x_k 是高斯点. 证毕.

定理6.5.1说明区间 $[a,b]$ 上带权 $\rho(x)$ 的 $n+1$ 次正交多项式的零点就是求积公式(6.23)的高斯点.

例 6.5.2 利用定理 6.5.1 的结论确定高斯型求积公式

$$\int_0^1 f(x)\mathrm{d}x \approx A_0 f(x_0) + A_1 f(x_1).$$

解 由定理 6.5.1 可知高斯点是 $[0,1]$ 上 2 次正交多项式的零点. 将 $1,x,x^2$ 进行施密特正交化，可得正交多项式 $\varphi_0 = 1$，

$$\varphi_1(x) = x - \frac{(x,\varphi_0)}{(\varphi_0,\varphi_0)}\varphi_0(x) = x - \frac{1}{2},$$

$$\varphi_2(x) = x^2 - \frac{(x^2,\varphi_0)}{(\varphi_0,\varphi_0)}\varphi_0(x) - \frac{(x^2,\varphi_1)}{(\varphi_1,\varphi_1)}\varphi_1(x) = x^2 - x + \frac{1}{6}.$$

于是高斯点为

$$x_0 = \frac{3+\sqrt{3}}{6}, \quad x_1 = \frac{3-\sqrt{3}}{6}.$$

由式(6.24)可得高斯系数 $A_0 = A_1 = \frac{1}{2}$.

高斯型求积公式是机械求积公式(6.23)中代数精度最高的，通过分析还可导出它的误差余项. 设 $f(x) \in C^{2n+2}[a,b]$，取 $f(x)$ 在节点 $x_0,x_1,\cdots,x_n \in [a,b]$ 上的 $2n+1$ 次埃尔米特插值多项式 $H_{2n+1}(x)$，它满足条件(4.30)，且有

$$f(x) - H_{2n+1}(x) = \frac{f^{(2n+2)}(\xi)}{(2n+2)!}\omega_{n+1}^2(x), \quad \xi \in (a,b).$$

对上式左右两侧取 $[a,b]$ 上带权 $\rho(x)$ 的积分，可得

$$R_n[f] = \int_a^b \rho(x)f(x)\mathrm{d}x - \int_a^b \rho(x)H_{2n+1}(x)\mathrm{d}x = \int_a^b \frac{f^{(2n+2)}(\xi)}{(2n+2)!}\omega_{n+1}^2(x)\rho(x)\mathrm{d}x.$$

由高斯型求积公式具有 $2n+1$ 次代数精度可知

$$\int_a^b \rho(x) H_{2n+1}(x) \mathrm{d}x = \sum_{k=0}^n A_k H_{2n+1}(x_k) = \sum_{k=0}^n A_k f(x_k).$$

结合积分中值定理可得高斯型求积公式的余项

$$\begin{aligned} R_n[f] &= \int_a^b \rho(x) f(x) \mathrm{d}x - \sum_{k=0}^n A_k f(x_k) \\ &= \int_a^b \frac{f^{(2n+2)}(\xi)}{(2n+2)!} \omega_{n+1}^2(x) \rho(x) \mathrm{d}x \\ &= \frac{f^{(2n+2)}(\eta)}{(2n+2)!} \int_a^b \omega_{n+1}^2(x) \rho(x) \mathrm{d}x. \end{aligned} \quad (6.27)$$

对于一般的插值型求积公式(6.23),由于龙格现象的存在,高次的求积公式通常是不稳定的,如 $n \geq 8$ 的牛顿-科茨公式. 但是高斯型求积公式不同,它总是稳定且收敛的.

定理 6.5.2 高斯型求积公式(6.23)的求积系数 $A_k > 0$ ($k = 0, 1, \cdots, n$),因而该求积公式是稳定的.

证明 取高斯点 $x_0, x_1, \cdots, x_n$ 对应的拉格朗日基函数 $l_k(x)$,如式(6.25),则 $l_k^2(x)$ 是 $2n$ 次多项式,故高斯型求积公式(6.23)对 $f(x) = l_k^2(x)$ 精确成立. 于是有

$$0 < \int_a^b \rho(x) l_k^2(x) \mathrm{d}x = \sum_{i=0}^n A_i l_k^2(x_i) = A_k.$$

证毕.

定理 6.5.3 设 $f(x) \in C[a,b]$,则高斯型求积公式(6.23)是收敛的,即

$$\lim_{n \to \infty} \sum_{k=0}^n A_k f(x_k) = \int_a^b \rho(x) f(x) \mathrm{d}x.$$

定理 6.5.3 的证明见文献[17]. 高斯型求积公式不仅代数精度高,而且既稳定又收敛,因而在数值计算中经常被使用. 下面介绍几种常用的基于正交多项式的高斯型求积公式.

6.5.2 高斯-勒让德(Gauss-Legendre)求积公式

对于高斯型求积公式(6.23),若积分区间为 $[-1,1]$,权函数 $\rho(x) = 1$,可取 $n+1$ 次勒让德正交多项式 $P_{n+1}(x)$ 的零点 x_k ($k = 0, 1, 2, \cdots, n$) 作为高斯点,得公式

$$\int_{-1}^1 f(x) \mathrm{d}x \approx \sum_{k=0}^n A_k f(x_k), \quad (6.28)$$

称之为**高斯-勒让德求积公式**.

第 6 章 数值积分与数值微分

当 $n=0$ 时，取 $P_1(x)=x$ 的零点 $x_0=0$ 作高斯点，可得
$$\int_{-1}^{1} f(x)\,\mathrm{d}x \approx A_0 f(0).$$
令上式中 $f(x)=1$ 精确成立，则有 $A_0=2$. 于是便得到一点高斯-勒让德求积公式 $\int_{-1}^{1} f(x)\,\mathrm{d}x \approx 2f(0)$，即中矩形公式.

当 $n=1$ 时，取 $P_2(x)=\dfrac{1}{2}(3x^2-1)$ 的零点 $x_0=-\dfrac{1}{\sqrt{3}}$，$x_1=\dfrac{1}{\sqrt{3}}$ 作高斯点，可得
$$\int_{-1}^{1} f(x)\,\mathrm{d}x \approx A_0 f\left(-\dfrac{1}{\sqrt{3}}\right) + A_1 f\left(\dfrac{1}{\sqrt{3}}\right).$$
令上式中 $f(x)=1,x$ 精确成立，则有 $A_0=A_1=1$. 于是可得两点高斯-勒让德求积公式
$$\int_{-1}^{1} f(x)\,\mathrm{d}x \approx f\left(-\dfrac{1}{\sqrt{3}}\right) + f\left(\dfrac{1}{\sqrt{3}}\right).$$

类似地，当 $n=2$ 时，取 $P_3(x)$ 的零点作高斯点，可得三点高斯-勒让德求积公式
$$\int_{-1}^{1} f(x)\,\mathrm{d}x \approx \dfrac{5}{9} f\left(-\dfrac{\sqrt{15}}{5}\right) + \dfrac{8}{9} f(0) + \dfrac{5}{9} f\left(\dfrac{\sqrt{15}}{5}\right).$$

一般地，取 $P_{n+1}(x)$ 的零点 $x_k(k=0,1,2,\cdots,n)$ 作高斯点，并计算高斯系数
$$A_k = \int_{-1}^{1} \prod_{\substack{i=0 \\ i \neq k}}^{n} \dfrac{x-x_i}{x_k-x_i}\,\mathrm{d}x, \quad k=0,1,\cdots,n,$$
可得 $n+1$ 点高斯-勒让德求积公式 (6.28). 当 $n \leqslant 5$ 时高斯-勒让德求积公式的节点和系数见表 6-5.

表 6-5 高斯-勒让德求积公式的节点和系数

n	高斯点 x_k	高斯系数 A_k	n	高斯点 x_k	高斯系数 A_k
0	0.0000000	2.0000000	3	±0.8611363	0.3478548
				±0.3399810	0.6521452
1	±0.5773503	1.0000000	4	±0.9061798	0.2369269
				±0.5384693	0.4786287
				0.0000000	0.5688889
2	±0.7745967	0.5555556	5	±0.9324695	0.1713245
	0.0000000	0.8888889		±0.6612094	0.3607616
				±0.2386192	0.4679139

由高斯型求积公式的余项 (6.27) 可得高斯-勒让德求积公式的余项为

$$R_n[f] = \frac{f^{(2n+2)}(\eta)}{(2n+2)!} \int_{-1}^{1} \widetilde{P}_{n+1}^2(x) dx$$

$$= \frac{2^{2n+3}[(n+1)!]^4}{(2n+3)[(2n+2)!]^3} f^{(2n+2)}(\eta), \quad \eta \in (-1,1).$$

式中，$\widetilde{P}_{n+1}(x)$ 为最高项系数为 1 的 $n+1$ 次勒让德多项式.

对于一般区间 $[a,b]$ 上的积分 $\int_a^b f(x)dx$，可利用变量替换 $x = \frac{b-a}{2}t + \frac{b+a}{2}$ 化为 $[-1,1]$ 上的积分，即有

$$\int_a^b f(x)dx = \frac{b-a}{2} \int_{-1}^{1} f\left(\frac{b-a}{2}t + \frac{b+a}{2}\right) dt.$$

然后利用高斯-勒让德求积公式计算 $[-1,1]$ 上的积分.

例 6.5.3 分别用四点和五点高斯-勒让德公式计算积分 $\int_0^1 \frac{1}{1+x^6} dx$.

解 作变换 $x = \frac{1}{2}t + \frac{1}{2}$，则有

$$\int_0^1 \frac{1}{1+x^6} dx = \int_{-1}^{1} \frac{32}{64+(t+1)^6} dt.$$

记 $f(t) = \frac{32}{64+(t+1)^6}$，则利用四点高斯-勒让德公式可得

$$\int_{-1}^{1} f(t) dt \approx 0.3478548[f(-0.8611363) + f(0.8611363)] +$$

$$0.6521452[f(-0.3399810) + f(0.3399810)] \approx 0.9040560.$$

由五点高斯-勒让德公式可得

$$\int_{-1}^{1} f(t) dt \approx 0.2369269[f(-0.9324695) + f(0.9324695)] +$$

$$0.4786287[f(-0.5384693) + f(0.5384693)] +$$

$$0.5688889 f(0) \approx 0.9037627.$$

积分的精确值为 $0.9037717\cdots$，由此可见五点高斯-勒让德公式比四点高斯-勒让德公式精度更高. 由例 6.3.1 的结果可知当对区间 $[0,1]$ 进行 4 等分时，复化辛普森公式需要 9 个节点的函数值，其计算值约为 0.903807，而五点高斯-勒让德公式只需要计算 5 个点的函数值，且具有更好的近似效果.

6.5.3 高斯-切比雪夫 (Gauss-Chebyshev) 求积公式

在积分区间 $[-1,1]$ 上取权函数 $\rho(x) = \frac{1}{\sqrt{1-x^2}}$，则可取 $n+1$ 次切比雪夫正交多项式 $T_{n+1}(x)$ 的零点 $x_k (k=0,1,2,\cdots,n)$ 作为高斯

点建立公式

$$\int_{-1}^{1} \frac{f(x)}{\sqrt{1-x^2}} dx \approx \sum_{k=0}^{n} A_k f(x_k), \quad (6.29)$$

称为**高斯-切比雪夫公式**.

由 5.2 节中切比雪夫多项式的表达式 $T_{n+1}(x) = \cos[(n+1)\arccos x]$ 及其性质可知，它的 $n+1$ 个零点为

$$x_k = \cos\left(\frac{2k+1}{2n+2}\pi\right), \quad k = 0, 1, \cdots, n.$$

将其作为高斯点，直接计算可得高斯系数 $A_k = \frac{\pi}{n+1}$，详见文献[18].

于是，$n=1$ 所对应的两点高斯-切比雪夫求积公式为

$$\int_{-1}^{1} \frac{f(x)}{\sqrt{1-x^2}} dx \approx \frac{\pi}{2}\left[f\left(-\frac{1}{\sqrt{2}}\right) + f\left(\frac{1}{\sqrt{2}}\right)\right];$$

$n=2$ 所对应的三点高斯-切比雪夫求积公式为

$$\int_{-1}^{1} \frac{f(x)}{\sqrt{1-x^2}} dx \approx \frac{\pi}{3}\left[f\left(-\frac{\sqrt{3}}{2}\right) + f(0) + f\left(\frac{\sqrt{3}}{2}\right)\right].$$

此外，由式(6.27)可知高斯-切比雪夫求积公式的余项为

$$\begin{aligned}R_n[f] &= \frac{f^{(2n+2)}(\eta)}{(2n+2)!}\int_{-1}^{1}\widetilde{T}_{n+1}^2(x)dx \\ &= \frac{\pi}{2^{2n+1}(2n+2)!}f^{(2n+2)}(\eta), \quad \eta \in (-1,1).\end{aligned} \quad (6.30)$$

式中，$\widetilde{T}_{n+1}(x)$ 表示最高项系数为 1 的 $n+1$ 次切比雪夫多项式.

例 6.5.4 用四点($n=3$)高斯-切比雪夫求积公式计算 $I = \int_{-1}^{1}\frac{e^x}{\sqrt{1-x^2}}dx$.

解 $n=3$ 时，利用高斯-切比雪夫求积公式(6.29)可得

$$I \approx \frac{\pi}{4}\sum_{k=0}^{3} e^{\cos\frac{2k+1}{8}\pi} \approx 3.9774626.$$

根据高斯-切比雪夫公式的余项(6.30)可得

$$|R_3(f)| \leq \frac{\pi}{2^7 \times 8!}e \leq 1.66 \times 10^{-6}.$$

6.6 数值微分

在数值计算中除经常遇到积分的运算外，还会频繁涉及导数的计算. 当导函数不易求得，或导函数较复杂时，通常需要考虑导数值的近似，即数值求导. 基于导函数的定义可知某一点的导数值可以用函数值的线性组合来近似. 具体地，数值微分的方法

可以分为两类：一类是直接从导数的定义出发，利用差商来近似，称为**机械求导法**；另一类是用近似函数的插值多项式的导数值进行计算，称为**插值型求导法**.

6.6.1 机械求导法及其加速

根据导数的定义，可以简单地用差商近似导数，即

$$f'(a) \approx \frac{f(a+h)-f(a)}{h}, \tag{6.31}$$

称之为**向前差商求导公式**；或

$$f'(a) \approx \frac{f(a)-f(a-h)}{h}, \tag{6.32}$$

称之为**向后差商求导公式**；或

$$f'(a) \approx \frac{f(a+h)-f(a-h)}{2h} \triangleq G(h), \tag{6.33}$$

称之为**中点导数公式**(或**中心差商公式**). 这里 h 称为步长. 从几何图形(见图 6-3)上看，上述三种导数的近似值分别表示弦 AB、弦 AC 和弦 BC 的斜率. 显然弦 BC 的斜率更加靠近 $f'(a)$. 事实上，由 $f(a\pm h)$ 在 a 处的泰勒展开式

$$f(a\pm h) = f(a) \pm hf'(a) + \frac{h^2}{2!}f''(a) \pm \frac{h^3}{3!}f'''(a) + \frac{h^4}{4!}f^{(4)}(a) \pm \frac{h^5}{5!}f^{(5)}(a) + \cdots,$$

可知式(6.31)和式(6.32)的误差阶为 $O(h)$，而式(6.33)的误差阶为 $O(h^2)$，且有

$$G(h) = f'(a) + \frac{h^2}{3!}f'''(a) + \frac{h^4}{5!}f^{(5)}(a) + \cdots. \tag{6.34}$$

由误差分析可知

$$|f'(a) - G(h)| \leq \frac{M}{6}h^2, \tag{6.35}$$

其中，$M \geq \max_{|x-a| \leq h} |f'''(x)|$ 为固定的常数. 这说明步长 h 越小，计算结果越准确. 但对于数值计算而言，考虑到舍入误差的影响，若步长 h 过小，则 $f(a+h)$ 和 $f(a-h)$ 很接近，这两项直接相减会导致有效数字的严重损失，因而需要选取合适的步长 h 进行计算.

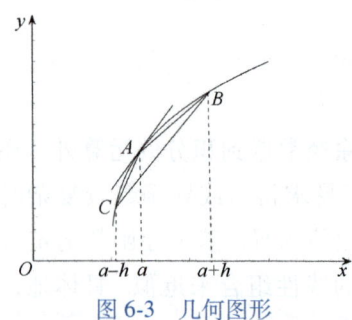

图 6-3 几何图形

例 6.6.1 用中点导数公式计算 $f(x)=\sqrt{x}$ 在 $x=3$ 处的一阶导数值(取小数点后 4 位进行计算).

解 利用公式
$$G(h)=\frac{f(a+h)-f(a-h)}{2h}=\frac{\sqrt{3+h}-\sqrt{3-h}}{2h},$$
选取不同的步长 h 进行计算,结果见表 6-6.

表 6-6 中点导数公式计算结果

h	$G(h)$	h	$G(h)$	h	$G(h)$
1	0.2929	0.05	0.2880	0.001	0.2500
0.5	0.2897	0.01	0.2850	0.0005	0.3000
0.1	0.2890	0.005	0.2900	0.0001	0.5000

由 $f'(3)=0.28867513\cdots$ 和表 6-6 可知 $h=0.1$ 的近似效果最好. 若步长进一步缩小,则近似效果会越来越差. 这种现象主要是由舍入误差引起的. 记 $f(a+h)$ 和 $f(a-h)$ 的舍入误差分别为 ε_1 和 ε_2, 令 $\varepsilon=\max\{|\varepsilon_1|,|\varepsilon_2|\}$, 则中点导数公式的舍入误差上界满足
$$\delta(G(a))\leqslant\frac{|\varepsilon_1|+|\varepsilon_2|}{2h}\leqslant\frac{\varepsilon}{h}.$$
这说明步长越小,舍入误差越大. 结合式(6.35)可知 $G(h)$ 近似 $f'(a)$ 的误差上界为 $E(h)=\dfrac{M}{6}h^2+\dfrac{\varepsilon}{h}$. 通过简单的分析可知,它的最小值点为 $h=\sqrt[3]{3\varepsilon/M}$. 当 $f(x)=\sqrt{x}$ 时,由 $f'''(x)=\dfrac{3}{8}x^{-5/2}$ 可取 $\max\limits_{x\in[2,4]}|f'''(x)|\leqslant 0.06630=M$. 假设 $\varepsilon=\dfrac{1}{2}\times 10^{-4}$, 则使得整体误差最小的步长 $h=\sqrt[3]{3\varepsilon/M}\approx 0.1313$. 这与表 6-6 的结果基本一致.

根据式(6.34),中点求导公式可表示成
$$G(h)=f'(a)+\alpha_1 h^2+\alpha_2 h^4+\cdots+\alpha_k h^{2k}+\cdots,$$
其中,α_k 与步长 h 无关. 借助 6.4 节中的理查森外推技巧可得
$$G_1(h)=\frac{4G(h/2)-G(h)}{3}=f'(a)+\beta_1 h^4+\beta_2 h^6+\cdots,$$
其中,β_k 与步长 h 无关. 由上式可知 $G_1(h)$ 近似 $f'(a)$ 的误差阶达到了 $O(h^4)$. 继续对 $G_1(h)$ 使用外推技巧,则有
$$G_2(h)=\frac{16G_1(h/2)-G_1(h)}{15}=f'(a)+\gamma_1 h^6+\gamma_1 h^8+\cdots,$$
其中,γ_k 也与步长 h 无关. 依次重复下去,则有
$$G_m(h)=\frac{4^m}{4^m-1}G_{m-1}(h/2)-\frac{1}{4^m-1}G_{m-1}(h),\quad m=1,2,\cdots,\quad (6.36)$$

其中，$G_0(h) = G(h)$. 式(6.36)被称为**数值微分的理查森外推加速公式**. 它近似 $f'(a)$ 的误差阶为 $O(h^{2m+2})$，计算过程见算法 6.6.1. 和计算积分的理查森外推加速公式类似，式(6.36)中 m 也不宜过大，否则加速效果不明显.

> **算法 6.6.1** 数值微分的理查森外推加速算法
>
> 1) 输入函数 $f(x)$，点 a，初始步长 h_0 和精度 ε，令 $k=0$，$h=h_0$，并取 $G(0) = \dfrac{1}{2h}[f(a+h) - f(a-h)]$；
>
> 2) 令 $k=k+1$，$c = G(0)$，$h = h/2$，计算
> $$G(k) = \frac{1}{2h}[f(a+h) - f(a-h)].$$
> 取 $d=1$. 对 $j = k, k-1, \cdots, 1$，令 $d = 4d$，计算
> $$G(j-1) = G(j) + [G(j) - G(j-1)]/(d-1).$$
>
> 3) 若 $|c - G(0)| \leqslant \varepsilon$，则输出 $G(0)$，停止计算，否则返回第 2) 步，继续计算.

例 6.6.2 用理查森外推加速法计算 $f(x) = \sqrt{x}$ 在 $x=3$ 处的一阶导数值$\left(\text{精度设置为} \dfrac{1}{2} \times 10^{-5}\right)$.

解 按照算法 6.6.1 进行计算，结果见表 6-7. 对比精确值 $f'(3) = 0.28867513\cdots$ 可以明显地看出外推算法的加速效果.

表 6-7 理查森外推加速计算结果

h	$G_0(h)$	$G_1(h)$	$G_2(h)$	$G_3(h)$
1	0.29289322			
0.5	0.28968986	0.28862208		
0.25	0.28892649	0.28867203	0.28867536	
0.125	0.28873783	0.28867494	0.28867514	0.28867513

6.6.2 插值型求导法

机械求导法及其外推加速算法通常用于函数 $f(x)$ 已知的情形. 当 $f(x)$ 的表达式未知，仅有若干节点 $x_k (k=0,1,\cdots,n)$ 处的函数值 $f(x_i)$ 时，若需计算某点 x 处的一阶导数值，则可根据已有数据，按照插值原理建立插值多项式 $p_n(x)$，并用 $p_n'(x)$ 近似 $f'(x)$，这种近似一阶导数值的方法称为**插值型求导法**. 需要注意的是，即使函数 $f(x)$ 和插值多项式 $p_n(x)$ 相差不大，其导数值 $f'(x)$ 和 $p_n'(x)$ 也有可能相差很大，因而使用时要注意误差分析.

根据插值余项公式(4.10)，有

$$f(x)-p_n(x)=\frac{f^{(n+1)}(\xi)}{(n+1)!}\omega_{n+1}(x).$$

对上式两侧进行求导可得

$$f'(x)-p'_n(x)=\frac{f^{(n+1)}(\xi)}{(n+1)!}\omega'_{n+1}(x)+\frac{\omega_{n+1}(x)}{(n+1)!}\frac{\mathrm{d}}{\mathrm{d}x}f^{(n+1)}(\xi).$$

若需计算 $f'(x_k)$，注意到在节点 x_k 处有 $\omega_{n+1}(x_k)=0$，可得 x_k 处导数值的余项公式

$$f'(x_k)-p'_n(x_k)=\frac{f^{(n+1)}(\xi)}{(n+1)!}\omega'_{n+1}(x_k), \quad k=0,1,\cdots,n.$$

当节点等距分布时，下面列出两种常用的计算节点处一阶导数值 $f'(x_k)$ 的插值型求导公式.

1. 一阶两点公式 ($n=1$)

设给定节点 x_0 和 x_1 上的函数值 $f(x_0)$ 和 $f(x_1)$，则有拉格朗日插值多项式

$$p_1(x)=\frac{x-x_1}{x_0-x_1}f(x_0)+\frac{x-x_0}{x_1-x_0}f(x_1),$$

对其求导，并记 $h=x_1-x_0$，得

$$p'_1(x)=\frac{1}{h}[f(x_1)-f(x_0)].$$

于是近似节点 x_0 和 x_1 处一阶导数的公式为

$$p'_1(x_0)=\frac{1}{h}[f(x_1)-f(x_0)], \quad p'_1(x_1)=\frac{1}{h}[f(x_1)-f(x_0)].$$

它们的误差余项分别为

$$f'(x_0)-p'_1(x_0)=-\frac{h}{2}f''(\xi_0), \quad f'(x_1)-p'_1(x_1)=\frac{h}{2}f''(\xi_1),$$

其中，ξ_0,ξ_1 位于 x_0 和 x_1 之间.

2. 一阶三点公式 ($n=2$)

设给定节点 x_0，$x_1=x_0+h$，$x_2=x_0+2h$ 上的函数值 $f(x_0)$，$f(x_1),f(x_2)$，则有二次插值多项式

$$p_2(x)=\frac{(x-x_1)(x-x_2)}{(x_0-x_1)(x_0-x_2)}f(x_0)+\frac{(x-x_0)(x-x_2)}{(x_1-x_0)(x_1-x_2)}f(x_1)+$$
$$\frac{(x-x_0)(x-x_1)}{(x_2-x_0)(x_2-x_1)}f(x_2).$$

令 $x=x_0+th$，则上式可等价写成

$$p_2(x_0+th)=\frac{1}{2}(t-1)(t-2)f(x_0)-t(t-2)f(x_1)+\frac{1}{2}t(t-1)f(x_2).$$

对上式两侧关于 t 求导，得

$$p_2'(x_0+th) = \frac{1}{2h}[(2t-3)f(x_0) - (4t-4)f(x_1) + (2t-1)f(x_2)]. \quad (6.37)$$

取 $t=0,1,2$ 可得计算节点处一阶导数值的三点公式

$$\begin{cases} p_2'(x_0) = \frac{1}{2h}[-3f(x_0) + 4f(x_1) - f(x_2)], \\ p_2'(x_1) = \frac{1}{2h}[-f(x_0) + f(x_2)], \\ p_2'(x_2) = \frac{1}{2h}[f(x_0) - 4f(x_1) + 3f(x_2)], \end{cases}$$

其中第二式便是我们所熟知的中点公式(6.33). 它们的余项分别为

$$\begin{cases} f'(x_0) - p_2'(x_0) = -\frac{h^2}{3}f'''(\xi_0), \\ f'(x_1) - p_2'(x_1) = -\frac{h^2}{6}f'''(\xi_1), \\ f'(x_2) - p_2'(x_2) = \frac{h^2}{3}f'''(\xi_2), \end{cases}$$

其中, $\xi_i \in (x_0, x_2)$.

基于近似函数 $f(x)$ 的插值多项式 $p_n(x)$, 还可建立高阶微分的数值公式

$$f^{(k)}(x) \approx p_n^{(k)}(x), \quad k=1,2,\cdots,$$

即用插值多项式的高阶导数近似 $f(x)$ 的高阶导数. 基于此思想, 将式(6.37)左右两侧再对 t 求一次导数, 得

$$p_2''(x_0+th) = \frac{1}{h^2}[f(x_0) - 2f(x_1) + f(x_2)].$$

于是有近似节点处二阶导数的三点公式

$$p_2''(x_i) = \frac{1}{h^2}[f(x_0) - 2f(x_1) + f(x_2)], \quad i=0,1,2.$$

它们的余项分别为

$$\begin{cases} f''(x_0) - p_2''(x_0) = -hf'''(\xi_0), \\ f''(x_1) - p_2''(x_1) = -\frac{h^2}{12}f^{(4)}(\xi_1), \quad \xi_i \in (x_0, x_2), \quad i=0,1,2. \\ f''(x_2) - p_2''(x_2) = hf'''(\xi_2). \end{cases}$$

小结与思考

本章介绍了数值求解积分和微分的基本方法, 借助于插值方法, 可以构造插值型求积公式和插值型求导法, 这些方法只涉及节点上函数值的四则运算, 因而便于计算机实现, 但是由于高阶插值不稳定, 相应的插值型求积或求导公式只适合低阶近似. 若要获得高精度的积分或微分近似值, 可结合理查森外推加速算法来构造数值计算公式. 高斯型求积公式也是一种高精度的数值求积方法, 它是所有机

械求积公式中代数精度最高的方法，且总是收敛和稳定的，在实际问题中的应用也最为广泛，可用于计算某些无穷区间上的积分和奇异积分. 基于不同正交多项式的高斯型求积公式通常具有不同的性态，可以处理不同类型的积分问题. 读者在学习时，可将不同的方法进行对比，思考不同方法之间的区别和联系，以更好地理解和掌握数值积分和微分的相应方法.

实验案例 6——基于数值微分的图像去噪

数值积分和数值微分在流体力学、光学工程、图像处理、航空航天等领域的微分方程数值求解中具有重要作用. 本书第 8 章介绍的常微分方程的数值解法便是基于本章的数值积分和数值微分内容. 本案例基于经典的非线性扩散模型——PM（Perona-Malik）方程，结合数值微分来实现图像去噪.

为了获取高质量的数字图像，对图像进行降噪处理是进行图像恢复和图像增强的关键环节，在图像处理和计算机视觉领域具有重要意义. 图像去噪的 PM 模型[19] 是基于非线性偏微分方程的各向异性扩散方法. 该算法的基本思想是在尺度区域内进行平滑，在边界减少多余的平滑或者不平滑，这在一定程度上去除了图像噪声，但通常不能有效地消除小尺度区域的噪声和梯度较大的突变. 为克服这一缺点，可在图像梯度模处增加中值滤波的线性影响，从而得到改进的 PM 模型

$$\frac{\partial I(x,y,t)}{\partial t} = \mathrm{div}(c(|\nabla L_M(I(x,y,t))|)\nabla I(x,y,t)),$$
$$I_{|t=0} = I_0, \tag{6.38}$$

其中，I 表示图像；I_0 表示含噪图像；$c(s) = \mathrm{e}^{-(s/k)^2}$ 为扩散系数，表示扩散强度；k 表示噪声阈值，用于控制梯度方向的扩散量，

$$\nabla L_M(I(x,y,t)) = (1-k_M)I + k_M M(I),$$

其中，$M(\cdot)$ 表示中值滤波；k_M 为中值滤波所占的比重.

由于

$$\mathrm{div}(c(|\nabla L_M(I)|)\nabla I) = \frac{\partial}{\partial x}\left(c(|\nabla L_M(I)|)\frac{\partial}{\partial x}I\right) + \frac{\partial}{\partial y}\left(c(|\nabla L_M(I)|)\frac{\partial}{\partial y}I\right),$$

利用数值微分公式(6.31)和式(6.32)，可得水平和竖直方向的近似公式

$$\frac{\partial}{\partial x}\left(c(|\nabla L_M(I)|)\frac{\partial}{\partial x}I\right) \approx \frac{\left(c(|\nabla L_M(I)|)\frac{\partial}{\partial x}I\right)_{|(x,y,t)} - \left(c(|\nabla L_M(I)|)\frac{\partial}{\partial x}I\right)_{|(x-\Delta x,y,t)}}{\Delta x}$$
$$\approx \frac{c(|\nabla L_M(I)|)_{|(x,y,t)}(I_{|(x+\Delta x,y,t)} - I_{|(x,y,t)})}{\Delta x^2} - \frac{c(|\nabla L_M(I)|)_{|(x-\Delta x,y,t)}(I_{|(x,y,t)} - I_{|(x-\Delta x,y,t)})}{\Delta x^2}$$
$$\approx \frac{c((L_M(I)_{|(x+\Delta x,y,t)} - L_M(I)_{|(x,y,t)})/\Delta x)(I_{|(x+\Delta x,y,t)} - I_{|(x,y,t)})}{\Delta x^2} - \frac{c((L_M(I)_{|(x,y,t)} - L_M(I)_{|(x-\Delta x,y,t)})/\Delta x)(I_{|(x,y,t)} - I_{|(x-\Delta x,y,t)})}{\Delta x^2},$$

和

$$\frac{\partial}{\partial y}\left(c(|\nabla L_M(I)|)\frac{\partial}{\partial y}I\right) \approx \frac{\left(c(|\nabla L_M(I)|)\frac{\partial}{\partial y}I\right)_{|(x,y,t)} - \left(c(|\nabla L_M(I)|)\frac{\partial}{\partial y}I\right)_{|(x,y-\Delta y,t)}}{\Delta y}$$
$$\approx \frac{c(|\nabla L_M(I)|)_{|(x,y,t)}(I_{|(x,y+\Delta y,t)} - I_{|(x,y,t)})}{\Delta y^2} - \frac{c(|\nabla L_M(I)|)_{|(x,y-\Delta y,t)}(I_{|(x,y,t)} - I_{|(x,y-\Delta y,t)})}{\Delta y^2}$$
$$\approx \frac{c((L_M(I)_{|(x,y+\Delta y,t)} - L_M(I)_{|(x,y,t)})/\Delta y)(I_{|(x,y+\Delta y,t)} - I_{|(x,y,t)})}{\Delta y^2} - \frac{c((L_M(I)_{|(x,y,t)} - L_M(I)_{|(x,y-\Delta y,t)})/\Delta y)(I_{|(x,y,t)} - I_{|(x,y-\Delta y,t)})}{\Delta y^2}.$$

类似地也可给出左右斜方（45°和135°方向）的近似公式. 取空间步长 $\Delta x = \Delta y = 1$，结合

$$\frac{\partial I(x,y,t)}{\partial t} \approx \frac{I(x,y,t+\Delta t)-I(x,y,t)}{\Delta t}$$

可得式（6.38）的有限差分近似

$$\begin{aligned}\frac{I(x,y,t+\Delta t)-I(x,y,t)}{\Delta t} = \frac{1}{2}[&c((L_M(I)|_{(x+\Delta x,y,t)}-L_M(I)|_{(x,y,t)}))(I|_{(x+\Delta x,y,t)}-I|_{(x,y,t)})-\\
&c((L_M(I)|_{(x,y,t)}-L_M(I)|_{(x-\Delta x,y,t)}))(I|_{(x,y,t)}-I|_{(x-\Delta x,y,t)})+\\
&c((L_M(I)|_{(x,y+\Delta y,t)}-L_M(I)|_{(x,y,t)}))(I|_{(x,y+\Delta y,t)}-I|_{(x,y,t)})-\\
&c((L_M(I)|_{(x,y,t)}-L_M(I)|_{(x,y-\Delta y,t)}))(I|_{(x,y,t)}-I|_{(x,y-\Delta y,t)})+\\
&\frac{1}{2}c((L_M(I)|_{(x+\Delta x,y+\Delta y,t)}-L_M(I)|_{(x,y,t)}))(I|_{(x+\Delta x,y+\Delta y,t)}-I|_{(x,y,t)})-\\
&\frac{1}{2}c((L_M(I)|_{(x,y,t)}-L_M(I)|_{(x-\Delta x,y-\Delta y,t)}))(I|_{(x,y,t)}-I|_{(x-\Delta x,y-\Delta y,t)})+\\
&\frac{1}{2}c((L_M(I)|_{(x+\Delta x,y-\Delta y,t)}-L_M(I)|_{(x,y,t)}))(I|_{(x+\Delta x,y-\Delta y,t)}-I|_{(x,y,t)})-\\
&\frac{1}{2}c((L_M(I)|_{(x,y,t)}-L_M(I)|_{(x-\Delta x,y+\Delta y,t)}))(I|_{(x,y,t)}-I|_{(x-\Delta x,y+\Delta y,t)})]. \end{aligned} \quad (6.39)$$

因此，在空间像素点引入中值滤波，再按照差分格式（6.39）沿时间方向进行多轮迭代便可实现对图像的去噪处理. 选取 Lena 图像的灰度图像（见图6-4），并加入泊松噪声和高斯噪声，取时间步长 $\Delta t = 0.1$，$k = 20$，$k_M = 0.9$，按照差分格式（6.39）迭代 15 次可得去噪后的图像（见图6-4）. 相关代码见二维码.

原图

高斯+泊松噪声图

去噪图

图 6-4 图像去噪过程

习题与实验题 6

1. 确定下列求积公式的求积系数，使其具有尽可能高的代数精度，并指出求积公式的代数精度.

（1）$\int_0^3 f(x)\mathrm{d}x \approx A_0 f(0) + A_1 f(1) + A_2 f(2)$；

（2）$\int_{-h}^{3h} f(x)\mathrm{d}x \approx A_0 f(-h) + A_1 f(h) + A_2 f(2h)$.

2. 采用梯形法和辛普森法计算积分 $\int_0^1 \frac{1}{1+x^6}\mathrm{d}x$，并估计其误差.

3. 分别用复化梯形公式和复化辛普森公式计算 $\int_0^1 \mathrm{e}^{-x^2}\mathrm{d}x$，使其误差不超过 $\frac{1}{2}\times 10^{-5}$.

4. 给定数据（见表6-8）.

表 6-8 习题 4 数据

x	1.00	1.25	1.50	1.75	2.00
$f(x)$	0.8415	1.0000	0.7781	0.0790	-0.7568

分别用复化梯形公式和复化辛普森公式计算 $I = \int_1^2 f(x)\,dx$ 的近似值.

5. 设 $f(x)$ 在 $[a,b]$ 上连续，证明：当 $n\to\infty$ 时，求解 $\int_a^b f(x)\,dx$ 的复化梯形公式和复化辛普森公式均收敛.

6. 用龙贝格公式计算积分 $\int_0^3 e^x\sqrt{1+x}\,dx$，使其误差不超过 10^{-5}.

7. 试确定求积节点和系数，使得求积公式

$$\int_0^1 \sqrt{x}\,f(x)\,dx \approx A_0 f(x_0) + A_1 f(x_1)$$

具有尽可能高的代数精度.

8. 用柯特斯公式计算积分 $\int_0^2 \sqrt{1+x^4}\,dx$ 的近似值.

9. 推导以 $x_0=1$, $x_1=2$, $x_2=3$ 为求积节点计算 $\int_0^1 f(x)\,dx$ 的插值型求积公式，并指出其代数精度.

10. 按照下列要求计算积分 $\int_{-1}^1 \frac{1}{1+x^4}\,dx$ 的近似值：

（1）用龙贝格算法进行计算，使其误差不超过 10^{-5}；

（2）用三点和五点高斯-勒让德求积公式进行计算；

（3）将积分区间四等分，用复化两点高斯-勒让德求积公式进行计算.

11. 用中点导数公式计算 $f(x) = e^x\sqrt{1+x^2}$ 在 $x=1$ 处的一阶导数近似值. 分别取 $h=0.5$, 0.005, 0.00005 进行计算，并分析误差变化情况. 提出一种改进方法，并重新进行计算.

12. 根据表 6-9 数据

表 6-9　习题 12 数据

x	0.50	1.00	1.50
$f(x)$	−0.0438	0.6931	1.2455

利用三点公式计算 $f(x) = \ln(x^2+\sqrt{x})$ 在 $x=0.5$, 1.0 处的导数值近似，并估计误差.

13.（实验题）分别利用变步长的梯形公式和龙贝格公式计算积分 $\int_0^2 e^{-x^2}\,dx$ 的近似值，使其误差不超过 10^{-5}.

14.（实验题）分别利用三点高斯-勒让德求积公式和复化两点高斯-勒让德求积公式（将区间 2 等分）计算积分 $\int_0^2 e^x\cos x\,dx$，并与精确值作比较，讨论这两种积分公式的近似效果.

第 7 章
代数特征值问题的数值方法

许多工程技术问题,如动力学系统和结构系统中的振动问题、控制系统的稳定性问题、某些临界值的确定等,最后往往都归结为求解矩阵的特征值或特征向量. 因而这类问题是代数计算中的重要内容. 本章主要讨论矩阵特征值的计算.

设矩阵 $A \in \mathbb{R}^{n \times n}$,若存在 $\lambda \in \mathbb{C}$ 及非零向量 $x \in \mathbb{R}^n$,使得 $Ax = \lambda x$,则称 λ 为矩阵 A 的特征值,x 称为矩阵 A 的属于 λ 的特征向量. 进一步,任取非零常数 c,则 $c\lambda$ 是 cA 的特征值,且有 $cAx = c\lambda x$;$\lambda - \mu$ 是 $A - \mu I$ 的特征值,且有 $(A - \mu I)x = (\lambda - \mu)x$,其中 I 表示单位矩阵;λ^k 是 A^k 的特征值,且有 $A^k x = \lambda^k x$.

若矩阵 $A \in \mathbb{R}^{n \times n}$ 为对称矩阵,则其特征值均为实数;并有 n 个线性无关的特征向量;存在正交矩阵 P,使得

$$P^\mathrm{T} A P = \begin{pmatrix} \lambda_1 & & & \\ & \lambda_2 & & \\ & & \ddots & \\ & & & \lambda_n \end{pmatrix}.$$

由特征值的定义可知,求矩阵 A 的特征值等价于解特征方程 $\det(A - \lambda I) = 0$. 但是,当矩阵 A 的阶数较大时,其特征方程是一个高次多项式方程,而此类非线性方程的求解通常较困难,且数值计算过程中对舍入误差也非常敏感. 此外,在实际计算中,有些问题只需求矩阵 A 的按模最大的特征值和相应的特征向量,或者矩阵 A 端部的若干个特征值和相应的特征向量. 因此,需要研究求解矩阵 A 的部分或全部特征值的数值方法.

针对不同的需求,本章主要介绍两类最常用的方法:一类是求解特征值和特征向量的幂法和反幂法;另一类是求矩阵全部特征值的 QR 方法. 若无特别说明,本章所述矩阵都为实矩阵.

7.1 幂法和反幂法

7.1.1 幂法

实际应用中,有些问题仅需求得矩阵的按模最大的特征值(称为**主特征值**)和相应的特征向量(称为**主特征向量**),如大型结构的振动系统中,通常要计算最高频率(或前几个最高频率)及相应的振型.而幂法正是适用于此类问题的一种迭代方法,它可以在计算矩阵主特征值的同时,生成其对应的一个特征向量.因而特别适用于大规模稀疏矩阵的主特征值和相应的特征向量的数值计算.

假设实矩阵 $A \in (a_{ij})_{n \times n}$ 有一个完备的特征向量组,它的 n 个特征值为 $\lambda_i (i=1,2,\cdots,n)$,并且主特征值为实根,满足条件

$$|\lambda_1| > |\lambda_2| \geq |\lambda_3| \geq \cdots \geq |\lambda_n|, \tag{7.1}$$

其相应的线性无关特征向量为 $x_1, x_2, \cdots, x_n$.下面讨论矩阵 A 的主特征值 λ_1 及其特征向量的求解.

任取一个 n 维的非零向量 u_0,构造如下迭代公式

$$\begin{cases} u_1 = Au_0, \\ u_2 = Au_1 = A^2 u_0, \\ \quad \vdots \\ u_k = Au_{k-1} = A^k u_0, \\ \quad \vdots \end{cases} \tag{7.2}$$

从而得到迭代向量 $\{u_k\}$.

由于特征向量组 $x_1, x_2, \cdots, x_n$ 线性无关,构成了 $\mathbb{R}^n$ 中的一组基,因而有

$$u_0 = a_1 x_1 + a_2 x_2 + \cdots + a_n x_n, \quad (\text{假设 } a_1 \neq 0),$$

结合迭代公式(7.2)可得

$$u_k = A^k u_0 = \sum_{i=1}^{n} a_i A^k x_i = a_1 \lambda_1^k x_1 + a_2 \lambda_2^k x_2 + \cdots + a_n \lambda_n^k x_n$$

$$= \lambda_1^k \left[a_1 x_1 + \sum_{i=2}^{n} a_i (\lambda_i / \lambda_1)^k x_i \right].$$

由假设条件(7.1)可知 $|\lambda_i / \lambda_1| < 1 (i=2,3,\cdots,n)$,从而有

$$\lim_{k \to \infty} \frac{u_k}{\lambda_1^k} = a_1 x_1,$$

并且当 $a_1 \neq 0, (x_1)_j \neq 0$ 时有

$$\lim_{k\to\infty}\frac{(\boldsymbol{u}_{k+1})_j}{(\boldsymbol{u}_k)_j}=\lim_{k\to\infty}\frac{\lambda_1^{k+1}\left[a_1\boldsymbol{x}_1+\sum_{i=2}^n a_i(\lambda_i/\lambda_1)^{k+1}\boldsymbol{x}_i\right]_j}{\lambda_1^k\left[a_1\boldsymbol{x}_1+\sum_{i=2}^n a_i(\lambda_i/\lambda_1)^k\boldsymbol{x}_i\right]_j}=\lambda_1. \quad (7.3)$$

由于特征向量 $\boldsymbol{x}_1$ 的非零常数倍依然是属于主特征值 λ_1 的特征向量，因此序列 $\dfrac{\boldsymbol{u}_k}{\lambda_1^k}$ 越来越靠近 λ_1 所对应的特征向量，或者说当 k 充分大时 $\boldsymbol{u}_k\approx\lambda_1^k a_1\boldsymbol{x}_1$. 这说明按照迭代公式(7.2)产生的迭代序列可用于数值求解主特征值及其对应的特征向量. 由于该迭代过程中产生的迭代序列 $\{\boldsymbol{u}_k\}$ 是由矩阵 $\boldsymbol{A}$ 的乘幂 $\boldsymbol{A}^k$ 构造而成的，因而称为**幂迭代法**，简称**幂法**.

由式(7.3)可知，$\dfrac{(\boldsymbol{u}_{k+1})_j}{(\boldsymbol{u}_k)_j}\to\lambda_1$ 的速度取决于 $r=\left|\dfrac{\lambda_2}{\lambda_1}\right|<1$ 的程度，并且 r 越小收敛越快，而 $r\approx 1$ 时收敛可能很慢. 另一方面，由 $\boldsymbol{u}_k\approx\lambda_1^k a_1\boldsymbol{x}_1$ 可知，若 $|\lambda_1|>1$（或 $|\lambda_1|<1$），$\boldsymbol{u}_k$ 的非零分量随 $k\to\infty$ 可能趋于无穷大（或零），即所谓"上溢"（或"下溢"）. 为避免这种情况，通常在每步迭代后对向量 $\boldsymbol{u}_k$ 进行规范化，即令

$$\boldsymbol{v}_k=\frac{\boldsymbol{u}_k}{\max(\boldsymbol{u}_k)},$$

其中 $\max(\boldsymbol{u}_k)$ 表示向量 $\boldsymbol{u}_k$ 中按模最大的分量，例如 $\boldsymbol{u}_k=(2,-6,3)^{\mathrm{T}}$，则 $\max(\boldsymbol{u}_k)=-6$. 显然，对任何常数 α 和向量 $\boldsymbol{z}$ 均有 $\max(\alpha\boldsymbol{z})=\alpha\max(\boldsymbol{z})$.

将迭代公式(7.2)加入规范化过程，给定初始向量 $\boldsymbol{v}_0=\sum_{i=0}^n a_i\boldsymbol{x}_i\neq\boldsymbol{0}$ ($a_1\neq 0$)，按照如下公式进行迭代

$$\begin{cases}\boldsymbol{u}_k=\boldsymbol{A}\boldsymbol{v}_{k-1},\\ m_k=\max(\boldsymbol{u}_k),\quad k=1,2,\cdots.\\ \boldsymbol{v}_k=\boldsymbol{u}_k/m_k.\end{cases} \quad (7.4)$$

定理 7.1.1 设矩阵 $\boldsymbol{A}\in\mathbb{R}^{n\times n}$ 的特征值满足式(7.1)，且其对应的特征向量 $\boldsymbol{x}_1,\boldsymbol{x}_2,\cdots,\boldsymbol{x}_n$ 线性无关. 若给定初始向量 $\boldsymbol{v}_0=\sum_{i=1}^n a_i\boldsymbol{x}_i\neq\boldsymbol{0}$ ($a_1\neq 0$)，按照迭代公式(7.4)构造迭代序列 $\{\boldsymbol{v}_k\}$，则有

$$\lim_{k\to\infty}\boldsymbol{v}_k=\frac{\boldsymbol{x}_1}{\max(\boldsymbol{x}_1)},\quad \lim_{k\to\infty}m_k=\lambda_1.$$

证明 由迭代公式(7.4)可知

$$v_1 = \frac{u_1}{\max(u_1)} = \frac{Av_0}{\max(Av_0)},$$

$$v_2 = \frac{u_2}{\max(u_2)} = \frac{Av_1}{\max(Av_1)} = \frac{A^2 v_0}{\max(A^2 v_0)},$$

以此类推，则有

$$v_k = \frac{u_k}{\max(u_k)} = \frac{Av_{k-1}}{\max(Av_{k-1})} = \frac{A^k v_0}{\max(A^k v_0)}. \tag{7.5}$$

将 $v_0 = \sum_{i=1}^{n} a_i x_i \neq \mathbf{0}\,(a_1 \neq 0)$ 代入上式可得

$$v_k = \frac{A^k v_0}{\max(A^k v_0)} = \frac{\lambda_1^k \left[a_1 x_1 + \sum_{i=2}^{n} a_i (\lambda_i/\lambda_1)^k x_i \right]}{\max\left\{ \lambda_1^k \left[a_1 x_1 + \sum_{i=2}^{n} a_i (\lambda_i/\lambda_1)^k x_i \right] \right\}}$$

$$= \frac{a_1 x_1 + \sum_{i=2}^{n} a_i (\lambda_i/\lambda_1)^k x_i}{\max\left[a_1 x_1 + \sum_{i=2}^{n} a_i (\lambda_i/\lambda_1)^k x_i \right]} \rightarrow \frac{x_1}{\max(x_1)}, \quad k \rightarrow \infty,$$

即规范化的向量序列 $\{v_k\}$ 收敛于主特征值 λ_1 对应的特征向量．

类似地，由迭代公式(7.4)和式(7.5)可知

$$m_k = \max(u_k) = \max(Av_{k-1}) = \frac{\max(A^k v_0)}{\max(A^{k-1} v_0)}$$

$$= \frac{\max\left\{ \lambda_1^k \left[a_1 x_1 + \sum_{i=2}^{n} a_i (\lambda_i/\lambda_1)^k x_i \right] \right\}}{\max\left\{ \lambda_1^{k-1} \left[a_1 x_1 + \sum_{i=2}^{n} a_i (\lambda_i/\lambda_1)^{k-1} x_i \right] \right\}}$$

$$= \frac{\lambda_1 \max\left[a_1 x_1 + \sum_{i=2}^{n} a_i (\lambda_i/\lambda_1)^k x_i \right]}{\max\left[a_1 x_1 + \sum_{i=2}^{n} a_i (\lambda_i/\lambda_1)^{k-1} x_i \right]} \rightarrow \lambda_1, \quad k \rightarrow \infty.$$

证毕.

由定理 7.1.1 的证明可以看出，迭代公式(7.4)的收敛速度仍由 $r = \left|\dfrac{\lambda_2}{\lambda_1}\right| < 1$ 的程度来决定. 下面给出幂法具体的算法过程.

> **算法 7.1.1　幂法**
> 1) 输入矩阵 A，精度 ε 和最大迭代步数 N；
> 2) 输入初始向量 v_0，计算 $m_0 = \max(v_0)$，并取 $k=1$；
> 3) 计算 $u = Av_0$ 和 $m-\max(u)$；

> 4) 若 $m=0$，转入第二步改变 v_0；否则，计算 $v=u/m$；
> 5) 若 $\|m-m_0\|_\infty<\varepsilon$（或 $\|v-v_0\|_\infty<\varepsilon$），输出 m,v,k，结束计算；否则判断是否达到最大迭代步数：若 $k\geq N$，输出失败信息并停止计算；否则令 $v_0=v$，$m_0=m$，$k=k+1$，并转入第三步.

例 7.1.1 用幂法求如下矩阵的主特征值和相应的特征向量

$$A=\begin{pmatrix} 2 & 8 & 9 \\ 8 & 3 & 4 \\ 9 & 4 & 7 \end{pmatrix}.$$

当 m_k 有三位小数稳定时停止计算.

解 按照算法 7.1.1 进行计算，得满足要求的主特征和相应的特征向量为

$$\lambda_1\approx 18.257708,\quad x_1\approx(0.919943,0.744520,1.000000)^{\mathrm{T}}.$$

详细的计算结果见表 7-1. 而矩阵 A 精确的主特征值及其规范化的特征向量为

$$\lambda_1=18.257608\cdots,\quad x_1=(0.919947\cdots,0.744519\cdots,1.000000)^{\mathrm{T}}.$$

表 7-1 计算结果

k	m_k	v_k（规范化的向量）
0	1.000000	$(1,1,1)^{\mathrm{T}}$
1	20.000000	$(0.950000,0.750000,1.000000)^{\mathrm{T}}$
2	18.550000	$(0.911051,0.746631,1.000000)^{\mathrm{T}}$
3	18.185984	$(0.923522,0.743886,1.000000)^{\mathrm{T}}$
4	18.287239	$(0.918571,0.744772,1.000000)^{\mathrm{T}}$
5	18.246231	$(0.920482,0.744422,1.000000)^{\mathrm{T}}$
6	18.262021	$(0.919741,0.744557,1.000000)^{\mathrm{T}}$
7	18.255900	$(0.920028,0.744505,1.000000)^{\mathrm{T}}$
8	18.258270	$(0.919917,0.744525,1.000000)^{\mathrm{T}}$
9	18.257353	$(0.919960,0.744517,1.000000)^{\mathrm{T}}$

本节介绍的幂法是在式(7.1)的条件下进行的. 事实上，若矩阵 A 的主特征值为实的重根，满足

$$\lambda_1=\lambda_2=\cdots=\lambda_r,\quad |\lambda_r|>|\lambda_{r+1}|\geq\cdots\geq|\lambda_n|,$$

并且对应的 n 个特征向量 $x_1,x_2,\cdots,x_n$ 线性无关，则由迭代公式(7.4)确定的 $\{m_k\}$ 和 $\{v_k\}$ 仍收敛于主特征值和相应的特征向量，即定理 7.1.1 依然成立，其证明过程也类似.

7.1.2 幂法的加速方法

由幂法原理可知,其收敛速度主要取决于 $r=|\lambda_2/\lambda_1|$ 的大小,当 r 接近 1 时,幂法收敛缓慢. 为提高其收敛速度,下面介绍两种常用的加速收敛的方法.

1. 原点平移法

设矩阵 A 的特征值和相应的特征向量分别为 λ_i 和 x_i ($i=1,2,\cdots,n$),则矩阵 $B=A-pI$ 的特征值为 λ_i-p,对应的特征向量仍为 x_i. 因此在计算 A 的主特征值 λ_1 时,可以适当地选择参数 p,使得 λ_1-p 仍是矩阵 B 的主特征值,且有

$$\left|\frac{\lambda_2-p}{\lambda_1-p}\right|<\left|\frac{\lambda_2}{\lambda_1}\right|.$$

此时,对矩阵 B 应用幂法,使得在计算 B 的主特征值 λ_1-p 的过程中得到加速. 这种方法被称为**原点平移法**.

对于平移值 p 的选取,下面仅考虑矩阵 A 的特征值均为实数的情况.

设 A 的特征值满足

$$\lambda_1>\lambda_2\geqslant\cdots\geqslant\lambda_{n-1}>\lambda_n,$$

则对于给定的 p 值,矩阵 $B=A-pI$ 的主特征值为 λ_1-p 或 λ_n-p. 当希望计算 λ_1 和 x_1 时,应选择 p 使得

$$|\lambda_1-p|>|\lambda_n-p|,$$

且使

$$\omega=\max\left\{\left|\frac{\lambda_2-p}{\lambda_1-p}\right|,\left|\frac{\lambda_n-p}{\lambda_1-p}\right|\right\}$$

达到最小. 显然,当 $\lambda_2-p=-(\lambda_n-p)$,即 $p=\frac{1}{2}(\lambda_2+\lambda_n)$ 时 ω 为最小. 此时对矩阵 B 应用幂法的收敛速度为

$$r=\left|\frac{\lambda_2-p}{\lambda_1-p}\right|=\left|\frac{\lambda_2-\lambda_n}{2\lambda_1-\lambda_2-\lambda_n}\right|<\left|\frac{\lambda_2}{\lambda_1}\right|.$$

因此,若 λ_2 和 λ_n 能初步估计,采用 $p=\frac{1}{2}(\lambda_2+\lambda_n)$ 的原点平移法计算 λ_1 和 x_1 可以加速幂法的收敛.

当希望计算 λ_n 和 x_n 时,可选择 $p=\frac{1}{2}(\lambda_1+\lambda_{n-1})$,应用幂法计算 B 的主特征值 λ_n-p.

由上述分析可以看出,原点平移法计算简单,且不破坏原矩阵的稀疏性,但参数 p 的选择有一定困难,通常需要对矩阵的特

征值分布有大致的了解. 格什戈林(Gerschgorin)圆盘定理作为特征值的基本定理,可以大略估计其分布情况.

> **定理 7.1.2(格什戈林(Gerschgorin)圆盘定理)** 设矩阵 $A = (a_{ij})_{n \times n}$,则
>
> 1) A 的每一个特征值必属于复平面上下述某一个圆盘之中
>
> $$|\lambda - a_{ii}| \leq r_i = \sum_{\substack{j=1 \\ j \neq i}}^{n} |a_{ij}|, \quad i = 1, 2, \cdots, n. \tag{7.6}$$
>
> 2) 如果 A 有 m 个圆盘组成一个连通的并集 S,且 S 与其余 $n-m$ 个圆盘是分离的,则 S 内恰好包含 A 的 m 个特征值(圆盘相重时按重数计数,特征值相同时也重复计数). 特别地,若 A 有一个圆盘是孤立的. 则其中必精确地包含 A 的一个特征值.

例 7.1.2 根据格什戈林圆盘定理分析矩阵

$$A = \begin{pmatrix} 3 & 0 & -1 \\ 1 & 2 & 0 \\ 1 & 1 & 7 \end{pmatrix}$$

的特征值在复平面上的分布.

解 由式(7.6)可知 A 的三个圆盘为:

$$D_1 = \{z \in \mathbb{C} \mid |z-3| \leq 1\},$$
$$D_2 = \{z \in \mathbb{C} \mid |z-2| \leq 1\},$$
$$D_3 = \{z \in \mathbb{C} \mid |z-7| \leq 2\}.$$

如图 7-1. A 的三个特征值都在 $D_1 \cup D_2 \cup D_3$ 中. 由于 D_3 是孤立的,因而 $D_1 \cup D_2$ 中包含了 A 的两个特征值, D_3 中包含了 A 的一个特征值. 由 A 的特征值均为实数可知 $\lambda_1, \lambda_2 \in [1,4]$, $\lambda_3 \in [5,9]$.

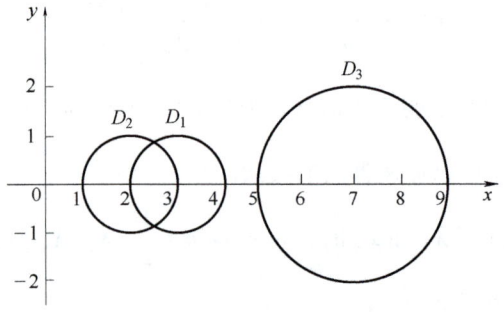

图 7-1 圆盘

例 7.1.3 分别用幂法和原点平移法计算矩阵

$$A = \begin{pmatrix} 1.0 & 1.0 & 0.5 \\ 1.0 & 1.0 & 0.25 \\ 0.5 & 0.25 & 2.0 \end{pmatrix}$$

的主特征值及其特征向量.

解 利用算法 7.1.1 对矩阵 A 进行计算，并取 $\varepsilon = 0.5 \times 10^{-4}$，得到的主特征值的近似值和相应的近似特征向量为

$$\lambda_1 \approx 2.536626, \quad x_1 \approx (0.748298, 0.649741, 1.000000)^T.$$

详细的结果见表 7-2.

表 7-2 幂法计算结果

k	m_k	v_k(规范化的向量)
0	1.000000	$(1,1,1)^T$
5	2.558792	$(0.765108, 0.667406, 1.000000)^T$
10	2.538003	$(0.749351, 0.650848, 1.000000)^T$
11	2.537387	$(0.748880, 0.650354, 1.000000)^T$
12	2.537028	$(0.748606, 0.650065, 1.000000)^T$
13	2.536819	$(0.748445, 0.649897, 1.000000)^T$
14	2.536697	$(0.748352, 0.649799, 1.000000)^T$
15	2.536626	$(0.748298, 0.649741, 1.000000)^T$

取 $p = 0.75$，采用原点平移法，则有

$$B = A - pI = \begin{pmatrix} 0.25 & 1 & 0.5 \\ 1 & 0.25 & 0.25 \\ 0.5 & 0.25 & 1.25 \end{pmatrix}.$$

对矩阵 B 应用算法 7.1.1，结果见表 7-3.

表 7-3 原点平移法计算结果

k	m_k	v_k(规范化的向量)
0	1.000000	$(1,1,1)^T$
5	1.791401	$(0.751600, 0.652178, 1.000000)^T$
6	1.788844	$(0.749130, 0.651060, 1.000000)^T$
7	1.787330	$(0.748794, 0.650073, 1.000000)^T$
8	1.786915	$(0.748369, 0.649898, 1.000000)^T$
9	1.786659	$(0.748319, 0.649729, 1.000000)^T$
10	1.786591	$(0.748245, 0.649701, 1.000000)^T$

由表 7-3 可知 B 的主特征值为 $\mu_1 = \lambda_1 - p \approx 1.786591$，故 A 的主特征值的近似值和相应的近似特征向量为

$\lambda_1 \approx \mu_1 + 0.75 = 2.536591$, $x_1 \approx (0.748245, 0.649701, 1.000000)^T$.

对比 A 的精确特征值和相应的特征向量

$\lambda_1 = 2.536525\cdots$, $x_1 \approx (0.748221\cdots, 0.649661\cdots, 1.000000)^T$,

原点平移法的收敛速度要更快一些.

2. 瑞利(Rayleigh)商加速法

定义 7.1.1 设 A 为 n 阶实对称矩阵，x 为任一非零的实向量，则称

$$R(x) = \frac{(Ax, x)}{(x, x)}$$

为对应于向量 x 的**瑞利(Rayleigh)商**. 特别地，当 $\|x\|_2 = 1$ 时，$R(x) = (Ax, x)$.

当矩阵 A 是对称矩阵时，计算其主特征值的幂法也可利用瑞利商来加速收敛.

定理 7.1.3 设 A 为 n 阶实对称矩阵，其特征值满足

$$|\lambda_1| > |\lambda_2| \geq |\lambda_3| \geq \cdots \geq |\lambda_n|,$$

对应的特征向量满足 $(x_i, x_j) = \delta_{ij}$, 规范化的向量 v_k 由式(7.4)生成，则

$$R(v_k) = \frac{(Av_k, v_k)}{(v_k, v_k)} = \lambda_1 + O((\lambda_2/\lambda_1)^{2k}). \tag{7.7}$$

证明 由式(7.5)知

$$v_k = \frac{A^k u_0}{\max(A^k u_0)}, \quad Av_k = \frac{A^{k+1} u_0}{\max(A^k u_0)}.$$

又由于

$$u_0 = \sum_{i=1}^{n} a_i x_i \ (a_1 \neq 0), \quad A^k u_0 = \sum_{i=1}^{n} a_i \lambda_i^k x_i,$$

因而有

$$R(v_k) = \frac{(Av_k, v_k)}{(v_k, v_k)} = \frac{(A^{k+1} u_0, A^k u_0)}{(A^k u_0, A^k u_0)} = \frac{\sum_{i=1}^{n} a_i^2 \lambda_i^{2k+1}}{\sum_{i=1}^{n} a_i^2 \lambda_i^{2k}} = \lambda_1 + O((\lambda_2/\lambda_1)^{2k}).$$

证毕.

式(7.7)说明使用 v_k 的瑞利商 $R(v_k)$ 作为 λ_1 的近似值，其收敛速度取决于 $|\lambda_2/\lambda_1|^2$, 比幂法中的 m_k 更快收敛到主特征值 λ_1. 瑞利商的加速迭代格式如下：

任取初始向量 $\boldsymbol{u}_0 = \sum_{i=1}^{n} a_i \boldsymbol{x}_i (a_1 \neq 0)$，作迭代

$$\begin{cases} e_k = \|\boldsymbol{u}_k\|_2, \\ \boldsymbol{v}_k = \dfrac{\boldsymbol{u}_k}{e_k}, \\ \boldsymbol{u}_{k+1} = \boldsymbol{A}\boldsymbol{v}_k, \\ m_k = (\boldsymbol{u}_{k+1}, \boldsymbol{v}_k), \end{cases} \quad k = 0, 1, 2, \cdots.$$

类似于定理 7.1.3 的证明，可得

$$\lim_{k\to\infty} m_k = \lambda_1, \quad \lim_{k\to\infty} \boldsymbol{v}_k = \sigma \frac{\boldsymbol{x}_1}{\|\boldsymbol{x}_1\|_2}, \quad (\sigma = 1 \text{ 或} -1).$$

7.1.3 反幂法

1. 计算矩阵按模最小特征值及其特征向量

设 $\boldsymbol{A} \in \mathbb{R}^{n \times n}$ 为非奇异矩阵，其特征值满足

$$|\lambda_1| \geq |\lambda_2| \geq \cdots \geq |\lambda_n| > 0,$$

相应的特征向量为 $\boldsymbol{x}_1, \boldsymbol{x}_2, \cdots, \boldsymbol{x}_n$，则 $\boldsymbol{A}^{-1}$ 的特征值满足

$$\left|\frac{1}{\lambda_1}\right| \leq \left|\frac{1}{\lambda_2}\right| \leq \cdots \leq \left|\frac{1}{\lambda_n}\right|,$$

对应的特征向量也为 $\boldsymbol{x}_1, \boldsymbol{x}_2, \cdots, \boldsymbol{x}_n$. 因此，计算 $\boldsymbol{A}$ 的按模最小的特征值 λ_n 及其特征向量，就是计算 $\boldsymbol{A}^{-1}$ 的按模最大的特征值 $1/\lambda_n$ 及其特征向量.

对矩阵 $\boldsymbol{A}^{-1}$ 应用幂法，求得 $\boldsymbol{A}^{-1}$ 的主特征值 $1/\lambda_n$ 及其特征向量 $\boldsymbol{x}$，便可求得 $\boldsymbol{A}$ 的按模最小的特征值 λ_n 及其特征向量 $\boldsymbol{x}$，并称这种方法为**反幂法**. 其迭代过程如下：

任取初始向量 $\boldsymbol{v}_0 \neq \boldsymbol{0}$，按照迭代公式

$$\begin{cases} \boldsymbol{u}_k = \boldsymbol{A}^{-1} \boldsymbol{v}_{k-1}, \\ m_k = \max(\boldsymbol{u}_k), \quad k = 1, 2 \cdots. \\ \boldsymbol{v}_k = \boldsymbol{u}_k / m_k. \end{cases} \tag{7.8}$$

构造向量序列 $\{\boldsymbol{v}_k\}$ 和序列 $\{m_k\}$.

由定理 7.1.1 可直接得出反幂法的收敛性结论.

定理 7.1.4 设 $\boldsymbol{A} \in \mathbb{R}^{n \times n}$ 为非奇异矩阵，且有 n 个线性无关的特征向量，其特征值满足

$$|\lambda_1| \geq |\lambda_2| \geq \cdots \geq |\lambda_{n-1}| > |\lambda_n| > 0,$$

则按照迭代公式(7.8)产生的 $\{\boldsymbol{v}_k\}$ 和 $\{m_k\}$ 满足

$$\lim_{k\to\infty} \boldsymbol{v}_k = \frac{\boldsymbol{x}_n}{\max(\boldsymbol{x}_n)}, \quad \lim_{k\to\infty} m_k = \frac{1}{\lambda_n} = \mu_n.$$

由幂法的收敛性分析可知，反幂法的收敛速度依赖于 $r = \left|\dfrac{\mu_{n-1}}{\mu_n}\right| = \left|\dfrac{\lambda_n}{\lambda_{n-1}}\right|$ 的大小，当 r 接近于 1 时，其收敛速度较慢. 因此，在反幂法中也可以应用原点平移法来加速迭代过程或求某点附近的特征值和相应的特征向量.

2. 计算近似特征值的特征向量

设 $B = A - pI$ 可逆，显然 B^{-1} 的特征值为

$$\dfrac{1}{\lambda_1 - p}, \dfrac{1}{\lambda_2 - p}, \cdots, \dfrac{1}{\lambda_n - p},$$

对应的特征向量仍为 $x_1, x_2, \cdots, x_n$. 假设 p 是 A 的特征值 λ_j 的一个近似值，且

$$|\lambda_j - p| < |\lambda_i - p| \quad (i \neq j),$$

则 $\dfrac{1}{\lambda_j - p}$ 是 B^{-1} 的主特征值. 对 B 应用反幂法，则可得到以下迭代格式

$$\begin{cases} Bu_k = v_{k-1}, \\ m_k = \max(u_k), \\ v_k = u_k / m_k. \end{cases} \quad k = 1, 2, \cdots.$$

该迭代格式产生的 $\{v_k\}$ 和 $\{m_k\}$ 满足

$$\lim_{k \to \infty} v_k = \dfrac{x_j}{\max(x_j)}, \quad \lim_{k \to \infty} m_k = \dfrac{1}{\lambda_j - p}.$$

因此，当 k 充分大时，有 $\lambda_j \approx p + \dfrac{1}{m_k}$，且其收敛速度依赖于 $r = \dfrac{|\lambda_j - p|}{\min\limits_{i \neq j} |\lambda_i - p|}$ 的大小.

无论反幂法作用在 A 还是 $B = A - pI$，由迭代公式 (7.8) 可知，其计算均需求解线性方程组，从而得到 u_k. 一般地，可对矩阵 A（或 B）作三角分解 $A = LU$（或 $B = LU$），则每次迭代只需解两个三角方程

$$\begin{cases} Ly_k = v_{k-1}, \\ Uu_k = y_k. \end{cases}$$

因此，反幂法的迭代公式可表示为

$$\begin{cases} Ly_k = v_{k-1}, \\ Uu_k = y_k, \\ m_k = \max(u_k), \\ v_k = u_k / m_k. \end{cases} \quad k = 1, 2, \cdots. \tag{7.9}$$

此外，实验表明选取满足 $Uu_1 = y_1 = L^{-1}v_0 = (1,1,\cdots,1)^T$ 的 $v_0 = u_0$ 是较好的，由此直接计算出 u_1，然后按照式(7.9)进行迭代即可.

例 7.1.4 用反幂法求矩阵

$$A = \begin{pmatrix} 2 & 3 & 2 \\ 10 & 3 & 4 \\ 3 & 6 & 1 \end{pmatrix}$$

的按模最小的特征值.

解 对 A 进行 LU 分解得

$$A = LU = \begin{pmatrix} 1 & 0 & 0 \\ 5 & 1 & 0 \\ \dfrac{3}{2} & -\dfrac{1}{8} & 1 \end{pmatrix} \begin{pmatrix} 2 & 3 & 2 \\ 0 & -12 & -6 \\ 0 & 0 & -\dfrac{11}{4} \end{pmatrix},$$

或者计算

$$A^{-1} = \frac{1}{66} \begin{pmatrix} -21 & 9 & 6 \\ 2 & -4 & 12 \\ 51 & -3 & -24 \end{pmatrix},$$

则 $\lambda(A) = \dfrac{1}{\lambda(A^{-1})}$. 取 $v_0 = (1,1,1)^T$，按照公式(7.9)进行计算，结果见表 7-4.

表 7-4 计算结果

k	m_k	v_k(规范化的向量)
0	1.000000	$(1,1,1)^T$
1	0.363636	$(-0.250000, 0.416667, 1.000000)^T$
2	-0.575758	$(-0.394737, -0.258772, 1.000000)^T$
3	-0.656898	$(-0.275873, -0.282448, 1.000000)^T$
4	-0.563972	$(-0.248543, -0.337918, 1.000000)^T$
5	-0.540332	$(-0.229324, -0.360457, 1.000000)^T$
6	-0.524457	$(-0.218745, -0.375083, 1.000000)^T$
7	-0.515618	$(-0.212099, -0.383854, 1.000000)^T$
8	-0.510083	$(-0.207910, -0.389455, 1.000000)^T$
9	-0.506592	$(-0.205204, -0.393061, 1.000000)^T$
10	-0.504337	$(-0.203440, -0.395414, 1.000000)^T$
11	-0.502866	$(-0.202280, -0.396960, 1.000000)^T$

由表 7-4 可知 A 的取模最小的特征值为 $\lambda_3 \approx \dfrac{1}{-0.502866} \approx -1.988601$，对应的特征向量为 $x_3 \approx (-0.202280, -0.396960, 1.000000)^T$. 而本题中 A 的取模最小的精确特征值为 -2，相应的特征向量为 $(-0.2, -0.4, 1.0)^T$.

例 7.1.5 用原点平移的反幂法求矩阵 A 最接近于 $p = -13$ 的特征值和相应的特征向量，其中

$$A = \begin{pmatrix} -12 & 3 & 3 \\ 3 & 1 & -2 \\ 3 & -2 & 7 \end{pmatrix}.$$

解 将 $B = A - pI$ 进行 LU 分解得

$$B = \begin{pmatrix} 1 & 3 & 3 \\ 3 & 14 & -2 \\ 3 & -2 & 20 \end{pmatrix} = LU = \begin{pmatrix} 1 & 0 & 0 \\ 3 & 1 & 0 \\ 3 & -\dfrac{11}{5} & 1 \end{pmatrix} \begin{pmatrix} 1 & 3 & 3 \\ 0 & 5 & -11 \\ 0 & 0 & -\dfrac{66}{5} \end{pmatrix}.$$

按照公式(7.9)进行计算，结果见表 7-5.

表 7-5 计算结果

k	m_k	v_k(规范化的向量)
0	1.000000	$(1,1,1)^T$
1	-2.454545	$(1.000000, -0.271605, -0.197531)^T$
2	-4.597082	$(1.000000, -0.234538, -0.171305)^T$
3	-4.540942	$(1.000000, -0.235114, -0.171625)^T$
4	-4.541751	$(1.000000, -0.235105, -0.171621)^T$
5	-4.541739	$(1.000000, -0.235105, -0.171621)^T$

由表 7-5 可知与 $p = -13$ 接近的特征值满足 $1/(\lambda - p) \approx -4.541739$，即 $\lambda \approx -13.220180$，对应的近似特征向量为 $(1.000000, -0.235105, -0.171621)^T$.

7.2 正交变换和矩阵分解

正交变换是矩阵计算中最常用的工具，可以有效地将矩阵进行分解. 本节主要介绍吉文斯(Givens)变换和豪斯霍尔德(Householder)变换作用于实矩阵或实向量的情形.

7.2.1 吉文斯(Givens)变换和豪斯霍尔德(Householder)变换

定义 7.2.1 称矩阵

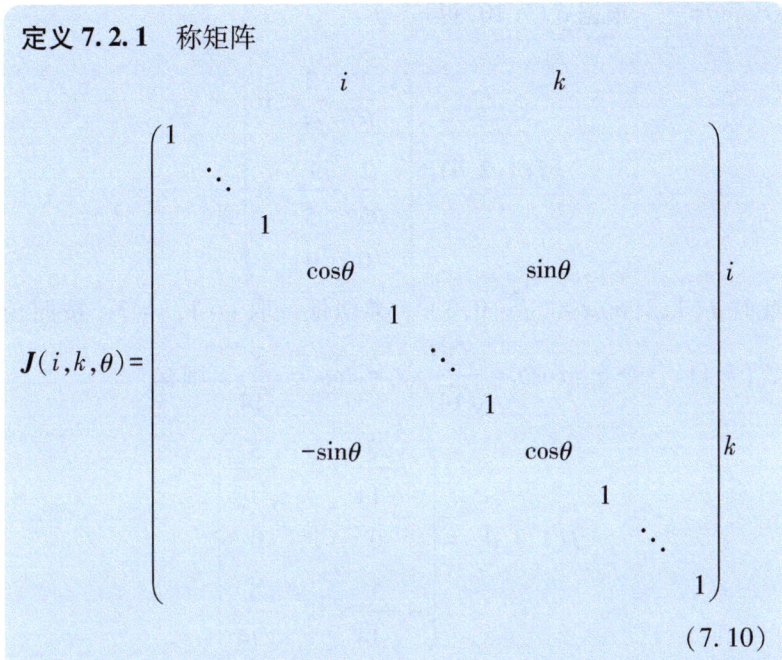

$$\tag{7.10}$$

为**吉文斯(Givens)变换**(也称**旋转变换**或**旋转矩阵**)，显然它是正交矩阵.

对于向量 $\boldsymbol{x} \in \mathbb{R}^n$，$\boldsymbol{y} = \boldsymbol{J}(i,k,\theta)\boldsymbol{x}$ 的分量为

$$\begin{cases} y_i = x_i\cos\theta + x_k\sin\theta, \\ y_k = -x_i\sin\theta + x_k\cos\theta, \\ y_j = x_j, \quad j \neq i, k. \end{cases}$$

因此，吉文斯变换可以将向量或矩阵中指定的元素化为零. 例如，当 $\boldsymbol{x}$ 的第 k 个分量 $x_k \neq 0$ 时，取 θ 满足

$$c = \cos\theta = \frac{x_i}{\sqrt{x_i^2 + x_k^2}}, \quad s = \sin\theta = \frac{x_k}{\sqrt{x_i^2 + x_k^2}}, \tag{7.11}$$

则 $\boldsymbol{y} = \boldsymbol{J}(i,k,\theta)\boldsymbol{x}$ 的分量为

$$\begin{cases} y_i = \sqrt{x_i^2 + x_k^2}, \\ y_k = 0, \\ y_j = x_j, \quad k \neq i, j. \end{cases}$$

当 $1 \leq i < k \leq n$ 时，$\boldsymbol{J}(i,k,\theta)\boldsymbol{x}$ 只改变 $\boldsymbol{x}$ 的第 i,k 个分量，而 $\boldsymbol{J}(i,k,\theta)\boldsymbol{A}$ 只改变 $\boldsymbol{A}$ 的第 i,k 行.

例 7.2.1 设 $\boldsymbol{r} = (1,2,3)^\mathrm{T}$，用吉文斯变换将 $\boldsymbol{x}$ 化为与 $\boldsymbol{c}_1 = (1,0,0)^\mathrm{T}$ 同方向的向量.

解 首先，取 $i=1, k=2$，按照公式(7.11)，令 $c=\cos\theta=\dfrac{1}{\sqrt{5}}$，$s=\sin\theta=\dfrac{2}{\sqrt{5}}$，根据式(7.10)得

$$J(1,2,\theta)=\begin{pmatrix} \dfrac{1}{\sqrt{5}} & \dfrac{2}{\sqrt{5}} & 0 \\ -\dfrac{2}{\sqrt{5}} & \dfrac{1}{\sqrt{5}} & 0 \\ 0 & 0 & 1 \end{pmatrix}.$$

此时 $J(1,2,\theta)x=(\sqrt{5},0,3)^{\mathrm{T}}$. 类似地，取 $i=1, k=3$，按照公式(7.11)，令 $c_1=\cos\theta_1=\dfrac{\sqrt{5}}{\sqrt{14}}$，$s_1=\sin\theta_1=\dfrac{3}{\sqrt{14}}$，则有

$$J(1,3,\theta_1)=\begin{pmatrix} \dfrac{\sqrt{5}}{\sqrt{14}} & 0 & \dfrac{3}{\sqrt{14}} \\ 0 & 1 & 0 \\ -\dfrac{3}{\sqrt{14}} & 0 & \dfrac{\sqrt{5}}{\sqrt{14}} \end{pmatrix},$$

且 $J(1,3,\theta_1)J(1,2,\theta)x=(\sqrt{14},0,0)^{\mathrm{T}}=\sqrt{14}e_1$.

例 7.2.2 用吉文斯变换将矩阵

$$A=\begin{pmatrix} 4 & 1 & -1 \\ 1 & 3 & -1 \\ -1 & -1 & 5 \end{pmatrix}$$

化为三对角矩阵.

解 为将 A 第一列中的元素 $a_{31}=-1$ 化为 0，构造如下吉文斯变换矩阵

$$J(2,3,\theta)=\begin{pmatrix} 1 & 0 & 0 \\ 0 & c & s \\ 0 & -s & c \end{pmatrix},$$

其中，

$$c=\cos\theta=\dfrac{a_{21}}{\sqrt{a_{21}^2+a_{31}^2}}=\dfrac{\sqrt{2}}{2},\quad s=\sin\theta=\dfrac{a_{31}}{\sqrt{a_{21}^2+a_{31}^2}}=-\dfrac{\sqrt{2}}{2}.$$

于是有

$$J(2,3,\theta)AJ(2,3,\theta)^{\mathrm{T}}=\begin{pmatrix} 1 & 0 & 0 \\ 0 & \dfrac{\sqrt{2}}{2} & -\dfrac{\sqrt{2}}{2} \\ 0 & \dfrac{\sqrt{2}}{2} & \dfrac{\sqrt{2}}{2} \end{pmatrix}\begin{pmatrix} 4 & 1 & -1 \\ 1 & 3 & -1 \\ -1 & -1 & 5 \end{pmatrix}\begin{pmatrix} 1 & 0 & 0 \\ 0 & \dfrac{\sqrt{2}}{2} & \dfrac{\sqrt{2}}{2} \\ 0 & -\dfrac{\sqrt{2}}{2} & \dfrac{\sqrt{2}}{2} \end{pmatrix}$$

$$= \begin{pmatrix} 4 & \sqrt{2} & 0 \\ \sqrt{2} & 5 & -1 \\ 0 & -1 & 3 \end{pmatrix}.$$

> **定义 7.2.2** 设 $\boldsymbol{\omega} \in \mathbb{R}^n$，且 $\|\boldsymbol{\omega}\|_2 = 1$，则称 n 阶矩阵 $\boldsymbol{H}(\boldsymbol{\omega}) = \boldsymbol{I} - 2\boldsymbol{\omega}\boldsymbol{\omega}^T$ 为**豪斯霍尔德(Householder)矩阵(变换)**，也称为初等反射矩阵.

由定义可知，豪斯霍尔德矩阵 $\boldsymbol{H} = \boldsymbol{H}(\boldsymbol{\omega})$ 具有下列性质：

1) $\boldsymbol{H}$ 为对称矩阵，即 $\boldsymbol{H} = \boldsymbol{H}(\boldsymbol{\omega})$；
2) $\boldsymbol{H}$ 为正交矩阵，即 $\boldsymbol{H}^T\boldsymbol{H} = \boldsymbol{I}$；
3) 若 $\boldsymbol{x} \in \mathbb{R}^n$，$\boldsymbol{y} = \boldsymbol{H}\boldsymbol{x}$，则 $\|\boldsymbol{y}\|_2 = \|\boldsymbol{x}\|_2$；
4) $\det \boldsymbol{H} = -1$.

性质(1)~性质(3)可直接验证，其中性质(3)说明，在豪斯霍尔德变换作用下，任意向量 $\boldsymbol{x} \in \mathbb{R}^n$ 的欧几里得长度不变. 下面证明性质(4). 由吉文斯变换可知，存在正交矩阵 $\boldsymbol{Q}$ 使得 $\boldsymbol{Q}\boldsymbol{\omega} = \boldsymbol{e}_1$，其中 $\boldsymbol{Q}$ 是一系列吉文斯矩阵的乘积，$\boldsymbol{e}_1 = (1, 0, \cdots, 0)^T$. 结合

$$\boldsymbol{Q}\boldsymbol{H}\boldsymbol{Q}^{-1} = \boldsymbol{Q}(\boldsymbol{I} - 2\boldsymbol{\omega}\boldsymbol{\omega}^T)\boldsymbol{Q}^{-1} = \boldsymbol{I} - 2\boldsymbol{Q}\boldsymbol{\omega}(\boldsymbol{Q}\boldsymbol{\omega})^T$$

$$= \boldsymbol{I} - 2 \begin{pmatrix} 1 \\ 0 \\ \vdots \\ 0 \end{pmatrix} (1 \quad 0 \quad \cdots \quad 0) = \begin{pmatrix} -1 & & & \\ & 1 & & \\ & & \ddots & \\ & & & 1 \end{pmatrix},$$

可得 $\det \boldsymbol{H} = -1$.

由性质(3)可知，若 $\boldsymbol{y} = \boldsymbol{H}\boldsymbol{x} = \boldsymbol{x} - 2\boldsymbol{\omega}\boldsymbol{\omega}^T\boldsymbol{x}$，则 $\boldsymbol{x} - \boldsymbol{y} = 2(\boldsymbol{\omega}^T\boldsymbol{x})\boldsymbol{\omega}$，即向量 $\boldsymbol{x} - \boldsymbol{y}$ 与向量 $\boldsymbol{\omega}$ 平行，反之亦然.

> **定理 7.2.1** 设 $\boldsymbol{x}, \boldsymbol{y} \in \mathbb{R}^n$，$\boldsymbol{x} \neq \boldsymbol{y}$ 且 $\|\boldsymbol{x}\|_2 = \|\boldsymbol{y}\|_2$，则由向量 $\boldsymbol{\omega} = \dfrac{\boldsymbol{x} - \boldsymbol{y}}{\|\boldsymbol{x} - \boldsymbol{y}\|_2}$ 确定的豪斯霍尔德矩阵 $\boldsymbol{H} = \boldsymbol{H}(\boldsymbol{\omega})$，满足 $\boldsymbol{H}\boldsymbol{x} = \boldsymbol{y}$.

证明 由 $\|\boldsymbol{\omega}\|_2 = 1$，$\boldsymbol{x}^T\boldsymbol{x} = \boldsymbol{y}^T\boldsymbol{y}$ 可得

$$\|\boldsymbol{x} - \boldsymbol{y}\|_2^2 = (\boldsymbol{x} - \boldsymbol{y})^T(\boldsymbol{x} - \boldsymbol{y}) = \boldsymbol{x}^T\boldsymbol{x} - \boldsymbol{x}^T\boldsymbol{y} - \boldsymbol{y}^T\boldsymbol{x} + \boldsymbol{y}^T\boldsymbol{y}$$
$$= 2\boldsymbol{x}^T\boldsymbol{x} - 2\boldsymbol{y}^T\boldsymbol{x} = 2(\boldsymbol{x} - \boldsymbol{y})^T\boldsymbol{x}.$$

于是有

$$\boldsymbol{H}\boldsymbol{x} = \boldsymbol{x} - 2\boldsymbol{\omega}\boldsymbol{\omega}^T\boldsymbol{x} = \boldsymbol{x} - \frac{2(\boldsymbol{x} - \boldsymbol{y})(\boldsymbol{x} - \boldsymbol{y})^T\boldsymbol{x}}{\|\boldsymbol{x} - \boldsymbol{y}\|_2^2} = \boldsymbol{y}.$$

定理 7.2.1 说明豪斯霍尔德变换可将一个向量 $\boldsymbol{x}$ 变为另一个与之长度相同的向量 $\boldsymbol{y}$. 特别地，若 $\boldsymbol{y} = (\sigma, 0, \cdots, 0)^T = \sigma \boldsymbol{e}_1$，其中 $\sigma = \|\boldsymbol{x}\|_2$ 或 $-\|\boldsymbol{x}\|_2$，$\boldsymbol{e}_1 = (1, 0, \cdots, 0)^T$，取 $\boldsymbol{\omega} = \dfrac{\boldsymbol{x} - \boldsymbol{y}}{\|\boldsymbol{x} - \boldsymbol{y}\|_2}$，则有 $\boldsymbol{H}\boldsymbol{x} = \boldsymbol{y}$，

其中 $H=H(\omega)=I-2\omega\omega^T$. 这说明选取适当的向量 ω，可将一个给定向量的若干个分量化为零. 一般地，有如下的约化定理.

定理 7.2.2(约化定理) 设 $x=(x_1,x_2,\cdots x_n)^T\neq 0$，则存在豪斯霍尔德矩阵 $H=H(\omega)$，使得 $Hx=(\sigma,0,\cdots,0)^T=\sigma e_1$，其中

$$\begin{cases} \sigma=-\operatorname{sgn}(x_1)\|x\|_2, \\ u=x-\sigma e_1, \\ \beta=\dfrac{1}{2}\|u\|_2^2=\sigma(\sigma-x_1), \\ H=I-\beta^{-1}uu^T. \end{cases} \quad (7.12)$$

证明 记 $y=\sigma e_1$，并设 $x\neq y$. 事实上若 $x=y$，取 $H=I$ 即可. 取 $\sigma=\pm\|x\|_2$，则有 $\|x\|_2=\|y\|_2$. 由定理 7.2.1 可知，存在豪斯霍尔德矩阵 $H=I-2\omega\omega^T$，使得 $Hx=y=\sigma e_1$，其中 $\omega=\dfrac{x-\sigma e_1}{\|x-\sigma e_1\|_2}$.

记 $u=x-y=x-\sigma e_1=(x_1-\sigma,x_2,\cdots,x_n)^T$，则

$$H=I-2\dfrac{uu^T}{\|u\|_2^2}=I-\beta^{-1}uu^T,$$

其中 $\beta=\dfrac{1}{2}\|u\|_2^2$. 由于 $\sigma=\pm\|x\|_2$，易得

$$\beta=\dfrac{1}{2}\|u\|_2^2=\dfrac{1}{2}((x_1-\sigma)^2+x_2^2+\cdots+x_n^2)=\sigma(\sigma-x_1).$$

对于 σ 中正负号的选取，考虑到 σ 与 x_1 同号时，$\sigma-x_1$ 的计算可能会损失有效数字，为确保数值计算的稳定性，取 σ 与 x_1 异号，即取 $\sigma=-\operatorname{sgn}(x_1)\|x\|_2$. 这里约定 $\operatorname{sgn}(0)=1$.

例 7.2.3 设 $x=(1,2,2)^T$，试求豪斯霍尔德矩阵 H，使得 $Hx=y=(-3,0,0)^T$.

解 取 $u=x-y=(4,2,2)^T$，则有

$$H=I-2\dfrac{uu^T}{\|u\|_2^2}=\begin{pmatrix} 1 & 0 & 0 \\ 0 & 1 & 0 \\ 0 & 0 & 1 \end{pmatrix}-\dfrac{2}{24}\begin{pmatrix} 4 \\ 2 \\ 2 \end{pmatrix}(4,2,2)=\dfrac{1}{3}\begin{pmatrix} -1 & -2 & -2 \\ -2 & 2 & -1 \\ -2 & -1 & 2 \end{pmatrix}.$$

不难验证 $Hx=y=(-3,0,0)^T$.

例 7.2.4 用豪斯霍尔德变换，将矩阵

$$A=\begin{pmatrix} 4 & -1 & -1 & 0 \\ -1 & 4 & 0 & -1 \\ -1 & 0 & 4 & -1 \\ 0 & -1 & -1 & 4 \end{pmatrix}$$

化为三对角矩阵

解 记 A 的第一列中 a_{11} 以下的元素为 $\boldsymbol{x}_1=(-1,-1,0)^{\mathrm{T}}$，利用豪斯霍尔德变换(7.12)将其化为 $(\sqrt{2},0,0)^{\mathrm{T}}$. 取 $\sigma_1=-\mathrm{sgn}(-1)\|\boldsymbol{x}_1\|_2=\sqrt{2}$，

$$\boldsymbol{u}_1=\boldsymbol{x}_1-\sigma_1\boldsymbol{e}_1=(-1-\sqrt{2},-1,0)^{\mathrm{T}},\quad \beta_1=\frac{1}{2}\|\boldsymbol{u}_1\|_2^2=2+\sqrt{2},$$

则有

$$\widetilde{\boldsymbol{H}}_1=\boldsymbol{I}_3-\beta_1^{-1}\boldsymbol{u}_1\boldsymbol{u}_1^{\mathrm{T}}=\begin{pmatrix}1&0&0\\0&1&0\\0&0&1\end{pmatrix}-\frac{1}{2+\sqrt{2}}\begin{pmatrix}-1-\sqrt{2}\\-1\\0\end{pmatrix}(-1-\sqrt{2},\ -1,\ 0)$$

$$=\begin{pmatrix}-\frac{\sqrt{2}}{2}&-\frac{\sqrt{2}}{2}&0\\-\frac{\sqrt{2}}{2}&\frac{\sqrt{2}}{2}&0\\0&0&1\end{pmatrix}.$$

令

$$\boldsymbol{H}_1=\begin{pmatrix}1&\\&\widetilde{\boldsymbol{H}}_1\end{pmatrix}=\begin{pmatrix}1&0&0&0\\0&-\frac{\sqrt{2}}{2}&-\frac{\sqrt{2}}{2}&0\\0&-\frac{\sqrt{2}}{2}&\frac{\sqrt{2}}{2}&0\\0&0&0&1\end{pmatrix},$$

则

$$\boldsymbol{A}_1=\boldsymbol{H}_1\boldsymbol{A}\boldsymbol{H}_1=\begin{pmatrix}4&\sqrt{2}&0&0\\\sqrt{2}&4&0&\sqrt{2}\\0&0&4&0\\0&\sqrt{2}&0&4\end{pmatrix}.$$

类似地，记 $\boldsymbol{A}_1$ 的第二列中 $a_{22}^{(2)}=4$ 以下的元素为 $\boldsymbol{x}_2=(0,\sqrt{2})^{\mathrm{T}}$，将其化为 $(\sqrt{2},0)^{\mathrm{T}}$. 取 $\sigma_2=\|\boldsymbol{x}_2\|_2=\sqrt{2}$，

$$\boldsymbol{u}_2=\boldsymbol{x}_2-\sigma_2\boldsymbol{e}_2=(-\sqrt{2},\sqrt{2})^{\mathrm{T}},\quad \beta_2=\frac{1}{2}\|\boldsymbol{u}_2\|_2^2=2,$$

则有

$$\widetilde{\boldsymbol{H}}_2=\boldsymbol{I}_2-\beta_2^{-1}\boldsymbol{u}_2\boldsymbol{u}_2^{\mathrm{T}}=\begin{pmatrix}1&0\\0&1\end{pmatrix}-\frac{1}{2}\begin{pmatrix}-\sqrt{2}\\\sqrt{2}\end{pmatrix}(-\sqrt{2},\sqrt{2})=\begin{pmatrix}0&1\\1&0\end{pmatrix}.$$

令

$$H_2 = \begin{pmatrix} 1 & & & \\ & 1 & & \\ & & \widetilde{H}_2 & \end{pmatrix} = \begin{pmatrix} 1 & 0 & 0 & 0 \\ 0 & 1 & 0 & 0 \\ 0 & 0 & 0 & 1 \\ 0 & 0 & 1 & 0 \end{pmatrix},$$

则

$$A_2 = H_2 A_1 H_2 = \begin{pmatrix} 4 & \sqrt{2} & 0 & 0 \\ \sqrt{2} & 4 & \sqrt{2} & 0 \\ 0 & \sqrt{2} & 4 & 0 \\ 0 & 0 & 0 & 4 \end{pmatrix}.$$

7.2.2 矩阵的 QR 分解

定理 7.2.3(QR 分解) 设 $A \in \mathbb{R}^{n \times n}$，则存在正交矩阵 Q 和上三角矩阵 R，使得

$$A = QR.$$

如果 A 为非奇异矩阵，且 R 的主对角元素为正数，则此分解式是唯一的，称为 A 的**正交三角分解**，也称为 **QR 分解**.

证明 存在性：记 $A_1 = A$，$x_1 = (x_1^{(1)}, x_1^{(2)}, \cdots, x_1^{(n)})^T$ 为 A_1 的第 1 列. 由定理 7.2.2 可知，可构造 n 阶豪斯霍尔德矩阵 H_1，使得 $H_1 x_1 = \sigma_1 e_1$，其中 $\sigma_1 = -\mathrm{sgn}(x_1^{(1)}) \|x_1\|_2$，$e_1 = (1, 0, \cdots, 0)^T \in \mathbb{R}^n$. 因而有

$$A_2 = H_1 A_1 = \begin{pmatrix} \sigma_1 & a_{12}^{(2)} & \cdots & a_{1n}^{(2)} \\ 0 & a_{22}^{(2)} & \cdots & a_{2n}^{(2)} \\ \vdots & \vdots & & \vdots \\ 0 & a_{n2}^{(2)} & \cdots & a_{nn}^{(2)} \end{pmatrix}.$$

进一步，记 $x_2 = (a_{22}^{(2)}, x_{32}^{(2)}, \cdots, x_{n2}^{(2)})^T$，构造 $n-1$ 阶豪斯霍尔德矩阵 $\widetilde{H}_2$，使得 $\widetilde{H}_2 x_2 = \sigma_2 e_1$，其中 $\sigma_2 = -\mathrm{sgn}(a_{22}^{(2)}) \|x_2\|_2$，$e_1 = (1, 0, \cdots, 0)^T \in \mathbb{R}^{n-1}$. 记 $H_2 = \begin{pmatrix} 1 & 0 \\ 0 & \widetilde{H}_2 \end{pmatrix}$，它仍是对称正交矩阵，于是有

$$A_3 = H_2 A_2 = \begin{pmatrix} \sigma_1 & a_{12}^{(2)} & a_{13}^{(2)} & \cdots & a_{1n}^{(2)} \\ 0 & \sigma_2 & a_{23}^{(3)} & \cdots & a_{2n}^{(3)} \\ 0 & 0 & a_{33}^{(3)} & \cdots & a_{3n}^{(3)} \\ \vdots & \vdots & \vdots & & \vdots \\ 0 & 0 & a_{n3}^{(3)} & \cdots & a_{nn}^{(3)} \end{pmatrix}.$$

类似地，对上述过程执行 $n-1$ 步，可得上三角矩阵 $A_n = H_{n-1}H_{n-2}\cdots H_1 A = R$. 因而有 $A = QR$，其中 $Q = H_1 H_2 \cdots H_{n-1}$ 为正交矩阵.

唯一性：假设矩阵 A 有两种正交三角分解，即
$$A = Q_1 R_1 = Q_2 R_2,$$
其中 Q_1, Q_2 为正交阵，R_1, R_2 为上三角阵，且主对角元素均为正数. 于是有
$$Q_1^{\mathrm{T}} Q_2 = R_1 R_2^{-1} \stackrel{\text{def}}{=} D,$$
其中 D 既是正交阵又是上三角阵. 因而有
$$D = \mathrm{diag}(d_1, d_2, \cdots, d_n),$$
其中，$d_i^2 = 1 (i = 1, 2, \cdots, n)$，且 $R_1 = DR_2$. 由于 R_1, R_2 的对角元素均为正数，故有 $d_i = 1 (i = 1, 2, \cdots, n)$，即 $D = I$. 从而有 $R_1 = R_2$，$Q_1 = Q_2$.

例 7.2.5 求矩阵
$$A = \begin{pmatrix} 4 & 4 & 0 \\ 3 & 3 & -1 \\ 0 & 1 & 1 \end{pmatrix}$$
的 QR 分解，使得 R 的对角元素均为正数.

解 记 $A_1 = A$ 的第 1 列为 $x_1 = (4, 3, 0)^{\mathrm{T}}$，则 $\|x_1\|_2 = 5$. 为使上三角矩阵的对角元素全为正，构造 3 阶豪斯霍尔德矩阵 H_1 使得 $H_1 x_1 = y_1 = (5, 0, 0)^{\mathrm{T}}$. 令 $u_1 = x_1 - y_1 = (-1, 3, 0)^{\mathrm{T}}$，则有

$$H_1 = I - 2\frac{u_1 u_1^{\mathrm{T}}}{\|u_1\|_2^2} = \begin{pmatrix} \dfrac{4}{5} & \dfrac{3}{5} & 0 \\ \dfrac{3}{5} & -\dfrac{4}{5} & 0 \\ 0 & 0 & 1 \end{pmatrix}, \quad A_2 = H_1 A_1 = \begin{pmatrix} 5 & 5 & -\dfrac{3}{5} \\ 0 & 0 & \dfrac{4}{5} \\ 0 & 1 & 1 \end{pmatrix}.$$

记 A_2 的第 2 列对角线及以下元素为 $x_2 = (0, 1)^{\mathrm{T}}$，则 $\|x_2\|_2 = 1$. 构造 2 阶豪斯霍尔德矩阵 $\widetilde{H}_2$，使得 $\widetilde{H}_2 x_2 = y_2 = (1, 0)^{\mathrm{T}}$. 取 $u_2 = x_2 - y_2 = (-1, 1)^{\mathrm{T}}$，则有

$$\widetilde{H}_2 = I - 2\frac{u_2 u_2^{\mathrm{T}}}{\|u_2\|_2^2} = \begin{pmatrix} 0 & 1 \\ 1 & 0 \end{pmatrix}.$$

令 $H_2 = \begin{pmatrix} 1 & \\ & \widetilde{H}_2 \end{pmatrix} = \begin{pmatrix} 1 & 0 & 0 \\ 0 & 0 & 1 \\ 0 & 1 & 0 \end{pmatrix}$，则有

$$A_3 = H_2 A_2 = \begin{pmatrix} 5 & 5 & -\dfrac{3}{5} \\ 0 & 1 & 1 \\ 0 & 0 & \dfrac{4}{5} \end{pmatrix} = R.$$

记

$$Q = H_1 H_2 = \begin{pmatrix} \dfrac{4}{5} & 0 & \dfrac{3}{5} \\ \dfrac{3}{5} & 0 & -\dfrac{4}{5} \\ 0 & 1 & 0 \end{pmatrix},$$

直接验证可知 $A = QR$.

7.2.3 化一般矩阵为拟上三角矩阵

定义 7.2.3 设矩阵 $A = (a_{ij}) \in \mathbb{R}^{n \times n}$，如果对 $i > j+1$ 均有 $a_{ij} = 0$，即

$$A = \begin{pmatrix} a_{11} & a_{12} & a_{13} & \cdots & a_{1,n-1} & a_{1n} \\ a_{21} & a_{22} & a_{23} & \cdots & a_{2,n-1} & a_{2n} \\ & a_{32} & a_{33} & \cdots & a_{3,n-1} & a_{3n} \\ & & \ddots & \ddots & \vdots & \vdots \\ & & & \ddots & a_{n-1,n-1} & a_{n-1,n} \\ & & & & a_{n,n-1} & a_{nn} \end{pmatrix},$$

则称 A 为**上海森伯格(Hessenberg)矩阵**，也成为**拟上三角矩阵**. 若次对角元素 $a_{k+1,k}(1 \le k \le n-1)$ 全部非零，则称 A 是不可约的上海森伯格矩阵.

定理 7.2.4 设 $A = (a_{ij}) \in \mathbb{R}^{n \times n}$，则存在正交矩阵 Q，使得 $H = Q^{\mathrm{T}} A Q$ 为上海森伯格矩阵.

证明 记

$$A_1 = A = \begin{pmatrix} a_{11} & a_{12} & \cdots & a_{1n} \\ a_{21} & a_{22} & \cdots & a_{2n} \\ \vdots & \vdots & & \vdots \\ a_{n1} & a_{n2} & \cdots & a_{nn} \end{pmatrix} = \begin{pmatrix} a_{11} & A_{12}^{(1)} \\ c_1 & A_{22}^{(1)} \end{pmatrix},$$

其中 $c_1 = (a_{21}, \cdots a_{2n})^{\mathrm{T}} \in \mathbb{R}^{n-1}$. 不妨设 $c_1 \ne 0$，否则这一步不需要约化. 根据定理 7.2.2 可构造 $n-1$ 阶豪斯霍尔德矩阵 $\widetilde{H}_1$，满足 $\widetilde{H}_1 c_1 = \sigma_1 e_1$，其中 $\sigma_1 = -\mathrm{sgn}(a_{21}) \|c_1\|_2$，$e_1 = (1, 0, \cdots, 0)^{\mathrm{T}} \in \mathbb{R}^{n-1}$. 记 $H_1 = \begin{pmatrix} 1 & \\ & \widetilde{H}_1 \end{pmatrix}$，则 H_1 为对称正交矩阵. 因而有 $H_1^{-1} = H_1$. 用 H_1 对 A_1 作相似变换，则有

$$A_2 = H_1 A_1 H_1 = \begin{pmatrix} * & * & \cdots & \cdots & * \\ \sigma_1 & * & \cdots & \cdots & * \\ & * & \cdots & \cdots & * \\ & \vdots & & & \vdots \\ & * & \cdots & \cdots & * \end{pmatrix}.$$

进一步，记 c_2 为 A_2 的第 2 列对角线以下（不含对角线）的 $n-2$ 维向量，则可构造 $n-2$ 阶豪斯霍尔德矩阵 $\widetilde{H}_2$，满足 $\widetilde{H}_2 c_2 = \sigma_2 e_1$，其中 $e_1 = (1, 0, \cdots, 0)^{\mathrm{T}} \in \mathbb{R}^{n-2}$. 记 $H_2 = \begin{pmatrix} I_2 & \\ & \widetilde{H}_2 \end{pmatrix}$，其中 I_2 为 2 阶单位矩阵. 显然 H_2 仍是对称正交阵. 用 H_2 对 A_2 作相似变换，则有

$$A_3 = H_2 A_2 H_2 = \begin{pmatrix} * & * & * & \cdots & \cdots & * \\ \sigma_1 & * & * & \cdots & \cdots & * \\ & \sigma_2 & * & \cdots & \cdots & * \\ & & * & \cdots & \cdots & * \\ & & \vdots & & & \vdots \\ & & * & \cdots & \cdots & * \end{pmatrix}.$$

如此类推，经过 $n-2$ 次正交相似变换后，可得上海森伯格矩阵

$$A_{n-1} = H_{n-2} \cdots H_1 A H_1 \cdots H_{n-2}.$$

记 $H = A_{n-1}$，$Q = H_1 H_2 \cdots H_{n-2}$，则 Q 为正交矩阵（一般不对称），且有 $H = Q^{\mathrm{T}} A Q$. 证毕.

如果 A 是对称的，那么 $H = Q^{\mathrm{T}} A Q$ 也是对称矩阵.

推论 7.2.1 设 $A = (a_{ij}) \in \mathbb{R}^{n \times n}$ 为对称矩阵，则存在正交矩阵 Q，使得

$$H = Q^{\mathrm{T}} A Q = \begin{pmatrix} c_1 & b_1 & & & \\ b_1 & c_2 & b_2 & & \\ & \ddots & \ddots & \ddots & \\ & & b_{n-2} & c_{n-1} & b_{n-1} \\ & & & b_{n-1} & c_n \end{pmatrix}.$$

例 7.2.2 和例 7.2.4 即是推论 7.2.1 的应用.

例 7.2.6 设矩阵

$$A = \begin{pmatrix} 1 & 3 & 4 \\ 3 & 2 & 5 \\ 4 & 5 & 6 \end{pmatrix},$$

请分别用豪斯霍尔德变换和吉文斯变换求正交矩阵 Q，使得 $Q^T A Q$ 为上海森伯格矩阵.

解 （1）用豪斯霍尔德变换来实现

记 A 的第 1 列对角线以下的向量为 $x = (3, 4)^T$，则由定理 7.2.2 可构造 2 阶豪斯霍尔德矩阵 $H = \begin{pmatrix} -0.6 & -0.8 \\ -0.8 & 0.6 \end{pmatrix}$，使得 $Hx = (-5, 0)^T$.

令

$$Q = \begin{pmatrix} 1 & \\ & H \end{pmatrix} = \begin{pmatrix} 1 & 0 & 0 \\ 0 & -0.6 & -0.8 \\ 0 & -0.8 & 0.6 \end{pmatrix},$$

则有

$$B = Q^T A Q = \begin{pmatrix} 1 & -5 & 0 \\ -5 & 9.36 & -0.52 \\ 0 & -0.52 & -1.36 \end{pmatrix}.$$

（2）用吉文斯变换来实现

仍记 A 的第 1 列对角线以下的向量为 $x = (3, 4)^T$，则由公式(7.11)可构造 2 阶吉文斯矩阵 $J = \begin{pmatrix} 0.6 & 0.8 \\ -0.8 & 0.6 \end{pmatrix}$，使得 $Jx = (5, 0)^T$.

令

$$Q = \begin{pmatrix} 1 & \\ & J \end{pmatrix} = \begin{pmatrix} 1 & 0 & 0 \\ 0 & 0.6 & -0.8 \\ 0 & 0.8 & 0.6 \end{pmatrix},$$

则有

$$B = Q^T A Q = \begin{pmatrix} 1 & 5 & 0 \\ 5 & 9.36 & 0.52 \\ 0 & 0.52 & -1.36 \end{pmatrix}.$$

因为这里的矩阵 A 对称，所以它的上海森伯格矩阵为对称三对角阵.

值得注意的是，A 的上海森伯格矩阵并不是唯一的.

7.3 QR 算法

设 $A = (a_{ij}) \in \mathbb{R}^{n \times n}$，QR 算法就是利用 QR 分解构造出一个与 A 正交相似的矩阵序列 $\{A_k\}$，使得当 $k \to \infty$ 时，A_k 趋于分块上三角形式，且对角块是一阶或二阶的子块，从而求出矩阵 A 的全部特征值和相应的特征向量.

QR 方法是计算一般矩阵（中小型矩阵）全部特征值问题的最

有效方法之一，具有收敛快、算法稳定的特点. 该方法主要用于计算上海森伯格矩阵或对称三对角矩阵的全部特征值.

设 $A = A_1 \in \mathbb{R}^{n \times n}$. 对 A_1 进行 QR 分解，得 $A_1 = Q_1 R_1$，并作矩阵

$$A_2 = R_1 Q_1 = Q_1^T A_1 Q_1.$$

对 A_2 进行 QR 分解，得 $A_2 = Q_2 R_2$，再作矩阵

$$A_3 = R_2 Q_2 = Q_2^T A_2 Q_2.$$

以此类推，求得 A_k 后，对 A_k 进行 QR 分解，得 $A_k = Q_k R_k$，再作矩阵

$$A_{k+1} = R_k Q_k = Q_k^T A_k Q_k.$$

由此得到的序列 $\{A_k\}$ 称为 QR 序列. 由于 $\{A_k\}$ 是一系列正交相似的矩阵，因而它们的特征值均相同. 关于 QR 序列的具体性质，有如下定理.

定理 7.3.1(基本 QR 方法) 设 $A \in \mathbb{R}^{n \times n}$，构造 QR 算法

$$\begin{cases} A_1 = A, \\ A_k = Q_k R_k, \\ A_{k+1} = R_k Q_k, \quad k = 1, 2, \cdots, \end{cases} \quad (7.13)$$

其中，Q_k 为正交矩阵；R_k 为上三角矩阵. 记 $\tilde{Q}_k = Q_1 Q_2 \cdots Q_k$，$\tilde{R}_k = R_k R_{k-1} \cdots R_1$，则有

1) A_{k+1} 相似于 A_k，即 $A_{k+1} = Q_k^T A_k Q_k$；
2) $A_{k+1} = (Q_1 Q_2 \cdots Q_k)^T A_1 (Q_1 Q_2 \cdots Q_k) = \tilde{Q}_k^T A \tilde{Q}_k$； (7.14)
3) A^k 的 QR 分解式为

$$A^k = \tilde{Q}_k \tilde{R}_k. \quad (7.15)$$

证明 1)和2)易证. 现用归纳法证3). 显然，当 $k=1$ 时，有 $A_1 = Q_1 R_1 = \tilde{Q}_1 \tilde{R}_1$. 设 A^{k-1} 有分解式

$$A^{k-1} = \tilde{Q}_{k-1} \tilde{R}_{k-1}, \quad (7.16)$$

则 $\tilde{Q}_k \tilde{R}_k = Q_1 Q_2 \cdots Q_k R_k R_{k-1} \cdots R_1 = \tilde{Q}_{k-1} A_k \tilde{R}_{k-1}$，由式(7.14)可得

$$\tilde{Q}_k \tilde{R}_k = \tilde{Q}_{k-1} \tilde{Q}_{k-1}^T A \tilde{Q}_{k-1} \tilde{R}_{k-1} = A \tilde{Q}_{k-1} \tilde{R}_{k-1}. \quad (7.17)$$

由归纳假设，将式(7.16)代入式(7.17)可得式(7.15).

定理 7.3.2(QR 方法的收敛性) 设 $A = (a_{ij}) \in \mathbb{R}^{n \times n}$，

1) 如果 A 的特征值满足 $|\lambda_1| > |\lambda_2| > \cdots > |\lambda_n| > 0$；
2) A 有标准形 $A = XDX^{-1}$，其中 $D = \text{diag}(\lambda_1, \lambda_2, \cdots, \lambda_n)$，且设 X^{-1} 有三角分解 $X^{-1} = LU$，其中 L 为单位下三角矩阵，U 为

> 上三角，则由 QR 算法产生的 $\{A_k\}$ 本质上收敛于上三角矩阵，即 A_k 的对角线以下的元素收敛于零，同时对角元素收敛于 $\lambda_i (i=1,2,\cdots,n)$，而对角线以上的元素极限不一定存在.

证明略.

> **推论 7.3.1** 如果对称矩阵 A 满足定理 7.3.2 的条件，则由 QR 算法产生的序列 $\{A_k\}$ 收敛于对角矩阵 $D = \mathrm{diag}(\lambda_1, \lambda_2, \cdots, \lambda_n)$.

一般情况下 QR 算法的收敛性比较复杂，这里不再介绍.

例 7.3.1 设矩阵

$$A = \begin{pmatrix} 2 & 1 & 0 \\ 1 & 3 & 1 \\ 0 & 1 & 4 \end{pmatrix},$$

请用 QR 方法求它的特征值.

解 令 $A_1 = A$，并对 A_1 作 QR 分解，得

$$A_1 = \begin{pmatrix} -0.894427 & 0.408248 & 0.182574 \\ -0.447214 & -0.816497 & -0.365148 \\ 0 & -0.408248 & 0.912871 \end{pmatrix} \times \begin{pmatrix} -2.236068 & -2.236068 & -0.447214 \\ 0 & -2.449490 & -2.449490 \\ 0 & 0 & 3.286335 \end{pmatrix} = Q_1 R_1.$$

于是有

$$A_2 = R_1 Q_1 = \begin{pmatrix} 3.000000 & 1.095445 & 0 \\ 1.095445 & 3.000000 & -1.341641 \\ 0 & -1.341641 & 3.000000 \end{pmatrix}.$$

同理对 A_2 作 QR 分解，得 $A_2 = Q_2 R_2$，又有

$$A_3 = R_2 Q_2 = \begin{pmatrix} 3.705882 & 0.955769 & 0 \\ 0.955769 & 3.521390 & 0.973831 \\ 0 & 0.973831 & 1.772727 \end{pmatrix}.$$

重复下去，可得

$$A_9 = R_8 Q_8 = \begin{pmatrix} 4.728519 & 0.078129 & 0 \\ 0.078129 & 3.003529 & -0.002039 \\ 0 & -0.002039 & 1.267952 \end{pmatrix},$$

$$A_{10} = R_9 Q_9 = \begin{pmatrix} 4.730630 & 0.049592 & 0 \\ 0.049592 & 3.001421 & -0.000861 \\ 0 & 0.000861 & 1.267950 \end{pmatrix}.$$

可以看出，A_{10} 已经接近对角矩阵，即有特征值 $\lambda_1 \approx 4.730630$，$\lambda_2 \approx 3.001421$，$\lambda_3 \approx 1.267950$. 矩阵 A 的三个精确特征值为

$$\lambda_1 = 3+\sqrt{3} \approx 4.732051, \quad \lambda_2 = 3, \quad \lambda_3 = 3-\sqrt{3} \approx 1.267949.$$

因此，由矩阵 A_{10} 得到的近似特征值已经有很好的精确度. 若进一步迭代，A_n 将收敛到矩阵 A 的三个精确特征值.

需要指出的是，对于一般矩阵 $A = (a_{ij}) \in \mathbb{R}^{n \times n}$（或对称矩阵），直接使用 QR 算法(7.13)计算，每次迭代的计算量很大，而且计算速度较慢. 实际计算时，可先用豪斯霍尔德变换将 A 化为上海森伯格矩阵 H（或对称三对角矩阵），然后再用 QR 算法计算 H 的全部特征值.

设原矩阵经相似变换约化为一个上海森柏格矩阵 A，则可采用吉文斯变换对 A 进行 QR 分解. 为将 A 中元素 $a_{i+1,i}$ 变为零，可令 $p=i$，$q=i+1$，并将吉文斯变换 $J(i,i+1,\theta_i)$ 作用于 A，即

$$A \leftarrow J(i, i+1, \theta_i)A, \quad i = 1, 2, \cdots, n-1,$$

其中，θ_i 满足

$$c_i = \cos\theta_i = \frac{a_{ii}}{\sqrt{a_{ii}^2 + a_{i+1,i}^2}}, \quad s_i = \sin\theta_i = \frac{a_{i+1,i}}{\sqrt{a_{ii}^2 + a_{i+1,i}^2}}.$$

于是有

$$J(n-1, n, \theta_{i-1})J(n-2, n-1, \theta_{i-2})\cdots J(1, 2, \theta_1)A = R_1.$$

即 $A = Q_1 R_1$，其中 R_1 为上三角矩阵，

$$Q_1 = J^T(1, 2, \theta_1)J^T(2, 3, \theta_1)\cdots J^T(n-1, n, \theta_{i-1})$$

为正交矩阵且为上海森伯格矩阵. 令

$$A_2 = R_1 Q_1 = R_1 J^T(1, 2, \theta_1)\cdots J^T(n-1, n, \theta_{i-1}),$$

则 $A_2 \sim A_1 = A$，即

$$A \leftarrow R_1 J^T(1, 2, \theta_1)J^T(2, 3, \theta_1)\cdots J^T(n-1, n, \theta_{i-1}),$$

且 A_2 仍为上海森伯格矩阵. 重复若干次上述过程，直至收敛.

此外，为加速收敛，还可用带原点位移的 QR 算法构造矩阵序列 $\{A_k\}$. 具体过程可参考文献[1].

小结与思考

特征值问题在科学计算和大数据处理等问题中经常出现. 本章主要介绍了求解矩阵特征值和特征向量的幂法及其加速方法、反幂法和 QR 方法. 幂法主要用于求解矩阵按模最大的特征值及其对应的特征向量，且计算简单，适用于高阶稀疏矩阵，但通常收敛速度较慢. 为此，可采用原点平移法或瑞利商加速法等进行计算. 类似地，反幂法可用于求解矩阵按模最小的特征值及其对应的特征向量. 若需求解矩阵的全部特征值和特征向量，则可采用 QR 方法进行计算，它是计算中小型矩阵特征值十分有效的方法，大型矩阵特征值问题的讨论可参考文献[21]. 在 QR 方法的实际计算中，可先将矩阵利用

Householder 变换化为上海森伯格矩阵,然后利用吉文斯变换实现 QR 算法,求出全部特征值,相应特征向量的计算可参考文献[20]. 反幂法和 QR 算法均可以进一步利用原点平移法进行加速,读者可以思考其具体的实现过程. 同时,在学习过程中也要注意总结不同方法的设计思想,以及它们的计算效率和用途.

实验案例 7——人脸识别中的特征值计算

在人脸识别中,基于主成分分析对人脸数据进行降维,结合最近邻分类器 KNN 进行识别的方法称为特征脸法. 该方法首先将人脸数据组成的矩阵的每一行进行平均化得到"平均脸",然后让矩阵的每一列减去平均脸得到中心化后的样本数据,并求其协方差矩阵的特征值和特征向量. 将特征向量(也称为特征脸)按照特征值的大小进行排序,选取特征值较大的特征脸构成"脸空间". 将待识别的人脸投影到脸空间,得到脸空间中的"点". 通过计算该点与训练集中点(人脸)的距离,结合最近邻分类器来实现人脸识别. 本案例基于 ORL 数据集得到中心化后数据的协方差矩阵(矩阵数据见右侧二维码),并利用 QR 方法计算该矩阵的所有特征值,计算结果见表 7-6,北太天元代码见右侧二维码.

表 7-6 特征值的计算结果

QR 方法	精确值
1.31833×10^8	1.31833×10^8
1.04582×10^8	1.04582×10^8
5.29925×10^7	5.29925×10^7
4.29794×10^7	4.29794×10^7
3.91442×10^7	3.91442×10^7
$\vdots$	$\vdots$
-4.79856×10^{-9}	-1.64048×10^{-8}
-5.01223×10^{-9}	-2.00673×10^{-8}
-5.01681×10^{-9}	-2.10423×10^{-8}
-5.04946×10^{-9}	-3.00895×10^{-8}
-5.11024×10^{-9}	-3.30314×10^{-8}

习题与实验题 7

1. 设矩阵 $A = \begin{pmatrix} \frac{1}{4} & \frac{1}{5} \\ \frac{1}{5} & \frac{1}{6} \end{pmatrix}$. 用幂法求 A 按模最大的特征值及相应的特征向量,取 $v_0 = (1,0)^T$(精确到小数点后 2 位).

2. 试用幂法求如下矩阵
$$A = \begin{pmatrix} 5 & 4 & -1 \\ 4 & 5 & 1 \\ -1 & 1 & 3 \end{pmatrix}$$
按模最大的特征值和相应的特征向量. 取 $v_0 = (1,0,1)^T$,且以 $|m_{k+1} - m_k| < 10^{-5}$ 时停止运算.

3. 用原点平移法计算矩阵
$$A = \begin{pmatrix} 0.2 & -0.9 & -1 \\ -0.9 & 2.4 & -2 \\ -1 & -2 & 0.4 \end{pmatrix}$$
的主特征值及对应的特征向量(取精度 $\varepsilon = 0.5\times10^{-5}$),取 $p = -0.35$.

4. 用反幂法求矩阵
$$A = \begin{pmatrix} 2 & 3 & 8 \\ 3 & 9 & 4 \\ 8 & 4 & 1 \end{pmatrix}$$
按模最小的特征值.

5. 用带原点平移的反幂法计算第 2 题矩阵 A 的最接近于 2.3 的特征值和相应的特征向量.

6. 已知 $x = (2,1,3,4)^T$,用吉文斯变换把 x 的

第 3 个和第 4 个分量化为零.

7. 已知 $x=(2,1,1)^T$, 用吉文斯变换把 x 化为与 $e_1=(1,0,0)^T$ 同方向的向量.

8. 已知 $x=(3,4,7)^T$, 试求豪斯霍尔德矩阵 H, 使得 $Hx=-\sqrt{74}e_1$, 其中 $e_1=(1,0,0)^T$.

9. 用豪斯霍尔德变换将矩阵

$$A=\begin{pmatrix} 5 & 2 & 3 \\ 2 & 8 & 1 \\ 3 & 1 & 7 \end{pmatrix}$$

化为三对角矩阵.

10. 设 A 是对称矩阵, λ 和 $x(\|x\|_2=1)$ 是 A 的一个特征值及对应的特征向量, 又设 P 为一个正交阵, 使 $Px=e_1=(1,0,\cdots,0)^T$. 证明 $B=PAP^T$ 的第一行和第一列除了 λ 外其余元素均为零.

11. 对下述矩阵 A 作 QR 分解.

$$A=\begin{pmatrix} 2 & 4 & 2 \\ -1 & 0 & -4 \\ 2 & 2 & -1 \end{pmatrix}$$

12. 分别用吉文斯变换和豪斯霍尔德变换求矩阵 A 的 QR 分解, 并使 R 的对角元为正数, 其中

$$A=\begin{pmatrix} 4 & 4 & 0 \\ 3 & 3 & -1 \\ 0 & 1 & 1 \end{pmatrix}$$

13. 用 QR 方法计算矩阵

$$A=\begin{pmatrix} 3 & 1 & 0 \\ 1 & 2 & 1 \\ 0 & 1 & 1 \end{pmatrix}$$

的特征值.

14. (实验题) 设矩阵

$$A=\begin{pmatrix} -4 & 14 & 0 \\ -5 & 13 & 0 \\ -1 & 0 & 2 \end{pmatrix},$$

用幂法求按模最大的特征值和对应的特征向量. 取精度 $\varepsilon=0.5\times10^{-5}$.

15. (实验题) 用反幂法求矩阵

$$A=\begin{pmatrix} 1 & -1 & 0 \\ -2 & 4 & -2 \\ 0 & -1 & 2 \end{pmatrix}$$

按模最小的特征值和对应的特征向量. 取精度 $\varepsilon=0.5\times10^{-5}$.

16. (实验题) 用 QR 方法求下矩阵的全部特征值

$$A=\begin{pmatrix} 7 & 3 & 0 & 0 & 0 \\ 3 & 4 & 8 & 0 & 0 \\ 0 & 8 & 5 & 2 & 0 \\ 0 & 0 & 2 & 9 & 6 \\ 0 & 0 & 0 & 6 & 8 \end{pmatrix}.$$

第 8 章
常微分方程的数值解法

在科学与工程计算中,大多数问题都可以用常微分方程(组)的定解问题来刻画,包括初值问题和边值问题,例如生物群体的变化、电路中电流的变化、自动驾驶的车辆控制等. 这类问题通常无法直接得到解析解,需要设计有效的数值方法进行求解. 本章主要针对一阶常微分方程的初值问题,介绍欧拉(Euler)法、龙格-库塔(Runge-Kutta)法和 Adams 法等,并简要介绍一阶常微分方程组、高阶常微分方程和常微分方程边值问题的数值方法.

8.1 基本概念

对于初值问题,考虑如下一阶常微分方程

$$\begin{cases} \dfrac{dy}{dx} = f(x,y), & a \leqslant x \leqslant b, \\ y(a) = y_0. \end{cases} \quad (8.1)$$

这里,我们总假定 $f(x,y)$ 是连续函数,且对变量 y 满足利普希茨(Lipschitz)条件,其定义如下.

定义 8.1.1 若存在常数 $L>0$,使得对任意 $x \in [a,b]$ 和 $y_1, y_2 \in \mathbb{R}$,有

$$|f(x,y_1) - f(x,y_2)| \leqslant L|y_1 - y_2|,$$

则称 $f(x,y)$ 关于 y 满足**利普希茨(Lipschitz)条件**,且称 L 为**利普希茨常数**.

对于一阶常微分方程初值问题(8.1),解的存在唯一性以及适定性具有如下定理.

定理 8.1.1 若 f 在区域 $D = \{(x,y) \mid a \leqslant x \leqslant b, y \in \mathbb{R}\}$ 上连续,且关于 y 满足利普希茨条件,则对任意 $y_0 \in \mathbb{R}$,常微分方程初值问题(8.1)对 $x \in [a,b]$ 存在唯一的连续可微解 $y(x)$.

定理 8.1.2 若 f 和 $\tilde{f}$ 满足定理 8.1.1 的条件，设 $y(x)$ 为初值问题 (8.1) 的解，$\tilde{y}(x)$ 为初值问题

$$y'(x) = \tilde{f}(x,y), \quad y(a) = \tilde{y}_0$$

的解，其中

$$|f(x,y) - \tilde{f}(x,y)| \leq \delta(x),$$

则有

$$|y(x) - \tilde{y}(x)| \leq e^{L(x-a)} |y_0 - \tilde{y}_0| + \int_a^x e^{L(x-s)} \delta(s) \, \mathrm{d}s.$$

虽然某些特殊的常微分方程可以通过解析的方法进行求解，但是实际问题中的绝大多数微分方程都很难得到适合数值计算的解析表达式，因而需要设计数值方法求其近似解。由于计算机只能进行有限计算，因而数值解法就是寻求解 $y(x)$ 在一系列离散节点

$$a = x_0 < x_1 < \cdots < x_N = b$$

处的近似值 $y_n (n = 0, 1, \cdots, N)$，成为近似解或数值解。记 $h_n = x_{n+1} - x_n$，称为步长。若离散节点等距，则有 $x_n = x_0 + nh, n = 0, 1, \cdots, N$，其中步长 $h = \dfrac{b-a}{N}$。若无特殊说明，在本章中总是假定节点是等距的。

在计算微分方程的数值解时，需要在离散节点处对方程本身进行近似，即离散化，从而建立求数值解的递推公式，即数值格式。对于常微分方程初值问题 (8.1)，在计算 y_{n+1} 时，若数值格式中只用到前一节点的值 y_n，则称为**单步法**；若数值格式中需用到前 $k(k>1)$ 个点的值 $y_n, y_{n-1}, \cdots, y_{n-k+1}$，则称为**多步法**或 **$k$ 步法**。本章先介绍几种经典的单步法及其理论分析，再介绍多步法。

8.2 欧拉 (Euler) 方法

8.2.1 欧拉方法

对于常微分方程 (8.1)，任取离散节点 $x_n (n = 1, 2, \cdots, N)$，则有

$$y'(x_n) = f(x_n, y(x_n)). \tag{8.2}$$

假设节点等距，利用向前差商近似导数，即

$$y'(x_n) \approx \frac{y(x_{n+1}) - y(x_n)}{x_{n+1} - x_n} = \frac{y(x_{n+1}) - y(x_n)}{h},$$

可得式(8.2)的近似

$$\frac{y_{n+1}-y_n}{h}=f(x_n,y_n),$$

式中，y_n 为 $y(x_n)$ 的近似. 于是有

$$y_{n+1}=y_n+hf(x_n,y_n), \quad n=0,1,\cdots, \tag{8.3}$$

由初始值 y_0 便可逐步求得 $y(x)$ 的在节点处的近似值，这就是求解初值问题(8.1)的**(显式)欧拉公式**.

类似地，也可用向后差商近似导数，即

$$y'(x_n) \approx \frac{y(x_n)-y(x_{n-1})}{x_n-x_{n-1}}=\frac{y(x_n)-y(x_{n-1})}{h},$$

可得式(8.2)的另一种近似

$$\frac{y_n-y_{n-1}}{h}=f(x_n,y_n),$$

即

$$y_n=y_{n-1}+hf(x_n,y_n), \quad n=1,2,\cdots, \tag{8.4}$$

利用初始值 y_0 可逐次解出 $y_n(n=1,2,\cdots)$. 由于 $f(x,y)$ 通常是非线性函数，式(8.4)每步计算都需求解一个非线性方程，故称其为**隐式欧拉公式**.

式(8.4)可等价表示为

$$y_{n+1}=y_n+hf(x_{n+1},y_{n+1}), \quad n=0,1,\cdots, \tag{8.5}$$

将该式与式(8.3)作算术平均可得近似式(8.2)的新的数值格式

$$y_{n+1}=y_n+\frac{h}{2}[f(x_n,y_n)+f(x_{n+1},y_{n+1})], \quad n=0,1,\cdots, \tag{8.6}$$

称为**梯形公式**. 该公式与式(8.5)类似，均为隐式公式，每步计算都需求解一个非线性方程. 由于上述三种欧拉公式中离散节点是等距的，故也称它们为差分公式.

欧拉公式除用上述微分近似的方式导出外，还可通过积分近似的方式推出. 将方程(8.2)的两侧在 $[x_n,x_{n+1}]$ 上取积分，则有

$$y(x_{n+1})-y(x_n)=\int_{x_n}^{x_{n+1}}f(x,y(x))dx. \tag{8.7}$$

采用左矩形公式近似式(8.7)右侧的积分，可得欧拉公式

$$y_{n+1}=y_n+hf(x_n,y_n), \quad n=0,1,\cdots;$$

采用右矩形公式近似式(8.7)右侧的积分，可得隐式欧拉公式

$$y_{n+1}=y_n+hf(x_{n+1},y_{n+1}), \quad n=0,1,\cdots;$$

采用梯形公式近似式(8.7)右侧的积分，可得梯形公式

$$y_{n+1}=y_n+\frac{h}{2}[f(x_n,y_n)+f(x_{n+1},y_{n+1})], \quad n=0,1,\cdots.$$

式中，y_n 均为 $y(x_n)$ 的近似值.

例 8.2.1 用欧拉方法解初值问题

$$\begin{cases} y' = \dfrac{1}{2}\left(y - \dfrac{x}{y}\right), & 0 \leqslant x \leqslant 1, \\ y(0) = 1. \end{cases}$$

取步长 $h = 0.01$，并与精确解 $y = \sqrt{1+x}$ 作比较.

解 记 $f(x,y) = \dfrac{1}{2}\left(y - \dfrac{x}{y}\right)$，利用欧拉公式(8.3)和初始条件 $y_0 = 1$ 进行计算，部分结果见表 8-1，数值解和精确解的图形见图 8-1.

表 8-1 欧拉法计算结果

x_n	y_n	$y(x_n)$	x_n	y_n	$y(x_n)$
0.01	1.005000	1.004988	0.91	1.383026	1.382027
0.02	1.009975	1.009950	0.92	1.386651	1.385641
0.03	1.014926	1.014889	0.93	1.390267	1.389244
0.04	1.019853	1.019804	0.94	1.393874	1.392839
0.05	1.024756	1.024695	0.95	1.397471	1.396424
0.06	1.029636	1.029563	0.96	1.401059	1.400000
0.07	1.034493	1.034408	0.97	1.404639	1.403567
0.08	1.039327	1.039230	0.98	1.408209	1.407125
0.09	1.044139	1.044031	0.99	1.411771	1.410674
0.10	1.048928	1.048809	1.00	1.415323	1.414214

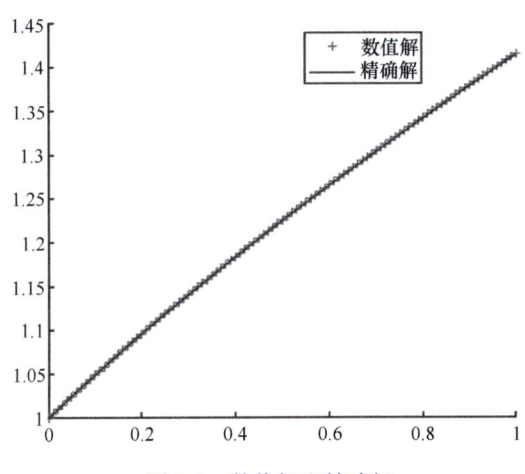

图 8-1 数值解和精确解

由表 8-1 和图 8-1 可见欧拉法可以用于近似计算初值问题的解.

对于隐式欧拉法和梯形法(8.6)，其计算过程要比显式欧拉法复杂，通常每步需要求解一个非线性方程，为便于数值实现，一一般采用迭代法的方式对该方程进行近似计算. 以隐式欧拉法为例, 具体计算过程如下.

对于式(8.5), 首先利用欧拉法获得迭代初始值, 即取
$$y_{n+1}^{(0)} = y_n + hf(x_n, y_n).$$
然后由初始值 $y_{n+1}^{(0)}$ 按照迭代格式
$$y_{n+1}^{(k+1)} = y_n + hf(x_{n+1}, y_{n+1}^{(k)}), \quad k = 0, 1, \cdots, \tag{8.8}$$
进行计算.

由于 $f(x, y)$ 关于 y 满足利普希茨条件, 故有
$$|y_{n+1}^{(k+1)} - y_{n+1}| = h|f(x_{n+1}, y_{n+1}^{(k)}) - f(x_{n+1}, y_{n+1})| \leq hL|y_{n+1}^{(k)} - y_{n+1}|.$$
因此, 只要 $hL < 1$, 迭代过程(8.8)就可以收敛到 y_{n+1}, 从而得到 $y(x_{n+1})$ 的近似值. 特别地, 若式(8.8)只迭代一步, 则可得求解初值问题(8.1)的**改进的欧拉法**
$$\begin{cases} \bar{y}_{n+1} = y_n + hf(x_n, y_n), \\ y_{n+1} = y_n + \dfrac{h}{2}[f(x_n, y_n) + f(x_{n+1}, \bar{y}_{n+1})]. \end{cases}$$

例 8.2.2 用改进的欧拉法解例 8.2.1 中的初值问题, 仍取步长 $h = 0.01$, 并与精确解 $y = \sqrt{1+x}$ 作比较.

解 该问题改进的欧拉公式为
$$\begin{cases} \bar{y}_{n+1} = y_n + \dfrac{h}{2}\left(y_n - \dfrac{x_n}{y_n}\right), \\ y_{n+1} = y_n + \dfrac{h}{4}\left(y_n - \dfrac{x_n}{y_n} + \bar{y}_{n+1} - \dfrac{x_{n+1}}{\bar{y}_{n+1}}\right). \end{cases}$$

部分计算结果见表 8-2. 同例 8.2.1 中欧拉法的计算结果相比较, 改进的欧拉法具有更高的精度.

表 8-2 改进的欧拉法计算结果

x_n	y_n	$y(x_n)$	x_n	y_n	$y(x_n)$
0.01	1.004988	1.004988	0.91	1.382033	1.382027
0.02	1.009951	1.009950	0.92	1.385646	1.385641
0.03	1.014889	1.014889	0.93	1.389250	1.389244
0.04	1.019804	1.019804	0.94	1.392844	1.392839
0.05	1.024695	1.024695	0.95	1.396429	1.396424
0.06	1.029563	1.029563	0.96	1.400005	1.400000
0.07	1.034408	1.034408	0.97	1.403572	1.403567
0.08	1.039231	1.039230	0.98	1.407130	1.407125
0.09	1.044031	1.044031	0.99	1.410679	1.410674
0.10	1.048809	1.048809	1.00	1.414219	1.414214

8.2.2 欧拉方法的误差分析

显式欧拉法、隐式欧拉法、梯形法和改进的欧拉法都是求解初值问题(8.1)的单步法，在计算 y_{n+1} 时，只用到前一步 y_n 的值. 一般地，单步法可统一表示为

$$y_{n+1} = y_n + h\varphi(x_n, y_n, x_{n+1}, y_{n+1}, h), \quad (8.9)$$

其中，多元函数 φ 与 $f(x, y)$ 有关，并称 φ 为增量函数. 若式(8.9)中 φ 含有 y_{n+1}，则其为隐式方法，否则为显式方法. 例如隐式欧拉公式中 $\varphi = f(x_{n+1}, y_{n+1})$，而显式欧拉公式中 $\varphi = f(x_n, y_n)$.

对于采用数值方法得到的近似解 y_n，在不考虑舍入误差的前提下，称数值解与真解的误差 $e_n = y(x_n) - y_n$ 为方法在 x_n 点处的**整体截断误差**. 由于直接分析整体误差通常较为困难，因此我们首先考虑局部截断误差，即假定在 x_n 前各步没有误差且 $y_n = y(x_n)$ 时，计算一步数值方法所产生的误差.

定义 8.2.1 假设 $y(x)$ 是常微分方程初值问题(8.1)的精确解，则称

$$T_{n+1} = y(x_{n+1}) - y(x_n) - h\varphi(x_n, y(x_n), x_{n+1}, y(x_{n+1}), h)$$

为单步法(8.9)的局部截断误差.

定义 8.2.2 若存在最大整数 p 使得求解常微分方程(8.1)的数值方法的局部截断误差满足 $T_{n+1} = O(h^{p+1})$，则称该方法具有 p **阶精度**，且称含有 h^{p+1} 的项为该方法的**局部截断误差主项**.

一般来说，数值方法精度的阶数 p 越大，局部截断误差越小，数值计算结果的精确度越高. 下面我们主要给出显式欧拉方法的局部截断误差和整体误差.

首先，利用式(8.7)可得显式欧拉方法的局部截断误差

$$\begin{aligned} T_{n+1} &= y(x_{n+1}) - y(x_n) - hf(x_n, y(x_n)) \\ &= \int_{x_n}^{x_{n+1}} [f(x, y(x)) - f(x_n, y(x_n))] dx. \end{aligned} \quad (8.10)$$

假设 $f(x,y)$ 关于 x 和 y 满足利普希茨条件，其利普希茨常数分别为 K 和 L，并且 $M = \max\limits_{x \in [a,b]} |y'(x)|$. 于是有

$$|T_{n+1}| \leq \int_{x_n}^{x_{n+1}} |f(x, y(x)) - f(x_n, y(x))| dx + \int_{x_n}^{x_{n+1}} |f(x_n, y(x)) - f(x_n, y(x_n))| dx$$

$$\leq K \int_{x_n}^{x_{n+1}} (x - x_n) dx + L \int_{x_n}^{x_{n+1}} |y(x) - y(x_n)| dx$$

$$\leq (K+LM)\int_{x_n}^{x_{n+1}}(x-x_n)\mathrm{d}x = \frac{(K+LM)h^2}{2} \triangleq R.$$

这说明显式欧拉方法具有 1 阶精度. 进一步, 令式(8.10)与显式欧拉公式(8.3)相减可得

$$e_{n+1} = e_n + h[f(x_n,y(x_n)) - f(x_n,y_n)] + T_{n+1}.$$

因而有

$$|e_{n+1}| \leq (1+hL)|e_n| + R$$
$$\leq (1+hL)^2|e_{n-1}| + (1+hL)R + R$$
$$\leq \cdots \leq (1+hL)^{n+1}|e_0| + R\sum_{j=0}^{n}(1+hL)^j$$
$$= (1+hL)^{n+1}|e_0| + \frac{R}{hL}[(1+hL)^{n+1}-1]$$
$$\leq e^{L(b-a)}|e_0| + \frac{R}{hL}(e^{L(b-a)}-1).$$

由此可知, 在不考虑初始误差的情况下, 整体截断误差的阶由局部截断误差来决定. 类似地, 也可给出隐式欧拉公式、梯形公式以及改进的欧拉公式的局部截断误差和整体截断误差. 事实上, 在一定条件下, 隐式欧拉法的局部截断误差主项为 $O(h^2)$, 梯形法和改进的欧拉法的局部截断误差主项为 $O(h^3)$, 因此隐式欧拉法具有 1 阶精度, 而梯形法和改进的欧拉法具有 2 阶精度.

8.3 龙格-库塔(Runge-Kutta)方法

8.3.1 显式龙格-库塔方法的基本思想

由于常微分方程(8.1)的解满足

$$y(x_{n+1}) = y(x_n) + hf(\xi, y(\xi)),$$

根据 8.2.2 节可知, 当数值格式中只用到函数 f 在区间 $[x_n, x_{n+1}]$ 两端的一个值近似平均斜率 $f(\xi, y(\xi))$, 即采用显式欧拉或隐式欧拉时, 仅有 1 阶精度; 当用到函数 f 在区间 $[x_n, x_{n+1}]$ 两端点的算术平均值, 例如采用改进的欧拉方法时, 具有 2 阶精度. 对于改进的欧拉方法

$$y_{n+1} = y_n + \frac{h}{2}(k_1 + k_2) = y_n + \frac{h}{2}[f(x_n, y_n) + f(x_{n+1}, y_n + hf(x_n, y_n))],$$

x_{n+1} 处的斜率值 k_2 是利用已知信息通过欧拉公式预报得到的. 由此可以考虑在区间 $[x_n, x_{n+1}]$ 多预报几个点的斜率值, 然后取加权平均来近似平均斜率 $f(\xi, y(\xi))$, 以提高数值方法的精度, 这就是

显式龙格-库塔方法的基本思想. 它的一般形式为

$$\begin{cases} y_{n+1} = y_n + h\sum_{i=1}^{r} c_i k_i, \\ k_1 = f(x_n, y_n), \\ k_i = f\left(x_n + \lambda_i h, y_n + h\sum_{j=1}^{i-1} \mu_{ij} k_j\right), \quad i = 2, 3, \cdots, r, \end{cases} \tag{8.11}$$

其中, c_i, λ_i, μ_{ij} 均为常数. 式(8.11)称为 r 级显式龙格-库塔法, 简称 R-K 法.

特别地, $r=1$ 时 R-K 法即为欧拉法. 一般地, R-K 法中的系数可以通过泰勒展开来确定. 具体地, 将 k_i 在 (x_n, y_n) 处进行泰勒展开, 并比较 y_{n+1} 与精确解 $y(x_{n+1})$ 在 x_n 处的泰勒展开式, 使两者的前 $p+1$ 项对应相等, 从而得到确定系数 c_i, λ_i, μ_{ij} 的方程组, 求解该方程组便可得到具有 p 阶精度的 R-K 方法. 下面以 $r=2$ 为例, 给出确定龙格-库塔方法中系数的过程.

8.3.2 二阶显式龙格-库塔方法

当 $r=2$ 时, 龙格-库塔格式为

$$\begin{cases} y_{n+1} = y_n + h(c_1 k_1 + c_2 k_2), \\ k_1 = f(x_n, y_n), \\ k_2 = f(x_n + \lambda_2 h, y_n + h\mu_{21} k_1). \end{cases} \tag{8.12}$$

假设常微分方程(8.1)的解 $y(x)$ 具有充分高阶的导数, 将 $y(x_{n+1})$ 在 x_n 处进行泰勒展开, 得

$$y(x_{n+1}) = y(x_n) + hy'(x_n) + \frac{h^2}{2}y''(x_n) + O(h^3)$$

$$= y(x_n) + hf(x_n, y_n) + \frac{h^2}{2}[f'_x(x_n, y_n) + f'_y(x_n, y_n)f(x_n, y_n)] + O(h^3).$$

将 k_2 在 (x_n, y_n) 处进行泰勒展开, 得

$$k_2 = f(x_n + \lambda_2 h, y_n + h\mu_{21} k_1)$$

$$= f(x_n, y_n) + h[\lambda_2 f'_x(x_n, y_n) + \mu_{21} f(x_n, y_n) f'_y(x_n, y_n)] + O(h^2).$$

将 k_2 的展开式和 k_1 代入式(8.12), 并与 $y(x_{n+1})$ 的泰勒展开式对比, 令 h 和 h^2 项的系数相等, 可得方程组

$$\begin{cases} c_1 + c_2 = 1, \\ c_2 \lambda_2 = \frac{1}{2}, \\ c_2 \mu_{21} = \frac{1}{2}. \end{cases} \tag{8.13}$$

满足该方程组的系数对应的便是具有 2 阶精度的 2 级龙格-库塔方

法. 显然, 方程组(8.13)具有无穷多解. 若以 λ_2 为自由参数, 分别取 $\lambda_2 = \frac{1}{2}, \frac{2}{3}, 1$, 则可得到三个典型的二阶龙格-库塔方法, 依次为

1. 中点公式

$$\begin{cases} y_{n+1} = y_n + hk_2, \\ k_1 = f(x_n, y_n), \\ k_2 = f\left(x_n + \frac{h}{2}, y_n + \frac{h}{2}k_1\right). \end{cases}$$

2. Heun 公式

$$\begin{cases} y_{n+1} = y_n + h\left(\frac{1}{4}k_1 + \frac{3}{4}k_2\right), \\ k_1 = f(x_n, y_n), \\ k_2 = f\left(x_n + \frac{2}{3}h, y_n + \frac{2}{3}hk_1\right). \end{cases}$$

3. 改进的欧拉公式

$$\begin{cases} y_{n+1} = y_n + h\left(\frac{1}{2}k_1 + \frac{1}{2}k_2\right), \\ k_1 = f(x_n, y_n), \\ k_2 = f(x_n + h, y_n + hk_1). \end{cases}$$

进一步将 $y(x_{n+1})$ 和 k_2 分别在 x_n 和 (x_n, y_n) 多展开一项, 可以发现 2 级龙格-库塔方法至多具有 2 阶精度. 若要得到更高阶的龙格-库塔格式, 则应考虑更高级数的龙格-库塔法.

8.3.3 三阶与四阶显式龙格-库塔方法

类似于上节中二阶显式龙格-库塔方法的推导, 结合泰勒展开式也可以给出三阶和四阶的显式龙格-库塔方法, 此时需分别取 $r=3$ 和 $r=4$. 这里我们仅列出几个比较常用的三阶和四阶龙格-库塔公式.

1. 三阶龙格-库塔公式

(1) Heun 三阶法

$$\begin{cases} y_{n+1} = y_n + \frac{h}{4}(k_1 + 3k_3), \\ k_1 = f(x_n, y_n), \\ k_2 = f\left(x_n + \frac{1}{3}h, y_n + \frac{1}{3}hk_1\right), \\ k_3 = f\left(x_n + \frac{2}{3}h, y_n + \frac{2}{3}hk_2\right). \end{cases}$$

（2）库塔三阶法

$$\begin{cases} y_{n+1} = y_n + \dfrac{h}{6}(k_1 + 4k_2 + k_3), \\ k_1 = f(x_n, y_n), \\ k_2 = f\left(x_n + \dfrac{1}{2}h, y_n + \dfrac{1}{2}hk_1\right), \\ k_3 = f(x_n + h, y_n - hk_1 + 2hk_2). \end{cases}$$

2. 四阶龙格-库塔公式

（1）古典龙格-库塔法

$$\begin{cases} y_{n+1} = y_n + \dfrac{h}{6}(k_1 + 2k_2 + 2k_3 + k_4), \\ k_1 = f(x_n, y_n), \\ k_2 = f\left(x_n + \dfrac{1}{2}h, y_n + \dfrac{1}{2}hk_1\right), \\ k_3 = f\left(x_n + \dfrac{1}{2}h, y_n + \dfrac{1}{2}hk_2\right), \\ k_4 = f(x_n + h, y_n + hk_3). \end{cases}$$

（2）库塔四阶法

$$\begin{cases} y_{n+1} = y_n + \dfrac{h}{8}(k_1 + 3k_2 + 3k_3 + k_4), \\ k_1 = f(x_n, y_n), \\ k_2 = f\left(x_n + \dfrac{1}{3}h, y_n + \dfrac{1}{3}hk_1\right), \\ k_3 = f\left(x_n + \dfrac{2}{3}h, y_n - \dfrac{1}{3}hk_1 + hk_2\right), \\ k_4 = f(x_n + h, y_n + hk_1 - hk_2 + hk_3). \end{cases}$$

例 8.3.1 用四阶古典龙格-库塔法解例 8.2.1 中的初值问题，取步长 $h = 0.02$，并与精确解 $y = \sqrt{1+x}$ 作比较.

解 该问题的四阶古典龙格-库塔公式为

$$\begin{cases} y_{n+1} = y_n + \dfrac{h}{6}(k_1 + 2k_2 + 2k_3 + k_4), \\ k_1 = \dfrac{1}{2}\left(y_n - \dfrac{x_n}{y_n}\right), \quad k_2 = \dfrac{1}{2}\left(y_n + \dfrac{1}{2}hk_1 - \dfrac{x_n + \dfrac{1}{2}h}{y_n + \dfrac{1}{2}hk_1}\right), \\ k_3 = \dfrac{1}{2}\left(y_n + \dfrac{1}{2}hk_2 - \dfrac{x_n + \dfrac{1}{2}h}{y_n + \dfrac{1}{2}hk_2}\right), \quad k_4 = \dfrac{1}{2}\left(y_n + hk_3 - \dfrac{x_n + h}{y_n + hk_3}\right). \end{cases}$$

表8-3列出了部分计算结果,对比例8.2.2中改进欧拉法的计算结果,四阶古典龙格-库塔法具有更高的计算精度.需要注意的是,四阶龙格-库塔法每一步需要计算4次函数f,而改进的欧拉法每一步只需要计算2次函数f.但由于这里放大了步长,因此与例8.2.2中的计算量基本相同.因此四阶古典龙格-库塔法在计算上更有优势,这也表明在数值计算中选择算法的重要性.

表8-3 四阶古典龙格-库塔法的计算结果

x_n	y_n	$y(x_n)$	x_n	y_n	$y(x_n)$
0.02	1.009950	1.009950	0.92	1.385641	1.385641
0.04	1.019804	1.019804	0.94	1.392839	1.392839
0.06	1.029563	1.029563	0.96	1.400000	1.400000
0.08	1.039230	1.039230	0.98	1.407125	1.407125
0.10	1.048809	1.048809	1.00	1.414214	1.414214

此外,需要指出的是,龙格-库塔法是基于泰勒展开构造的,因而需要所求问题的解具有较高的光滑性.若解的光滑性较差,则采用四阶古典龙格-库塔法得到的数值解可能会比改进的欧拉法得到的数值解的精度要差.因此,在实际计算时,我们需要针对问题的具体特性来选择合适的方法.

*8.3.4 变步长的龙格-库塔方法

由龙格-库塔法的截断误差可知,步长越小,数值解的精度越高,但此时在一定范围内所需的计算次数也会随之增加,舍入误差也有可能会严重累积.因此需要选择合适的步长,在保证所需精度的同时使其计算量尽可能地少.类似于数值积分中的复化梯形公式,微分方程数值解中的步长也可以在计算过程中通过自动调整的方式来确定,从而得到变步长的数值方法.

考虑一般的p阶龙格-库塔法,它的局部截断误差为$O(h^{p+1})$.从节点x_n出发,以步长h计算出$y(x_{n+1})$的近似值$y_{n+1}^{(h)}$,于是有

$$y(x_{n+1})-y_{n+1}^{(h)}=ch^{p+1}+O(h^{p+2}). \qquad (8.14)$$

一般地,c通常依赖于h和x_n,但当h充分小时,c可近似看作常数.进一步,将步长折半,即取$\dfrac{h}{2}$为步长,仍旧从x_n出发,计算两步龙格-库塔法可得$y(x_{n+1})$的另一近似值$y_{n+1}^{(h/2)}$.由于此时每一步的局部截断误差主项为$c(h/2)^{p+1}$,因而有

$$y(x_{n+1})-y_{n+1}^{(h/2)}=2c(h/2)^{p+1}+O(h^{p+2}). \qquad (8.15)$$

将式(8.15)乘以2^p并与式(8.14)相减,可得

$$y(x_{n+1}) = \frac{2^p y_{n+1}^{(h/2)} - y_{n+1}^{(h)}}{2^p - 1} + O(h^{p+2}),$$

于是有事后估计式

$$y(x_{n+1}) - y_{n+1}^{(h/2)} \approx \frac{1}{2^p - 1}(y_{n+1}^{(h/2)} - y_{n+1}^{(h)}).$$

因此，可通过检查步长折半前后两次计算结果的偏差 $\Delta = |y_{n+1}^{(h/2)} - y_{n+1}^{(h)}|$ 来判断所选取的步长是否合适. 具体地，采用如下方式来确定步长.

1) 对于给定的精度 ε，如果 $\Delta > \varepsilon$，则反复将步长折半进行计算，直至 $\Delta < \varepsilon$，并取最终得到的 $y_{n+1}^{(h/2)}$ 作为结果.

2) 如果 $\Delta < \varepsilon$，则反复将步长加倍进行计算，直至 $\Delta > \varepsilon$，此时再将步长折半一次即可.

这种将步长折半或加倍来计算 $y(x_{n+1})$ 近似值的方法称为**变步长方法**. 虽然表面上看，选步长的过程增加了计算量，但从总体上考虑通常是合理的，尤其是方程的解 $y(x)$ 变化剧烈的情形.

8.4 单步法的收敛性与稳定性

8.4.1 单步法的收敛性

数值方法主要通过某种离散化手段，将微分方程转化为差分方程，进而得到问题的近似解，而该近似解与问题的精确解之间存在误差. 所谓数值方法的收敛性，就是考虑在步长足够小时，数值解能否以某种精度逼近精确解. 对于求解常微分方程(8.1)初值问题的单步法

$$y_{n+1} = y_n + h\varphi(x_n, y_n, h), \qquad (8.16)$$

其收敛的定义如下.

定义 8.4.1 假设 $y(x)$ 是常微分方程初值问题(8.1)的精确解. 若对于固定的 $x_n = x_0 + nh$，当 $h \to 0$ 时，单步法(8.16)的近似解 $y_n \to y(x_n)$，则称该方法是收敛的.

由 8.2.2 节中对于欧拉方法的误差分析可知，在一定条件下，若不考虑初始误差，欧拉法是收敛的. 对于一般的单步法(8.16)，有如下收敛性定理.

定理 8.4.1 假设单步法(8.16)具有 p 阶精度，且其增量函数 $\varphi(x, y, h)$ 关于 y 满足利普希茨条件

$$|\varphi(x,y,h)-\varphi(x,\bar{y},h)|\leq L_\varphi|y-\bar{y}|. \qquad (8.17)$$

若初值 y_0 是准确的，即 $y_0=y(x_0)$，则其整体截断误差为

$$y(x_n)-y_n=O(h^p).$$

证明 记 $\bar{y}_{n+1}$ 为 $y_n=y(x_n)$ 时计算一步公式(8.16)的结果，即

$$\bar{y}_{n+1}=y(x_n)+h\varphi(x_n,y(x_n),h), \qquad (8.18)$$

则单步法(8.16)的局部截断误差为 $y(x_{n+1})-\bar{y}_{n+1}$. 结合定义 8.2.2 可知，存在常数 C 使得

$$|y(x_{n+1})-\bar{y}_{n+1}|\leq Ch^{p+1}.$$

再根据式(8.16)和式(8.18)，以及条件(8.17)可得

$$|y_{n+1}-\bar{y}_{n+1}|\leq |y(x_n)-y_n|+h|\varphi(x_n,y(x_n),h)-\varphi(x_n,y_n,h)|$$
$$\leq (1+hL_\varphi)|y(x_n)-y_n|.$$

于是有

$$|y(x_{n+1})-y_{n+1}|\leq |y_{n+1}-\bar{y}_{n+1}|+|y(x_{n+1})-\bar{y}_{n+1}|$$
$$\leq (1+hL_\varphi)|y(x_n)-y_n|+Ch^{p+1},$$

即整体误差满足

$$|e_{n+1}|\leq (1+hL_\varphi)|e_n|+Ch^{p+1}.$$

利用上述不等式反复递推，得

$$|e_n|\leq (1+hL_\varphi)^n|e_0|+\frac{Ch^p}{L_\varphi}[(1+hL_\varphi)^n-1].$$

注意到 $x_n-x_0=nh\leq T$，我们有 $(1+hL_\varphi)^n\leq e^{nhL_\varphi}\leq e^{TL_\varphi}$. 因此可得估计式

$$|e_n|\leq e^{TL_\varphi}|e_0|+\frac{Ch^p}{L_\varphi}[e^{TL_\varphi}-1],$$

即当初值是准确的，即 $e_0=0$ 时，定理成立. 证毕.

根据这一定理，判断单步法(8.16)的收敛性，可以归结于增量函数 φ 是否满足利普希茨条件(8.17). 例如欧拉方法，其增量函数 $\varphi=f(x,y)$，故当 $f(x,y)$ 关于 y 满足利普希茨条件时，它是收敛的. 对于改进的欧拉法，其增量函数为 $\varphi=\frac{1}{2}[f(x,y)+f(x+h,y+hf(x,y))]$. 当 $f(x,y)$ 关于 y 满足利普希茨条件时，记其利普希茨常数为 L，则有

$$|\varphi(x,y,h)-\varphi(x,\bar{y},h)|\leq \frac{1}{2}[|f(x,y)-f(x,\bar{y})|+$$
$$|f(x+h,y+hf(x,y))-f(x+h,\bar{y}+hf(x,\bar{y}))|]$$
$$\leq L\left(1+\frac{1}{2}hL\right)|y-\bar{y}|.$$

给定 h_0，当 $h \leq h_0$ 时 φ 满足利普希茨条件(8.17)，此时改进的欧拉法也是收敛的. 类似地，也可验证显式龙格-库塔方法也是收敛的.

假设 $y(x)$ 是初值问题(8.1)的精确解，将其代入单步法(8.16)，则有
$$\frac{y(x+h)-y(x)}{h} = \varphi(x, y(x), h).$$

若增量函数 $\varphi(x, y(x), h)$ 关于 h 连续，则当 $h \to 0$ 时，有 $y'(x) = \varphi(x, y, 0)$，即
$$\varphi(x, y, 0) = f(x, y). \tag{8.19}$$

于是有如下定义.

定义 8.4.2 若单步法(8.16)的增量函数 φ 满足式(8.19)，则称该单步法与初值问题(8.1)相容，并称式(8.19)为相容条件.

定理 8.4.2 假设 $\varphi(x, y, h)$ 和 $y(x)$ 无穷次可微，若单步法(8.16)与初值问题(8.1)相容，则它至少是一阶的.

证明 由于 $\varphi(x, y, 0) = f(x, y) = y'(x)$，利用泰勒展开可知单步法(8.16)的局部截断误差满足
$$\begin{aligned}
T_{n+1} &= y(x_n + h) - y(x_n) - h\varphi(x_n, y(x_n), h) \\
&= y(x_n) + y'(x_n)h + \frac{y''(x_n)}{2}h^2 + \cdots - y(x_n) - \\
&\quad h[\varphi(x_n, y(x_n), 0) + \varphi'_x(x_n, y(x_n), 0)h + \cdots] \\
&= O(h^2),
\end{aligned}$$
即单步法(8.16)至少是一阶方法. 证毕.

8.4.2 单步法的稳定性

前面所讨论的单步法的稳定性，均是假定式(8.16)的每一步计算是准确的，然而在实际计算中，不可避免地会产生舍入误差(微小的扰动)，并且这种误差在累积和传播过程中也有可能恶性增长，从而导致计算错误. 因此在数值计算中我们希望某一步产生的扰动，在后续的计算中能够被控制，甚至是逐步衰减的，这就涉及了方法的稳定性.

定义 8.4.3 假设用某一种数值方法计算 y_n 时有大小为 δ_n 的扰动，若由该扰动所引起的以后各节点值 $y_m (m > n)$ 的偏差 δ_m 均满足 $|\delta_m| \leq |\delta_n|$，则称该方法是**稳定的**.

下面我们先从计算角度考察一下欧拉方法的稳定性.

例 8.4.1 考虑初值问题

$$\begin{cases} y' = -15y, \\ y(0) = 1. \end{cases}$$

其精确解为 $y(x) = e^{-15x}$.

用欧拉方法解该初值问题时,有 $y_{n+1} = (1-15h)y_n$. 分别取 $h = 0.2$ 和 $h = 0.05$,则相应的欧拉公式为 $y_{n+1} = -2y_n$ 和 $y_{n+1} = 0.25y_n$,其计算结果见表 8-4. 对比精确值可以明显地看出,$h = 0.2$ 时欧拉方法的解在精确值附近上下波动,而 $h = 0.1$ 时计算过程较稳定.

对于隐式欧拉方法,当 $h = 0.2$ 时,计算上述初值问题的格式为 $y_{n+1} = \dfrac{1}{4} y_n$,其计算结果也列于表 8-4. 由结果可知该方法是稳定的.

表 8-4 计算结果

节点	欧拉法 ($h=0.2$)	欧拉法 ($h=0.05$)	隐式欧拉法	精确解
0.2	-2	3.9063×10^{-3}	2.5000×10^{-1}	4.9787×10^{-2}
0.4	4	1.5259×10^{-5}	6.2500×10^{-2}	2.4788×10^{-3}
0.6	-8	5.9605×10^{-8}	1.5625×10^{-2}	1.2341×10^{-4}
0.8	16	2.3283×10^{-10}	3.9063×10^{-3}	6.1442×10^{-6}
1.0	-32	9.0949×10^{-13}	9.7656×10^{-4}	3.0590×10^{-7}

由上述分析可以发现,稳定性与选取的步长 h 有关,也与方法有关,当然也与原始问题中的 $f(x,y)$ 有关. 为了简化讨论,通常只检验数值方法用于模型方程

$$y' = \lambda y \tag{8.20}$$

的稳定性,其中 λ 为复数. 事实上,将微分方程(8.1)进行泰勒展开,略去高阶项,再进行变换即可近似化为式(8.20)的形式.

对于显式欧拉法,模型方程(8.20)对应的欧拉公式为

$$y_{n+1} = y_n + \lambda h y_n.$$

假设在节点值 y_n 处有一扰动值 δ_n,则计算 y_{n+1} 时就会产生一个扰动值 δ_{n+1},且有

$$\delta_{n+1} = (1 + \lambda h)\delta_n.$$

因此,为保证显式欧拉法的稳定性,需要求

$$|1 + \lambda h| \leq 1, \tag{8.21}$$

其中,λ 为复数. 在 $\mu = \lambda h$ 的复平面上,式(8.21)所包围的区域

内部，即以$(-1,0)$为圆心，半径为 1 的单位圆内部，称为欧拉法的绝对稳定区域. 当 λ 为实数时，欧拉法的绝对稳定区间为 $-2<\lambda h<0$. 在例 8.4.1 中 $\lambda=-15$，此时欧拉法的绝对稳定区间为 $0<h<\frac{2}{15}\approx 0.13$. 因此 $h=0.2$ 时不稳定，而在 $h=0.05$ 时稳定.

对于梯形法，模型方程(8.20)对应的梯形公式为

$$y_{n+1}=y_n+\frac{h}{2}(\lambda y_n+\lambda y_{n+1}),$$

即

$$y_{n+1}=\frac{1+\lambda h/2}{1-\lambda h/2}y_n.$$

因此 $\left|\dfrac{1+\lambda h/2}{1-\lambda h/2}\right|<1$ 时梯形法绝对稳定，其绝对稳定区域为 $\mathrm{Re}(\lambda h)<0$. 当 λ 为实数时，其绝对稳定区间为 $-\infty<\lambda h<0$.

类似地，也可得出各阶龙格-库塔方法的稳定性条件. 二阶龙格-库塔法的绝对稳定区域由 $\left|1+\lambda h+\dfrac{(\lambda h)^2}{2}\right|<1$ 得到；四阶古典龙格-库塔法的绝对稳定区域由

$$\left|1+\lambda h+\frac{(\lambda h)^2}{2!}+\frac{(\lambda h)^3}{3!}+\frac{(\lambda h)^4}{4!}\right|<1$$

来确定. 当 λ 为实数时，它们相应的绝对稳定区间分别为 $-2<\lambda h<0$ 和 $-2.78<\lambda h<0$.

由此可见，如果方法的绝对稳定区域或区间有限，则相应的数值方法对步长 h 有限制. 若步长 h 不在所给的区间范围内，该方法是不稳定的. 因此，在实际计算中选择步长既要考虑截断误差，也要考虑方法的稳定性.

例 8.4.2 考虑例 8.4.1 中的初值问题，分别取 $h=0.2$ 和 $h=0.1$ 用四阶古典龙格-库塔法进行计算.

解 由 $\lambda=-15$ 可知，$h=0.2$ 时四阶古典龙格-库塔法不稳定，而 $h=0.1$ 时方法稳定，这与表 8-5 中的计算结果相一致.

表 8-5 计算结果

x_n	0.2	0.4	0.6	0.8	1.0
$h=0.1$	7.4768×10^{-2}	5.5903×10^{-3}	4.1797×10^{-4}	3.1251×10^{-5}	2.3366×10^{-6}
$h=0.2$	1.3750	1.8906	2.5996	3.5745	4.9149
精确解	4.9787×10^{-2}	2.4788×10^{-3}	1.2341×10^{-4}	6.1442×10^{-6}	3.0590×10^{-7}

8.5 线性多步法

前面几节介绍了求解常微分方程初值问题(8.1)的单步法,该方法主要依据 y_n 的信息去计算 y_{n+1}. 但实际上,在计算 y_{n+1} 之前已经求出了一系列的近似值 $y_0, y_1, \cdots, y_n$. 如果能够充分利用前面多步的信息来预测 y_{n+1},则可能会获得较高的精度,这就是多步法的基本思想. 构造多步法可以基于数值积分也可以基于泰勒展开,前者通过在微分方程(8.1)两侧求积分,然后利用插值型求积公式近似得到. 而本节则主要介绍基于泰勒展开的多步法的构造过程.

8.5.1 线性多步法的一般公式

若在计算 y_{n+k} 时,除用到 y_{n+k-1} 的值还用到了 y_{n+i}($i = 0, 1, \cdots, k-2$)的值,则称此方法为线性多步法,其一般形式为

$$y_{n+k} = \sum_{i=0}^{k-1} \alpha_i y_{n+i} + h \sum_{i=0}^{k} \beta_i f_{n+i}, \qquad (8.22)$$

其中,y_{n+i} 为 $y(x_{n+i})$ 的近似值;$f_{n+i} = f(x_{n+i}, y_{n+i})$ 且 $x_{n+i} = x_n + ih$;α_i, β_i 为常数. 如果 α_0, β_0 不全为零,则称式(8.22)为**线性 k 步法**. 该方法在计算时需先给出前 k 个近似值 $y_0, y_1, \cdots, y_{k-1}$,再利用式(8.22)逐次求出 $y_k, y_{k+1}, \cdots$. 进一步,如果 $\beta_k = 0$,则称式(8.22)为**显式 k 步法**,此时 y_{n+k} 可直接由公式计算得到;如果 $\beta_k \neq 0$,则称式(8.22)为**隐式 k 步法**,求解时需用迭代的方式计算出 y_{n+k}. 此外,公式中的系数 α_i 和 β_i 可根据方法的局部截断误差及其阶数来确定,其定义如下.

定义 8.5.1 假设 $y(x)$ 是常微分方程初值问题(8.1)的精确解,则线性多步法(8.22)在 x_{n+k} 处的局部截断误差为

$$T_{n+k} = y(x_{n+k}) - \sum_{i=0}^{k-1} \alpha_i y(x_{n+i}) - h \sum_{i=0}^{k} \beta_i y'(x_{n+i}). \qquad (8.23)$$

若 $T_{n+k} = O(h^{p+1})$,则称方法(8.22)是 p 阶的.

由于

$$y(x_n + ih) = y(x_n) + ihy'(x_n) + \frac{(ih)^2}{2!} y''(x_n) + \frac{(ih)^3}{3!} y'''(x_n) + \cdots,$$

$$y'(x_n + ih) = y'(x_n) + ihy''(x_n) + \frac{(ih)^2}{2!} y'''(x_n) + \cdots,$$

对式(8.23)在 x_n 处作泰勒展开可得

$$T_{n+k} = c_0 y(x_n) + c_1 h y'(x_n) + c_2 h^2 y''(x_n) + \cdots + c_p h^p y^{(p)}(x_n) + \cdots,$$

其中,

$$c_0 = 1 - (\alpha_0 + \alpha_1 + \cdots + \alpha_{k-1}),$$

$$c_1 = k - [\alpha_1 + 2\alpha_2 + \cdots + (k-1)\alpha_{k-1}] - (\beta_0 + \beta_1 + \cdots + \beta_k),$$

$$c_q = \frac{1}{q!} \{ k^q - [\alpha_1 + 2^q \alpha_2 + \cdots + (k-1)^q \alpha_{k-1}] \} -$$

$$\frac{1}{(q-1)!} [\beta_1 + 2^{q-1}\beta_2 + \cdots + k^{q-1}\beta_k], \quad q = 2, 3, \cdots. \tag{8.24}$$

若在式 (8.22) 中选择适当的系数 α_i 和 β_i,使其满足

$$c_0 = c_1 = \cdots = c_p = 0, \quad c_{p+1} \neq 0,$$

则此时的多步法 (8.22) 是 p 阶的,且其局部截断误差为

$$T_{n+k} = c_{p+1} h^{p+1} y^{(p+1)}(x_n) + O(h^{p+2}). \tag{8.25}$$

上式中第一项称为**局部截断误差主项**,c_{p+1} 称为**误差常数**.

当多步法 (8.22) 是 $p \geq 1$ 阶时,其局部截断误差 T_{n+k} 中 $c_0 = c_1 = 0$,即

$$\begin{cases} \alpha_0 + \alpha_1 + \cdots + \alpha_{k-1} = 1, \\ \sum_{i=1}^{k-1} i\alpha_i + \sum_{i=0}^{k} \beta_i = k. \end{cases} \tag{8.26}$$

由相容性的定义可知,多步法 (8.22) 与微分方程 (8.1) 相容的充要条件是式 (8.26) 成立.由上述分析也可知,对 $k \geq 2$ 的多步法公式均可利用式 (8.24) 确定 α_i 和 β_i,并由式 (8.25) 给出局部截断误差,下面我们仅对若干常用的多步法导出具体公式.

8.5.2 Adams 方法

令式 (8.22) 中 $\alpha_0 = \alpha_1 = \cdots = \alpha_{k-2} = 0, \alpha_{k-1} = 1$,则有

$$y_{n+k} = y_{n+k-1} + h \sum_{i=0}^{k} \beta_i f_{n+i}, \tag{8.27}$$

并称其为 k **步 Adams 方法**. 特别地,当 $\beta_k = 0$ 时,称为 **Adams 显式方法**;当 $\beta_k \neq 0$ 时,称为 **Adams 隐式方法**.

对于式 (8.27) 中系数 $\beta_0, \beta_1, \cdots, \beta_k$ 的确定,显然有 $c_0 = 0$.若 $\beta_k \neq 0$,可令 $c_1 = c_2 = \cdots = c_{k+1} = 0$ 来计算 $\beta_0, \beta_1, \cdots, \beta_k$;若 $\beta_k = 0$,可令 $c_1 = c_2 = \cdots = c_k = 0$ 来计算 $\beta_0, \beta_1, \cdots, \beta_{k-1}$.下面以 $k = 3$ 为例.由 $c_1 = c_2 = c_3 = c_4 = 0$ 以及式 (8.24) 可得

$$\begin{cases} \beta_0 + \beta_1 + \beta_2 + \beta_3 = 1, \\ 2(\beta_1 + 2\beta_2 + 3\beta_3) = 5, \\ 3(\beta_1 + 4\beta_2 + 9\beta_3) = 19, \\ 4(\beta_1 + 8\beta_2 + 27\beta_3) = 65. \end{cases}$$

若 $\beta_3 = 0$，则由前三个方程可得

$$\beta_0 = \frac{5}{12}, \quad \beta_1 = -\frac{16}{12}, \quad \beta_2 = \frac{23}{12}.$$

于是有 $k=3$ 的 Adams 显式公式

$$y_{n+3} = y_{n+2} + \frac{h}{12}(23f_{n+2} - 16f_{n+1} + 5f_n). \tag{8.28}$$

再由式(8.24)可知 $c_4 = \frac{3}{8}$，故式(8.28)是三阶方法，其局部截断误差为

$$T_{n+3} = \frac{3}{8}h^4 y^{(4)}(x_n) + O(h^5).$$

若 $\beta_3 \neq 0$，则由上述四个方程可得

$$\beta_0 = \frac{1}{24}, \quad \beta_1 = -\frac{5}{24}, \quad \beta_2 = \frac{19}{24}, \quad \beta_3 = \frac{3}{8}.$$

于是有 $k=3$ 的 Adams 隐式公式

$$y_{n+3} = y_{n+2} + \frac{h}{24}(9f_{n+3} + 19f_{n+2} - 5f_{n+1} + f_n).$$

它是四阶方法，局部截断误差为

$$T_{n+3} = -\frac{19}{720}h^5 y^{(5)}(x_n) + O(h^6).$$

类似地，也可求得一些常用的著名公式，列举如下.

1）辛普森(Simpson)方法

$$\begin{cases} y_{n+2} = y_n + \dfrac{h}{3}(f_n + 4f_{n+1} + f_{n+2}), \\ T_{n+2} = -\dfrac{1}{90}h^5 y^{(5)}(x_n) + O(h^6). \end{cases}$$

2）米尔尼(Milne)方法

$$\begin{cases} y_{n+4} = y_n + \dfrac{4h}{3}(2f_{n+3} - f_{n+2} + 2f_{n+1}), \\ T_{n+4} = \dfrac{14}{45}h^5 y^{(5)}(x_n) + O(h^6). \end{cases}$$

3）汉明(Hamming)方法

$$\begin{cases} y_{n+3} = \dfrac{1}{8}(9y_{n+2} - y_n) + \dfrac{3h}{8}(f_{n+3} + 2f_{n+2} - f_{n+1}), \\ T_{n+3} = -\dfrac{1}{40}h^5 y^{(5)}(x_n) + O(h^6). \end{cases}$$

也可以求得其他一些常用的 Adams 公式，见表 8-6 和表 8-7，其中 k 为步数，p 为方法的阶数，c_{p+1} 为误差常数.

表 8-6　Adams 显式公式

k	p	公式	c_{p+1}
1	1	$y_{n+1}=y_n+hf_n$	$\dfrac{1}{2}$
2	2	$y_{n+2}=y_{n+1}+\dfrac{h}{2}(3f_{n+1}-f_n)$	$\dfrac{5}{12}$
3	3	$y_{n+3}=y_{n+2}+\dfrac{h}{12}(23f_{n+2}-16f_{n+1}+5f_n)$	$\dfrac{3}{8}$
4	4	$y_{n+4}=y_{n+3}+\dfrac{h}{24}(55f_{n+3}-59f_{n+2}+37f_{n+1}-9f_n)$	$\dfrac{251}{720}$

表 8-7　Adams 隐式公式

k	p	公式	c_{p+1}
1	2	$y_{n+1}=y_n+\dfrac{h}{2}(f_{n+1}+f_n)$	$-\dfrac{1}{12}$
2	3	$y_{n+2}=y_{n+1}+\dfrac{h}{12}(5f_{n+2}+8f_{n+1}-f_n)$	$-\dfrac{1}{24}$
3	4	$y_{n+3}=y_{n+2}+\dfrac{h}{24}(9f_{n+3}+19f_{n+2}-5f_{n+1}+f_n)$	$-\dfrac{19}{720}$
4	5	$y_{n+4}=y_{n+3}+\dfrac{h}{720}(251f_{n+4}+646f_{n+3}-264f_{n+2}+106f_{n+1}-19f_n)$	$-\dfrac{3}{160}$

例 8.5.1　分别用四阶 Adams 显式公式和隐式公式计算初值问题

$$\begin{cases} y'=-x-y-1, & 0\leqslant x\leqslant 1, \\ y(0)=1. \end{cases}$$

取步长 $h=0.1$.

解　本题中 $f_n=-x_n-y_n-1$ 且 $x_n=nh=0.1n$. 四阶 Adams 显式公式为

$$y_{n+4}=y_{n+3}+\dfrac{h}{24}(55f_{n+3}-59f_{n+2}+37f_{n+1}-9f_n)$$

$$=\dfrac{1}{24}(18.5y_{n+3}+5.9y_{n+2}-3.7y_{n+1}+0.9y_n-0.24n-3.24),$$

$$n=0,1,2,\cdots,6.$$

四阶 Adams 隐式公式为

$$y_{n+3}=y_{n+2}+\dfrac{h}{24}(9f_{n+3}+19f_{n+2}-5f_{n+1}+f_n)$$

$$=\dfrac{1}{24}(-0.9y_{n+3}+22.1y_{n+2}+0.5y_{n+1}-0.1y_n-0.24n-3),$$

即

$$y_{n+3}=\dfrac{1}{24.9}(22.1y_{n+2}+0.5y_{n+1}-0.1y_n-0.24n-3),\quad n=0,1,2,\cdots,7.$$

利用精确解 $y=e^{-x}-x$ 求出初始值，即显式方法中的 y_0, y_1, y_2, y_3 和隐式方法中的 y_0, y_1, y_2（对于一般方程，可用四阶古典 R-K 方法计算初始近似值）. 计算结果见表 8-8.

表 8-8 计算结果

x_n	精确解 $y(x_n)$	Adams 显式方法		Adams 隐式方法	
		y_n	$|y(x_n)-y_n|$	y_n	$|y(x_n)-y_n|$
0.3	0.440818			0.440818	2.1458×10^{-7}
0.4	0.270320	0.270323	2.8739×10^{-6}	0.270320	3.8460×10^{-7}
0.5	0.106531	0.106535	4.8158×10^{-6}	0.106530	5.2134×10^{-7}
0.6	-0.051188	-0.051182	6.7716×10^{-6}	-0.051189	6.2854×10^{-7}
0.7	-0.203415	-0.203407	8.0897×10^{-6}	-0.203415	7.1062×10^{-7}
0.8	-0.350671	-0.350662	9.1923×10^{-6}	-0.350672	7.7138×10^{-7}
0.9	-0.493430	-0.493420	9.9542×10^{-6}	-0.493431	8.1415×10^{-7}
1.0	-0.632121	-0.632110	1.0517×10^{-5}	-0.632121	8.4179×10^{-7}

由数值结果可知，同阶的 Adams 方法中隐式方法比显式方法误差小. 这一点也可以从这两种方法的局部截断误差主项的系数看出，它们分别是 251/720 和 -19/720.

8.6 常微分方程组和高阶微分方程的数值解法

在实际计算中，我们还会经常遇到含有多个未知函数的常微分方程组或含有高阶导数的常微分方程. 前面介绍的各种数值方法可以很自然地推广到一阶常微分方程组，而高阶常微分方程则可以通过变换转化为一阶常微分方程组. 为简单起见，本节仅介绍求解一阶常微分方程组和高阶常微分方程的常用数值方法.

8.6.1 一阶常微分方程组的四阶龙格-库塔法

对于单个常微分方程 $y'=f(x,y)$，若把 y 和 f 理解为向量，则求解一阶常微分方程的各种数值方法可直接应用到常微分方程组的求解上. 下面以两个方程为例，给出相应的四阶古典龙格-库塔方法.

考虑如下的一阶微分方程组初值问题

$$\begin{cases} y'=f(x,y,z), \\ z'=g(x,y,z), \\ y(x_0)=y_0, \quad z(x_0)=z_0. \end{cases}$$

求解该问题的四阶古典龙格-库塔公式为

$$\begin{cases} y_{n+1} = y_n + \dfrac{h}{6}(K_1 + 2K_2 + 2K_3 + K_4), \\ z_{n+1} = z_n + \dfrac{h}{6}(L_1 + 2L_2 + 2L_3 + L_4), \end{cases} \quad (8.29)$$

其中，

$$\begin{cases} K_1 = f(x_n, y_n, z_n), \quad L_1 = g(x_n, y_n, z_n), \\ K_2 = f\left(x_n + \dfrac{h}{2}, y_n + \dfrac{h}{2}K_1, z_n + \dfrac{h}{2}L_1\right), \\ L_2 = g\left(x_n + \dfrac{h}{2}, y_n + \dfrac{h}{2}K_1, z_n + \dfrac{h}{2}L_1\right), \\ K_3 = f\left(x_n + \dfrac{h}{2}, y_n + \dfrac{h}{2}K_2, z_n + \dfrac{h}{2}L_2\right), \\ L_3 = g\left(x_n + \dfrac{h}{2}, y_n + \dfrac{h}{2}K_2, z_n + \dfrac{h}{2}L_2\right), \\ K_4 = f(x_n + h, y_n + hK_3, z_n + hL_3), \\ L_4 = g(x_n + h, y_n + hK_3, z_n + hL_3). \end{cases} \quad (8.30)$$

作为单步法，该方法利用节点 x_n 上的值 y_n 和 z_n，由式(8.30)依次计算出 $K_1, L_1, K_2, L_2, K_3, L_3, K_4, L_4$，然后代入式(8.29)，从而求得 x_{n+1} 上的值 y_{n+1} 和 z_{n+1}。

例 8.6.1 洛特卡-沃尔泰拉(Lotka-Volterra)捕食者-猎物模型

$$\begin{cases} y'(t) = \alpha y(t) - \beta y(t)z(t), \\ z'(t) = -\gamma z(t) + \delta y(t)z(t), \\ y(0) = y_0, \quad z(0) = z_0, \end{cases}$$

其中，$y(t)$ 表示猎物的数量，$z(t)$ 分别表示捕食者的数量。假设在没有捕食者的情况下，猎物的数量以固定的速度 α 增长；在没有猎物的情况下，由于食物匮乏，捕食者的数量以固定的速度 γ 减少。再假设猎物与捕食者相遇的概率与捕食者数量和猎物数量的乘积成正比，并且捕食者的数量以 $\delta y(t)z(t)$ 的速度增长，而猎物的数量则以 $\beta y(t)z(t)$ 的速度减少。

取 $\alpha = \gamma = 1$，$\beta = 0.01$，$\delta = 0.02$，自变量 t 的变化范围为 $(0, 15)$，初始值为 $y_0 = z_0 = 20$。采用四阶古典龙格-库塔法进行计算，并绘制 $y(t)$ 和 $z(t)$ 的数量图与相位图(见图 8-2)。由图像可以看出，在初始时刻不久，捕食者数量增加，而猎物数量减少；随后捕食者数量达到峰值后开始减少，而猎物数量持续上升；当猎物数量达到峰值后开始减少，而捕食者数量减少到最小值后开始缓慢增长，如此往复。

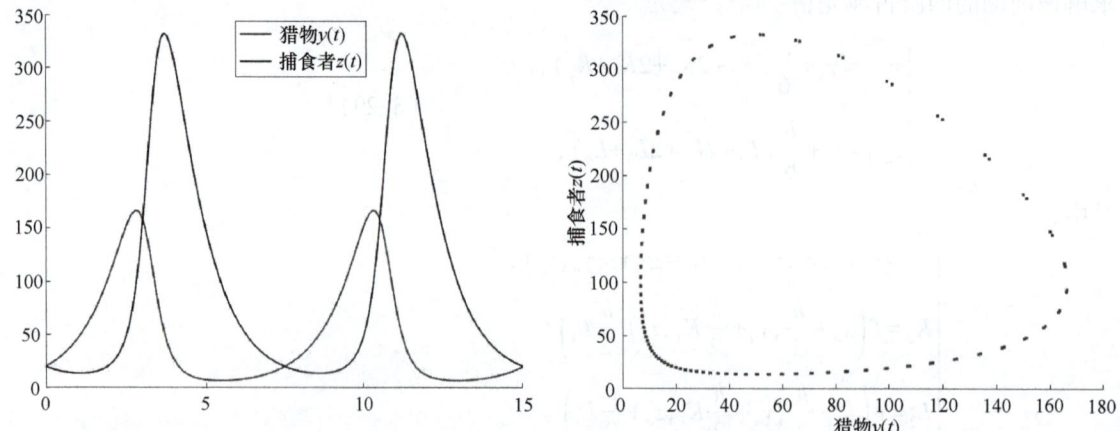

图 8-2 捕食者-猎物数量图(左)和相位图(右)

对于微分方程组的初值问题,有时会出现解的分量数量级相差很大的情形,此类问题被称为刚性问题[23]. 对于刚性方程组的数值求解,若用步长受限制的方法计算,则可能会出现小步长计算大区间的问题,因此最好采用对步长不加限制的方法,例如梯形法、吉尔(Gear)法、隐式龙格-库塔法等.

8.6.2 高阶常微分方程的数值方法

高阶微分方程(组)的初值问题,原则上总可以归结为一阶常微分方程组的计算. 例如如下 m 阶常微分方程初值问题

$$\begin{cases} y^{(m)} = f(x, y, y', \cdots, y^{(m-1)}), \\ y(x_0) = y_0, y'(x_0) = y'_0, \cdots, y^{(m-1)}(x_0) = y_0^{(m-1)}. \end{cases} \quad (8.31)$$

若引入变量替换 $y_1 = y, y_2 = y', \cdots, y_m = y^{(m-1)}$,则可将式(8.31)等价转化为一阶微分方程组

$$\begin{cases} y'_1 = y_2, \\ y'_2 = y_3, \\ \quad \vdots \\ y'_{m-1} = y_m, \\ y'_m = f(x, y_1, y_2, \cdots, y_m), \\ y_1(x_0) = y_0, y_2(x_0) = y'_0, \cdots, y_m(x_0) = y_0^{(m-1)}. \end{cases}$$

下面考虑如下二阶微分方程的初值问题

$$\begin{cases} y'' = f(x, y, y'), \\ y(x_0) = y_0, \quad y'(x_0) = y'_0. \end{cases}$$

令 $z = y'$,则可将其转化为一阶微分方程组的初值问题

$$\begin{cases} y' = z, \\ z' = f(x,y,z), \\ y(x_0) = y_0, \quad z(x_0) = y_0'. \end{cases}$$

针对此问题应用四阶古典龙格-库塔法(8.29),则有

$$\begin{cases} y_{n+1} = y_n + hz_n + \dfrac{h^2}{6}(L_1 + L_2 + L_3), \\ z_{n+1} = z_n + \dfrac{h}{6}(L_1 + 2L_2 + 2L_3 + L_4), \end{cases}$$

其中,

$$\begin{cases} L_1 = f(x_n, y_n, z_n), \\ L_2 = f\left(x_n + \dfrac{h}{2}, y_n + \dfrac{h}{2}z_n, z_n + \dfrac{h}{2}L_1\right), \\ L_3 = f\left(x_n + \dfrac{h}{2}, y_n + \dfrac{h}{2}z_n + \dfrac{h^2}{4}L_1, z_n + \dfrac{h}{2}L_2\right), \\ L_4 = f\left(x_n + h, y_n + hz_n + \dfrac{h^2}{2}L_2, z_n + hL_3\right). \end{cases}$$

其他单步法或多步法也可类似地应用于高阶微分方程的数值求解.

8.7 微分方程边值问题的数值解法

对于微分方程的求解,通常会附加某种定解条件. 一种情形是给定积分曲线在初始时刻的状态,称为初始条件,相应的问题称为初值问题;另一种情形是给定积分曲线在两端的性态,称为边界条件,相应的问题称为边值问题. 本节主要介绍求解常微分方程边值问题的有限差分法. 它的基本思想是在离散的有限个点上对微分方程进行差分近似,结合边界条件得到原始问题的近似解.

考虑如下二阶线性常微分方程

$$y''(x) + p(x)y'(x) + q(x)y(x) = r(x), \quad a<x<b, \quad (8.32)$$

其边界条件可分为三类:

1) 第一类边界条件(狄利克雷边界条件)

$$y(a) = \alpha, \quad y(b) = \beta;$$

2) 第二类边界条件(诺依曼边界条件)

$$y'(a) = \alpha', \quad y'(b) = \beta';$$

3) 第三类边界条件(罗宾边界条件)

$$y'(a) - \alpha_0 y(a) = \alpha_1, \quad y'(b) + \beta_0 y(b) = \beta_1.$$

采用有限差分法对二阶线性常微分方程(8.32)进行求解. 将

区间$[a,b]$进行N等分,则有步长$h=\dfrac{b-a}{N}$,节点$x_n=x_0+nh$($n=0,1,\cdots,N$).在节点x_n($n=1,2,\cdots,N-1$)处利用差商公式

$$y'(x_n)=\frac{y(x_{n+1})-y(x_{n-1})}{2h}+O(h^2),$$

$$y''(x_n)=\frac{y(x_{n+1})-2y(x_n)+y(x_{n-1})}{h^2}+O(h^2),$$

分别近似一阶导数和二阶导数,则有近似式(8.32)的差分方程

$$\frac{y_{n+1}-2y_n+y_{n-1}}{h^2}+p_n\frac{y_{n+1}-y_{n-1}}{2h}+q_ny_n=r_n,\quad n=1,2,\cdots,N-1,\quad(8.33)$$

其中,y_n是$y(x_n)$的近似值;$p_n=p(x_n)$;$q_n=q(x_n)$;$r_n=r(x_n)$.

若给定第一类边界条件,则直接将边界条件$y_0=\alpha$,$y_N=\beta$代入差分方程(8.33),整理后可得

$$\begin{cases}(-2+h^2q_1)y_1+\left(1+\dfrac{h}{2}p_1\right)y_2=h^2r_1-\left(1-\dfrac{h}{2}p_1\right)\alpha,\\[2mm]\left(1-\dfrac{h}{2}p_n\right)y_{n-1}+(-2+h^2q_n)y_n+\left(1+\dfrac{h}{2}p_n\right)y_{n+1}=h^2r_n,\quad n=2,\cdots,N-2,\\[2mm]\left(1-\dfrac{h}{2}p_{N-1}\right)y_{N-2}+(-2+h^2q_{N-1})y_{N-1}=h^2r_{N-1}-\left(1+\dfrac{h}{2}p_{N-1}\right)\beta.\end{cases}$$

该方程组也可等价表示为矩阵形式

$$\begin{pmatrix}b_1&c_1&&&\\a_2&b_2&c_2&&\\&\ddots&\ddots&\ddots&\\&&a_{N-2}&b_{N-2}&c_{N-2}\\&&&a_{N-1}&b_{N-1}\end{pmatrix}\begin{pmatrix}y_1\\y_2\\\vdots\\y_{N-2}\\y_{N-1}\end{pmatrix}=\begin{pmatrix}d_1-a_1\alpha\\d_2\\\vdots\\d_{N-2}\\d_{N-1}-c_{N-1}\beta\end{pmatrix},\quad(8.34)$$

其中

$$a_n=1-\frac{h}{2}p_n,\quad b_n=-2+h^2q_n,\quad c_n=1+\frac{h}{2}p_n,\quad d_n=h^2r_n,\quad n=1,2,\cdots,N-1.$$

一般地,可采用追赶法求解上述三对角方程组.

若给定第二类或第三类边界条件,除差分方程(8.33)外还需给定边界点处的差分方程.由于第二类边界条件是第三类边界条件的特殊情形,故仅考虑第三类边界条件的处理.对于右边界条件$y'(b)+\beta_0y(b)=\beta_1$,可采用向后差商对一阶导数$y'(b)$进行近似,即

$$y'(b)=\frac{y(x_N)-y(x_{N-1})}{h}+O(h),$$

从而得到右边界点处的差分方程

$$\frac{1}{h}(y_N-y_{N-1})+\beta_0 y_N=\beta_1.$$

也可利用吉尔(Gear)公式

$$y'(b)=\frac{3y(x_N)-4y(x_{N-1})+y(x_{N-2})}{2h}+O(h^2),$$

得到右边界点处的差分方程

$$\frac{1}{2h}(3y_N-4y_{N-1}+y_{N-2})+\beta_0 y_N=\beta_1.$$

类似地，也可对左边界点进行处理，得到左边界点的差分方程，联立式(8.33)即可求出微分方程边值问题的数值解.

例 8.7.1 用差分法求解边值问题

$$\begin{cases} y''(x)-(x-1)y'(x)+3y=(x^2-7)\mathrm{e}^{-x}, & 0<x<1, \\ y(0)=-2,\quad y(1)=-\dfrac{1}{\mathrm{e}}. \end{cases}$$

其精确解为 $y(x)=(x-2)\mathrm{e}^{-x}$. 取步长 $h=0.2$ 进行计算.

解 该方程中 $p(x)=-(x-1)$，$q(x)=3$，$r(x)=(x^2-7)\mathrm{e}^{-x}$ 且 $\alpha=-2$，$\beta=-\dfrac{1}{\mathrm{e}}$. 由式(8.34)可得该问题的离散差分方程组为

$$\begin{pmatrix} -1.88 & 1.08 & & \\ 0.94 & -1.88 & 1.06 & \\ & 0.96 & -1.88 & 1.04 \\ & & 0.98 & -1.88 \end{pmatrix}\begin{pmatrix} y_1 \\ y_2 \\ y_3 \\ y_4 \end{pmatrix}=\begin{pmatrix} 1.6121 \\ -0.1834 \\ -0.1458 \\ 0.2609 \end{pmatrix}.$$

解该三对角方程组可得原问题的近似解，见表 8-9.

表 8-9　计算结果

x_n	y_n	$y(x_n)$	$\|y(x_n)-y_n\|$
0.2	-1.473710	-1.473715	5.7861×10^{-6}
0.4	-1.072693	-1.072512	1.8110×10^{-4}
0.6	-0.768656	-0.768336	3.2007×10^{-4}
0.8	-0.539474	-0.539195	2.7917×10^{-4}

小结与思考

微分方程数值解法是科学计算的核心问题，对于解决复杂流体运动、结构力学、图像处理等问题具有重要作用. 本章主要介绍了求解常微分方程初值问题的显式欧拉方法、隐式欧拉方法和改进的欧拉方法，以及具有较高精度的龙格-库塔方法. 除了这些单步法以外，还介绍了求解常微分方程初值问题的 Adams 内插和外插方法. 读者在学习时要重点掌握数值格式的基本构造思想，思考单步法和多步

法的区别,同时要注意数值方法的收敛性和稳定性分析. 理解了这些基本的方法,便可将其推广到常微分方程组和高阶微分方程的数值求解中. 本章的最后简单介绍了微分方程边值问题的差分方法,更详细的介绍可参考文献[22].

实验案例8——车辆运动学模型

在自动驾驶领域,车辆运动学模型是最基本、最简单的模型. 它主要研究物体的位置和姿态. 考虑车辆在二维平面上的运动,假设车辆的运动和转向由前轮驱动,左右侧轮胎具有相同的转向角度和转速. 在车身和悬架均为刚性系统,车辆速度很低(<5m/s)的假设条件下,以后轴为原点的车辆运动模型可表示为

$$\begin{cases} \dfrac{\mathrm{d}x}{\mathrm{d}t} = v\cos(\psi) \\ \dfrac{\mathrm{d}y}{\mathrm{d}t} = v\sin(\psi) \\ \dfrac{\mathrm{d}\psi}{\mathrm{d}t} = \dfrac{v}{L}\tan(\delta) \\ \dfrac{\mathrm{d}\delta}{\mathrm{d}t} = r \end{cases} \quad (8.35)$$

其中,(x, y)表示车辆的位置;ψ表示航向角;v表示速度;L表示轴距;δ表示前轮的转角. 给定初始条件$x(0) = y(0) = \psi(0) = 0$,轴距$L = 5.4$,速度$v = 4.1667\mathrm{m/s}$和

$$r = \begin{cases} \dfrac{1}{18}\pi, & 10 < t < 11, \\ -\dfrac{1}{18}\pi, & 20 < t < 22, \\ 0, & \text{其他}. \end{cases}$$

取$t \in [0, 40]$,采用四阶古典龙格-库塔法求解常微分方程组(8.35),程序代码见右侧二维码. 通过数值计算可得车辆的运动路线和航向角,具体结果见右侧二维码中的动画.

习题与实验题8

1. 用欧拉法计算下列初值问题(保留小数点后4位)

(1) $\begin{cases} y' = (x+y)^2 + xy^2 \\ y(0) = 1 \end{cases}$, $0 \le x \le 1$. 取步长$h = 0.1$.

(2) $\begin{cases} y' = -x^2y + x \\ y(0) = 0 \end{cases}$, $0 \le x \le 2$. 取步长$h = 0.1$.

2. 用改进的欧拉法计算初值问题

$$\begin{cases} y' = \dfrac{x^2 + xy}{y^2} \\ y(0) = 1 \end{cases}, \quad 0 \le x \le 1.$$

分别取步长$h = 0.5$和$h = 0.1$,并保留小数点后5位.

3. 用四阶古典龙格-库塔法解下列初值问题,取步长$h = 0.1$.

(1) $\begin{cases} y' = x^2y + \dfrac{x}{1+y} \\ y(0) = 1 \end{cases}$, $0 \le x \le 1$.

(2) $\begin{cases} y' = \sqrt{x^2y + x} \\ y(0) = 1 \end{cases}$, $0 \le x \le 1$.

4. 证明对任意的参数t,如下R-K公式都是二阶的

$$\begin{cases} y_{n+1} = y_n + \dfrac{h}{2}(k_2 + k_3), \\ k_1 = f(x_n, y_n), \\ k_2 = f(x_n + th, y_n + thk_1), \\ k_3 = f(x_n + (1-t)h, y_n + (1-t)hk_1). \end{cases}$$

5. 分别用四阶Adams显式公式和隐式公式计算初值问题

$$\begin{cases} y' = 2xy - 2x^2 + 1, & 0 < x < 1, \\ y(0) = 1. \end{cases}$$

取步长$h = 0.1$,利用精确值$y = e^{x^2} + x$或四阶经典龙格-库塔方法给出初始值.

6. 用差分法求解边值问题

$$\begin{cases} y''(x) - xy'(x) + 2y = (2 + 2x - x^2)e^x + 2, & 0 < x < 1, \\ y(0) = 1, \quad y(1) = e + 1. \end{cases}$$

其精确解为 $y(x)=x\mathrm{e}^x+1$. 取步长 $h=0.1$ 进行计算.

7. (实验题)用四阶龙格-库塔方法求解如下微分方程组初值问题

$$\begin{cases} y'(x)=10z+9\mathrm{e}^{-x}+10x+1, \\ z'(x)=10y-9\mathrm{e}^{-x}-10x-1, \quad 0<x<1. \\ y(0)=z(0)=0, \end{cases}$$

8. (实验题)考虑常微分方程初值问题

$$\begin{cases} y'=\alpha(y-x)+1, \quad 0<x<1, \\ y(0)=1. \end{cases}$$

(1) 对参数 $\alpha=\pm 45$，± 0.1，取步长 $h=0.01$，采用经典的龙格-库塔方法进行计算，并根据计算结果分析对应初值问题的性态.

(2) 令参数 $\alpha=-1$，选取合适的步长，采用经典的龙格-库塔方法进行计算.

第 9 章
北太天元软件简介

北太天元数值计算通用软件(Baltamatica Numerical Computation Software)是在北京大学、北京大学数学科学学院、北京大学大数据分析与应用技术国家工程实验室、北京大学重庆大数据研究院共同支持下,由北太振寰(重庆)科技有限公司,突破关键核心技术,独立自主研发的国产通用型科学计算软件(以下简称"北太天元").

北太天元提供科学计算、可视化与交互式程序设计环境,具备丰富的底层数学函数库,可通过 SDK 与 API 接口,扩展各类学科与行业场景应用能力,为各领域科学家与工程师提供优质、可靠的科学计算平台. 它作为国内首款通用型科学计算软件,已突破并实现内核根技术,是面向科学与工程计算的解释型高级编程语言. 该软件拥有完全自主研发的分析器和解释器,能够兼容国外通用型科学计算软件脚本语法与数据格式,提供 500 余个内置函数,包含数学、语言基础、数据导入与分析等;300 余个工具箱函数,包含优化、符号计算、曲线拟合、图像处理、统计、数值积分和微分方程等;20 余个插件函数,包含关联规则、快速傅里叶变换、计算几何或网格剖分等;60 余个绘图函数,包含二维绘图、三维绘图. 还提供交互式集成开发环境,具备数值计算、数据分析、数据可视化、数据优化等能力,支持数学物理建模、算法开发、数值计算与模拟等功能应用.

北太天元由四大模块组成,涵盖北太天元内核与主体软件、重量级工具箱(北太真元多域动态系统建模仿真平台)、轻量级工具箱(持续开发中)、插件,见图 9-1.

第 9 章 北太天元软件简介

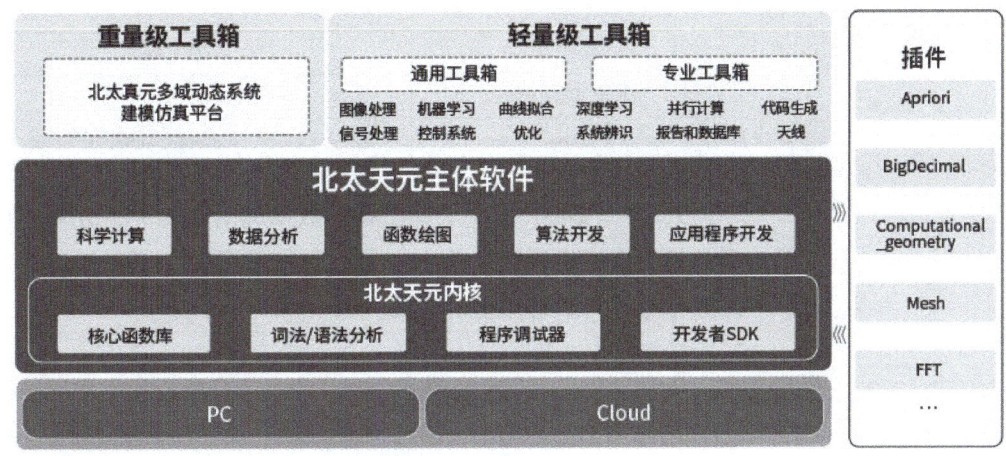

图 9-1 北太天元四大模块

9.1 产品底层能力

1. 语言基础知识

北太天元编程语言简洁、高效，符合科研工作者与工程设计人员等相关用户对数学表达式的书写格式要求，有利于非计算机专业用户使用．软件支持面向矩阵编程，可移植性高、可拓展性强．其语言知识基础可分为以下五类：命令执行、矩阵和数组、数据类型、运算符和基本运算、循环及条件语句．

1）命令执行：用户在使用北太天元时，可在脚本编辑器以及命令行窗口中输入并执行软件提供的各种命令语句或函数指令．针对命令的键入及执行，软件提供自动补全、格式化内容输出、中断指令执行、历史指令记忆、错误提示等功能．这将提升用户在编程和计算过程中的体验，有效地提升其开发效率。

2）矩阵和数组：在北太天元中，矩阵和数组是表示信息和数据的基本形式．北太天元提供 34 个函数指令，覆盖 72% 的矩阵和数组函数，见表 9-1．此外，软件还可以依照其特定的语法完成矩阵的创建、拼接、扩展；数组元素的查找访问；删除行或列；重构和重新排列数组等常规操作．

表 9-1 矩阵和数组函数

功能	函数名称
创建常用数组	zeros、ones、rand、eye、diag、blkdiag…
合并数组	horzcat、vertcat…
创建网络	linspace、logspace、meshgrid…
确定数组大小、形状和排序	length、size、isscalar…

（续）

功能	函数名称
重构和重新排列	sort、transpose、reshape…
索引	colon、ind2sub、sub2ind…

3）数据类型：北太天元支持的数据类型见表 9-2。用户可以使用数据类型标识函数来确定变量的数据类型，也可以使用特定的函数指令进行数据类型的转换.

表 9-2　支持的数据类型

数据类型	说明
数值类型	浮点类型（稠密/稀疏、实数/复数）：double、single 整数类型：int8、int16、int32、int64、uint8、uint16、uint32、uint64
逻辑类型	logical（稠密/稀疏）
字符和字符串	字符数组（char）、字符串数组（string）
结构体	使用字段（field）将相关数据组合在一起的数据类型
函数句柄	支持间接调用函数的变量
元胞数组	各分量为元胞（cell）的数据容器类型，其中的每个元胞可以包含任意类型的数据

4）运算符和基本运算：北太天元支持基础的算术运算、矩阵运算，以及常用的关系运算、逻辑运算功能，提供 15 个函数指令，覆盖 88% 的关系运算、逻辑运算函数，见表 9-3.

表 9-3　关系运算、逻辑运算函数

运算类别	函数名称或运算符
算术运算	+、-、*、/、.*、./、.^、'、uminus、uplus…
矩阵运算	mtimes、mpower、cross、dot…
关系运算	>、>=、<、<=、==、~=、isequal
逻辑运算	or(|)、and(&)、not(~)、xor、all、any、find、logical

5）循环及条件语句：北太天元提供 9 个（组）循环及条件语句函数及相关语法结构，覆盖 82% 的循环及条件语句用法，见表 9-4.

表 9-4　循环及条件语句

程序结构及流程控制	说明
顺序结构	由多个程序语句顺序构成，各语句之间用";"隔开，程序执行时按照由上至下的顺序进行
循环结构	for-end 循环与 while-end 循环
分支结构	if-else-end 结构和 switch-case-end 结构
指令跳转	break、return、continue

2. 数学基础

1）初等数学：北太天元提供 145 个初等数学函数，包括算术运算、三角函数、指数和对数等 7 个功能模块，覆盖 81% 的初等数学函数指令，见表 9-5.

表 9-5 初等数学函数

功能名称	说明
算术运算	+、-、*、/、^（幂运算）、transpose、uminus、uplus…
三角函数	sine functions、cosine functions、tangent functions、cotangent functions、secant functions、cosecant functions
指数和对数	exp、log、log10、log1p、log2、nextpow2、pow2、sqrt…
复数	abs、angle、complex、conj、i、imag、isreal、j、real
舍入函数	mod、rem、ceil、fix、floor、round
多项式	polyfit、roots、polyval、polyint
特殊函数	Bessel functions、beta functions、error functions、gamma functions…

2）线性代数：北太天元的线性代数函数具有快速且数值稳健的矩阵计算功能. 北太天元提供 43 个线性代数函数，覆盖 57% 的线性函数指令，见表 9-6.

表 9-6 线性代数函数

功能名称	说明
矩阵分解	矩阵 LU 分解、矩阵 Cholesky 分解、Hermitian 不定矩阵的分块 LDL 分解、QR 分解
特征值计算	特征值和特征向量、特征值和特征向量的子集
奇异值计算	奇异值分解、奇异值和向量的子集
矩阵运算	矩阵乘法、矩阵幂、转置向量或矩阵、复共轭转置、叉积、点积等
矩阵结构	获取三角矩阵函数、判断三角矩阵、判断对称/斜对称矩阵、向量范数、条件数、行列式、零空间等

3）随机数生成：北太天元提供 5 个生成随机数的函数，覆盖 83% 的随机数生成函数指令，见表 9-7.

表 9-7 随机数的生成函数

功能名称	函数名称
生成均匀分布随机数	rand
生成正态分布随机数	randn

(续)

功能名称	函数名称
生成给定区间内随机整数	randi
整数的随机排列	randperm
控制随机数生成器	rng

4）稀疏矩阵：北太天元支持稀疏矩阵相关功能，涉及稀疏矩阵基本操作、重新排序算法、迭代法、稀疏线性代数，功能函数见表 9-8。

表 9-8　稀疏矩阵相关函数

功能名称	函数名称
创建稀疏矩阵	spalloc、speye、sprand、sprandn、spconvert
访问稀疏矩阵	issparse、nnz、nonzeros、nzmax、spones、find、full
重排序算法	amd、colamd、dmperm、randperm、symamd、symrcm
迭代法和预条件子	pcg、lsqr、minres、symmlq、gmres、bicg、bicgstab、bicgstabl、cgs、qmr、tfqmr、ichol、ilu
特征值和奇异值	eigs、svds

3. 数据的导入、导出和统计分析

1）数据的导入和导出：北太天元支持 mat/csv/xlsx/xls/txt 文件的导入导出和底层文件读写，提供的功能见表 9-9 和表 9-10。

表 9-9　文件的导入导出函数

功能名称	说明
从文件中读取矩阵	readmatrix
将矩阵写入文件	writematrix
将文件变量加载到工作区中	load
将工作区变量保存到文件中	save

表 9-10　文件读写函数

功能名称	说明
关闭一个或所有打开的文件	fclose
文件读写错误信息	ferror
打开文件或获得有关打开文件的信息	fopen
将数据写入文本文件	fprintf
读取文本文件中的数据	fscanf
移至文件中的指定位置	fseek
获取当前位置	ftell

2）统计分析：北太天元支持一系列基本统计量函数，包括 6 个基本统计函数，2 个协方差和相关性函数，2 个累积统计量函数，覆盖相关领域 56% 的功能，见表 9-11.

表 9-11 基本统计量函数

功能名称	说明
基本统计函数	min(最小值)、max(最大值)、mean(平均值)、median(中位数)、std(标准差)、var(方差)
协方差和相关性函数	cov(协方差)、corrcoef(相关系数)
累积统计量	cummax(累积最大值)、cummin(累积最小值)

4. 绘图功能

北太天元提供的图形函数(包括二维绘图函数和三维绘图函数)，以可视化的形式来呈现数据的结果，以交互式或编程式的方式自定义绘图页面，如图 9-2 中的船体模型和飞机模型.

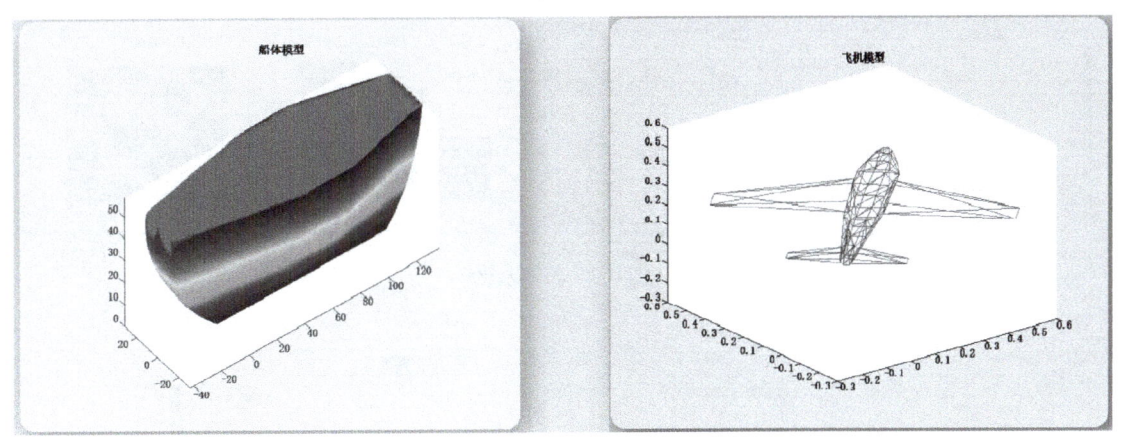

图 9-2 船体模型(左)和飞机模型(右)

支持导出、网格线、放大、缩小、平移、旋转、还原视图等功能. 绘图工具栏可使用鼠标对图形进行导出、增删网格线、缩放、平移、旋转、还原视图等操作。同时，支持 20 种以上绘图类型，可绘制二维线图、三维线图、网格曲面图、散点图、饼图、区域图、条形图、直方图、等高线图、箭头图、气泡图、阶梯图、含误差条的线图、箱线图等，见图 9-3.

此外，也支持设置图形属性，添加文本描述、轴标签、标题、图例和颜色栏等. 可设置面颜色、边缘线型、标记符号等图形属性，并支持添加图例、标题等，进一步提升绘图美观度与实用性，如图 9-4.

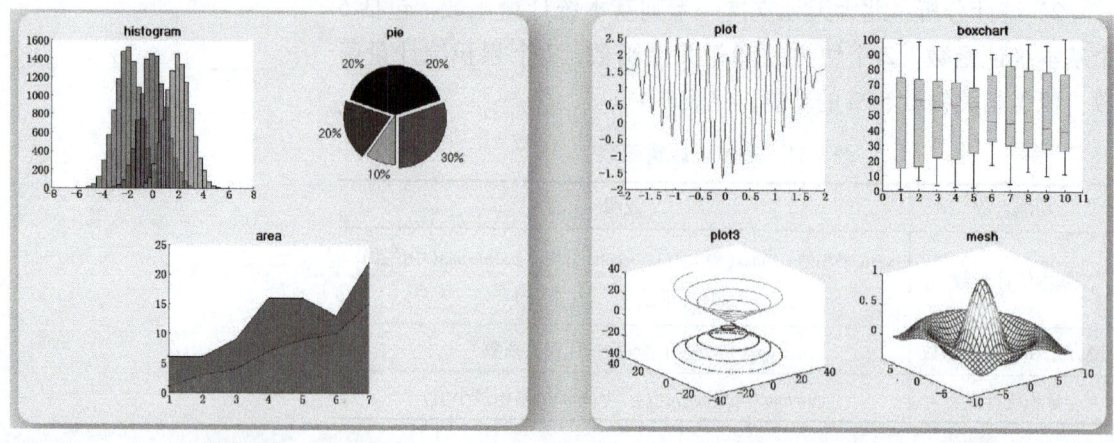

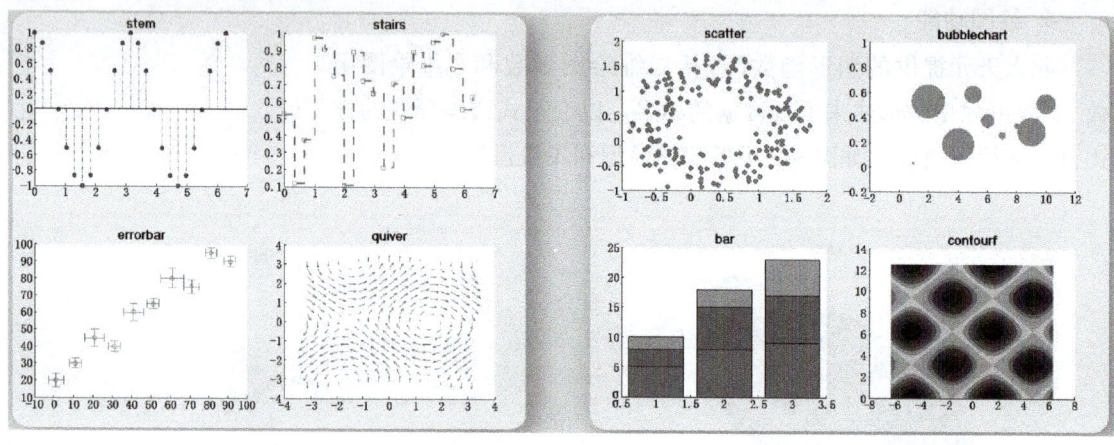

图 9-3　绘图示例

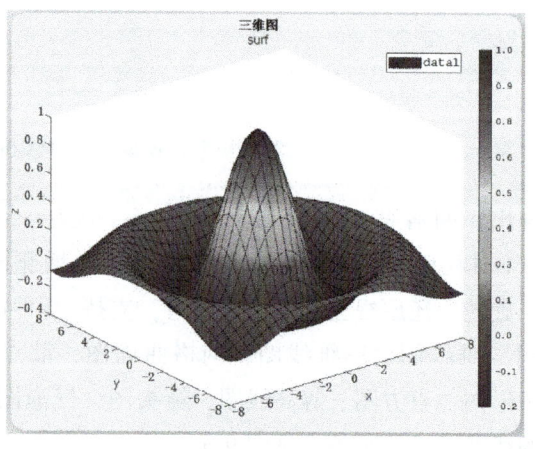

图 9-4　图形属性示例

5. SDK 与插件机制

北太天元提供了开发者工具(SDK), 允许用户和开发者基于软件主体开发不同类型的扩展功能. 开发者可通过 SDK 直接访问北太天元的底层数据，将自己的 C/C++/FORTRAN 程序整合到软件中直接调用. 北太天元的优化、符号计算、曲线拟合工具箱等功能是基于此方法实现的. 具体内容见表 9-12.

表 9-12　SDK 与插件机制

开发者工具 （SDK）	开发者工具（SDK）随北太天元主体发布，提供北太天元底层的各类接口. 用户可利用开发者工具编写穿透北太天元底层的扩展功能模块. 开发者工具现已有 200 余个接口函数，支持不同类型的矩阵、字符串、结构体、元胞数组等底层数据的访问，以及各类常用软件内核操作的调用. 此外，开发者工具提供包装编译器 bex，用户可使用 bex 快速编译出适用于北太天元的扩展模块.
BEX 函数 开发机制	利用 SDK 将现有的 C/C++/FORTRAN 代码编译为北太天元可调用的函数模块（BEX 函数），其使用方式与内置函数和脚本相同. 例如用户将 C 代码 create.c 编译为 BEX 文件 create.bexa64（Linux 平台），那么软件中就可以使用名称 create 来调用相应 BEX 函数.
插件开发 机制	利用 SDK 将现有的 C/C++/FORTRAN 库或个人编写的代码开发为北太天元可调用的插件. 插件具有如图 9-5 所示的代表性能力.
插件管理 机制	北太天元可以在运行时对插件进行动态管理，随时对插件进行安装、载入与卸载，且不需要每次对软件进行重启操作. 插件之间的依赖机制由内置的插件管理器自动完成. 插件原理见图 9-6.

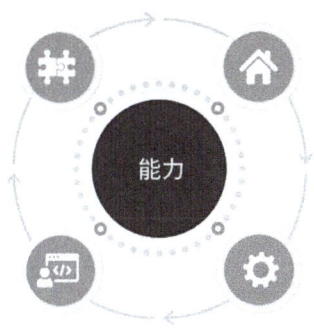

图 9-5　插件能力

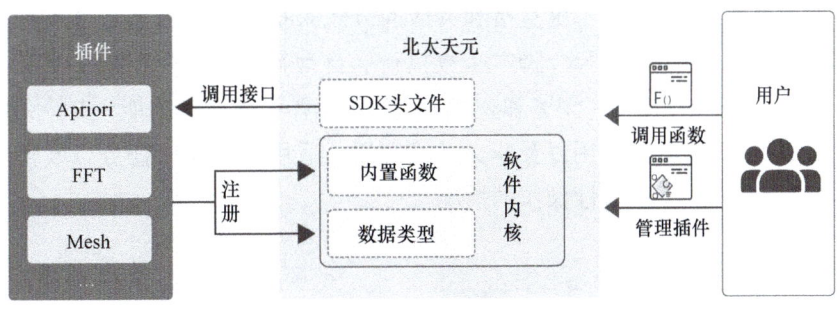

图 9-6　插件原理

9.2 集成开发环境

集成开发环境(IDE)由菜单栏、快捷工具栏、地址导航栏、脚本编辑器、命令行窗口、工作区、状态栏以及其他图形界面组成，见图 9-7.

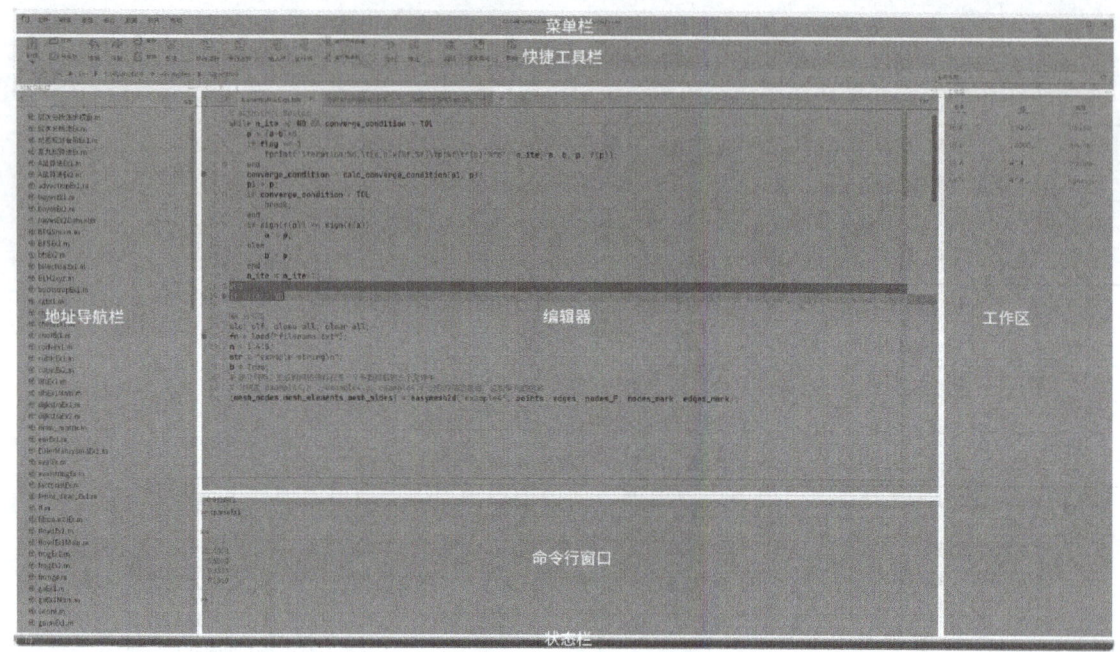

图 9-7　集成开发环境

9.3 命令行界面(CLI)

命令行界面(CLI)是一个交互式的文本界面，见图 9-8，允许用户通过输入命令来与北太天元环境进行交互。与 IDE 相比，CLI 提供了更直接和灵活的方式来执行北太天元命令和操作。包含命令执行、脚本函数执行、自动补全、命令行语法高亮、命令历史记录(浏览和查找)、变量查看和编辑等功能. 支持无图形化环境下使用以及非交互式使用，适用于自动化任务以及需要执行大量重复性操作的情况.

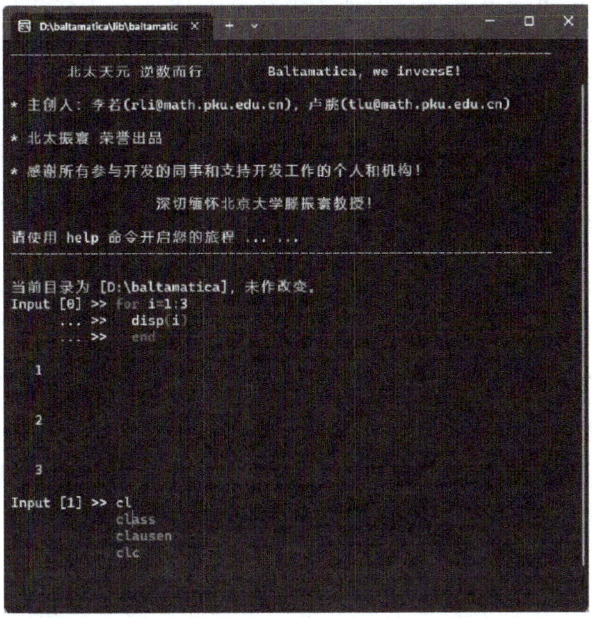

图 9-8　命令行界面

9.4　帮助系统

1. 帮助文档

用户可以从菜单栏或快捷工具栏中的"帮助"选项启动帮助界面，帮助文档包含北太天元操作指南、语言基础知识、数据导入和分析、数学、图形、编程、软件开发工具、外部语言接口、环境和设置等内容．便于用户快速入门、明晰函数功能及调用方法，帮助用户调试代码，提高软件使用效率．

2. 帮助指令

用户可以在命令行窗口使用 help 指令获取详细的函数帮助信息．在命令行窗口直接输入 help，北太天元会输出当前会话下所有可执行的函数列表：内核提供的命令、脚本提供的命令、绘图插件提供的命令（其他插件可以使用 list_plugins 和 plugin_help("插件名")命令获取相应帮助关键词）．使用 help 命令后跟函数名称，获取特定函数的简要帮助信息，如：help plot．

9.5　工具箱

1. 优化工具箱（插件形式调用）

优化函数用于求解线性优化、二次优化、整数优化和非线性优化问题. 北太天元提供的优化函数总计 16 个，见表 9-13.

表 9-13　优化函数

函数分类	函数列表
非线性优化	fminbnd、fmincon、fminsearch、fminunc、fseminf、fgoalattain、fminimax
线性规划和混合整数线性规划	intlinprog、linprog
二次规划	quadprog
最小二乘	lsqlin、lsqnonneg、lsqcurvefit、lsqnonlin
非线性方程组	fsolve、fzero

2. 符号计算工具箱（插件形式调用）

符号计算又称计算机代数，即用计算机推导数学公式，如对表达式进行因式分解、化简、微分、积分、解代数方程、求解常微分方程等. 符号计算工具箱由北太振寰研发团队与上海交通大学、吉林大学研发团队合作完成，主要提供多项式功能和函数，见表 9-14.

表 9-14　多项式功能和函数

功能名称	说明
符号创建	sym
符号计算	加、减、乘、除、幂
符号展示	sym_show

3. 曲线拟合工具箱（插件形式调用）

北太天元提供的曲线拟合工具箱是由北太振寰研发团队与浙江大学研发团队合作开发完成的，可以对数据进行曲线拟合处理. 该工具箱支持探索性数据分析、预处理和后处理数据、比较候选模型和删除异常值，工具箱还支持非参数建模技术，例如样条曲线、插值和平滑. 北太天元提供的曲线拟合函数，总计 11 个，见表 9-15.

表 9-15　曲线拟合函数

函数分类	函数列表
样条函数生成	csapi、csape、ppmak、bspline、spapi、spmak
样条函数后置处理	fnval、fnder、fn2fm、fnbrk
符号展示	sym_show

4. 图像处理工具箱（插件形式调用）（河北师范大学）

图像处理工具箱用于图像处理、可视化和分析. 基于北太天元主体软件，河北师范大学开发的图像处理工具箱支持图像读写和转换、图像显示、几何变换和图像配准、图像滤波和增强、图像分割与分析、特征检测和提取相关函数功能，北太天元提供的图像处理函数见表 9-16.

表 9-16 图像处理函数

函数分类	函数列表
图像读写和转换	imread、imwrite、im2gray、mat2gray、rgb2gray、gray2ind、cmap2gray、imsplit、immerge、im2double、im2uint8、im2int16、im2single、rgb2cmy、cmy2rgb、hsi2rgb、hsv2rgb、xyz2rgb、lab2xyz、ycbcr2rgb、imnoise、imbinarize…
图像显示	imshow、imfuse、imshowpair…
几何变换和图像配准	imcrop、imresize、imrotate、imtranslate、fitgeotform2d、affinetform2d、rigidtform2d、transltform2d、imwarp、imref2d…
图像滤波和增强	fspecial、convmtx2、imfilter、medfilt2、imgaussfilt、wiener2、stdfilt、ordfilt2、entropfilt、imboxfilt2、padarray、imadjust、histeq、bwperim、imfill、bwmorph、conndef、strel、imabsdiff、imadd、imdivide、imlincomb、immultiply…
图像分割与分析	graythresh、multithresh、adaptthresh、grayconnected、edge、imgradient、imgradientxy、imhist…
特征检测和提取	detectORBFeatures、extractFeatures、matchFeatures…

5. 统计工具箱

统计函数使用统计信息来分析数据. 北太天元支持概率分布相关函数功能，涉及离散分布、连续分布和多元分布，北太天元提供的统计函数总计 129 个，辅助函数总计 10 个，见表 9-17.

表 9-17 统计函数

函数分类	函数列表
离散分布	binopdf、binocdf、binoinv、geopdf、geocdf、geoinv、hygepdf、hygecdf、hygeinv、mnrnd、mnpdf、nbinpdf、nbincdf、nbininv、poisspdf、poisscdf、poissinv、unidpdf、unidcdf…
连续分布	betapdf、betacdf、chi2pdf、chi2cdf、exppdf、expcdf、evpdf、evcdf、fpdf、fcdf、gampdf、gamcdf、gevpdf、gevinv、gppdf、gpcdf、lognpdf、logncdf、ncx2pdf、ncx2cdf、nctpdf、nctcdf、normpdf、raylpdf、raylcdf、tpdf、tcdf、unifpdf、unifcdf、wblpdf、wblcdf…
多元分布	mvnrnd、mvnpdf、mvtpdf、mvtrnd
辅助函数	distchck、stirlerr、binodeviance、histcounts、betaln、cholcov、statpoisci、statexpci、statsizechk、statbinoci

6. 数值积分和微分方程工具箱

北太天元提供数值积分和微分方程工具箱用于求解常微分方

程、时滞微分方程、数值积分和微分. 北太天元提供的数值积分和微分函数见表 9-18.

表 9-18 数值积分和微分函数

函数分类	函数列表
常微分方程（ODE）	ode23、ode45、ode78、ode89、ode113、ode15s、ode23s、ode23t、ode23tb、ode15i
时滞微分方程（DDE）	dde23、ddesd、ddensd
数值积分	integral、integral2、integral3、quadgk、quad2d、cumtrapz、trapz、quad、dblquad、triplequad、quadl、quadv

9.6 插件

1. Apriori 插件

Apriori 插件用于挖掘关联规则，该插件提供的函数见表 9-19.

表 9-19 Apriori 插件函数

功能	Apriori 函数
挖掘关联规则算法	apriori

2. BigDecimal 插件

BigDecimal 插件用来对超过 16 位有效位的数进行精确的运算，北太天元支持对 BigDecimal 转换成字符串、小数位四舍五入处理、转换成双精度数、比较大小、加、减、乘、除、幂、取模等运算，该插件提供的函数见表 9-20.

表 9-20 BigDecimal 插件函数

功能	BigDecimal 函数
操作 BigDecimal	bigdecimal、bd_create、bd_to_string、bd_setscale、bd_to_double、bd_gt
BigDecimal 运算	bd_mod、bd_pow、bd_add、bd_subtract、bd_multiply、bd_divide

3. Computational_geometry 插件

Computational_geometry 插件用于计算几何相关的数据结构和算法，该插件提供的函数见表 9-21.

表 9-21 Computational_geometry 插件函数

功能	Computational_geometry 函数
基于软件包 qhull 生成凸包，Delaunay 三角剖分和 Voronoi 图	qh_qhull

(续)

功能	Computational_geometry 函数
基于软件包 triangle 构建 2 维约束 Delaunay 三角剖分	tri_triangle
计算几何学中函数 freeBoundary 的具体实现	cg_freeBoundary
计算几何学中函数 edges 的具体实现	cg_edges
计算几何学中函数 neighbors 的具体实现	cg_neighbors

4. FFT 插件

FFT 插件用于快速傅里叶变换，该插件提供的函数见表 9-22。

表 9-22 FFT 插件函数

功能	FFT 函数
2 的更高次幂的指数	nextpow2
将零频分量移到频谱中心	fftshift
逆零频平移	ifftshift
快速傅里叶变换	fft
快速傅里叶逆变换	ifft
二维快速傅里叶变换	fft2
二维快速傅里叶逆变换	ifft2

5. Mesh 插件

Mesh 插件用于网格剖分，该插件提供的函数见表 9-23。

表 9-23 Mesh 插件函数

功能	Mesh 函数
三角形网格剖分	mesh2d、mesh3d

6. Time 插件

Time 插件用于暂停执行，该插件提供的函数见表 9-24。

表 9-24 Time 插件函数

功能	Time 函数
暂停一段时间	pause

9.7 用户体验

1. 软件操作

1）友好的中文编程体验：充分考虑了中文母语使用者的操作习惯，支持中文变量、中文符号、中文字符串、中文路径等，有效地提升中英文输入切换的便利性。

2）界面结构清晰：轻量化的软件主体及界面信息结构及合理的功能分区，能有效地简化操作步骤及优化用户体验，保障了软件的易用性。

3）兼容性和适应性：软件具备良好兼容性，支持跨平台使用。各界面样式保持系统性和一致性，且自适应于各种屏幕尺寸及分辨率，以保证软件的可用性和识别度。

4）熟悉的代码操作：遵循脚本编写和代码开发的操作习惯，保持代码命令的一致性且可预测（如快捷键的使用方式、代码补全等）。

5）便捷的调试工具：允许用户通过断点调试等方式轻松地跟踪问题并在需要时对其进行定点故障排除，以保障编程的效率。

6）有效的帮助系统：自安装伊始，用户就可以通过帮助指令、帮助文档、问题反馈等一系列的操作获得帮助与指引。

7）高效简洁的图形化用户界面：简洁的视觉层级、规范的交互系统、平衡的色系搭配和统一的多平台界面设计，可促使开发人员在软件使用过程中保持注意力集中，提高开发效率。

2. 支持的操作系统和芯片架构

1）支持的操作系统（见图 9-9 和图 9-10）。

历史版本支持，3.0适配中　　历史版本支持，3.0适配中　　历史版本支持，3.0适配中

图 9-9　国产操作系统

历史版本支持，3.0适配中　　适配中

图 9-10　国外品牌操作系统

2）支持的芯片架构（见图 9-11）。

3. 部署方式

北太天元支持部署到个人 PC 和云端服务器，平台将不断地收集各界人士的需求与反馈，不断地完善底层能力与新功能，以实现各类场景部署与使用，见图 9-12。

图 9-11　芯片架构

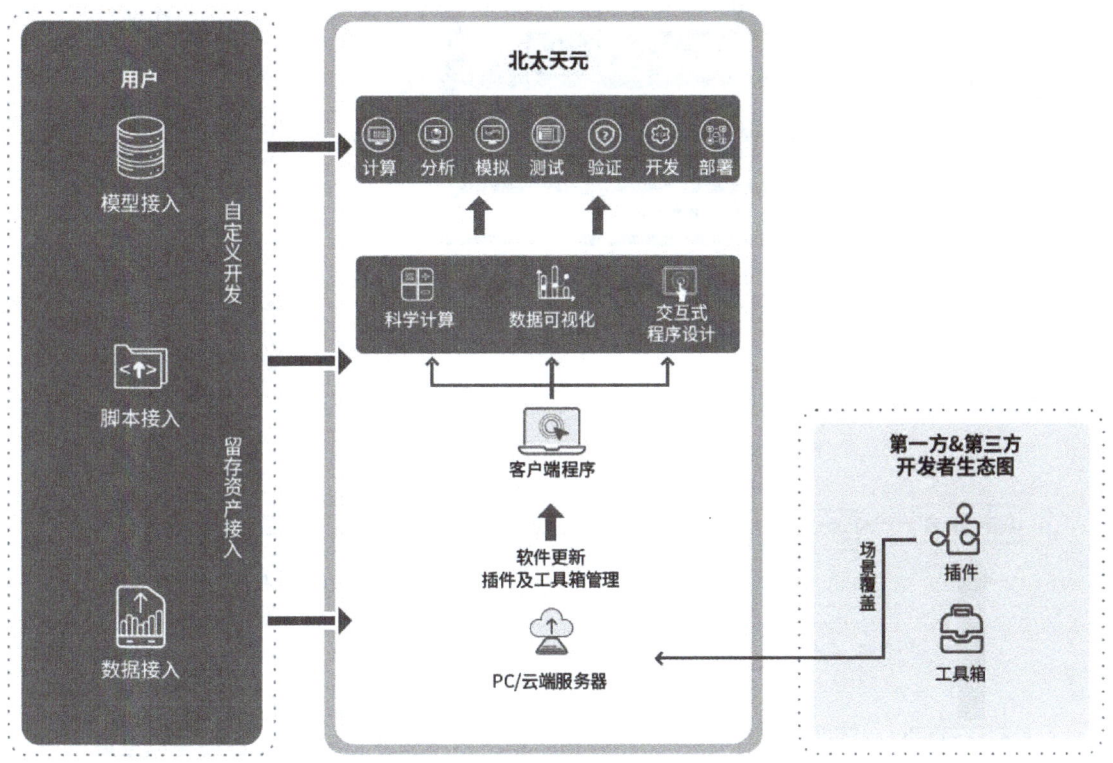

图 9-12　软件部署

9.8　技术架构与核心技术

1. 技术架构

北太天元的技术架构主要由四大模块组成：IDE、内核与内置函数库、插件与工具箱、底层基础库，见图 9-13。

2. 技术路线

北太天元采用模块化技术路线，整体软件分为多个层级，在提高了产品内外合作开发效率的基础上，可拓展多场景、多行业的应用场景，见图 9-14。

254　数值计算方法

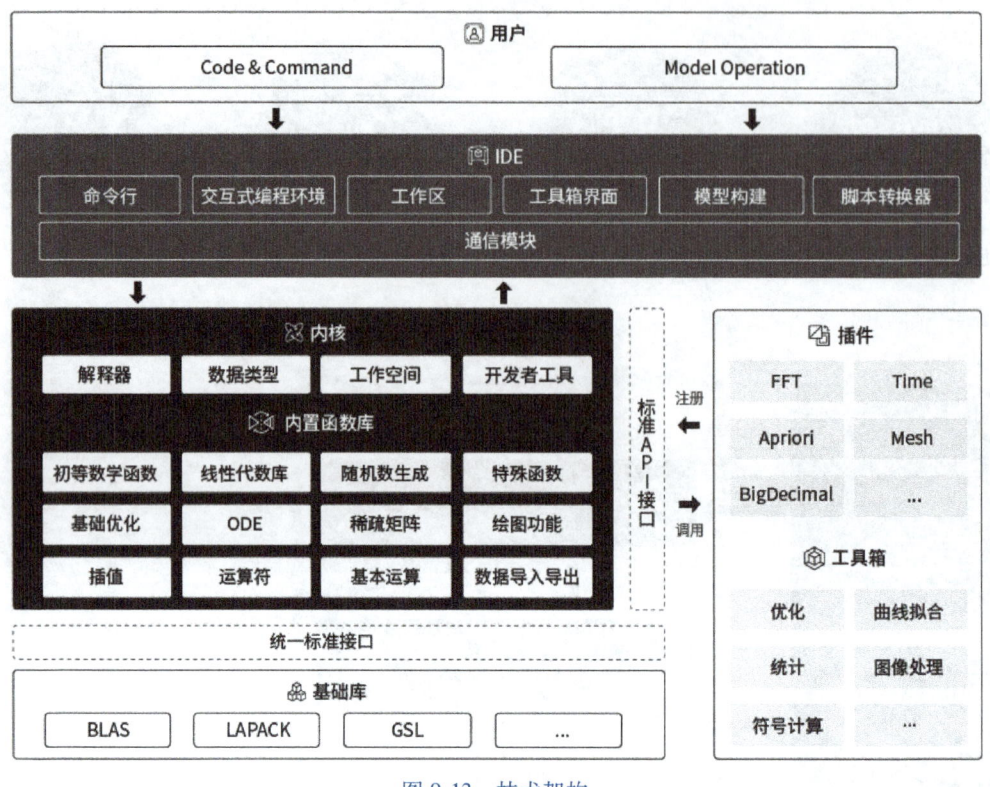

图 9-13　技术架构

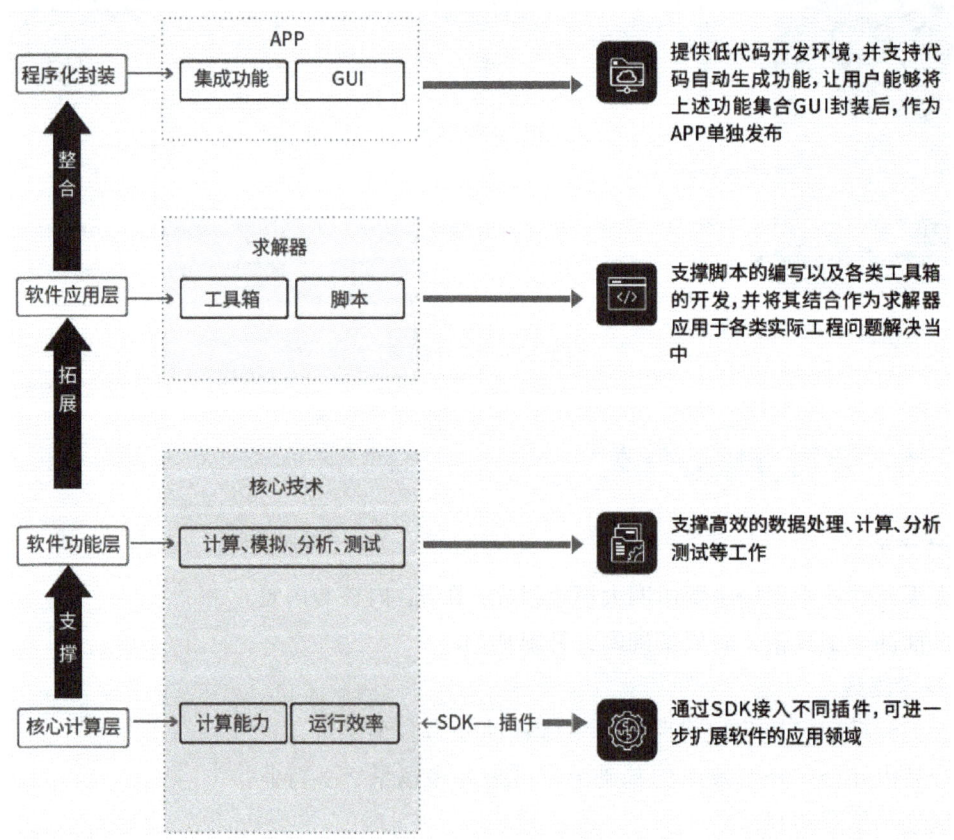

图 9-14　技术路线

3. 核心技术(见图 9-15)

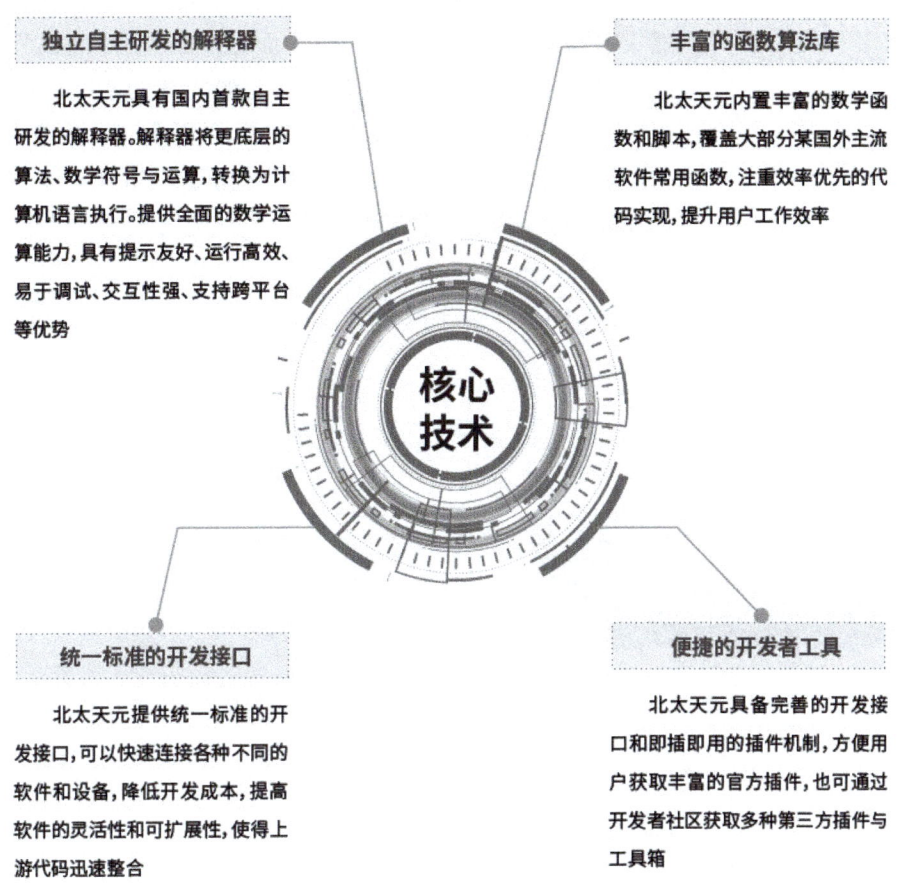

图 9-15　核心技术

9.9　行业应用

北太天元目前已支持教育、智能汽车、航空航天、机器视觉、智能装备、金融工程、生物工程、通信工程等行业应用,并在与高校、企事业单位的合作中积累了丰富的应用案例,也在实践中证明了软件架构的稳定性、软件能力的扩展性,可解决如图 9-16 所示各类应用场景下的产品替换与技术创新.

图 9-16　应用场景

应用场景案例

北太天元绘制高程图：高程图在地球科学、航空航天、自然灾害预防和响应、地质学等方面有广泛应用. 将高程图的数据导入到北太天元中，通过北太天元的绘图功能，可以将高程图以三维形式展示，供研究人员参考，见图 9-17. 并且北太天元强大的数值计算能力也可以为后续数据处理和分析提供支撑，例如使用相关的算法进行路径规划，制定飞机或无人机的航行路线等.

使用北太天元的其他案例的汇总见图 9-18.

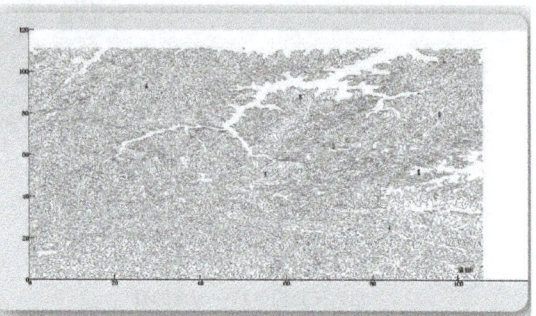

图 9-17 三维高程图(左)和地形等高线图(右)

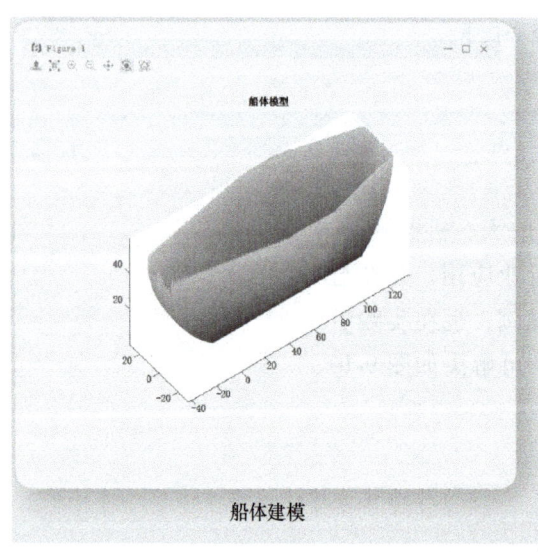
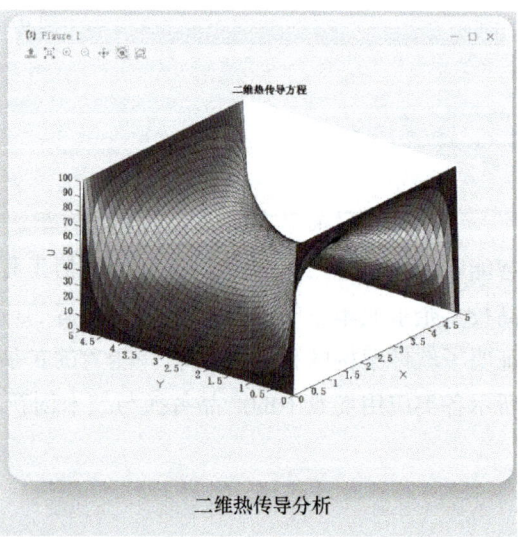

图 9-18 其他应用案例

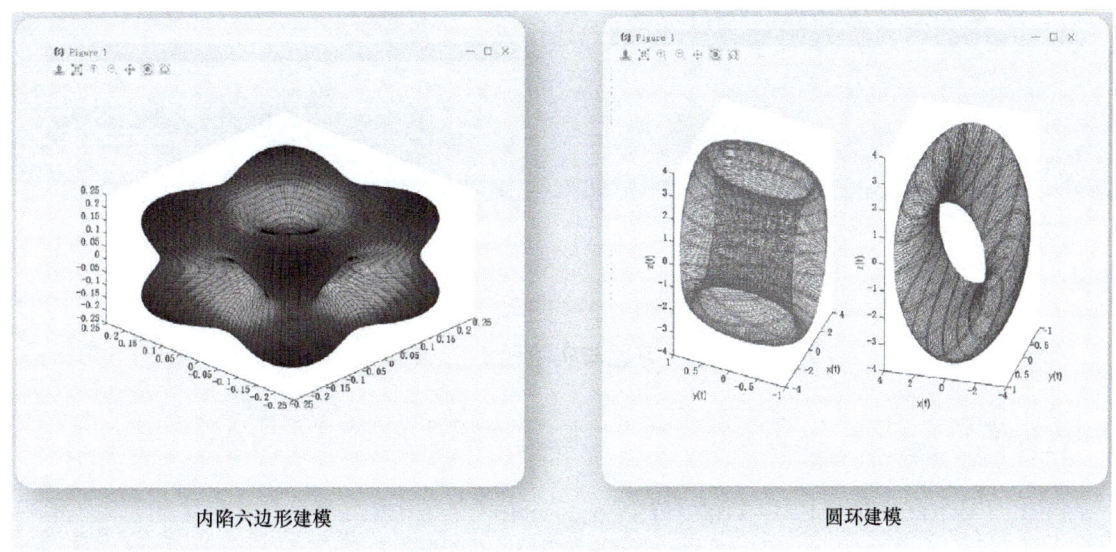

图 9-18　其他应用案例（续）

部分习题参考答案

习题与实验题 1

1. $\left|\dfrac{x^*}{1+x^*}\right|\delta$.

2. (1) 3, $\dfrac{1}{2}\times 10^{-2}$; (2) 4, $\dfrac{1}{2}\times 10^{-3}$; (3) 6, $\dfrac{1}{2}\times 10^{-5}$.

3. 4.

4. $nx\delta$, nx.

5. $\dfrac{1}{3}\times 10^{-3}$.

6. 149.9999993、6.666666696$\times 10^{-7}$.

7. (1) 略; (2) -5.2991508, -32.929338.

8. 略.

9. (1) 5, $\dfrac{1+\sqrt{53}}{2}$, 5, $\dfrac{1+\sqrt{53}}{2}$; (2) 4, 4, 4, 4; (3) 4, $\sqrt{\dfrac{45+3\sqrt{145}}{8}}$, 3, 3.

10. (1) $\dfrac{3}{2}$, $\sqrt{\dfrac{7}{3}}$, 2; (2) $\dfrac{25}{64}$, $\dfrac{43}{192}$, $\dfrac{7}{8}$; (3) e, $\dfrac{\sqrt{5e^2-1}}{2}$, 2e.

11. 是.

12. ~16. 略.

习题与实验题 2

1. 19.

2. ~5. 略.

6. (1) 全局收敛, 收敛阶为 1; (2) 不收敛(直接计算验证); (3) 略.

7. (1) 0.2297; (2) 3.347.

8. $x_{k+1}=x_k-\dfrac{x_k-0.5\sin x_k-1}{1-0.5\cos x_k}$, 二阶局部收敛.

9. 略.

10. 略.

11. (1) $\begin{cases} x=1.290995,\\ y=0.816497; \end{cases}$ (2) $\begin{cases} x=1.938013,\\ y=3.467504. \end{cases}$

12. 略.

13. 略.

习题与实验题 3

1. $x = (-2.333333, 5.333333, -5.666667)^T$.

2. 略.

3. （1）不存在；（2）存在但不唯一；（3）存在且唯一.

4. $x = (1, 0, 0, 1)^T$.

5. （1） $\begin{cases} x_n = f_n/u_{nn}, \\ x_i = \left(f_i - \sum_{j=i+1}^{n} u_{ij}x_j\right) \bigg/ u_{ii}, \end{cases}$ $i = n-1, n-2, \cdots, 1$，乘除法运算次数：$\dfrac{n(n+1)}{2}$；

   （2）利用 $UU^{-1} = I$，结合待定系数法计算即可.

6. $x = (1, -1, 1)^T$.

7. $(2\ 3\ 2)^T$, $\dfrac{2+\sqrt{2}}{2-\sqrt{2}}$.

8. $x = (4.303774, -2.878581, -5.593452, 11.030014)^T$,
   $x = (4.285644, -2.676573, -5.360290, 10.447207)^T$, 1.808643.

9. 0.0010, 6.0020.

10. （1）略；（2）$\omega = 0.2$；（3）雅可比迭代收敛最快，其次是 SOR，高斯-赛德尔迭代发散；

11. 都收敛.

12. $|ab| < 4/3$.

13. （1）略；（2）都收敛，高斯-赛德尔迭代收敛得更快.

14. 略.

15. 略.

习题与实验题 4

1. 略.

2. 0.9212, 3333×10^{-4}.

3. 略.

4. 0, $x^5 + 4$.

5. 1, 0.

6. $N_3(x) = 0.9933x - 0.0990x(x-0.2) - 0.1598x(x-0.2)(x-0.4)$, 0.3986, 3.2287×10^{-6}.

7. 0.99281, 0.83646.

8. $2 + 2(x-1) - 3(x-1)^2 + 5(x-1)^2(x-2) - \dfrac{71}{36}(x-1)^2(x-2)^2$.

9. $-2 + x + \dfrac{3}{4}x^2 - \dfrac{5}{4}x^2(x-2)$.

10. $1 - 2(x+1) + 2(x+1)x + 2(x+1)x^2$.

11. $H(x)=f(0)+f'(0)x+f''(0)x^2+\dfrac{0.5[f(2)-f(0)]-f'(0)-2f''(0)}{4}x^3+$

$\dfrac{f'(2)-1.5[f(2)-f(0)]+2f'(0)+2f''(0)}{8}x^3(x-2)$,

插值余项：$f(x)-H(x)=\dfrac{f^{(5)}(\xi)}{5!}x^3(x-2)^2$，$\xi\in(0,2)$.

12. $(x_i^2+\sin x_i)\dfrac{x-x_{i+1}}{x_i-x_{i+1}}+(x_{i+1}^2+\sin x_{i+1})\dfrac{x-x_i}{x_{i+1}-x_i}$，$i=0,1,\cdots,n-1$，其中 $h=\dfrac{b-a}{n}$，$x_i=a+ih$，$i=0,1,\cdots,n$，

误差 $\leqslant\dfrac{2\max\{|a|,|b|\}+1}{8}h^2$.

13. $a=1$，$b=0$，$c=1$.

14. (1) $\begin{cases}18.4239x-6.4637(x-1)^3-23.2319(x-1.5)^3-20.4279, & x\in[1.0,1.5],\\ 4.8501x-4.9148(x-1.5)^3+3.5909(x-2.4)^3+1.7426, & x\in[1.5,2.4],\\ 7.3722(x-3)^3-15.0549x+5.2802(x-2.4)^3+47.5241, & x\in[2.4,3.0],\\ 0.1522x+0.1159(x-3)^3-3.1681(x-4)^3-0.1248, & x\in[3.0,4.0];\end{cases}$

(2) $\begin{cases}11.4620x-5.7225(x-1)^3-10.5620, & x\in[1.0,1.5],\\ 7.5814x-5.7225(x-1.5)^3+1.0266(x-2.4)^3-4.2237, & x\in[1.5,2.4],\\ 8.5837(x-3)^3-15.5945x+5.5678(x-2.4)^3+49.0809, & x\in[2.4,3.0],\\ 0.4407x-3.3407(x-4)^3-1.1627, & x\in[3.0,4.0].\end{cases}$

15. ~17. 略.

习题与实验题 5

1. $0.0452+0.6822x$，误差为 0.0175.

2. (1) $-0.0505+4.1225x-4.1225x^2$; (2) $25.8828-46.6001x+24.0331x^2$.

3. $0.9783-4.4639x^2+2.5482x^4$.

4. $\dfrac{1}{2}+\dfrac{5}{16}(3x^2-1)$.

5. $\dfrac{17}{48}+\dfrac{2}{3}x$，$\dfrac{1}{48}$.

6. $2.1623x(x+\sqrt{3}/2)-0.2969x(x-\sqrt{3}/2)-1.3333x^2+1$，$e/8$.

7. ~10. 略.

习题与实验题 6

1. (1) $\dfrac{3}{4}$, 0, $\dfrac{9}{4}$, 2; (2) $\dfrac{8h}{9}$, $\dfrac{4h}{3}$, $\dfrac{16h}{9}$, 2.

2. $\dfrac{3}{4}$, 0.9064.

3. 0.74682228, 0.74682413.

4. 0.47486250, 0.49640833.

5. 略.

6. 33.6566.

7. 0.289949, 0.821162, 0.277556, 0.389111.

8. 3.6580.

9. $\dfrac{23}{12}f(1)-\dfrac{4}{3}f(2)+\dfrac{5}{12}f(3)$, 2.

10. (1) 略; (2) 1.7059, 1.7349; (3) 1.7338.

11. 6.2362, 5.7664, 5.7663.

12. 1.6583, 1.2893.

13. 略.

14. 略.

习题与实验题 7

1. 0.4126, $(1.0000, 0.8131)^T$.

2. 9.0000, $(1.0000, 1.0000, 0)^T$.

3. 3.6548, $(-0.0907, 1.0000, -0.5866)^T$.

4. 4.3616, $(-0.7507, 1.0000, -0.5966)^T$.

5. 3.7321, $(-0.3660, 0.3660, 1.0000)^T$.

6. 取 $G_1 = \begin{pmatrix} 1 & & & \\ & \dfrac{1}{\sqrt{10}} & \dfrac{3}{\sqrt{10}} & \\ & -\dfrac{3}{\sqrt{10}} & \dfrac{1}{\sqrt{10}} & \\ & & & 1 \end{pmatrix}$, $G_2 = \begin{pmatrix} \dfrac{1}{\sqrt{5}} & & & \dfrac{2}{\sqrt{5}} \\ & 1 & & \\ & & 1 & \\ -\dfrac{2}{\sqrt{5}} & & & \dfrac{1}{\sqrt{5}} \end{pmatrix}$, 其他亦可.

7. 取 $G_1 = \begin{pmatrix} \dfrac{2}{\sqrt{5}} & \dfrac{1}{\sqrt{5}} & \\ -\dfrac{1}{\sqrt{5}} & \dfrac{2}{\sqrt{5}} & \\ & & 1 \end{pmatrix}$, $G_2 = \begin{pmatrix} \dfrac{\sqrt{5}}{\sqrt{6}} & & \dfrac{1}{\sqrt{6}} \\ & 1 & \\ -\dfrac{1}{\sqrt{6}} & & \dfrac{\sqrt{5}}{\sqrt{6}} \end{pmatrix}$.

8. $H = \begin{pmatrix} -0.3487 & -0.4650 & -0.8137 \\ -0.4650 & 0.8397 & -0.2805 \\ -0.8137 & -0.2805 & 0.5091 \end{pmatrix}$.

9. 取 $H = \begin{pmatrix} 1 & & \\ & -0.5547 & -0.8321 \\ & -0.8321 & 0.5547 \end{pmatrix}$.

10. 略.

11. $Q = \begin{pmatrix} \dfrac{2}{3} & \dfrac{2}{3} & \dfrac{1}{3} \\ -\dfrac{1}{3} & \dfrac{2}{3} & -\dfrac{2}{3} \\ \dfrac{2}{3} & -\dfrac{1}{3} & -\dfrac{2}{3} \end{pmatrix}$, $R = \begin{pmatrix} 3 & 4 & 2 \\ & 2 & -1 \\ & & 4 \end{pmatrix}$.

12. $Q = \begin{pmatrix} \dfrac{4}{5} & 0 & \dfrac{3}{5} \\ \dfrac{3}{5} & 0 & -\dfrac{4}{5} \\ 0 & 1 & 0 \end{pmatrix}$, $R = \begin{pmatrix} 5 & 5 & -\dfrac{3}{5} \\ & 1 & 1 \\ & & \dfrac{4}{5} \end{pmatrix}$.

13. 3.7321, 2.0000, 0.2679.

14. ~16. 略.

习题与实验题 8

1. (1) $(1.100, 1.256, 1.500, 1.891, 2.559, 3.822, 6.654, 15.162, 59.030, 731.791)^T$;

   (2) $(0, 0.010, 0.030, 0.060, 0.099, 0.146, 0.201, 0.261, 0.324, 0.388)^T$.

2. $(1.18750, 1.61836)^T$,

   $(1.00550, 1.02274, 1.05288, 1.09628, 1.15251, 1.22051, 1.29886, 1.38604, 1.48058, 1.58120)^T$.

3. (1) $(1.003, 1.013, 1.032, 1.062, 1.105, 1.165, 1.246, 1.352, 1.490, 1.669)^T$;

   (2) $(1.021, 1.062, 1.119, 1.189, 1.272, 1.370, 1.482, 1.609, 1.753, 1.914)^T$.

4. 略.

5. 显式公式计算出的解:

   $(1.110, 1.241, 1.394, 1.573, 1.784, 2.033, 2.331, 2.695, 3.145, 3.713)^T$,

   隐式公式计算出的解:

   $(1.110, 1.241, 1.394, 1.574, 1.784, 2.033, 2.332, 2.697, 3.148, 3.719)^T$.

6. $(1.111, 1.244, 1.405, 1.597, 1.825, 2.093, 2.410, 2.780, 3.214)^T$.

7. 略.

8. 略.

参考文献

[1] 关治，陆金甫. 数值分析基础[M]. 北京：高等教育出版社，1998.

[2] ISAACSON E，KELLER H B. Analysis of numerical methods[M]. New York：John Wiley & Sons，1966.

[3] 谢冬秀，左军. 数值计算方法与实验[M]. 北京：国防工业出版社，2014.

[4] 李庆扬，王能超，易大义. 数值分析[M]. 5版. 北京：清华大学出版社，2008.

[5] HEATH M T. 科学计算导论：第2版[M]. 张威，贺华，冷爱萍，译. 北京：清华大学出版社，2005.

[6] 王树忠，潘状元，张国志. 关于简化Newton法的一个注记[J]. 哈尔滨理工大学学报，1997(3)：86-89.

[7] 杨白愚，武晓亮，王翠香，等. 基于多项式求根的双厚度透射率模型确定透明固体光学常数[J]. 红外技术，2023，45(9)：969-973.

[8] BAI Z Z，PAN J Y. Matrix analysis and computations[M]. Philadelphia：SIAM，2021.

[9] TROTTENBERG U，OOSTERLEE C W，SCHÜLLER A. Multigrid[M]. Singapore：Elsevier Pte Ltd.，2014.

[10] PÉREZ P，GANGNET M，BLAKE A. Poisson image editing[J]. ACM Transactions on Graphics，2003(22)：313-318.

[11] GOLUB G H，VAN LOAN C F. 矩阵计算[M]. 袁亚湘，等译. 北京：人民邮电出版社，2011.

[12] 黄友谦，李跃生. 数值逼近[M]. 2版. 北京：高等教育出版社，1987.

[13] GONZALEZ R C，WOODS R E. 数字图像处理：第4版[M]. 阮秋琦，阮宇智，译. 北京：电子工业出版社，2020.

[14] ZHANG Z M. Superconvergence points of polynomial spectral interpolation[J]. SIAM Journal of Numerical Analysis，2012，50(6)：2966-2985.

[15] 李中志. 基于改进BP神经网络的水位流量关系拟合[J]. 中国农村水利水电，2008(10)：30-32；35.

[16] 黄云清，舒适，陈艳萍，等. 数值计算方法[M]. 北京：科学出版社，2012.

[17] 李庆扬，易大义，王能超. 现代数值分析[M]. 北京：高等教育出版社，1995.

[18] 李庆扬，关治，白峰杉. 数值计算原理[M]. 北京：清华大学出版社，2000.

[19] PERONA P，MALIK J. Scale-space and edge detection using anisotropic diffusion[J]. IEEE

Transaction on Patterm Analysis and Machine Intelligence, 1990, 12(7): 629-639.
[20] 威尔金森. 代数特征值问题[M]. 石钟慈, 邓健新, 译. 北京: 科学出版社, 1987.
[21] SAAD Y. Numerical methods for large eigenvalue problems[M]. New York: John Wiley & Sons, 1992.
[22] 李荣华, 刘播. 微分方程数值解法[M]. 4版. 北京: 高等教育出版社, 2009.
[23] 张平文, 李铁军. 数值分析[M]. 北京: 北京大学出版社, 2007.